대한제국 국제관계사 연구
(1882~1910)

일러두기
• 이 책은 2020년도 동북아역사재단 기획연구 수행결과물임(NAHF_2020-기획연구-3).

동북아역사재단
연구총서 133

대한제국
국제관계사 연구
(1882~1910)

최덕규 지음

동북아역사재단
NORTHEAST ASIAN HISTORY FOUNDATION

책머리에

　서양역사에는 암흑기(Dark Ages)라 불리는 시대가 있었다. 로마제국이 멸망한 후 르네상스에 이르는 1000여 년의 중세(中世) 시대가 이에 해당한다. 그리스·로마문명의 찬란한 빛에 대비하여 중세의 경제·문화·지적 쇠퇴를 암흑으로 간주하였기 때문이다.
　중세는 이성(理性)보다는 종교와 신앙을 중시했기 때문에 암담하고 우울했던 시기로 정의되었다. 학식과 절제의 미덕을 갖춘 성직자가 사회의 상층을 이뤘고 야만족이나 이교도, 가끔은 사탄과 악마로부터 농노와 상인들을 보호하는 의무를 졌던 영주와 기사들이 행세하던 시대였다. 그들의 토지에 예속되어 노예도 아니고 농민도 아닌 삶을 살았던 부지기수의 농노들이 이들 봉건지주계급의 삶을 지탱하고 있었다. 따라서 중세의 어둠을 이성의 빛으로 몰아냈던 계몽주의 시대에 이러한 빛과 어둠의 대비는 시대적 유행이 되었다.
　지금은 서양의 중세 시대를 암흑기라 칭하던 유행이 사라졌다. 중세에 대한 관심과 연구를 통해 그 시대가 이뤄 낸 성취와 발명들이 널리 알려졌기 때문이다. 지적 욕구로 충만한 젊은이들이 자유롭게 모여 학문의 제도화를 이끌어 낸 곳이 중세의 대학이었다. 대학들은 근대세계를 열어 나갈 지식인들을 길러 내는 터전이 되었다.
　또한 넉넉한 토지를 물려받지 못한 빈농의 아들들은 모험상인이 되어 원정항해에 참여하였다. 이들은 대항해시대를 열어 부르주아로 성장해 나갔다. 신학을 배경으로 학술 권력을 독점해 온 성직자와 봉건귀족들은 인문주의자와 모험상인의 부상을 바라보며 중세 지적 체계의 위기를 읽어 냈다. 중세의 가을이 그렇게 깊어 갔다. 대학을 졸업한 새로운 지식인들과 더불어 모험상인들은 중세를 해체하는 주역이 되었다. 중세를 어둠의 시대라기보다는 근대를 준비하는 여명기로 해석하는 연구가 지배적인 이유도 여기에 있다.

우리의 역사에는 암흑의 군주(暗君)가 다스리던 시기가 있었다. 사리에 어둡고 어리석던 임금이 권좌에 머물렀던 19세기 말~20세기 초 고종(高宗) 시대가 이에 해당된다. 고종의 통치 시기에 혼군(昏君) 이미지가 덧칠된 이유는 대한제국의 실패 원인을 그에게서 찾으려 했기 때문이었다.

대한제국의 초대황제였던 고종은 반민족행위자로 평가받고 있다. 황실이 일본의 식민지화에 협력함으로써 李王家는 왕족으로서의 재산과 특권을 향유했다는 것이 그 이유였다. 또한 의회개설운동을 무위로 돌렸고 입헌군주제가 아닌 전제군주제를 법제화했다는 명분으로 고종에게 망국의 책임이 돌려졌다. 고종이 입헌군주제를 수립했던 메이지(明治) 천황의 광명에 대비되는 암울하고 아둔한 암군이라는 타이틀을 얻게 된 연유도 이러했다.

대한제국 시기는 이행기였다. 전통과 근대의 양 시기를 살아갔던 고종에게 구체제를 밀어내고 재건의 모델이 된 것은 서양제국이었다. 서구 열강은 조선이 자신을 비춰 보는 거울인 동시에 배우고 따라야 할 모방의 대상이기도 하였다. 대한제국의 근대화를 이끌면서 대한민국의 현대사를 준비했던 인재들이 외국의 대학과 군사학교에서 유학했던 경험을 지녔던 이유도 여기에 있었다.

전통 시대와 대한제국 지식인의 차이점은 서구 경험이었다. 지식이 권력의 원천이었던 시대적 특성상 지적(知的) 기원이 중국에서 서양으로 대체되면서 대한제국 권력의 지도 또한 변했다. 그 특징은 한반도 지정학과 대한제국 지식인들의 유학 지역이 연동하였다는 점이다. 이는 대한제국 시기 한반도에서 발발했던 러일전쟁을 통해 입증되었다.

일본과 영미권에서 유학했던 인재들은 러일전쟁 당시 일본군을 위해 복무하거나 일본의 승전을 점쳤다. 반면 러시아 유학생들은 러시아군의 통역장교로 차출되어 러시아를 위해 힘썼다. 대한제국 시기에 이미 대륙과 해양이라는 지적(知的) 출처에 따라 분단의 밑그림이 그려지고 있었다.

냉전이 종식되었음에도 한반도가 여전히 분단의 상태에 있는 원인은 대한제국의 역사 속에 오롯이 남아 있다. 이는 남북 분단의 역사가 이데올로기 싸움도 아니요 냉전의 산물도 아니었음을 말해 준다. 대한제국의 역사는 제국주의시대 세계사와 연동하고 있었다. 그것이 대한제국의 역사를 국제관계의 시각에서 정리해야 하는 이유이다.

2021년 12월
최덕규

차례

책머리에

총론
1. 과학기술이 변화시킨 한반도 지정학 • 15
   1) 교통혁명과 시베리아철도의 해양 출구 • 15
      (1) 태평양시대의 개막과 대한제국의 명운 • 16
      (2) 한반도를 둘러싼 미·러의 경쟁: 대륙횡단철도와 시베리아횡단철도 • 17
   2) 정보통신 혁명과 한반도 지정학의 재발견 • 19
   3) 한반도 부동항과 열강의 건함(建艦) 경쟁 • 21
2. 제국주의 동맹외교의 진화와 국제법 질서의 한계 • 23
   1) 제국주의 동맹외교의 챔피언 : 4개국(영·프·러·일) 앙탕트 체제(Quadruple Entente of 1907) • 23
   2) 국제법 체제의 한계: 범법 국가들에 대한 제재 불가 • 25

제1부 근대 교통·통신혁명과 한반도 지정학의 재발견

제1장 조·미 수교와 미·중 패권 경쟁의 기원
   - 자주 독립국 한국의 탄생과 중국인 배척법(1882)
   1. 머리말 • 32
   2. 슈펠트의 태평양 해양제국 구상과 고종의 방아연미책(防俄聯美策) • 38
   3. 한반도 4강 구도 형성과 미·청 접근 • 49
   4. 슈펠트-리훙장의 조·미 수교 교섭과 "중국인 배척법" • 60
   5. 맺음말 • 72

차례 7

제2장 러청전쟁 위기(1880)와 한국의 북방정책
　　- 러시아 레솝스키(Lesovskii)함대의 극동 원정과 『조선책략(朝鮮策略)』
　　1. 머리말 • 80
　　2. 레솝스키 함대의 극동 원정 배경-러·청의 이리 분쟁 • 83
　　3. 레솝스키 함대의 극동 원정과 상트페테르부르크 조약 • 95
　　4. 레솝스키 함대의 극동 원정과 고종의 북방외교 • 105
　　5. 맺음말 • 117

제3장 영국의 글로벌 전신 네트워크와 한반도의 전신선 접속
　　- 홍콩·상하이은행 자금과 한국의 서로전선(西路電線)가설
　　1. 머리말 • 124
　　2. 전신의 발전과 유럽-극동 전신 네트워크의 형성 • 128
　　3. 한·일 해저전신선 가설과 영국의 "올 레드 루트(All Red Route)" • 138
　　4. 영국 해군의 거문도 점령과 서로전선 가설 • 148
　　5. 맺음말 • 159

제2부 한반도 부동항과 미·러의 태평양 패권 경쟁

제4장 러시아의 시베리아횡단철도 부설과 영국의 방러용일책(防露用日策)
　　-풍도(豊島)해전의 코우싱호[高陞號]사건(1894)과 국제법
　　1. 머리말 • 168
　　2. 영국의 방러용일책(防露用日策)과 영·일의 접근 • 171
　　3. 청일전쟁 개전과 영국 상선 코우싱호 침몰 사건 • 184
　　4. 코우싱호 배상책임을 둘러싼 법리 공방과 영·청의 정치적 타협 • 196
　　5. 맺음말 • 207

제5장 한반도 부동항과 러시아의 태평양 해양대국화정책
　　- 러시아는 대륙국가인가 아니면 해양국가인가
　　1. 머리말 • 214
　　2. 러시아의 태평양 해양대국화정책-대륙국가론에서 해양국가론으로 • 217

3. 러일전쟁 이후 러시아의 평화정책-해양국가론에서 대륙국가론으로 • 227
4. 맺음말 • 239

제6장 미국의 대러 봉쇄전략과 러일전쟁(1904~1905)
  − 대한제국의 전시 중립 성립 조건
  1. 머리말 • 246
  2. 대한제국의 국외 중립 선언과 러일전쟁 • 250
  3. 일본의 대한제국 중립 위반과 국제법 문제 • 261
  4. 미국의 대러 봉쇄전략과 좌절된 대한제국의 중립 • 272
  5. 맺음말 • 287

제3부 제국주의 동맹체제의 강화와 국제법질서의 한계

제7장 제국주의 열강의 콜라보레이션과 을사늑약(1905)
  − 일본군의 인도 파병 조건과 한국보호국화
  1. 머리말 • 296
  2. 일본의 한국보호국화정책과 제2차 영일동맹조약 • 298
  3. 포츠머스 강화회의와 일본군대의 한국주둔 논리
    −비테와 고무라 주타로의 논쟁 • 310
  4. 일본군의 한국강점에 대한 고종 황제의 기억과 대응 • 321
  5. 맺음말 • 331

제8장 대한제국 중립화에 대한 미국과 러시아의 견해차
  − 헤이그평화회의(1907)와 일본 국제법 위반에 대한 미·러의 상이한 해법
  1. 머리말 • 338
  2. 미국은 왜 대한제국이 아닌 청국의 전시 중립만을 지지했나? • 340
  3. 일본의 전시 중립 위반과 러시아 전함 나포 사건 • 351
  4. 제2차 헤이그평화회의 개최와 미·러 갈등 • 364
  5. 맺음말 • 381

제9장 제국주의 열강의 동맹체제 진화와 대한제국의 멸망
  - 4국 협력체제 등장과 안중근의 하얼빈의거
  1. 머리말 • 388
  2. 코코프초프의 극동 시찰 배경과 국제 차관 • 392
    1) 러일전쟁과 러시아의 재정 위기-모로코 위기와 독일의 부상 • 392
    2) 코코프초프의 차관 도입과 러시아 대외정책의 방향 전환 • 397
  3. 코코프초프의 극동 시찰 추진 • 403
    1) 재무상에 임명된 코코프초프 • 403
    2) 러시아 재무상 코코프초프 • 411
  4. 안중근의 하얼빈 의거와 좌절된 한·러 정보협력 구상 • 418
    1) 안중근의 하얼빈 의거와 러·일 관계의 진전 • 418
    2) 러시아 육군상의 한·러 정보협력 구상과 좌절 • 427
  5. 맺음말 • 434

결론 • 439

참고문헌 • 444
찾아보기 • 452

총론

이 책은 동북아역사재단의 3개년(2018~2020) 기획연구인 근대한국 국제관계사 연구의 결과물이다. 이 기획연구를 통하여 생산된 6편의 논문을 중심으로 필자가 틈틈이 써둔 관련 논문 3편을 추가하여 총 9개 장의 대한제국 국제관계사를 구성하였다. 이를 통해 고종의 친정 이후 한반도를 중심으로 미국, 러시아, 영국, 중국, 일본 등이 6자 구도를 형성했던 1880년대의 국제관계가 오늘날까지 지속하는 역사적 기원과 그 동인들을 살펴보고자 하였다.

　대한제국의 역사는 제국주의 시대사의 축소판이었다는 것이 본 연구의 문제의식이다. 한국이 국제법을 위반한 범법 국가에 의해 병합되었음에도 왜 국제법을 통해 구제받지 못했는지에 대한 의문이 본 연구의 동인이기 때문이다. 한국은 서세동점과 제국주의 질서의 세계화 조류에 따라 중국 중심의 전통질서에서 서구의 국제법질서로 편입되었다. 그런데도 왜 한국은 침략국의 불법과 강박에 법적 보호를 받지 못했는지에 대한 의문이 본 연구의 출발점이 되었다.

　무한한 이익을 추구했던 제국주의 열강의 탐욕은 국제법 질서를 무력화시켰다. 기득권을 지키기 위해 동맹을 체결하고, 이를 진영(陣營)으로 확대해 갔던 열강에 법보다는 힘이 더 가까웠다. 이는 제국주의 국제관계를 지탱하고 있던 법치의 전통이 무너져 갔던 본질적인 이유다. 더욱이 이기적인 개별국가들을 통제하는 기능이 부여된 국제기구가 존재하지 않았다. 그 결과 스스로 제어하지 못했던 열강의 탐욕과 폭력은 양차 세계대전을 겪은 후에야 비로소 해소되었다. 한국이 전범 국가들을 제재할 수 있는 공권력을 갖춘 국제기구가 등장한 이후에야 광복을 되찾을 수 있었던 이유도 여기에 있다.

　이 주제에 대한 학계의 선행연구 가운데 구대열의 『한국국제관계사 연구(1·2)』(역사비평사; 1995)는 단연 발군이다. 러일전쟁 이후부터 1945년 해방과 분단에 이르기까지 한국의 국제관계사를 다루고 있는 이 책은 방대한 분량뿐만 아니라 영국과 미국의 공간(公刊) 자료 및 미공개 사료들을 활용하여 일제 식민지 시기의 한반도 국제관계를 검토했다. 그런데도 이 책은 다음의 측면에서 보완해야 할 공백이 있음을 지적한다. 구성상의 문제와 자료 측면에서 이를 정리하면 다음과 같다.

첫째, 이 책의 연구범위는 1905년 대한제국이 일본의 보호국으로 전락한 러일전쟁 이후를 연구의 기점으로 설정하고 있다. 이는 1880년대부터 본격화된 조선 정부의 개방정책과 대한제국 수립과 광무개혁으로 이어지는 근대화정책이 제국주의 열강의 국제관계에 어떠한 상호관계를 맺게 되었는지에 대해 생략하는 한계를 보였다.

둘째, 제한적인 자료 접근 역시 한계라 할 수 있다. 『한국국제관계사 연구(1·2)』는 미국의 FRUS(Foreign Relations of the United States)나 영국의 DBFP(Documents on British Foreign Policy) 등 공간된 외교문서집뿐 아니라 영국과 미국의 문서관(Archives)이 소장한 미공개 한국 관련 자료들을 바탕으로 집필되었다는 점에서 높은 평가를 받았다. 그런데도 1990년대 중반에 출간된 이 책은 자료 접근에서 시대적 제약을 받았던 것으로 여겨진다. 근대 한국의 국제관계사에서 중요한 비중을 차지하던 러시아 자료에 대한 접근과 활용이 이루어지지 않았다는 한계가 바로 그것이다.

이 책은 오늘날 한반도 국제관계의 원형이 만들어진 1880년대부터 한국의 일본 병탄(1910)까지를 연구범위로 설정하였다. 아울러 기존의 탄탄한 선행연구 업적들을 토대로 러시아 자료들을 보완하고자 하였다. 따라서 본 연구의 의의는 선학들이 쌓은 거탑의 아귀를 맞추는 정도에 있다 할 것이다.

본 연구의 문제의식은 다음과 같다. 첫째, 제국주의 열강의 이권 독점을 위한 탐욕은 한반도를 둘러싼 국제관계에 어떤 형태로 표출되었는지, 둘째, 동 시대인들은 욕망과 과학기술의 발달이 결합하여 몰고 올 자기 파괴적 대재앙을 예측했음에도 왜 대비책을 마련하지 못했는지 혹은 대책을 알고 있었음에도 실현하지 않았는지, 셋째, 독점과 탐욕이 야기한 양극화의 심화와 공정성이 해체된 제국주의의 시대적 모순과 부조리가 한국 근대사에 어떻게 작동되었는지, 그리고 한국의 사례는 국제사회에 어떤 과제를 던져 주었는지 살펴보려 한다. 이것이 바로 제국주의 시대를 온몸으로 겪어 낸 대한제국사를 소환하는 이유다.

본 연구에서는 대한제국의 국제관계사를 이해하는 포인트로 자연과 인간의 양 측면을 구분하여 자연과학이 한반도 지정학의 변화에 끼친 영향과 인간관계가 제국주의 동맹외교에 미친 영향을 살펴보았다.

I. 과학기술이 변화시킨 한반도 지정학

1) 교통혁명과 시베리아철도의 해양 출구

고종 시대가 걸쳐 있는 19세기 말과 20세기 초는 과학기술이 세상을 바꾸는 시대였다. 제국주의 시대 한반도의 지정학을 바꾼 과학기술은 인공동력(人工動力)과 전신선(電信線)이었다. 산업혁명의 최대 발명품인 증기기관은 자연동력 시대에서 인공동력 시대로 교통혁명을 이끌었다. 증기기관이 장착된 새로운 교통수단인 철도가 등장함으로써 전통사회는 근대사회로 변모하기 시작했다. 철도는 자연경계와 전통적인 국경을 허물었을 뿐만 아니라 물적·인적 교류의 통로 역할을 하였다. 이러한 철도 본연의 네트워킹 속성은 수익성뿐만 아니라 지정학적 요충지와 접속하려는 지향성으로 나타났다. 그 결과 인공동력으로 시작된 글로벌 교통혁명은 전통적인 화이적(華夷的) 세계관을 허물어 버림으로써 한반도를 지정학적 시각에서 가치를 재인식하는 계기를 제공하였다.

(1) 태평양시대의 개막과 대한제국의 명운

한반도 지정학은 고종(高宗)시대를 경계로 그 이전과 이후가 구분된다. 전통시대의 한국은 중국의 변방에 위치했던 주변국에 불과했으나 산업혁명으로 촉발된 교통혁명은 한반도의 지정학을 세계무대의 중심에 위치시켰기 때문이다. 산업혁명의 동력을 장착한 서구 열강이 국익에 필요한 어느 곳이든 군함을 파견하고 철도를 연결하게 되면서 한반도의 지정학도 변화하였다. 한반도가 유럽과 미주의 가운데에 위치하게 된 것도 서울-파리 직선거리(약 8,900km)가 서울-샌프란시스코(약 9,000km)의 그것에 버금갔기 때문이었다.

한반도는 미주와 유럽의 중심에 있었지만 미국이 유럽보다 한국에 대한 접근성이 유리했다. 미국은 대서양과 태평양을 동시에 접하고 있는 지리적 특성상 유럽열강과 치열한 경쟁을 벌여야 하는 대서양보다는 태평양에서 경쟁력의 우위를 확보할 수 있었다. 미국대통령들이 태평양에 미국의 미래를 걸었던 이유도, 뉴욕과 샌프란시스코를 잇는 미국대륙횡단철도가 개통(1869)되면서 태평양의 패권 확보를 위한 미국의 도전이 본격화되었던 이유도 여기에 있었다.

대륙횡단철도는 해외상품시장과 접속을 원했다. 남북전쟁 이후 분열

되었던 미국을 통합시키고 단일한 국내시장을 만들어 냈던 대륙횡단철도는 전후 부흥을 견인하면서 새로운 상품시장을 요구했기 때문이었다. 후발산업국가로서 미국이 한국에 주목한 이유는 명료했다. 서구 열강에 개방되지 않음으로써 아직 특정국가의 독점적 시장으로 전락하지 않았기 때문이었다. 따라서 한미양국이 국제통상을 위한 조약 체결의 전제 조건은 한국의 국제적 위상을 자주독립국으로 자리매김하는 것이었다. 이것이야말로 한국이 주권국가로서 특정국에게 독점과 특권을 허용하지 않는 기회균등의 원칙이 통용되는 시장으로 개방되는 근거가 되기 때문이었다.

(2) 한반도를 둘러싼 미·러의 경쟁: 대륙횡단철도와 시베리아횡단철도

한편 유럽에서도 한반도를 향해 새로운 길을 닦는 국가가 등장했다. 제정러시아였다. 19세기 말에 이르러 러시아가 재정부담을 무릅쓰고 시베리아횡단철도(1891) 부설에 박차를 가한 것은 극동 지역의 정치·경제적 이해가 고조될 것이라는 판단에서 비롯되었다. 따라서 대한제국의 운명은 한반도가 중국시장의 관문이 될 것인지 아니면 태평양으로의 해양 출구가 될 것인지 여부에 달려 있었다.

대서양과 태평양을 연결하는 미국의 횡단철도(1869)와 캐나다의 횡단철도(1885) 부설은 태평양 시대의 개막을 알림으로써 유럽과 아시아 그리고 아메리카 국가들의 이해가 극동으로 집중되었다. 미국의 시각에서 봤을 때 중국 시장으로 진입하기 위한 최적의 교두보는 한반도였다. 이런 배경으로 미국은 조선 정부와 최초로 수교(1882)한 서양국가가 되었다. 더불어 러시아가 시베리아횡단철도의 해양 출구로 한반도에서 부동항을 획득하려고 기도함으로써, 아시아의 변방에 불과했던 한반도는

미·러의 이해가 충돌하는 전략 요충지로 변모하였다.

"시베리아횡단철도가 준공되는 날은 러시아가 한국 침략을 시작하는 날"이라는 일본의 초대 총리 야마가타 아리토모[山縣有朋]의 제국의회 시정연설(1890)은 시베리아횡단철도와 변화된 한반도 지정학의 상관관계를 잘 보여 준다. 일본 총리가 러시아의 한국 침략이 시작되는 날이 동양에서 일대 파란이 생기는 날로 판단한 것은 한국을 자국의 세력권으로 인식했기 때문이다. 이는 일본의 담장인 한반도가 러시아의 침략을 받는다면 본가(本家)인 일본의 안전이 위협받는다는 메이지[明治] 정부의 인식을 반영하고 있다. 따라서 시베리아횡단철도 부설은 러시아의 태평양 진출을 저지한다는 미·일 공동전선의 빌미가 됨으로써 한반도의 운명도 이와 연동되었다.

러시아의 시베리아횡단철도 부설에 미·일과 더불어 극도의 경계심을 보인 국가는 바로 영국이었다. 영국은 아편전쟁(1842)을 통해 청국을 개항시킨 후, 1844년부터 청국의 대외무역에서 독점적인 지위를 누리고 있었다. 그 배경에는 영국이 제2차 아편전쟁(1858~1860) 직후부터 청국 해관(海關)의 총세무사로 광둥[廣東]주재 영사관인 로버트 하트(Robert Hart)를 임명함으로써 영국의 대청무역은 여타 유럽국가들을 능가하게 되었다. 이러한 배경에서 시베리아횡단철도의 잠재력에 주목한 영국이 대청무역의 기득권을 유지하고자 "방러용일책(防露用日策)"을 마련함으로써 청일전쟁이 임박했다.

결국 교통혁명을 촉발한 과학기술이 대한제국에게 물었다. 한반도가 중국시장의 관문이 되길 원하는지 아니면 태평양으로의 해양 출구가 되고자 하는지.

2) 정보통신 혁명과 한반도 지정학의 재발견

산업혁명과 더불어 선발 제국주의 국가였던 영국의 패권 유지에 중요한 역할을 한 분야는 정보통신이었다. 영국은 제1차 세계대전 이전까지 전 세계의 해저전신선과 육상전신선의 64%를 지배함으로써 정보통신 혁명을 선도하였다. 런던의 로이터(Reuter) 통신사로 집중되었던 전 세계의 뉴스와 정보들은 대영제국의 세계경영에 나침반이 되었다. 영국의 전신망은 해군력을 바탕으로 전 세계에 흩어져 있던 영국령을 결속시키고, 신속한 현장출동을 가능하게 한 메커니즘이었다. 따라서 세계적 전신망에 조선의 전신선 접속은 조선 정부보다는 한반도 사정을 실시간으로 파악하고자 했던 영국의 필요에서 비롯되었다. 요컨대 정보통신 강국으로 한국이 부상하게 된 역사적 기원은 국내적 요인보다는 지정학적 중요성에 주목한 열강의 지원에 힘입은 바가 컸다.

조선은 극동에서 일본, 청국에 이어 마지막으로 전신선을 가설하였는데, 전신사업의 추동력은 영국 정부의 정책차관이었다. 해양국가들은 러시아 및 청국과 접경한 한반도에 대한 신속한 정보획득을 위해 적극적으로 재정을 투입했다.

영국 재무상 힉스비치(Michael Hicks Beach)가 해군성이 주도한 홍콩-상하이-거문도 해저전신선 부설(1885)을 대표적인 예산 낭비 사례로 지적한 이유도 이 때문이었다. 통신보안을 명목으로 해저전신선 공사에 8만 5,000파운드를 투입했음에도 2년 뒤 거문도 철수 당시 1만 5,000파운드에 매각했다.

대한민국의 대표산업인 정보통신 분야의 첫 작품은 영국의 재정지원으로 가설된 서로전선(西路電線, 인천-서울-의주)이었다. 서로전선 가설을 위해 홍콩·상하이은행(Hongkong-Shanghai Bank) 자금이 청국 정부의 보증하에 대한차관(10만 냥) 형식으로 1885년 제공되었다. 조선 정부에 20년 상환 무이자 차관의 특혜를 제공한 배경에는 영국 해군이 거문도를 점령하여 러시아를 견제하였던 한반도 지정학이 있었다. 아울러 영국은 한반도에 대한 속방정책을 강화했던 청국을 지원함으로써 러시아가 조선 정부에 접근하는 것을 차단하고자 하였다.

서로전선 가설을 위한 홍콩·상하이은행의 차관은 단순히 영국 정부가 한반도 정세를 신속·정확히 획득하는 데 유용한 것만은 아니었다. 이 차관은 조선의 대외 통상사무를 관장하던 총세무사(總稅務司) 임면권이 청국 해관 총세무사 하트(R. Hart)에서 북양대신 리훙장[李鴻章]에게 이관되는 전기가 되었다. 1883년 조선해관 설립 당시 총세무사의 임면권은 조선 정부가 관할했으나, 1885년 차관 도입 이후 메릴(Merill H. F.)이 총세무사로 임명되면서 조선 해관은 청국 해관의 통제하에 놓이게 되었다. 따라서 홍콩·상하이은행의 차관은 조선의 관세자주권을 상실하는 계기가 되었으며, 청국의 대조선 속국(屬國)정책이 강화되는 계기가 되었다.

쇠락해 가던 청국이 조선에 대한 속방화를 무리하게 강화했던 배경에는 러시아의 남하를 저지하려는 영국의 세계전략이 있었다. 중국 시장에서 기득권을 유지하고자 했던 영국은 러시아 해군의 한반도 부동항 획득을 저지한다면, 극동 해전에서 승산이 있다고 보았다. 하지만 프랑스의 대러 차관에 힘입은 러시아가 시베리아횡단철도 부설을 본격화하면서 영국의 고민은 깊어졌다. 대규모의 러시아 육군이 철도를 통해 극동으로 이동할 경우 이를 어떻게 물리칠 것인가?

3) 한반도 부동항과 열강의 건함(建艦) 경쟁

재발견된 한반도 지정학은 청일전쟁 이후 극동에서 군비 확장과 건함 경쟁을 촉발했다. 일본이 그 진원지였던 이유는 다음과 같다. 러시아 주도의 삼국간섭 결과 일본 정부는 시모노세키 조약으로 획득한 랴오둥반도를 청국에 반환하고, 그 대가로 금전 보상을 받는 데 합의(1895.5.13)함으로써 외교적 고립을 드러냈다. 시모노세키 조약에 따라 청국으로부터 전쟁배상금 2억 냥과 랴오둥반도 반환에 따른 보상금 3,000만 냥을 받게 된 일본이 향후 어떠한 대외정책을 추진할지, 이 자금을 어떻게 지출할지 등은 동북아시아 판도에 심대한 영향을 줄 것이 자명했다.

청국이 일본에 지불한 배상금과 보상금 총액 2억 3,000만 냥은 유럽 열강(영국, 프랑스, 독일, 러시아)으로부터 조달한 차관이었다. 2억 3,000만 냥은 3억 6,450만 9,656엔으로 환산할 수 있었는데, 당시 일본 한 해 예산의 3배에 해당하는 금액이었다. 일본이 1897년 10월 금본위제를 도입할 수 있었던 것도 배상금이 재정적 토대가 되었기 때문이다.[1] 따라서 일본이 이 자금을 군비 확장에 투입할 경우, 그 상대국은 러시아가 될 가능성이 농후해졌다. 결국 일본은 청일전쟁 승전국임에도 불구하고 러시아 주도의 삼국간섭에 의해 유럽 열강과 전리품을 나눠야 했고, 배상금은 차기 전쟁을 위해 지출해야 했다.

러시아 역시 대일 삼국간섭 이후 극동의 새로운 강자로 떠오른 일본의 위협에 대처하기 위해 태평양함대 증강사업을 추진하였다. 차르 니

---

[1] Shinkichi Nagaoka, 1981. Indemnity consideration in Japanese Financial Policy After Sino-Japanese war of 1894-1895, *Hokudai Economic Papers*, 11:1~29, p.1.

콜라이 2세(Николай II)의 해군보좌관 로멘(N. N. Lomen) 제독이 발트함대의 주력 전함들을 태평양으로 이동·배치하자는 방책을 제시하였던 것도 대일 군사력 우위를 확보하고자 했기 때문이다. 따라서 향후 러시아 해군의 정책은 발트해 제해권을 확보하는 독일과의 경쟁보다는 일본을 주적으로 삼아 태평양에서 해양강국으로 발돋움하는 데 초점이 맞춰졌다.

태평양함대 증강계획은 해군성의 예산증액 요구로 이어졌다. 차르가 1896~1902년에 이루어질 7개년 건함계획서를 재가(1895.6.24)한 것도 함대 증강정책과 맞물려 있었다. 차르의 제부였던 알렉산드르 미하일로비치 대공(вел. кн. Александр Михайлович)이 태평양함대 증강사업이 적어도 1904년까지 완료되어야 한다고 건의한 것도 일본의 10개년 건함계획이 1906년에 완성될 것을 염두에 둔 것이었다.

러시아의 태평양함대 증강계획은 극동에서의 부동항 획득으로 이어졌다. 청일전쟁 이후 극동 문제 특별회의에서 부동항 획득을 공식화(1895.12.1)하면서 태평양함대 사령관 알렉세예프 제독이 낙점한 항구는 바로 마산포(馬山浦)였다. 그는 조속한 점령보다는 시베리아횡단철도와 태평양함대의 증강계획이 완료될 때까지 장기적인 전망에서 이 문제에 접근해야 한다고 보고했다. 하지만 태평양함대 증강과 연동된 러시아의 마산포 획득 시도는 가깝게 있는 일본의 심장을 겨누는 비수로 인식되었다. 그 결과 러시아의 해양 진출과 일본을 앞세운 해양 세력(영국, 미국)의 반발과 저항은 한반도를 둘러싼 전쟁 위기를 증폭시켰다.

2. 제국주의 동맹외교의 진화와 국제법 질서의 한계

1) 제국주의 동맹외교의 챔피언
- 4개국(영·프·러·일) 앙탕트 체제(Quadruple Entente of 1907)

제국주의 시대 열강의 외교는 동맹 체결이 요체였다. 이는 패권 경쟁을 위한 합종연횡의 결과였다. 러일전쟁 이후에는 동맹과 동맹이 결합하여 일종의 카르텔을 형성하며 기득권을 더욱 공고히 하려는 동맹 체제가 나타났다. 이 체제는 상호 대등한 수평적 관계보다는 계서적(階序的) 관계로 구성되었다. 제국주의 동맹외교의 정점이라 할 수 있었던 1907년에 수립된 4개국(영·프·러·일) 협상 체제 역시 각자의 역할이 부여된 협업적 계서(Collaborative hierarchy)관계로 엮여 있었다. 영국에 대한 일본의 관계와 프랑스에 대한 러시아의 관계가 이러한 계서적 협업의 전형을 보여 주었다. 이는 후발 제국주의 국가였던 일본과 러시아가 선발 제국주의 국가인 영국과 프랑스의 이익을 군사력으로 보호하고, 그 대가로 정치적·경제적 권익을 인정받는 구조로 표출되었기 때문이다.

영·일 간의 협업적 계서관계가 한반도의 국제관계에 영향을 끼친 대표적인 사례가 일본의 한국보호국화 계획을 영국이 승인한 영일동맹 갱신조약(1905)이었다. 제1차 영일동맹 조약(1902)의 유효기한이 5년이었음에도 기한 만료 이전에 일본이 조약 갱신을 서두른 이유는 러일전쟁의 승전을 기화로 한국을 보호국으로 삼기 위함이었다. 영국이 일본의 욕망을 충족시켜 주는 대가로 요구한 것은 영일동맹 조약 범위 확대였다. 이에 따라 영국령 인도(印度) 방위에 일본 육·해군 파병이 명문화되었다. 요컨대, 일본은 한국을 보호국으로 삼기 위해 러시아와 처절한 전쟁을 치러야 했고, 영국령 인도 방위를 위해 파병을 약속해야 했다.

일본이 영국령 인도 방위를 위해 파병의 의무를 지게 된 원인은 러시아가 프랑스와 군사동맹을 체결한 배경과 맥락이 같다. 1892년 8월에 체결된 양국의 군사동맹 협약에 따르면, 러시아는 프랑스가 독일의 공격을 받을 경우, 가능한 한 신속하게 가용병력을 동원하여 독일을 공격하기로 약속하였다. 전제 황제가 다스리던 러시아가 혁명의 진원지였던 프랑스 제3공화정을 돕기 위해 70~80만 명의 병력을 동원하여 서부전선을 열기로 약속한 이유는 무엇일까? 이유는 간단했다. 돈 때문이었다. 시베리아횡단철도 부설(1891)에 나섰던 러시아는 부설자금을 원활하게 조달하기 위해 프랑스차관이 필요했다. 프랑스와 러시아 사이에 나타난 협업적 위계관계는 자본 수출국과 수입국에서 비롯된 금융상의 위계관계를 반영하였다.

러·프 군사동맹은 러일전쟁을 계기로 참전을 회피하고자 했던 영국이 프랑스와 협력관계를 수립(Anglo-French Entente, 1904)하면서 러일전쟁 이후 영국·프랑스·러시아·일본은 한배에 올라탄 일종의 운명공동체가 되었다. 이로써 선발 제국주의 국가이자 금융자본의 본진을 이루고 있었던 영국과 프랑스를 러시아와 일본이 지원하는 양상으로 나타났다. 선발과 후발 제국주의 국가들 간에 일종의 협력(collaboration)관계가 성립된 것이다. 이처럼 제국주의 시대 국제관계에서 독점적 지배체제가 카르텔로 진화한 대표적인 형태가 바로 4개국(영·프·러·일) 앙탕트체제(Quadruple Enetnte of 1907)였다.

2) 국제법 체제의 한계: 범법 국가들에 대한 제재 불가

대한제국의 멸망과 관련한 국제관계사 연구의 주요 쟁점은 힘(Power)과 법(Law) 사이의 견제와 균형 관계가 붕괴했다는 점이다. 제국주의 국제질서의 보루였던 국제법의 효력 상실과 균열은 전시중립을 선언(1904)했던 대한제국에 대한 일본의 침략으로 시작되었다. 제국주의 시대의 작동원리이자 대한제국을 둘러싼 국제관계의 토대를 이루었던 국제법 체제가 러일전쟁을 계기로 무너지기 시작했다. 이로써 러일전쟁 개전 당시 중립국인 대한제국을 침략한 일본은 20세기 최초로 국제법을 위반한 국가가 되었다.

국제법은 서구 문명의 전통이었던 법치(法治) 개념을 국제관계에 적용한 규율이다. 이는 국가 간의 갈등을 전쟁이 아닌 법률로써 해결하고자 한 서구 근대역사의 산물이었다. 과학기술 발달을 배경으로 가공할 인명 살상 무기의 등장과 문명 파괴적인 전쟁의 참상을 목격한 서구인들은 무력이 아닌 법률로 분쟁을 해결하려는 노력을 지속해 왔다.

교전국들이 전쟁을 치르면서 반드시 준수할 교전수칙인 국제법은 전쟁 폭력과 파괴의 참화로부터 유럽 문명을 지켜내기 위한 서구인들의 지혜와 합의의 결정체였다. 법치의 세계를 수호하려 했던 서구 열강은 국제법을 어긴 국가들을 제재하고, 재발 방지책을 마련하고자 했다. 견제받지 않는 권력은 부패하듯이, 징벌받지 않는 범죄자는 정의를 두려워하지 않기 때문이다.

고종 시대의 국제법 체제는 범법 국가들에 대한 처벌을 집행할 공권력이 부재했다는 한계가 있다. 물론 조사위원회를 구성하여 중재재판을 통해 분쟁을 해결했던 전례들은 있었다. 그런데도 국제법을 어기고, 이에 대한 비난을 무시해 버리는 국가들(독일, 일본)이 제국주의의 국제질서에 등장하였다.

그렇다면 그 원인은 무엇이고 범법 국가들은 왜 나타나게 되었는가? 또 대한제국의 멸망은 일본의 불법행위에 의한 소산이었음에도 왜 그것은 관철되었는가? 왜 서구의 법치국가들은 중립을 선언한 대한제국을 일본이 불법 점령하여 보호국으로 만들고, 결국 병탄에 이르렀음에도 이의를 제기하지 않았는가?

제국주의의 국제관계에서 대한제국의 소멸은 이 시대의 작동원리였던 국제법 체제의 한계, 즉 법이 무력에 굴복한 것을 오롯이 보여 준다. 국제법 준수를 더는 의무로 간주하지 않는 국가들이 등장하면서 법과 무력 사이의 균형과 견제가 무너진 것이다. 따라서 20세기 제국주의 시대는 서양문명의 근간이었던 법치의 전통이 붕괴하고, 무소불위의 무법천지로 전락하고 말았다.

무법의 제국주의 시대를 이끌어 갈 새로운 작동원리는 국가 이기주의였다. 인류 역사에서 경험해 보지 못했던 가공할 무기들이 등장했고, 열강은 그러한 무기들을 보유하기 위해 치열한 군비경쟁을 벌였다. 군축 합의를 담아 이를 성문화하지 못했던 국제법보다 최첨단 무기들의 발언권이 더 강했다. 이로써 서구 열강은 식민지를 늘려가며, 시나브로 제1·2차 세계대전의 화마에 빠져들고 말았다.

제1부

근대 교통·통신 혁명과 한반도 지정학의 재발견

제1장

조·미 수교와 미·중 패권 경쟁의 기원
– 자주독립국 한국의 탄생과 중국인 배척법(1882)

1. 머리말
2. 슈펠트의 태평양 해양제국 구상과 고종의 방아연미책(防俄聯美策)
3. 한반도 4강 구도 형성과 미·청 접근
4. 슈펠트–리훙장의 조·미 수교 교섭과 "중국인 배척법"
5. 맺음말

슈펠트 제독(Robert W. Shufeldt, 1822~1895)

리훙장(李鴻章, 1823~1901)

1. 머리말

미국은 서구 열강 가운데 최초로 한국과 수호통상조약 체결을 시도했다. 신미양요(辛未洋擾, 1871)는 이 과정에서 조미 양국 간에 발생했던 (1871) 무력충돌을 말한다. 미국아시아함대의 군함 모노카시(Monocacy)호에서 1시간 동안 발사된 60여 발의 9인치 포탄은 강화도 광성보를 초토화시켰다. 장대비처럼 쏟아지던 포탄 속에서 조선군 350여 명이 산화했다. 1871년 6월 11일 봉건시대의 조선이 경험한 근대의 참 모습은 이러했다. 그 결과 신미양요는 조선의 위정자들에게 물었다. 당신들은 과연 국민의 생명과 안전을 책임질 수 있는지, 그렇지 않다면 무엇을 해야 하는지?

조·미 수교의 법적 근거는 조미수호통상조약(1882)이었다. 이 조약의 체결을 위한 교섭의 쟁점은 제1조에 조선이 중국의 속방임을 밝히는 이른바 "속방조관(屬邦條款)" 삽입 여부였다. 조·미 수교의 전권을 부여받은 미국 측 대표 슈펠트(R. W. Shufeldt) 제독은 조선과 미국이 대등한 관계에서 조약 체결하는 것을 속방조관이 저해한다는 명분으로 이를 명시하려는 청국의 시도를 좌절시켰다. 따라서 조미수호통상조약은 조선이 정치적으로 속국에서 독립국으로 인정받는 국제법적 근거가 되었으며, 경제적으로 특정한 나라에 독점과 특권을 허용하지 않는 기회균등의 원칙이 통용되는 시장으로 개방되는 계기가 되었다. 아울러 미국의 번영은 아시아 국가와의 통상 확대에 달려 있다는 슈펠트의 신념도 실천할 수 있게 되었다.

그렇다면 청국은 왜 조미수호통상조약에 속방조관을 포함하려 했을까? 이는 속방조관이 청국의 안위를 담보하는 조선의 지정학적 중요성을 반영하고 있었기 때문이다. 청국의 당로자들이 조선을 중국의 왼팔[左臂]로 간주한 것도 "조선이 망하면 왼팔이 잘리고, 울타리가 없어질 수 있다"는 우려에서 비롯되었다.[1] 더욱이 속방조관은 조·청 간 불가분(不可分)의 관계뿐 아니라 러·청 관계의 변화가 투영된 점에서 주목된다. 1880년 12월, 리훙장은 조미수호통상조약에 조선은 "중국의 명을 받들어 결약(結約)"한다고 성명하도록 해야 한다는 주일 청국공사 허루장[何如璋]의 건의(1880.11.18)에 거부 의사를 표명했다. 속국(屬國)의 명문화는 조선 국왕이 스스로 요청할 때만 가능하다는 것이 이유였다.[2]

이러한 리훙장의 입장은 러·청 간의 전쟁 위기가 조만간 해소될 것이라는 낙관에서 비롯된 것이었다. 1880년 여름, 러시아로 파견된 청국 대표 쩡지쩌[曾紀澤]는 러시아 수도에서 이리(伊犁) 문제를 평화적으로 타결하는 협정을 목전에 두고 있었다. 이후 청국 정부의 조약 체결 훈령(1880.12.28)을 받고 상트페테르부르크 조약에 서명(1881.2.24)함으로써 일단락되었다.[3]

그렇다면 리훙장이 조·미 수교를 위한 슈펠트와의 교섭이 시작되었던 1882년 봄(1882.3.25~4.18) 속방조관을 다시 꺼내든 까닭은 무엇일까?

필자는 리훙장이 속방조관을 거론한 이유를 "러시아위협론(Russophobia)"의 재부상과 관련 있다고 본다. 1880년 이리 위기 당시 대청 해상 압박 작전을 위해 극동으로 파견된 전직 해군상 레숍스키(С. С. Лесовский) 제독

---

1 국역 『淸季中日韓關係史料』 3, 김형종 외 역, 동북아역사재단, 2016, 86~99쪽. 何如璋 『主持朝鮮外交議』.

2 위의 자료. 109~114쪽. 李鴻章-總理衙門(1880.12.23).

3 최덕규, 2018, 「조선책략과 고종 정부의 북방정책-러시아 레숍스키 함대의 극동 원정(1880~1881)을 중심으로」, 『군사』 108호, 285~294쪽.

은 연합함대를 이끌고 블라디보스토크에 집결해 있었다. 그는 상트페테르부르크 조약이 비준(1881.5.15)되기를 기다린 후, 일본을 방문하여 일왕을 알현(1881.6.15)한 후, 러·일 우호를 과시하며 귀국길에 올랐다. 러시아 해군성은 차르의 칙령에 따라 해군의 전략을 수립하기 위해 특별회의(1881.9.3)를 개최하여, 태평양에서의 해군력 증강과 블라디보스토크 방비 강화를 결의하며 본격적인 극동 진출의 토대를 마련했다. 러시아 극동의 유일한 항구인 블라디보스토크를 시베리아를 통해 유럽과 연결한다는 논의가 1881년 가을부터 본격화된 것도 레솝스키 함대의 극동 원정 결과였다.[4]

슈펠트 제독은 리홍장이 속방조관을 통해 미국을 청국과 더불어 조선을 공동으로 보호하는 국가(Joint protectors of Korea)로 포섭하려는 계책으로 평가했다.[5] 이는 리홍장이 러시아 레솝스키 함대의 극동 원정(1880~1881)을 계기로 러·청 전쟁 위기를 러·일 공조에 맞선 자구책의 하나로 미·청 방위협력을 기대했기 때문이다. 이에 슈펠트의 조·미 수교 교섭 시도는 러·청 간의 전쟁 위기와 맞물림으로써 5개국(조·미·청·러·일)의 세력 관계가 조미수호통상조약에 투영되는 구조가 되었다.

본 연구는 조·미 수교를 1880년대 초반 극동 국제관계의 시각에서 살피고자 한다. 왜냐면 조·미 수교가 조선, 미국, 청국뿐만 아니라 일본과 러시아가 등장하는 한반도를 둘러싼 4강(미·청·러·일) 구도의 산물이라는 문제의식이 있기 때문이다. 레솝스키 제독이 이끄는 러시아 연

4　Р. В. Кондратенко, *Морская Политика России 80-х Годов XIX века*, СПб. 2006, pp.58; 75-78.

5　Frederick C. Drake, 1974, *The Empire of he Seas: A Biography of Rear Admiral Robert Wilson Shufeldt, USN*, University of Hawaii Press, pp.290-291.

합함대가 러·청 간의 이리 문제로 촉발된 전쟁 위기를 계기로 청국에 무력시위를 하기 위해 블라디보스토크로 집결(1880)함으로써 등장한 러시아 요인과 미국의 슈펠트 제독이 아프리카·아시아 신흥시장 개척을 위한 순항 여정의 마지막 목적지인 조선에 당도(1880.5.4)함으로써 나타난 미국 요인이 극동의 전통질서 변화에 새로운 동력이 되었다. 이로써 1880년을 기점으로 한국 근대사는 한반도를 둘러싼 4대 열강의 상호작용과 연동되었다.

조·미 수교에 관해서는 오랜 기간 많은 연구가 이루어졌음에도 극동 국제관계 시각에서 다룬 연구는 거의 없다. 1910년에 발표된 파울린(Charles O. Paullin)의 논문 「슈펠트 제독의 조선 개항」[6]을 기점으로 미국[7]과 중국 자료[8]를 중심으로 이 주제와 관련된 다양한 연구들이 축적되었

---

[6] C.O. Paullin, 1910. "The Opening of Korea by Commodore Shufeldt", *Political Science Quarterly*, Vol.25, No.3, pp.479-499.

[7] 조·미 수교에 대한 한국학계의 연구는 활용한 사료의 특징에 따라 두 그룹으로 구분할 수 있다. 첫 번째 그룹은 1960년대 초반 미국국립문서관(The U.S. National Archives) 소장 슈펠트 제독의 순항일지(Commodore R.W. Shufeldt: Cruise of the Ticonderoga, 1878~1880) 자료와 미국의회도서관 소장 슈펠트 문서(Shufeldt Papers)를 활용한 연구들이다. 이 자료들은 조·미 수교를 둘러싼 슈펠트 제독의 활동들을 객관적이고 실증적으로 연구하는 데 기여하였다. 주요연구로는 李普珩, 1961. 「Shufeldt 提督과 1880年의 朝美交涉」, 『歷史學報』 15, 61~91쪽. 이보형 교수는 文一平의 『對米關係五十年史』(조선일보사편집부: 1939)가 Paullin의 논문에 주로 의거하고 있다고 평가하고, 자신의 논문에 인용 사료를 "The U.S. National Archives, Commodore R. W. Shufeldt: Cruise of the Ticonderoga, 1878~1880"라고 소개했다; 韓沽劤, 1963. 「Shufeldt 提督의 韓·美修好條約 交涉推進緣由에 대하여」, 『震檀學報』 24권, 419~438쪽. 한우근 교수가 소개한 논문의 인용문서는 미국의회도서관(The Library of Congress)의 슈펠트 문서였다. 그런데도 이보형의 연구는 1880년 일본의 알선으로 추진된 슈펠트 제독의 조·미 교섭이 실패한 이유를 고찰하였고, 한우근의 연구 역시 미국이 조미조약 체결에 노력한 배경과 그 필요성에 초점을 맞춤으로써 조미 양국 관계사의 틀에서 벗어나지 못했다.

[8] 1972년 대만 중앙연구원 근대사연구소에서 간행한 『淸季中日韓關係史料』의 "勸尊朝

으며, 개별 사실에 대한 각론은 정립된 듯하다. 그런데도 청국 정부가 이리 분쟁으로 촉발된 러시아와의 전쟁을 준비했음에도 결국에는 왜 타협을 하게 되었는지, 리훙장은 1880년 주일청국공사 허루장이 건의한 속방조관을 거부했는데, 왜 1882년 봄 이를 번복하여 대미 협상카드로 활용했는지, 슈펠트 제독은 미일화친조약(1854)에 없는 거중조정(居中調整) 조문을 왜 조미수호통상조약 제1조에 포함했는지 등의 종합적인 연구가 미진하다. 더불어 조·미 수교 연구사에서 러시아 자료가 인용되지 않았던 점은 기존 연구의 한계라 할 수 있다. 조·미 수교는 연미론을 국제조약으로 공식화하는 과정이었기 때문에 연미론과 인과관계가 있는 러시아의 극동정책을 고찰하는 것은 이러한 연구의 공백을 메우는 기회

鮮與各國立約通商" 문서를 활용한 연구들이 이에 해당한다. 清末 외교문서 가운데 조선 관련 사료들을 선별하여 편찬한 『清季中日韓關係史料』은 연미론(聯美論)을 둘러싼 조청관계사를 연구할 수 있는 토대가 되었다. 따라서 1960년대의 미국 문서관 소장 자료의 발굴과 1970년대 대만 근대사연구소 檔案館 자료들이 출판됨에 따라 한국·미국·중국 자료들을 활용한 업적들이 산출되기 시작했다. 대만 중앙연구원 근대사연구소의 朝鮮檔에 대한 연구조사(1965~1967)는 권석봉(權錫奉)에 의해 한국학계에 보고된 바 있다. 권석봉, 1967, 「중국 중앙연구원 소장 조선당에 대한 연구조사 보고」, 『동양사학연구』 2, 43~74쪽 ; 아울러 1972년 간행된 『清季中日韓關係史料』의 조미조약 관련 부분은 동북아역사재단에서 번역 발간한 "국역 『清季中日韓關係史料』 3, 2016."을 참조할 수 있다. 주요 연구업적은 다음과 같다. 權錫奉, 1963, 「李鴻章의 對朝鮮列國立約勸導策에 대하여」, 『역사학보』 21; 宋炳基, 1975, 「19세기 말의 聯美論 序說-李鴻章의 密函을 중심으로」, 『史學志』 9권; 宋炳基, 1984, 「金允植·李鴻章의 保定·天津會談(上·下)-朝美條約締結(1882)을 위한 朝淸交涉」, 『동방학지』 44·45권; 김원모, 1993, 「슈펠트·李鴻章의 朝鮮開港交涉始末」, 『國史館論叢』 第44輯. 주요업적들을 정리해보면, 권석봉은 리훙장의 列國立約勸導策이 聯美策의 기초가 되었다고 분석하였고, 송병기는 기존연구가 미국 측 자료에 의존했음을 지적하고, 한국 및 중국 측 자료를 이용하여 조·미 수교에서 중요한 역할을 하였던 조청 간의 교섭을 천착하였다. 김원모는 韓中美의 자료를 섭렵하여 종래의 조미·조청 관계에 국한되었던 주제를 종합적으로 살핌으로써 연구 범위를 확장하는 업적을 이루었다.

가 될 것이다.

이에 본 연구는 다음의 문제들을 다루고자 한다. 첫째, 슈펠트 제독이 미국을 태평양의 해양제국으로 부상시키고자 하였던 논리와 의지를 살피고자 한다. 이는 조선 정부가 쇠락해 가는 청국을 보면서 조선의 안전보장책으로 대미 접근정책을 추진한 계기가 되었기 때문이다. 둘째, 미국 정부가 일본이 아니라 청국을 조·미 수교의 주선자로 삼은 원인을 고찰하고자 한다. 이는 러시아의 레솝스키 함대의 극동 원정과 관련하여 청국이 조선에 연미론을 제시했기 때문이다. 셋째, 리훙장이 1880년 허루장이 건의한 속방조관을 거부했음에도 1882년 봄 조·미 수교 협상에서 이를 다시 꺼내든 배경에 대해 고찰하고자 한다. 이는 1881년 가을부터 적극적으로 시행된 러시아의 극동정책과 깊은 관련이 있기 때문이다. 아울러 슈펠트 제독이 리훙장과 조·미 수교 협상을 전개하는 동안 미국의회가 통과시킨 "중국인 배척법(Chinese Exclusion Act)"은 조·미 수교와 어떤 상관관계가 있는지 검토하고자 한다. 이 법안은 슈펠트가 리훙장과의 협상 과정에서 자신의 의지를 관철하는 지렛대로 삼았기 때문이다. 아울러 본 연구에는 러시아의 문서관에서 찾은 관련 사료들을 활용하였음을 밝힌다.[9]

---

[9] 러시아 해군함대문서관 해군성관방국 문서(РГАВМФ. Ф.410. Канцелярия Морского Министерства)가 그에 해당한다.

2. 슈펠트의 태평양 해양제국 구상과
   고종의 방아연미책(防俄聯美策)

조·미 수교는 미국을 태평양의 해양제국으로 부상시키려는 슈펠트[10] 제독의 구상과 연미론(聯美論)을 근대 조선의 안전보장책으로 삼고자 했던 고종의 대미 접근정책이 맞물린 산물이다. 슈펠트는 로마제국과 대영제국의 역사에서 나타나듯이, 국가의 번영은 해외 통상확대가 관건이라는 신념의 소유자였다. 그는 대서양과 태평양에 접한 미국의 지리적 특성상, 유럽 열강과 치열한 경쟁을 벌이는 대서양보다는 태평양에서 미국의 미래를 찾고자 했다.

한편, 조선 정부는 일본의 류큐 병합(1879)에서 보았듯이 무기력한 청국보다는 서구 열강이 조선의 안전을 보장해 주길 바랐다. 이는 서양공법에 의존하여 자주독립을 유지하는 책략이 비현실적임을 인식한 결과였다. 따라서 청국이 조선에 권고했던 연미책을 계기로 고종은 근대 조선의 안보체계에 미국을 포섭하고자 하였다.

---

10 슈펠트(1822~1895)는 뉴욕주 레드후크(Red Hook, Dutchess county)에서 변호사의 아들로 태어났다. 1845년 7월 해군 장교로 임관된 후, 증기우편선 애틀란틱(Atlantic)과 조지아(Georgia)호의 일등항해사로 근무했다. 1854년 해군 퇴역 후, 미국 상선대에 입대, 뉴욕-리버풀, 뉴욕-뉴올리언스를 왕복하는 상선의 선장으로 활약했다. 남북전쟁이 발발하자 링컨 대통령이 슈펠트를 쿠바의 아바나(Havana)주재 미국 총영사에 임명함으로써 외교계에 첫발을 들여놓았다. 남북전쟁 종반 무렵인 1863년 슈펠트는 다시 해군에 입대, 연방 해군의 함장으로서 남부 연방군(Confederate forces)의 해군과 여러 차례 해전을 벌여 승리로 이끌었다. 남북전쟁 직후 아시아함대에 배속된 그는 1866년 9월 5일 와추셋(Wachusett)호 함장에 임명되어 해적의 약탈로부터 미국의 통상을 보호하는 임무를 수행했다. (Paullin, The Opening of Korea by Commodore Shufeldt. p.477; Frederick C. Drake, 1974, *The Empire of he Seas: A Biography of Rear Admiral Robert Wilson Shufeldt, USN*, University of Hawaii Press, pp.4-13).

미국은 조·미 수교의 조건으로 조선을 특권과 독점이 허용되지 않는 기회균등의 원칙이 실현되는 교역 시장으로 만들고자 했다. 이는 슈펠트가 조선을 아시아 통상의 교두보로 주목했기 때문이다. 따라서 조선 문제를 둘러싸고 전통적인 속방관계를 유지하여 조선을 독점하려는 청국과 자주국의 지위를 부여했던 미국의 대립 구도가 형성되기 시작했다. 이에 조·미 수교의 주역인 슈펠트 제독과 고종의 세계관에 대해 살펴볼 필요가 있다.

1877년, 슈펠트 제독은 워싱턴의 "미국식민협회(American Colonization Society)"에서 "미국 해군과 라이베리아공화국의 건국·발전·번영"[11]이라는 연설을 통해 "문명의 힘은 화약에서 나온다"는 문명관을 보여 주었다. 이는 슈펠트가 아프리카 함대(1843~1844)를 지휘하며 라이베리아 해안을 순항했던 페리(M. C. Perry) 제독의 문명관을 계승했음을 의미했다. 이 연설에서 슈펠트가 미국 해군 역사상 가장 위대한 인물로 페리 제독을 꼽았던 이유도 토착민들에게 화약으로 문명을 유감없이 보여 주었기 때문이다. 페리 제독이 함포 외교로 일본을 개국시켰던 선례는 슈펠트의 조·미 수교에도 적지 않은 영향을 끼쳤다.

슈펠트가 1878년 미국식민협회 부회장에 선임된 것은 그가 인종주의자였음을 보여 준다. 미국식민협회는 미국 내 인종 문제를 해결하기 위하여 미국 흑인들의 아프리카 재이주를 목적으로 설립(1817)되었다. 이 협회의 사상적 기반은 사회진화론적 인종론에 있었다. 각 인종에게는 그들에게 적합한 영역, 즉 황인종은 아시아, 백인은 유럽에서 번영하듯

---

11 LC, African American Pamphlet Collection, "The American Navy and Liberia : an address before the American Colonization Society, January 18, 1876."

이 흑인도 그들에게 할당된 영역에서 발전할 수 있다는 논리이다.[12] 그의 인종주의적 문명관은 조·미 수교를 위해 리훙장과 교섭하는 과정에서 화이론(華夷論)적 세계관을 비판하고, 서구의 국제법 기준에 따라 조선의 지위를 결정짓고자 한 사상적 배경이 되었다.

슈펠트가 미국의 인종 문제를 해결하기 위해 아프리카의 라이베리아 공화국에 주목한 것은 이곳이 아프리카의 무역을 확대하는 거점이 될 수 있다는 판단 때문이었다. 아메리카 대륙으로 건너온 청교도들처럼 아프리카로 귀환한 미국 흑인들이 신대륙을 개척하여 수립할 새로운 국가는 사실상 미국의 식민지로서 거대한 상품시장으로 성장해야 했다. 따라서 슈펠트의 연설에서 신생국 라이베리아가 "유럽 열강에 흡수되거나 야만 부족들에 의해 사라지는 일은 없을 것"이라 역설한 것은, 라이베리아 건국과 발전에 미국 해군 장교들의 역할을 강조하기 위함이었다.[13]

슈펠트는 미국 해군이 라이베리아를 보호해야 할 또 다른 이유로 기독교 선교를 꼽았다. 그는 이곳으로 이주한 미국 흑인들이 아프리카 중심부에 기독교 선교의 선봉이 될 것으로 기대하며, 아메리카 대륙에서 미국이 한 역할을 아프리카에서 라이베리아가 해 주길 바랐다. 슈펠트는 아프리카 전역을 비추는 라이베리아의 등대가 수도 몬로비아(Monrovia)에 정박한 미국 군함으로부터 연료를 공급받는 구조로 양국관계를 그리고 있었다. 따라서 이슬람교를 믿는 아프리카 토착 부족들과

---

[12] LC. "The U.S. Navy in connection with the Foundation, Growth and Prosperity of the Republic of Liberia." 1877. p.18.

[13] 위의 문서. p.27.

투쟁하고, 이교도들을 개종하는 임무를 수행하는 선교사들의 최선의 동맹자는 미국 해군이었다. 슈펠트에게 해외 통상, 기독교 선교, 그리고 해군력은 삼위일체(三位一體)였다.

슈펠트가 소형 군함을 활용하여 미국과 라이베리아를 직접 연결하는 우편선 개설을 제안한 것은 대외무역의 물꼬를 트는 역할을 해군이 담당하고자 했기 때문이다. 이는 영국의 해외 우편체제가 이러한 방식으로 시작하여 이후 민간회사가 이를 받아 세계적인 우편망을 구축한 선례에 주목한 것이었다. 이에 따라 군함이 먼저 항로를 개척하고, 상선이 뒤를 따르는 방식으로 라이베리아를 미국의 통상시장으로 확보한다는 계획을 세웠다. 슈펠트가 해군성 장비모병국장(Chief of the Bureau of Equipment & Recruiting)에서 물러난 것(1878.11.1)도 군함과 상선을 "공동의 사도(Joint Apostles)"로 삼아 기독교 교리를 아프리카에 전파하고, 라이베리아를 통상 거점으로 확보한다는 그의 원대한 구상과 무관하지 않았다.[14]

슈펠트의 구상은 미국의 통상시장 확대를 위한 아프리카·아시아 순항함 지휘관으로 임명됨으로써 시행되었다. 해군장관 톰슨(R. W. Thompson)과 국무장관 에버츠(Maxwell Evarts)가 공동으로 작성하여 슈펠트에게 전달한 훈령(1878.10.29)의 요지는 남북전쟁 이후 침체를 겪고 있던 미국경제 부흥을 위한 활로 모색이었다. 이는 과잉 생산된 상품과 농산물의 판로 확보가 핵심으로, 미국이 유럽 열강과 아시아·아프리카 시장 쟁탈전에 참여하게 되었음을 의미했다.

그렇다면 후발 제국주의 국가인 미국이 아시아·아프리카 시장을 선

---

14 위의 문서, p.26.

점한 영국·프랑스 등 선발 제국주의 국가들과의 경쟁에서 우위를 확보할 수 있는 곳은 어디일까?

슈펠트가 라이베리아를 아프리카 통상확대의 거점으로 간주했다면, 아시아 시장의 교두보로 주목한 국가는 조선이었다. 조선은 한편으로 아직 서구 열강에 개방되지 않았기 때문에 이들에 의한 세력권 분할이 일어나지 않은 나라이며, 다른 한편으로 조선에 대한 접근성은 지리적으로 유럽보다 미국이 훨씬 유리했다. 따라서 버지니아의 케이프 헨리(Cape Henry)를 출발(1878.12.7)한 슈펠트의 순항 일정에 라이베리아가 최초 도착지였으며, 조선이 종착지로 상정되었다.

슈펠트의 아프리카·아시아 순항 일정에서 대미를 장식할 사건은 조·미 수교였다. 이는 아프리카·아시아 원정을 국가적인 차원에서 지원한 미국 정부에 대한 보답일 수도 있었다. "페리가 일본을 개국시켰듯이 조선인들도 개항을 기다리고 있다"고 슈펠트를 격려했던 미국 상원의 해사위원회 의장이자 캘리포니아주 상원의원 사젠트(A. A. Sargent)와 국무장관 에버츠는 수교 성사 가능성을 조심스럽게 전망하고 있었다. 신미양요를 이끌었던 조선의 집권세력이 물러나고 신정부가 등장하였고, 조일수호조규를 체결하여 조선을 개항시킨 일본의 주선을 기대하고 있었기 때문이다.[15]

미국이 일본의 주선을 통해 조·미 수교를 추진하기로 한 근거는 조일수호조규를 보완하기 위해 6개월 뒤에 체결한 조일수호조규 부록(1876.8.24) 제10조였다. 제10조의 요지는 조선 연해에 표류해 오는 외국

---

15 Frederick C. Drake, *The Empire of he Seas*, pp.176-181.

선원의 본국 송환 사무는 각 항구의 일본 관리관 소관으로 규정하였다.[16] 이는 조선과 서구 열강 간의 접촉 창구가 일본이라는 해석을 가능하게 했다. 따라서 이 조항은 조·청 간에 존재했던 외국인 처리 업무가 일본에 이관되었음을 의미했다.

슈펠트가 해군장관으로부터 출항명령(1878.10.29)을 받은 뒤, 국무장관 에버츠가 해군장관 톰슨에게 보낸 편지(1878.11.9)가 추가로 슈펠트에게 전달되었다. 에버츠는 일본과 통상조약 개정(1878.7.25) 작업을[17] 진행하면서 조선 해안의 외국인 표류 선원 송환업무가 일본으로 이전되었음을 알게 되었다. 그는 이를 계기로 조선이 조일수호조규와 유사한 조약을 체결할 의지가 있는지 슈펠트에게 조사하여 보고하도록 했다. 더불어 해군장관 톰슨이 타이콘데로가(Ticonderoga)호의 순항 일정에 한반도를 포함한 것을 슈펠트에게 훈령한 것도 같은 이유였다.[18]

슈펠트가 미국의 경제침체를 타개할 새로운 시장개척을 위해 조선을 최종 목적지로 순항에 올랐을 때, 조선의 신정부는 개방정책을 둘러싼 딜레마에 빠져 있었다. 딜레마의 요체는 문서상 조선의 국제적 지위와 현실정치에서의 그것이 상부(相符)하지 않는 데 있었다. 조선 정부는 조·일

---

16 『高宗實錄』, 高宗13年 7月 6日.

17 *Treaties and Conventions Concluded Between the United States of America and Other Powers Since July 4, 1776*, United States Department of State, U.S. Government Printing Office, 1889, pp.1351-1352. 1878년의 개정된 미일통상조약에서 미국은 관세와 통상 규정 제정에 대한 일본의 배타적인 권리를 인정하였다. 그러나 개정된 조약은 일본이 다른 모든 열강과 이와 유사한 협약 혹은 조약개정을 이룰 경우에만 효력을 발휘하기로 되었다. 따라서 일본이 다른 모든 조약국가와 이러한 협약을 체결하지 못했기 때문에 당시(1889)에는 작동되지 않았다.

18 Tyler Dennett, *Americans in Eastern Asia*, pp.455-456.

수교를 통하여 자주국 지위로 국제통상조약 체제에 참여할 수 있었으나, 자주독립국으로서의 안전은 거의 무방비 상태였다. 따라서 강대국에 둘러싸인 약소국이라는 현실과 문서상의 자주독립 국가라는 모순은 고종 시대 전반을 관통하는 주제였다.

베이징주재 미국공사 사무엘 윌리엄스(S. Williams)가 국무장관 피쉬(Hamilton Fish)에게 올린 보고서(1874.3.30)에는 1873년 말에 발생한 조선의 정국 변화로 고종이 집권세력의 중심에 서게 되었음을 알리고 있다. 윌리엄스는 고종이 외국인과 기독교에 호의적인 개방정책을 펼칠 것으로 전망했다.[19] 윌리엄스의 전망은 최근 베이징에 도착한 만주와 조선 접경 지역 교구를 관할하는 로마기독교 주교(Monsignor R.)의 전언에 근거하고 있었다. 전언의 요지는 신미양요가 조선의 기득권 세력인 쇄국론자들이 쇠퇴한 결정적 계기가 되었다는 것이다.

신미양요와 쇄국론자들의 쇠퇴는 어떤 상관관계가 있었을까? 미군의 공격으로 재앙적 수준의 사상자가 발생한 광성보 전투(Fort McKee)가 조선 정계에 남긴 교훈은 다음과 같았다.

무기와 전술이 월등한 서구 강대국 앞에서 위정척사를 명분으로 한 수구파의 저항은 무의미함이 입증되었다. 유교로 무장한 기득권 세력이 정권을 유지하려면 위정척사의 쇄국정책이 국가의 안전과 부강의 원천임을 입증해야 했다. 그러나 미군의 가공할 군사력은 동도서기론의 실상을 적나라하게 드러내 지배층의 세대교체가 불가피한 대세가 되도록 만들었다. 윌리엄스가 고종의 친정 과정에서 유혈사태가 없었다고 보고한 이유도 여기에 있었다. 따라서 고종을 정점으로 한 새로운 정부는 더

---

19 S. Wells Williams-Hamilton Fish, 30 March 1874, *FRUS*, pp.253-254.

합리적이고 실용적인 방식으로 대외개방정책을 이끌어야 했다.

신정부 등장의 당위를 설명하는 또 다른 논거는 신미양요를 과연 조선의 승리로 볼 수 있는지에 대한 논란이었다. 이는 기득권 세력의 이슈(Issue) 해석권이 도전받고 있음을 의미했다. 윌리엄스의 보고서에 따르면, 제너럴셔먼(General Sherman)호 사건에 따른 미국 해군의 탐문항행과 신미양요는 대원군에 의해 외국의 침략으로부터 조선을 구원한 대승리로 간주되었다는 것이다. 대원군 일파가 신미양요 직후 서울을 비롯한 전국에 세운 척화비(斥和碑)가 대표적인 사례였다.[20]

척화비의 용도는 배외정책의 정당성을 포장하여 사실을 왜곡하는 데 있는 것만은 아니었다. 대원군 일파는 국론을 척사(斥邪)와 주화(主和)로 양분시켜 후자에 매국 프레임을 씌움으로써 이를 사상통제의 기제로 활용하였다. 미국의 함포 외교에 굴복하여 입약(立約)하지 않았기 때문에 조선을 미국의 침략으로부터 구해 냈다는 척사론자들의 궤변과 사상통제는 진실을 덮을 수 없었다. 이는 윌리엄스가 조선 지배층 가운데 합리적 일파(The more sensible part of rulers)가 이 문제를 다른 각도에서 바라보기 시작했다고 보고한 이유였다.[21] 따라서 친정에 나선 고종에게 서양은 척사파가 "만들어 낸 적"이 아니었으며, 오히려 부국강병을 위한 탐구의 대상이자 교역의 대상이었다.

그러나 고종이 펼치게 될 대외개방정책은 조선의 근대화를 성공적으로 이끌기 위한 필요조건에 불과했다. 안전보장의 방책은 미비했다. 조선 정부는 조선의 자주독립을 굳건히 하는 안전보장책이 마련되지 않

---

20 『高宗實錄』, 高宗 8年 4月 25日.
21 S. Wells Williams-Hamilton Fish, pp.253-254.

은 상태에서 근대화와 국제화를 성공시킬 수 있을까? 리훙장이 조선에 서구 열강과의 입약(立約)안을 제시했던 배경에는 국제법에 신뢰가 있었다. 유럽의 소국인 벨기에가 국제법에 근거하여 중립국으로서 독립을 유지하는 상황을 염두에 두었기 때문이다.[22] 그렇다면 과연 국제법은 조선의 자주독립을 보증하는 진리일까?

조선 정부는 서양의 공법체제가 과연 조선의 자주독립을 보장하는 안전판이 될 수 있을지에 대해 의심했다. 이는 서양의 공법이 일본의 침략성을 억제하는 수단이 될 수 있는지에 대한 의구심이기도 했다. 리훙장이 조선 정부에 서구 열강과 입약을 제의했던 논거는 한반도를 한 국가가 독점하지 못하도록 하려는 열강의 균점(均霑)이었다. 그러나 조선 정부는 서양의 공법이 단지 서구 열강에 적합한 국제관계의 규범일 뿐, 아시아 국가들 간의 국제규범으로는 적합하지 않다고 판단했다.[23]

조선 정부는 일본의 호전성을 어떠한 국제법으로도 제어할 수 없음을 체득하고 있었다. 그리고 이 문제는 대한제국이 폐멸할 때까지 해법을 찾지 못했다. 비록 리훙장이 벨기에와 불가리아의 사례를 들어 국제법을 통해 약소국이 독립을 유지하는 사례를 제시했음에도 조선 정부에서는 이를 신뢰하지 않았다. 요컨대, 국제법 체제는 강제력이 부재하다는 허점을 잘 알고 있었다. 국제사회에서 국제법을 위반한 국가들을 제재하고 징벌하는 방식을 찾고 제도화하기까지는 이후에도 오랜 시간이 걸렸다. 아무리 국제법을 정교하게 다듬어도 이를 위반하는 국가를 제재하지 못한다면, 국제법에 의존하여 독립을 유지하는 방식 또한 위험부

---

22 李鴻章-李裕元. 己卯年 7월 9일. 국역『淸季中日韓關係史料』3, 37~41쪽.
23 李裕元-李鴻章. 己卯年 11월 12일. 국역『淸季中日韓關係史料』3, 59~63쪽.

담이 클 수밖에 없다.

　조선 정부가 서양의 공법을 통해 일본의 호전성을 억제하기 불가능하다고 판단한 계기는 일본의 류큐 병탄(1879)이었다. 리훙장은 1879년 7월 9일 조선 원임태사(原任太師) 이유원(李裕元)에게 보낸 편지에서 일본의 모략으로 조선이 위태로운 형세가 될 가능성을 지적했다. 그 대책으로 제시한 것이 서구 열강과 수교를 통해 일본을 제압한다는 해법이었다. 일본이 두려워하고 복종하는 것은 서양이며, 서양의 통례에는 지금까지 까닭 없이 다른 나라를 빼앗고 멸망시킬 수 없었다는 것이 논거였다. 벨기에 같은 유럽의 작은 나라도 스스로 각국과 조약을 맺은 다음에는 아무도 함부로 침략하는 경우가 없었던 사례를 거론하였다.[24] 따라서 이러한 국제법 사례는 강국과 약소국이 서로를 보장해 준다는 분명한 증거가 되기 때문에 조선의 개항은 일본의 침략으로부터 독립을 유지하는 방책이 될 수 있다는 것이 리훙장의 판단이었다.

　그러나 이유원은 사납고 교활한 일본이 득세한 동양에 서양의 공법이 적용 가능한지 의문을 제기했다. "서양의 공법은 이유 없이 다른 나라를 빼앗고 멸하는 것을 허락하지 않기 때문에 러시아가 터키에서 철수했지만, 일본이 류큐의 왕을 폐하고 영토를 병탄"한 사실은 이해할 수 없는 일이었다.[25] 더욱이 "조선이 무고한 데 혹시라도 병탄의 독을 만나게 된다면, 여러 나라가 함께 막아 주기를 기대"하기란 불가능한 것이었다.

　고종은 일본의 류큐 병탄을 현실정치의 시각에서 해석하며, 사태의

24　국역 『清季中日韓關係史料』 3, 38~39쪽.
25　「조선 原任太師 李裕元이 北洋大臣 李鴻章에게 보낸 서신」, 1880년 3월 19일, 국역 『清季中日韓關係史料』 3, 61쪽,

본질이 청국의 유약함에서 비롯되었다고 보았다.[26] 고종이 동지정사(冬至正使) 한경원(韓敬源)에게 "류큐 왕이 왜(倭)에 잡혀서 리홍장과 예부(禮部)에 구원을 청한 일이 있었으나, 끝내 구원하지 못한 사실을 상세히 탐지"할 것을 지시(1879.12.8)한 것도 이런 배경이었다.[27] 벨기에와 덴마크는 작은 나라로서 강대국들 사이에 끼어 있어도 강대국과 약소국의 상호균형에 의지하여 왔지만, 류큐는 수백 년간 지속한 나라인데도 유지되지 못한 사실은 공법을 통한 대일 견제(牽制)가 역부족임을 반증하는 사례였다.

주지하는 바와 같이 제국주의 시기 약소국의 중립화는 현실적으로 이를 강력히 지지하고 후견하는 강대국이 존재한다는 조건에서만 가능했다. 벨기에의 중립은 공법보다는 영국이 이를 강력히 지지했기 때문에 가능했다. 따라서 조선이 중립국이 되고자 한다면, 이를 지탱해 줄 수 있는 강대국의 지지가 있어야 가능하나, 리홍장의 방책은 중립의 본질을 피상적으로만 이해한 것에 불과했다.

고종은 류큐 병합 과정에서 청국 정부가 보여 준 무기력과 리홍장의 입약 권고안이 일본의 호전성을 견제할 수 없는 상황임을 직시하고 있었다. 그렇다면 러시아와 일본의 침략에 대한 방비책은 무엇인가?[28]

---

26 국역 『淸季中日韓關係史料』 3, 41~42쪽. 리홍장은 미국 전임 대통령 그랜트(Ulysses Simpson Grant)에게 류큐[琉球] 문제에 중재를 요청한 배경을 다음과 같이 설명하고 있었다. "류큐가 중국의 屬邦이 된 지 이미 100여 년이 지났고, 관련 문서들도 모두 남아 있음에도 일본이 류큐를 폐멸하면서 중국에 알리지도 않았으며, 수많은 거짓말과 증거를 날조하여 자신의 잘못을 인정하지 않았다."
27 『承政院日記』, 高宗 16年 11月 7日.
28 고종의 방어책과 관련하여 1880년 고종의 명을 받고 장박(張博)이 현지 사정을 살피기 위해 연해주에 파견되었다. 이후 고종에게 올린 정세보고서가 이어졌는데, 1882년

고종은 이에 미국을 주목했다. 미국은 후발 제국주의 국가로서 유럽 열강에 의해 아직 분할되지 않은 새로운 시장을 원했던 한편, 조선은 쇠락하는 청국을 대신하여 일본과 러시아의 침략을 억제할 새로운 세력이 필요했다. 따라서 조·미 수교는 현실적으로 슈펠트와 고종의 이해관계에 부합했다. 다만 척사운동으로 표출된 조선 내부의 반발[29]과 조선을 "동삼성의 병풍[東三省屛蔽]"[30]으로 간주하는 청국의 간섭이 걸림돌이었다. 척사운동은 고종의 가혹한 탄압으로 진정되었으나 청국의 간섭은 고종의 능력 밖이었다. 따라서 조·미 수교에서 청국의 간섭을 배제하는 임무는 슈펠트의 몫이 되었다.

3. 한반도 4강 구도 형성과 미·청 접근

1880년 봄, 한반도는 이전의 역사에서 경험해 보지 못한 새로운 전기를 맞았다. 청국과 일본뿐 아니라 미국의 슈펠트 제독과 러시아의 레솝스키 제독이 한반도 주변에 모여듦으로써 조선을 둘러싼 4강 구도가 형성되었기 때문이다. 이로써 한반도를 둘러싼 미국·러시아·중국·일본 4개국의 합종연횡은 일본보다 청국이 조·미 수교에 적극적으로 관여하

12월 백춘배(白春培)의 '아라사채탐사백춘배서계(俄羅斯採探使白春倍書啓)'가 대표적이다. 최덕규, 2018, 「朝鮮策略과 고종 정부의 북방정책-러시아 레솝스키 함대의 극동 원정을 중심으로」, 『군사』, 108호, 272~273쪽.

29 反外勢的, 反開化的 성격을 강하게 띠고 있는 庚辰, 辛巳年間(1880~1881)의 척사운동, 이른바 辛巳斥邪運動에 대해서도 다음 연구를 참조. 송병기, 1983, 「辛巳斥邪運動硏究」, 『사학연구』, 제37호.

30 국역 『淸季中日韓關係史料』 3, 40쪽.

는 계기가 되었다.

러시아 해군상 레솝스키 제독이 23척의 대규모 함대를 구성하여 극동에 나타난 것은 청국 신장[新疆] 지역의 이리[伊犁]를 둘러싼 러·청 간의 전쟁 위기와 관련이 깊다.[31] 러시아가 함대를 파견한 것은 청국과 접한 육상국경이 너무 길어서 육군을 투입하여 군사적 우위를 차지하기 어렵다는 판단에서 비롯되었다. 레솝스키 제독이 해군상을 사임(1880.6.30)하고 극동으로 급파되어 원정함대의 사령관에 임명된 것은 대청 해상 압박 작전을 지휘하기 위해서였다. 이 작전은 육군과 공동으로 진행될 것을 염두에 둔 것으로 베이징 공략에 상륙작전이 대미를 장식할 예정이었다.[32] 이에 1860년 제2차 아편전쟁 당시 영·프 연합군의 베이징 함락 상황과 같은 장면이 재연될 가능성이 농후해졌다.

차르 정부가 극동 원정함대 사령관 레솝스키 제독에게 부여한 최우선의 임무는 함대의 기지이자 거점이 될 블라디보스토크의 항만 정비와 연해주 해안방위였다. 더불어 청국 함대를 공격하고 항구를 점령할 수 있는 전권이 위임되었으나, 청국의 항구를 봉쇄하는 작전은 중립국(독일, 미국, 프랑스, 영국, 이탈리아)의 대청 교역 이해를 고려하여 외국 함대의 사령관들과 협의를 거친 후 전개하도록 훈령이 내려졌다.[33]

레솝스키는 일본 및 조선과의 관계에 대해서도 특별 훈령을 받고 있

---

31 РГАВМФ. Ф.410. Оп.2. Д.4071. Л.140-141. 이리 문제로 촉발된 러·청 전쟁 위기와 이에 대처하기 위해 레솝스키 제독이 지휘하는 연합함대의 극동 원정은 다음 연구를 참조. 최덕규, 2018, 「朝鮮策略과 고종 정부의 북방정책-러시아 레솝스키 함대의 극동 원정을 중심으로」, 『군사』 108호.

32 РГАВМФ. Ф.410. Оп.2. Д.4071. Л.332-333.

33 РГАВМФ. Ф.410. Оп.2. Д.4071. Л.275.: Указания,которыми должен руководиться Главный Начальник наших морских сил в Тихом Океане.

었다. 대일 관계와 관련해서는 러·일 양국의 우호를 바탕으로 청국과 개전 시, 일본의 우호적 중립을 기대하고 있었다. 이는 차르 정부가 러·청 전쟁이 발발할 경우 중립국 일본의 권리와 이익을 최대한 인정하라는 훈령을 내린 배경이었다. 조선의 경우, 러·청 개전 시 청국 편에 서서 러시아와 전쟁할 가능성은 없기에 부차적인 문제로 간주하되, 조선의 중립과 독립을 존중해야 한다고 훈령했다.[34]

그런데도 차르 정부의 훈령(1880.7.17) 가운데 유사시 조선의 항구를 점령하는 전권이 레솝스키 사령관에게 부여된 점은 주목된다. 훈령에 따르면, "러·청 양국과 접경한 조선은 전장이 될 가능성이 있을 뿐만 아니라 필요에 따라 러시아의 함대가 조선의 항구들을 이용해야 할 상황도 염두에 두어야 한다"는 것이었다. 이와 관련하여 두 가지 주의 사항이 요구되었다. 조선의 항구를 점령할 경우, 조선인들이 증오를 일으킬 만한 일체의 행동을 회피하며, 만약 레솝스키 제독이 어떤 형태로든 조선과 관계를 맺어야 한다면 반드시 일본 정부의 동의하에 행동해야 한다는 것이다. 왜냐면 "일본이 조선과 수교하려는 유럽 열강과 미국의 뒤를 질투심을 가지고 따라다니는 상황을 고려해야 하기 때문"이라는 것이었다.[35]

러·청 전쟁에 대비한 러시아 극동함대의 원정이 이루어지자 슈펠트 제독의 조·미 수교 임무도 극동의 국제정세와 연동되었다. 일본은 러시아에 우호적인 중립정책을 펼치며 러시아 극동함대의 원정작전에 필

---

34 위의 문서.
35 РГАВМФ. Ф.410. Оп. 2. Д.4071. Л.278-279: Указания, которыми должен руководиться Главный Начальник наших морских сил в Тихом Океане. 5 июля 1880 г.

요한 군수 조달 및 일본의 항구에서 월동을 허가하는 편의를 제공했다. 이는 일본의 류큐 병합을 둘러싼 청·일 간의 관계 악화의 산물이기도 했다. 러시아가 청국을 외교적으로 압박하기 위해 러·일 공조를 강화한 것도 청·일 간의 대립을 이용한 것이었다.

반면, 러시아에 맞서 싸울 청국의 지지 세력은 이탈하고 있었다. 가장 큰 타격은 러시아의 적성국이자 청국의 강력한 후견세력이었던 영국이 대러 견제 전선에 불참한 것이다. 1880년 4월, 선거를 통해 수립된 영국의 자유당 정부인 글래드스턴(William E. Gladstone) 내각이 만약 전쟁이 러시아에 유리하게 종식된다면, 베이징을 점령한 러시아에 의해 중국 내 영국의 지위가 타격을 입게 될 것으로 우려했기 때문이었다.[36]

청국은 차르 정부가 주력함대 대부분을 극동에 배치한 정세 속에서 고립무원에 빠지게 되었다. 이로 인해 조·미 수교를 위한 교섭 과정에서 일본을 불신하게 된 슈펠트 제독과 러·일 공조체제에 맞서기 위해 연대세력을 찾고 있던 리훙장이 상호 협력할 수 있는 토대가 마련되었다.

러시아 레솝스키 함대의 극동 원정은 러·일 공조체제와 청국과 미국이 연대하는 새로운 판짜기를 요구했다. 한반도를 둘러싼 러·일과 미·일 간의 세력 구도가 형성됨으로써 주변 열강의 새로운 합종연횡이 시작됐다. 청국은 한반도가 베이징의 안위와 연결되어 있다고 판단하여[37] 조선의 독립을 유지하기 위한 방책을 마련하기 위해 부심했다. 슈펠트 제독은

---

36 Immanuel Hsu. *The Ili Crisis, A Study of Sino-Russian Diplomacy 1871~1881*. p.14.
37 황쭌셴의 『朝鮮策略』에 따르면, 청국과 조선의 관계는 "형세가 서로 접하여 신경(神京)을 껴안아 호위하는 것이 마치 왼팔과 같다(抑亦形勢昆連, 拱衛神京, 有如左臂)", [金弘集 저·金益洙 역, 『修信使日記, 朝鮮策略黃遵憲私撰』(제주문화원: 1998), 188~204쪽.]

해군장관에게 보낸 편지(1880.4.26)에서 "제가 여기서 들은 정보로는 청국의 저명한 정치가가 조선에 외국 열강과의 입약을 권고했는데, 아마도 러시아와 일본의 침략 위협 때문"이라고 보고하였다. 그런데도 이러한 상황은 "수교 교섭 개시의 호기일 수 있으나, 성공을 낙관하지는 않는다"고 덧붙였다.[38]

러시아의 레솝스키 함대가 블라디보스토크를 거점으로 북방세력의 위용을 드러내고 있었던 반면, 일본의 나가사키에 정박한 미국의 슈펠트 제독은 태평양 해양제국 건설의 화룡점정을 한반도에서 찍고자 했다. 이에 따라 북방의 대륙 세력과 남방 해양 세력의 이해가 교차하고 충돌하게 될 한반도는 점차 운명의 갈림길로 접어들게 되었다. 세계의 화약고로 전락할 것인지 아니면 해양과 대륙의 가교로서 양대 세력의 장점을 흡수하며 자주독립 국가로 발돋움할 것인지는 조선 정부의 외교 역량에 달려 있었다.

미국이 러시아보다 먼저 움직였다. 슈펠트 제독이 고종에게 올린 서신(1880.5.4)[39]에서 조·미 수교가 조선에 가져다줄 가장 큰 혜택으로 안보와 경제적 이득을 꼽은 점은 주목할 만하다. 그 논거는 두 가지였다. 첫째, 조선은 영토 확장을 추구하는 인접 국가들에 둘러싸여 있지만, 미국은 영토적 야욕이 없으며 강력하게 무장된 국가라는 점 둘째, 미국은

---

38 NARA. RG 46. Record of The U.S. Senate 46th Congress: Shufeldt to Thomson, April 26, 1880.

39 NARA. RG 46. Letter of Shufeldt to the Korean King, May 4, 1880. 슈펠트는 고종에게 보낸 편지에서 과거의 오해(辛未洋擾, 1871)로 인해 단절된 양국의 우호적인 교류를 도모하기 위해 편지를 쓰며, 국왕이 수교를 통해 청국과 일본에게 부여한 상업적 특권을 미국에 제공함으로써 이제부터 통상의 새로운 시대를 열어가길 기대했다.

지리적으로 서구 열강 중 조선과 가장 가까운 이웃이기 때문에 조·미 수교는 물질적으로 강성해지는 혜택을 볼 수 있는 점을 꼽았다. 아울러 슈펠트는 미국이 침략을 통해 조선의 해역으로 주권을 확장하거나 종교 혹은 독립 국가의 정치제도에 간섭하지 않음을 약속했다. 슈펠트는 편지 말미에 미국 시민이 해안에 표착할 경우 이들을 보호하고, 국가 간 상업상의 편의 제공을 요구했다.[40] 그는 조·미 수교 시 "평화, 우정 그리고 우호적인 유대가 앞으로도 영원히 미국과 폐하의 왕국(조선) 사이에서 계속될 것"이라는 희망을 피력했다.

러·청 간의 전쟁 위기와 러시아의 한반도 항구 점취(占取) 가능성이 예견되는 상황에서 강력한 조·미 수교 의지를 담은 슈펠트의 편지가 서울로 전달된다면, 조선 정부의 근대적 개혁정책은 큰 동력을 얻게 될 것이었다.[41]

그러나 바라던 회신이 없자 슈펠트의 실망은 컸다. 그는 조·미 수교 낙관론이 퇴색하기 시작하자 마지막 선택지를 찾았다. 바로 무력시위였다. 슈펠트가 해군장관에게 보낸 편지(1880.5.29)에서 강력한 함대의 필요성을 거론한 것도 이와 관련 있었다.[42]

---

40 Letter of Shufeldt to the Korean King, May 4, 1880.

41 슈펠트는 이노우에[井上馨] 일본 외무경의 소개장을 받아 1880년 5월 4일 부산에 이르렀다. 부산주재 일본영사 곤도 마스케[近藤眞鋤]에게 조선 국왕에게 봉정하는 서신을 수교하여 서울에 전달하도록 부탁하였다. 곤도 영사는 동래부사 沈東臣을 방문했으나 후자는 서신 受諾을 할 수 없다고 하고, 미국 군함의 조속한 퇴거를 곤도 영사에게 부탁했다. 李普珩, 1961, 「Shufeldt 제독과 1880년의 朝美交渉」, 『歷史學報』 제15집, 69~70쪽.

42 NARA, RG 46, Record of The U.S. Senate 46th Congress: Letter of Shufeldt to the Thomson, May 29, 1880.

일본을 처음으로 개항시킴으로써 획득한 미국의 권위를 지켜나가야 한다는 논리를 슈펠트가 가다듬은 이유도 조·미 수교에 무력 사용의 정당성을 찾기 위함이었다. 후발 제국주의 국가인 미국이 유럽 열강보다 먼저 조선을 선점해야만 통상에 유리하다는 논리였다. 슈펠트는 조선 정부가 미국과의 수교 제의를 거절한다면, 무력을 동원해서라도 강제해야 한다고 해군장관에게 건의하기에 이르렀다.[43]

이로써 1880년의 한반도는 대청 전쟁에 대비하여 조선의 항구 점령을 계획한 러시아와 남해안의 전략거점을 무력 점거하려는 미국이 북과 남에서 조여 오는 형국에 처하게 되었다. 슈펠트는 조선 정부가 수교 교섭에 응하지 않을 경우, 제너럴셔먼(General Sherman)호 사건 탐문항행(1868) 과정에서 전략적 가치를 높이 평가한 거문도(Port Hamilton)를 점령한다는 계획을 세웠다. 계획의 골간은 조선 정부가 합리적인 조건에 굴복할 때까지 거문도를 점령한다는 것이었다.

대조선 압박 수단으로 거문도를 점령한다는 슈펠트의 구상은 아시아함대의 지휘권을 자신에게 이양해 줄 것을 해군부에 요구하는 수준으로 발전했다. 이는 거문도 점령과 유지를 위해 강력한 함대가 필요하다는 판단에서 비롯된 것이었다. 그러나 신미양요를 경험했던 미국 해군부는 거문도 점령을 위해 아시아함대를 동원한다는 계획은 결코 수용할 수 없었다.

러·청 전쟁 위기와 관련하여 러시아 군함들이 블라디보스토크로 집

---

43 Letter of Shufeldt to the Thomson, May 29, 1880. 슈펠트는 조선이 극동 국제관계의 초점이 된 것은 러·청 전쟁 위기로 촉발된 러시아의 한반도 항구 점령 가능성과 청국이 그 대응책으로 조선과 서구 열강의 입약을 권고했기 때문이라고 판단했다.

결하는 상황 속에서 미국의 거문도 점령은 여타 열강의 조선을 항구 점령하는 명분이 될 수 있었다. 미국의 아시아함대 사령관 토머스 패터슨(Thomas H. Patterson) 해군 소장이 슈펠트에게 지휘권 이관을 거절한 이유도 여기에 있었다. 뒤이어 해군장관 톰슨은 슈펠트 제독에게 "조선인들과는 오직 설득의 수단만 사용할 뿐 적대행위는 피하라"는 훈령을 발송(1880.6.30)했다.[44] 이제 조·미 수교는 양국의 문제가 아니라 국제적인 문제로 진화하고 있었다.

슈펠트 제독과 청국의 북양대신 리홍장의 만남은 조·미 수교가 조선과 미국만의 문제가 아님을 방증했다. 해군장관의 훈령에 따라 재차 고종을 설득하는 편지를 쓴 슈펠트가 한문 번역에 자문을 구한 이가 바로 리홍장의 심복 여경(余瓗)이었다. 그는 나가사키[長崎]주재 청국 영사로 재직하면서 슈펠트와 리홍장을 연결하는 역할을 맡았다. 1880년 8월 7일, 여경은 슈펠트에게 리홍장의 초청장을 전달했다.[45] 1880년 여름, 리홍장이 슈펠트를 반드시 만나야 했던 이유는 러시아 연합함대가 블라디보스토크 집결을 완료함으로써 대청 해상 압박 작전이 임박했기 때문이었다.

슈펠트와 리홍장의 톈진[天津] 회동(8.26) 무렵, 러시아 연합함대 사령관 레솝스키 제독은 이미 홍콩에 도착(8.14)해 있었다.[46] 톈진 회동의 주

---

[44] Frederick C. Drake, *The Empire of the Seas: A Biography of Rear Admiral Robert Wilson Shufeldt, USN*, pp.243-244. 슈펠트는 해군장관의 훈령을 접수한 다음 날(1880.7.1) 신중하게 훈령을 따를 것임을 회신했다.

[45] Shufeldt to Secretary of the Navy, 13 Aug. 1880, LC. Shufeldt Papers.

[46] РГАВМФ. Ф.410. Оп.2. Д.4071. Л.359. 러시아 해군상 페슈로프(А. А. Пешуров)는 레솝스키 제독에게 사형선고를 받았던 숭후(崇厚)가 8월 5일 석방되었음을 알리면서 정치적 상황이 개선되고 있음을 타전하고 있었다.

요 의제로 러·청 해전 전망도 포함되었다. 리훙장은 슈펠트의 견해를 청취하고자 했으며, 슈펠트는 조·미 수교에 대한 청국의 지지 가능성을 타진했기 때문에 양국의 합의 가능성이 고조되었다. 리훙장은 슈펠트를 가리켜 자신이 신뢰하는 해군장교라고 추켜세운 후, "중국 연안에서 러·청 간에 해전이 발발할 경우" 그 결과를 어떻게 전망하는지 물었다. 리훙장은 슈펠트의 의견을 국가정책에 최대한 반영하겠다고 약속하고 답변을 재촉했다. 슈펠트가 미국 해군장관에게 보낸 보고서(1880.8.30)에 따르면, "결과는 청국에 재앙(disaster)이 될 것"이라는 것이었다.[47]

슈펠트의 견해는 조·미 수교뿐 아니라 극동의 국제관계 전개 과정에 심대한 영향을 끼쳤다. 리훙장은 슈펠트와 국제적 시각에서 러·청 전쟁 위기를 논의한 후 양국 간에 전쟁은 발발하지 않을 것이며, 청국은 가능한 한 전쟁을 회피할 것이라고 했다. 그러면서 자신을 포함한 청국 정부는 화평파(和平派)라고 덧붙이며, 조선 정부가 조·미 수교 교섭에 응하도록 영향력을 행사하겠다고 약속했다.[48]

이로써 슈펠트 제독의 조·미 수교 시도는 러시아 레솝스키 함대의 극동 원정을 계기로 리훙장의 지지를 얻어냄으로써 급물살을 타게 되었다.[49] "동방에서의 조선과 미국의 이해(Corea and American interests in the

---

47 Shufeldt to Secretary of the Navy, 30 Aug. 1880, LC. Shufeldt Papers.; Paullin, The Opening of Korea by commodore Shufeldt, pp.481-482.

48 위의 문서.

49 Shufeldt to Secretary of the Navy, 30 Aug. 1880, LC. Shufeldt Papers. 슈펠트-리훙장의 톈진 회동은 슈펠트 개인뿐만 아니라 미국의 조선 산업에도 호재로 작용할 수 있었다. 리훙장은 러·청 간의 협상이 타결될 경우, 슈펠트가 미국 정부의 허락을 받아 청국 해군의 재정비를 위해 봉사해 줄 것을 요청했다. 이는 개인적 차원의 논의일 수 있으나, 고용계약이 성사될 경우 청국에 대한 미국의 영향력 강화뿐만 아니라 궁극적으로 미국

East)"라는 제목으로 해군장관에게 올린 보고서는 귀국길에 오른 슈펠트가 고베에서 호놀룰루로 가는 여정에 작성(10.13)했다. 태평양 시대 도래를 대비한 미국의 임무와 역할을 정리한 이 보고서에서 슈펠트는 미국의 미래가 아시아 국가들과의 통상 확대에 달려 있다고 보았다. 그 이유로 미국은 지리적으로 유럽과 아시아의 중간에 위치함으로써 유럽 자본이 장악하고 있는 대서양보다는 태평양을 통상권역으로 확보하는 데 훨씬 유리하며, 이주와 통상 물결은 동쪽에서 서쪽으로 흐르는 것이 순리이기 때문에, 미국은 향후 50년 이내에 유럽보다 아시아에서 더 큰 시장을 확보하게 될 것으로 전망했다.

슈펠트의 "아시아 중시론"에서 조·미 수교가 안보상 조선에 이점을 줄 것으로 확신했다는 점은 주목할 만하다. 그는 조선 정부와 소통할 기회가 주어진다면, 조선은 미국과 통상조약의 필요성뿐만 아니라 주변 강대국들의 침략으로부터 보호받기 위한 수단으로서 수교의 당위성을 이해할 것으로 확신했다. 왜냐하면 조선이 장차 중국, 러시아, 일본 등이 벌이는 전쟁에서 "전장(Battle ground)"이 될 가능성이 크다고 보았기 때문이다.[50]

슈펠트는 이 보고서에서 조·미 수교가 성사되지 못한 원인을 조선보다는 일본에서 찾았다. 조선 측의 수교 거부 의사보다는 오히려 일본이 신뢰를 바탕으로 행동했는지에 대해 불만을 토로한 것이다. 슈펠트의 대일 불신의 원인은 일본이 조선을 개항시킨 목적을 간파했기 때문이다. 한국의 대외 통상 독점이 그 목적이며, 무방비 상태의 이웃 국

조선소에서 청국이 발주한 선박이 건조될 것으로 슈펠트는 기대하였다.
50 "Corea and American Interests in the East", Oct. 13, 1880, LC. Shufeldt Papers.

가(조선)를 가혹하게 차별 대우하는 것을 외국인들이 보지 못하게 하려 했다는 것이었다. 일본은 한반도에 외국인들이 들어오지 못하게 함으로써 조선에서 치외법권을 누리는 동시에 조선인들을 "철 채찍(iron rod)"으로 지배하고자 했다.[51] 슈펠트의 조·미 수교 교섭 과정에서 일본이 철저히 배제된 것도 이 같은 그의 일본관에서 비롯되었다.

슈펠트는 하와이를 거쳐 1880년 11월 8일 샌프란시스코에 도착했다. 1880년 미국 해군장관이 의회에 보고한 연례보고서에 따르면, 슈펠트 제독이 지휘한 타이콘데로가호는 약 2년 동안 라이베리아, 걸프만 등을 거쳐 홍콩, 조선에 이르기까지 3만 6,000마일을 항행했다. 해군장관은 이를 태평양이라는 거대한 금맥을 미국에게 열어 준 의미라고 평가했다. 이에 톰슨 제독은 대서양보다 유럽 열강과의 경쟁에서 지리적 우위를 점하고 있는 태평양의 장점들을 결코 놓쳐서는 안 된다는 슈펠트의 주장을 반복했다. 심지어 조선에서도 미국 공산품에 대한 선호도가 영국의 그것보다 높지만, 영국은 조선과 수호통상조약을 체결한 일본을 통해 수출길을 찾아냈다고 지적했다. 톰슨 해군장관은 만일 조·미 수교가 이루어진다면 수익은 엄청나게 증가할 것이라는 전망을 제시했다.[52]

---

51 위의 문서.
52 Report of the Secretary of the Navy, Nov. 30, 1880, 46th Congress 3 session, pp.27-29.

4. 슈펠트-리훙장의 조·미 수교 교섭과 "중국인 배척법"

슈펠트와 리훙장의 톈진 회동 결과를 반영한 황쭌셴의 『조선책략(朝鮮策略)』은 조선 정부가 조·미 수교를 준비하는 계기가 되었다. 고종이 러시아 레솝스키 함대의 극동 출정과 관련해 정보 수집을 위해 일본에 파견(1880.8.11)했던 김홍집이 귀국한 후 올린 『조선책략』은 사실상 근대 조선의 안전보장책이었다. 고종은 3중 구조의 다층적 안보책략(친중국·결일본·연미국) 가운데 미국과의 수교, 즉 연미책을 가장 실효적인 방아책(防俄策)으로 보았다. 그러면서 "미국은 원수 나라가 아니라[米利堅烏可謂讎國]"고 정의함으로써 조·미 수교 준비를 위한 논리들, 즉 신미양요(1871)와 제너럴셔먼호(1867) 사건과 같은 과거사 정리를 위한 해원(解寃)의 논리와 척사파(斥邪派)를 설득하여 미국을 포함한 서구 열강을 조선의 대외정책으로 포섭할 개방(開放)의 논리가 갖춰졌다.

해원의 논리와 관련하여 영의정 이최응(李最應)은 신미양요와 제너럴셔먼호 사건은 미국보다는 조선 측에서 사단(事端)을 제공했다는 견해를 제시했다. 그는 "미국과는 본래 은원(恩怨)관계가 없었음에도 강화(江華)와 평양(平壤)에서 발생한 싸움은 당초 조선의 간사하고 아첨하는 무리가 이들을 끌어들였기 때문이며, 우리나라 스스로 반성해야 할 것"이라고 정리했다. 또 "서양 사람이 중국에 들어와 사는데도 중원 사람들이 모두 사학(邪學)을 한다는 것은 아직 듣지 못했다"며 척사파를 반박함으로써 미국을 수용하기 위한 논거를 갖추었다.[53] 이와 함께 1880년 11월, 고종은 대미수교 방침을 통고하기 위해 역관 이용숙(李容肅)을 청국에

---

53 『承政院日記』, 高宗 17年 9月 8日.

파견하고, 탁정식(卓挺植)을 주일 청국공관으로 보내 "국가안보의 좋은 계책[保國良策]"인 연미책을 신속히 성사시킬 것을 요청했다.[54]

하지만 청국 정부는 조·미 수교 방식을 놓고 혼선에 빠져 있었다. 조선에 대한 일본 혹은 러시아의 독점을 방지하기 위해 열강과의 입약을 권고해 왔음에도 수교를 통해 청국의 왼팔과 같은 조선이 자주독립국으로 분리되는 상황은 청국의 위신뿐 아니라 안보상의 부담이기 때문이었다. 이에 주일 청국공사 허루장이 건의한 『주대조선외교의(主待朝鮮外交議)』는 국익과 위신을 모두 챙길 수 있는 제안이었지만, 종래의 대조선 불간섭정책을 포기하고 조미수호통상조약에 속방조관을 포함하려는 모순적인 대안이었다.

리훙장은 속방조관에 부정적이었다. 그는 총리아문에 보낸 서신(1880. 12.23)에서 조미수호통상조약에 조선은 "중국의 명을 받들어 결약(結約)" 한다고 성명(聲明)하도록 해야 한다는 허루장의 건의를 다음의 이유로 거부했다. 첫째, 조약에 속국의 명문화는 조선 국왕 스스로 상주하여 간청해야 가능하다. 둘째, 조선이 일본과 조약 체결할 당시 조약문에 청국 정부의 명을 받든다는 문구가 없었다. 셋째, 조선이 서양의 국가와 조약을 체결하면서 "반드시 청국 정부의 명을 받아야 한다[必奉我政府之命]"라고 한다면, 조선은 따르겠지만 서양의 국가는 따르지 않을 것이기 때문이었다.[55] 따라서 1880년 12월 리훙장은 조·미 수교에 기존의 불간섭(不干涉)정책을 유지하고자 했다.[56]

---

54 국역 『淸季中日韓關係史料』 3, 115~122쪽, 「朝鮮密探委員卓挺植來稟」.
55 국역 『淸季中日韓關係史料』 3, 109~114쪽, 「李鴻章-總理衙門」 (1880.12.23).
56 조선이 청국의 속방이 아니고 독립국이라는 사실은 청 당국이 미국에 이미 두 차례나

이 같은 리훙장의 입장은 이리 문제로 야기된 러·청 전쟁 위기가 해소됨으로써 러시아의 조선 침략 가능성이 사라질 것이라는 전망에서 비롯된 것이었다. 이는 러·청 전쟁 위기가 고조되는 상황에서 러시아 상트페테르부르크로 급파(1880.7.23)된 청국 협상 대표 쩡지쩌가 이리 문제의 평화적 해결을 위한 협정 최종안을 조율 중이었기 때문이다. 1881년 2월, 러·청 양국이 서부 국경을 획정하고, 국경통상을 규정한 상트페테르부르크 조약을 체결하자 청국 정부는 이리 문제를 외교적으로 해결함으로써 전쟁 위기에서 벗어날 수 있었다.[57]

그렇다면 1880년 겨울에 속방조관을 반대했던 리훙장이 1882년 봄(1882.3.25~4.18), 즉 슈펠트와 조·미 수교 교섭에 착수했을 때 이전의 입장을 번복한 이유는 무엇일까?

리훙장은 속방조관의 문제점들을 잘 알고 있었음에도 이를 수교 협상의 핵심 쟁점으로 삼았다. 이는 러시아 위협론의 재부상과 관련 있었다. 상트페테르부르크 조약(1881.2.24)은 이리 문제만 해소했을 뿐이었다. 러시아는 레솝스키 함대의 극동 원정에서 드러난 문제점들을 보완하여 극동 진출을 본격화하기 위한 기틀을 마련하고 있었다. 따라서 리훙장은 러시아 위협론이 재등장하자 청국과 불가분의 관계에 있는 조선의 보호에 미국을 포섭하고자 한 것이다.

인정했었다. 청국은 제너럴셔먼(General Sherman)호 사건(1866) 배상 문제에 대한 미국의 협조 요구뿐 아니라 신미양요(1871)와 관련해 주청 미국공사 로우(F. F. Low)가 조선 원정 이유서를 총리아문을 통해 조선에 전달하고자 하였을 때, 총리아문은 조선에 불간섭 정책을 표명했다. 비록 조선이 청의 조공국이지만 사실상 독립국이므로 청이 관여할 수 없다는 對朝鮮 不干涉政策이 그 명분이었다. 金源模, 1993, 「슈펠트·李鴻章의 朝鮮開港交涉始末(1882)」, 『國史館論叢』 第44輯, 146~147쪽.

57 285~294쪽.

러시아 위협론의 실체는 차르의 칙령에 따라 러시아의 새로운 해군전략을 수립하기 위해 상트페테르부르크에서 개최된 특별회의(1881.9.3)와 관련이 깊다. 회의에서는 강력한 해군 건설 의지를 보인 알렉산드르 3세(Александр III)의 구상에 따라 흑해함대의 부활과 발트함대의 증강 그리고 태평양에서의 해군력 강화가 결의되었다. 레솝스키 제독은 건강상의 이유로 회의에 참석하지는 못했지만, 정책건의서(1881.9.4)를 통해 '중국 위협론'을 주장했다. 건의서에 따르면, 일본은 재정 문제와 정치 불안으로 함대 증강계획을 미루고 있으나, 청국은 모든 정파가 유럽인에 대한 증오와 편견으로 뭉쳐 있기 때문에 독자적인 행보를 위한 군비 지출을 멈추지 않고 있다는 것이 논거였다. 이에 따라 1881년 11월부터 특별회의에서 결의된 해군전략과 레솝스키 제독의 정책건의서에 부합하는 세부적인 계획이 러시아 해군성에서 수립되었다.

러시아 해군력 강화를 위한 건함 20개년 계획(1881~1901)과 블라디보스토크의 요새화 계획은 차르 정부의 국책과제가 되었다. 유럽의 최신 군함 건조 과정을 견학하고 이를 건함사업에 접목하는 임무는 차기 해군상 후보였던 쉐스타코프(И. А. Шестаков) 제독이 맡았다(1881.11.16).[58] 극동에서 유럽 열강의 무역통상이 급증하는 상황을 고려하면, 태평양의 유일한 항구로서 전시에 러시아 함대의 기지 역할을 하게 될 블라디보

---

58 쉐스타코프 제독(1820~1888)은 러시아 해군성 건함국 기술분과위원장 자격(1886.11.16~1882.1.11)으로 영국과 프랑스의 조선소를 방문한 후, 1882년 해군상에 임명되었다. 그는 1886년 극동 시찰 과정에서 영국이 점령하고 있던 거문도에 기항하여 현지 상황을 살폈고, 영흥만을 비롯한 한반도 해안을 탐사한 후, 한반도에서의 부동항 획득문제에 상주서를 올린 바 있다. 이와 관련해 다음 논문 참조. 최덕규, 2015, 「러시아 해군상 쉐스타코프와 거문도 사건(1885~1887)」, 『세계역사와 문화연구』 37호.

스토크의 중요성은 더욱 커질 것이 확실했다. 이에 따라 1881년 가을부터 블라디보스토크를 시베리아를 통해 유럽의 러시아로 연결하는 교통로 개설 문제가 본격적으로 논의되었다.[59]

차르 정부의 극동 진출정책이 체계적으로 추진되자, 리훙장이 재차 주목한 것이 연미책이었다. 그는 조·미 수교의 전권을 위임받은 슈펠트로부터 조선 보호를 문서상으로 끌어내고자 했다. 이를 위한 카드가 바로 속방조관이었다. 1882년 2월 15일, 리훙장은 황쭌셴이 작성한 조미조약 초안 제1조의 "청국 정부의 명을 받들어"라는 어구에 김윤식이 난색을 보였음에도 이를 묵살했다. 김윤식이 미국까지 중국의 명을 받들어야 한다는 뜻으로 오해하기 쉬우므로 슈펠트가 응하지 않을 것이라고 지적하였으나 그를 강압하여 속방조관에 동의를 얻어냈다. 요컨대 리훙장에게 속방조관은 슈펠트로부터 양보를 얻어내기 위한 협상 카드였다.

그렇다면 슈펠트는 조·미 수교를 성사시키기 위해 어떤 카드를 준비했을까?

그는 1881년 6월에 상하이에 도착했음에도 조선 측 인사를 소개받은 적이 없었다. 그가 조·미 수교 교섭(1882.3.15)에 착수할 때까지 톈진에서 보낸 시간은 한없는 기다림이었다. 하지만 다른 한편으로 미국의 대조선정책의 원형(原型)을 만드는 시간이기도 했다. 원형이란 청국에 경제적 압박을 가함으로써 조·미 수교를 성사시키는 전략이었다. 슈펠트가 꺼내든 대청 압박카드는 "중국인 배척법(Chinese Exclusion Act)" 제정이었다. 이 법은 미국의회 역사상 특정 국가 노동자들의 미국 이민을 광범

---

59 Р. В. Кондратенко, *Морская Политика России 80-х Годов XIX века*, СПб. 2006, pp.58; 75-78.

위하게 제한한 최초의 법안이었다. 1882년 3월 23일, 미국의회에 제출된 "중국인 배척법" 1차 법안은 향후 20년간 중국인 숙련 및 비숙련 노동자를 배척하는 동시에 중국인이 미국 시민으로 귀화할 수 있는 권리를 제한하는 것이 골간이었다. 비록 이 법안은 아서(Chester A. Arthur) 대통령에 의해 거부되었으나 미국의회는 이를 보완하여 재상정하면서 입법화 과정에 들어갔다.

1882년 4월 17일, 미국 하원은 보완한 "중국인 배척법안(New Chinese Exclusion bill)"을 통과(찬성 167, 반대 66)시켰다.[60] 수정법안의 요지는 중국인 노동자의 중국 입국 금지 기간을 20년에서 10년으로 단축, 미국에 합법적으로 거주하는 중국인 노동자들의 출국 시 미국에 재입국을 원하면 왕복증명서 발급, 중국인의 미국 국적 취득 불허 등이었다.[61] 제1차 법안이 거부되었었기 때문에 수정법안 역시 거부될 가능성이 크다는 언론 보도가 있었다.[62] 하지만 5월 6일, 아서 대통령은 이 법안에 서명했다. 이는 그가 1883년 한국의 보빙사(報聘使)를 맞이했던 근거가 되었다. 중국인 배척법은 당초 10년 기한의 한시법이었으나 이후 갱신되어 1965년까지 약 80여 년간 중국인의 미국 이주를 전면 금지하는 법적 근거가 되었다.[63]

---

60 Patrick Fisher & Shane Fisher, Congressional passage of the Chinese exclusion act of 1882, *Immigrants & Minorities*, 20:2,(2001) pp.68-69.

61 H. Res. 683(112th): Expressing the regret of the House of Representatives for the passage of laws that adversely affected the Chinese in the United States, including the Chinese Exclusion Act.(Jun. 18, 2012)

62 Helena Weekly Herald. May 4, 1882. "The Chinese Bill. Probable Adoption by the House of the Senate Amendments."

63 Sang Hea Kil, 2012, "Fearing yellow, imagining white: media analysis of the Chinese

인종 차별적이고, 중국 혐오 정서를 내포하고 있는 "중국인 배척법"이 미국의회를 통과하는 데는 슈펠트 제독의 지인이자 캘리포니아주 공화당 상원의원 사젠트의 역할이 컸다.64 슈펠트와 리홍장 간의 조·미 수교 협상이 톈진에서 진행되는 동안 워싱턴에서는 중국인 노동자를 배척하는 법안이 통과되고 있었다. 이는 슈펠트에게 큰 힘을 실어주었다.

사젠트 의원이 중국인 노동자들의 이주 전반에 문제를 제기한 것은 미국 노동계의 반중(反中) 정서를 반영한 것이었다. 그는 중국인의 이주를 "침략"으로 표현하며, 언론과 법조계를 제외한 전 영역에 중국인들이 침략하였고(The Chinese invaded), 그 결과 "미국 노동자들은 기아 선상을 헤매게 되었다"고 주장했다. 미국 내 중국 혐오는 1880년 미국 대통령 선거 당시 민주·공화 양당 모두가 득표 활동으로 이용함으로써 더욱 확산되었다.65

이러한 반중 정서가 "중국인 배척법"으로 법제화되는 주요 계기는 바

---

excursion Act of 1882", Social Identities, Vol.18, No.6, pp.663-664. 이 법은 제2차 세계대전 당시 중국이 미국의 동맹국이 됨으로써 1943년에 폐지되었으나, 법적으로 인종 제한이 철폐되는 1965년까지 중국인 이주는 재개되지 못했다.

64 슈펠트와 사젠트의 공조가 가능했던 요인은 바로 미국 서부에서 확산하고 있던 反中 정서였다. 반중국캠페인이 미국에서 본격화되었던 계기는 중국인 저임노동자로 인해 미국 노동자들의 노동환경이 열악해져 발생한 1877년 샌프란시스코 폭동사태였다. 1877년 7월 23일 저녁, 미국 노동당 샌프란시스코 중앙위원회(The San Francisco central committee of Workingmen's Party of the US)가 시청 맞은편 공터에서 철도노동자 임금 삭감에 반대하는 집회를 개최했을 당시, "안티쿨리클럽(Anti-Coolie Club)" 회원들이 인근 차이나타운을 습격하여 샌프란시스코는 3일간 방화와 약탈이 난무하는 무질서 상태에 빠졌다. Patrick Fisher & Shane Fisher, Congressional passage of the Chinese exclusion act of 1882, pp.58-59.

65 Patrick Fisher & Shane Fisher, Congressional passage of the Chinese exclusion act of 1882, pp.62-63.

로 슈펠트가 사젠트에게 보낸 공개편지(1882.1.1)였다. 이 편지는 슈펠트가 6개월간 톈진에 머물면서 중국인을 관찰한 기록으로 미국의 중국 이주민정책 수립에 커다란 영향을 끼쳤다. 슈펠트가 "공개 편지(open letter)"라고 지칭한 까닭은 언론 공개를 목적으로 하였기 때문이다. 슈펠트의 편지는 사젠트에 의해 『샌프란시스코 불레틴(San Francisco Bulletin)』에 공개되었고, 이후 『뉴욕 타임스(The New York Times)』가 슈펠트의 편지를 "중국인을 위한 중국(China for Chinese)"이라는 제하로 기사화(1882.3.30)[66]함으로써 미국 내 중국 혐오 정서에 방아쇠를 당겼다.

슈펠트는 편지 도입부에서 중국인들의 모든 행동은 기만과 위선임을 밝혔다. 이는 그가 조·미 수교 준비를 위해 리훙장을 비롯한 중국의 지배층과 교섭을 통해 체득한 결과였다. 그는 이러한 중국인의 행동을 그들의 세계관이었던 화이관(華夷觀)에서 비롯되었다고 보았다. 화이관에서 청국은 문명인이고, 서양은 오랑캐였다. 슈펠트의 견해에 따르면, 중국인들은 근대 문명의 담지자인 서구인들을 인정하고 포용하기보다는 분노와 적개심을 가지고 대하고 있었다. 따라서 중국인들에게는 동정과 자비보다는 무력으로 대해야만 하고, 무자비가 정의이다. 왜냐면 그들에게 동정심을 보일 경우, 중국에 대한 두려움을 감추려는 허약함으로 해석하기 때문이다. 슈펠트는 중국인들이 자존심에 집착하기 때문에 겸손하게 대할 경우, 외국인들을 경멸하는 태도를 보인다고 파악했다.

슈펠트는 편지에서 미·청 관계를 저해하는 요인으로 적대적 정치체

---

66 The New York Times, March 30, 1882, "China for Chinese. Results of Commodore Shufeldt's Observations. Deceitful Bearing toward All Foreigners-Character of Li Hung Chang and His Aims-Why Chinese Immigration is not Desirable."

제를 꼽았다. 그는 미국식 자유주의가 청국에 도입된다면, 이는 천자(Heaven-born) 시대의 종언뿐 아니라 전제체제에서 배를 불렸던 관료제도의 종결임을 관료들이 가장 잘 알고 있다고 보았다. 또 미국에 유학 중인 중국 학생들이 중도에 소환되어 아메리카니즘(Americanism)의 화신으로 탄압의 대상이 되는 것도 청국 관료들의 반미 성향의 결과로 파악했다. 결국 슈펠트에게 청국은 미국의 운명과 미래에 연관되어 있지만, 동시에 매우 적대적인 이중적 의미를 지닌 나라였다.[67]

슈펠트의 중국관은 미국인과 중국인의 차이점을 부각함으로써 양자를 구분하는 논거가 되었다. 이는 백인이 선(善)과 정의(正義)라면 그 대척점에 있는 중국인은 사악(evil)과 불의(不義)를 의미했다. 이는 기독교 중심의 백인사회에서 사악과 불의한 존재는 공존할 수 없는 배척의 대상이 되는 것과 같았다. 따라서 슈펠트는 중국인 노동자들의 무제한 이주와 관련하여, 미국의 노동력 시장에 수요와 공급을 조절하고 제한하는 법률 제정을 사젠트에게 제안한 것이다.[68]

슈펠트의 편지가 사젠트에 의해 『샌프란시스코 불레틴』에 게재된 시기는 1882년 3월 20일이었다. 이는 슈펠트와 리훙장이 조미수호통상조약 체결을 위한 첫 교섭에 착수(3.25)하기 5일 전이었다. 톈진 북양아문에서 열린 회담에서 조약 체결 협상을 위임한 고종의 봉서(1882.1.14)를

---

67 The New York Times, March 30, 1882.
68 슈펠트가 건의한 중국인 이주 제한법은 그 범위를 캘리포니아에 국한한 것은 아니었다. 그가 중국인 노동자의 미국 이주 전면제한의 필요성을 설명하기 위해 제시한 사례가 샌드위치섬(Sandwich Island)이었다. 이곳은 미국의 육군과 해군의 사활이 걸린 중요한 곳임에도 중국인 비중이 적정선을 넘고 있었다(The New York Times, March 30, 1882).

소지한 리훙장이 조선의 전권으로 나섬[69]에 따라 한반도의 운명을 둘러싼 미·청 간의 치열한 줄다리기는 예견된 것이었다.

슈펠트와 리훙장의 쟁점은 조선의 지위를 결정짓는 것이었다. 회담에 임한 리훙장의 관심사는 조약문에 이른바 속방조관을 관철하는 것이었다. 리훙장은 조미수호통상조약을 미국과 이후 서구 열강이 조선에 대한 청국의 종주권을 인정하는 합법적인 문서로 삼고자 했다. 이는 조선을 독점하기 위해 조·미 수교에 주저했던 일본의 입장과 유사했다. 따라서 조·미 수교 과정은 조선을 독점하려는 청·일 간의 경쟁 구도를 재확인하는 과정이기도 했다.

반면, 슈펠트가 주청 미국공사 홀콤과 함께 작성한 조약 초안에는 속방조관이 들어가 있지 않았다. 그는 신뢰할 수 없는 리훙장의 처신에 강경한 태도로 선회했다. 이는 청국의 반외세적 입장이 군사적 약세와 동전의 양면을 이루고 있음을 간파했기 때문이었다. 슈펠트가 조약 제1조에 속방조관을 포함하자는 리훙장의 제안을 일축한 이유도 여기에 있었다.

그런데도 리훙장은 청국 정부의 훈령이라는 명분으로 조미수호통상조약 제1조에 속방조관 삽입을 다시 요구했다. 제1조에 포함된 거중조정 조문 역시 조선의 안보에 대한 미국의 역할을 규정하고 있었다.[70] 그

---

[69] 송병기, 1984, 「김윤식(金允植)·리훙장[李鴻章]의 보정(保定) 천진회담(天津會談)(상)-조미조약(朝美條約) 체결(1882)을 위한 조청 교섭」, 『동방학지』 44권, 187~189쪽.

[70] 조미조약 제1조의 "거중조정(good offices)" 조문은 1858년에 체결된 "미청천진조약(美淸天津條約)"의 제1조를 따른 것이었다. "만약 타국이 불공경모(不公輕侮)하는 일이 있게 되면 일차 조지(照知)를 거친 뒤에 필수 상조(相助)하여 잘 조처함으로써 그 우의를 표시"하기로 한다는 것이었다. "Mr. Denby to Mr. Gresham, October 31, 1894." in American Diplomatic and Public Papers, The United States and China, Series III, The Sino-

는 속방조관 없는 조미수호통상조약 체결을 위해 슈펠트를 조선으로 인도할 의향은 추호도 없었다.

하지만 슈펠트는 조약 제1조에 속방조관 삽입 불가를 분명히 하였다. 근거는 두 가지였다. 첫째, 속방조관은 조선과 미국이 상호 대등한 입장에서 조약을 체결하여야 한다는 원칙에 어긋나며 둘째, 조선을 자주국으로 이미 인정했던 조일수호조규라는 선례가 있기 때문이었다. 그러자 리홍장이 속방조관은 고종의 의사를 물어 조선에서 삽입한다는 타협안을 제시했음에도 슈펠트는 이를 거부했다. 속방조관 수용 불가가 그의 지론이었다.[71]

슈펠트가 속방조관을 용납하지 않은 이유는 청국이 조선의 종주국임을 인정할 경우, 조선은 미·청의 공동보호국이 되기 때문이었다. 이는 양국 간의 정치적 동맹의 단초로 해석될 여지가 있었다. 이는 미국 내 반중 정서와 부합되지 않을 뿐 아니라 슈펠트에게 부여된 권한 밖의 문제이기도 하여 조약문 최종안에는 속방조관을 생략하였다. 슈펠트는 속방조관을 조약의 목적과는 별개의 문제로 간주한 것이다.

슈펠트가 즈푸[之罘]에서 제물포로 출발(1882.5.8)한 것은 조미수호통상조약 조인식에 참석하기 위해서였다. 이날은 미국 워싱턴에서 아서 대통령이 중국인 노동자의 미국 입국을 10년간 금지하는 "중국인 배척법"에 서명(5.6)한 직후였다. 슈펠트가 조선으로 출발한 이튿날(5.9) 상하이에서 발행되는 『노스 차이나 데일리 뉴스(North China Daily News)』가 사

    Japanese War to the Russo-Japanese War 1894~1905, vol.2., The Sino-Japanese War I, pp.279-282.

71 Frederick Drake, *The Empire of the Seas*, pp.289-295.

젠트에게 보낸 슈펠트의 편지를 공개한 것은 조·미 수교와 "중국인 배척법"의 상관성을 보여 주는 것이었다. 슈펠트는 미국의 반중 정서를 배경으로 청국 정부에 압박을 가함으로써 조선의 국제법적 지위는 속국에서 독립국으로 자리매김할 수 있었다. 조선이 속국이 아니라 독립국이 되어야만 조선의 시장에서 모든 국가가 균등한 기회의 보장을 받을 수 있기 때문이다.

슈펠트는 조미수호통상조약 체결(5.22) 이후 캘리포니아로 돌아갔다(1882.7.29). 미국에서는 조·미 수교에 상반된 평가가 이루어지고 있었다. 『뉴욕 타임스(New York Times)』는 전 상원의원 사젠트에게 보낸 공개 편지 때문에 슈펠트가 소환되었으며, 이 편지는 의회에 상정된 "중국인 배척법" 통과에 영향을 끼치기 위해 작성되었다고 보도했다. 또 편향되지 않은 일반인의 시각에서 볼 때 "존경할만한 문서"지만, 동시에 외국에서 준(準)외교관의 임무를 수행했던 미국 장교의 편지로는 "끔찍할 만큼 경솔하고 무분별"했다는 편집자의 평가가 덧붙여졌다.[72]

반면, 『워싱턴 포스트(Washington Post)』는 다른 평가를 했다. 슈펠트를 "현인(賢人, great sagacity)"으로 칭송한 전직 해군장관 톰슨의 인터뷰 기사를 게재(1882.7.18)했다. 톰슨은 슈펠트가 해군법령을 위반하지 않았으며, 오히려 그의 편지를 언론에 공개한 사젠트가 더 비난받아야 한다고 주장했다.[73]

슈펠트는 조미수호통상조약에서 속방조관을 삭제하기 위해 청국 정부를 압박했던 책략에 대해 엇갈린 평가를 받았으나, 곧 해군 자문위원

---

72 *New York Times*, July 4 & 6, 1882.
73 Frederick Drake, *The Empire of the Seas*, p.307.

단 단장에 임명됨(1882.8.5)으로써 그 노고에 보상을 받았다. 자문위원단은 "백색함대(White Squadron)"로 명명된 미국 최초의 철제 함대 건조를 심의·감독하는 기구였다. 그 수장으로 해군 확장론자였던 슈펠트가 적격이었다. 그는 아프리카·아시아 순항과 청국 체류를 통하여 유럽 열강의 강력한 해군력을 경험했고, 성장하는 일본 해군에 의해 극동에서 미국의 이익이 위협받고 있는 상황을 인지하고 있었다. 미국 해군의 목제 군함 시대가 종식된 것도 강력한 해군 건설이라는 그의 의지가 반영되었기 때문이다. 조·미 수교 직후 슈펠트는 목선 시대에 머물러 있었던 해군을 철선의 시대로 이끄는 견인차 역할을 하였다.

슈펠트가 주력했던 신예 해군(A New Navy) 건설은 1883년 3월 3일 미국의회가 철제 군함 건조 예산을 승인함으로써 발판을 마련할 수 있었다. 이는 미국을 태평양의 해양제국으로 부상시키고자 했던 슈펠트의 구상을 실천하는 첫걸음이기도 했다. 이후 2개월 뒤에는 초대 조선주재 미국공사 푸트(Luicius Foot)가 서울에 도착(1883.5.17)함으로써 조선 정부와 미국 상원의 비준을 받은 조미수호통상조약 비준서 교환(5.19)이 이루어졌다. 이로써 슈펠트가 미국의 아시아 시장 진출의 교두보로 삼으려는 조선의 문호개방(Open door)이 이루어졌다.

5. 맺음말

극동 국제관계(1880~1882)의 시각에서 살펴본 미국 해군 제독 슈펠트와 조·미 수교의 결론은 "조·미 수교의 평가"와 "그 영향"으로 정리할 수 있다. 조미수호통상조약의 특징은 조약 제1조에 거중조정(good offices) 조문이 포함되어 있다는 점이다. "만약 타국이 불공경모(不公輕侮) 하는 일이 있게 되면 일차 조지(照知)를 거친 뒤에 필수 상조(相助)하여 잘 조처함으로써 그 우의를 표시"하기로 명시함으로써 조선의 안보에 대한 미국의 의무가 명문화되었다. 이는 일본을 개항시킨 미일화친조약(1854)에는 없는 조문이다. 이 조문에 따라 미국은 조선이 불공정한 모멸을 당할 때 상조의 조약 의무를 지게 되었다.

주청 미국공사 영(J. R. Young)은 국무장관에게 슈펠트의 활동을 보고(1882.5.1)하면서, 조·미 수교를 다음과 같이 평가했다. "조선과의 통상조약은 값진 것이다. 아울러 거중조정이 적절하고 효율적으로 활용된다면, 향후 청국이 인정하게 될 '독립국'이든 혹은 베이징 정부가 양보하지 않으려 하는 속국의 위치에 있든, 조선을 보호하는 데 쓰일 것이다."[74] 이로써 조·미 수교는 연미론을 국제조약으로 공식화하였다.

슈펠트 제독은 멀리 떨어진 미수교국과 외교 관계를 수립하는 임무를 수행한 군인외교관으로서 미국 외교사에서 이러한 임무를 수행한 마지막 제독이었다. 그는 일본을 개국시킨 페리 제독과 같이 19세기 미국이 해외로 진출하는 선봉에 서서 새로운 시장을 개척한 해군 장교였다. 이는 일반 외교관과는 달리 무력과 설득이라는 외교협상의 양대 카드를 활용할 수 있는 권한이 있었음을 의미했다. 이에 따라 슈펠트는 리홍장과 협상을 진행하면서도 다른 한편으로 그를 강력하게 몰아세울 압박카드를 사용하는 조·미 수교 전략을 수립할 수 있었다.

이에 슈펠트는 무력과 압박의 방식으로 비문명인을 다루어야 한다는 그의 경험치에 의존하게 되었다. 인종주의적 문명론자이며, 독실한 기

---

[74] 『近代韓國外交文書』 제4권, 273~275쪽. J. R. Young(1882.5.1)-T. F. Frelinghuysen.

독교도였던 슈펠트에게 리훙장은 기독교적 정의에 대립하는 불의와 사악의 전형이었고, 미국적 가치에 반하는 중국인, 즉 미국에서 배척되어야 할 혐오의 대상이었다. 이는 조미수호통상조약 체결 과정과 "중국인 배척법"의 미국의회 통과 과정이 겹쳐지는 이유이기도 했다.

조·미 수교 이후 조선은 속국에서 독립국으로 이행하는 과도기를 겪게 되었다. 국제공법의 관점에서 볼 때 조선은 독립국이었지만, 중국적 세계질서에서 볼 때 속국이었다. 따라서 근대 조선의 국제적 지위를 둘러싼 미·청 간의 경쟁은 조·미 수교의 결과였다. 잘 알려진 바와 같이, 조선의 지위를 둘러싼 미·청의 경쟁은 미국이 일본을 지지하면서 청국에 불리하게 마무리되었다. 미국은 청일전쟁을 계기로 조선의 속국 지위를 부정했던 일본을 지지하는 극동정책을 본격화했다. 이는 일본군이 평양전투 이후 압록강을 건너 청국으로 진격하자, 청국 정부가 미국에 중재를 요청(1894.10.31)했음에도 미국이 이를 거절했던 이유였다. 주청 미국공사 덴비(Charles Denby)는 청일전쟁이 확전되는 과정에 개입하기보다 청국 정부가 붕괴하기 직전에 중재에 뛰어드는 것이 효율적이라고 미국 국무장관(W. Q. Gresham)에게 보고했다. 이는 중국이 무력 이외의 방식으로는 세계와 조화를 이루지 못한다는 주청공사 덴비의 신념이기도 했다.[75] 이는 슈펠트의 경험을 계승한 측면이 강했다.

덴비는 청국의 대조선 종주권 유지정책을 개전의 주요 원인 가운데 하나로 꼽았다. 그는 청국 정부가 일본에 항복하기 전까지는 조선을 포

---

75 "Mr. Denby to Mr. Gresham, October 23, 1894." *in American Diplomatic and Public Papers: The United States and China, Series III, The Sino-Japanese War to the Russo-Japanese War 1894~1905, vol.2., The Sino-Japanese War I*, pp.254-259.

기하지 않을 것으로 생각했다. 따라서 청국의 경친왕(慶親王) 혁광(奕劻)이 미국에 중재를 의뢰하자, 덴비는 서면으로 조선의 완전한 독립을 보장(Put in Writing)할 것을 요구했다. 요컨대 청국이 조선에 대한 종주권 포기를 선언하고, 조선의 완전한 독립을 인정하는 것이 청일전쟁에서 미국이 거중조정하는 전제조건이었다.[76]

슈펠트가 아시아 시장의 교두보로 간주하였던 조선은 조미수호통상조약을 통해 모든 국가에 균등한 기회를 보장받는 통상시장으로 변모했다. 이는 조선의 사례가 청일전쟁 이후 청국에도 적용 가능한 원형이 되었음을 의미했다. 1899년 9월 6일, 미국 국무장관 존 헤이(John Hay)가 주요 강대국(프랑스, 독일, 영국, 이탈리아, 일본, 러시아)에 보낸 각서, 즉 중국의 영토 보전과 상공업상의 기회 균등을 요구한 문호개방정책(Open door policy) 역시 슈펠트의 조·미 수교정책의 연장선이라 할 수 있다.

---

76 "Mr. Denby to Mr. Gresham, October 31, 1894." *in American Diplomatic and Public Papers*, pp.279-282.

제2장

러·청 전쟁 위기(1880)와 한국의 북방정책
– 러시아 레솝스키(Lesovskii) 함대의 극동 원정과 『조선책략(朝鮮策略)』

1. 머리말
2. 레솝스키 함대의 극동 원정 배경–러·청의 이리 분쟁
3. 레솝스키 함대의 극동 원정과 상트페테르부르크 조약
4. 레솝스키 함대의 극동 원정과 고종의 북방외교
5. 맺음말

레솝스키 제독(S. Lessovskii, 1817~1884)

황쭌셴(黃遵憲, 1848~1905)

I. 머리말

근대한국 외교 연구는 한국 외교의 원형을 이룬다는 점에서 주목할 만하다. 근대한국의 외교는 전통적인 중화체제의 틀을 깨고 나오는 동시에 유교적 이념에서 실용주의적 다변(多邊) 외교로 전환하는 과정을 통해 성립되었다. 화이론에 근거한 방아론은 청국이 고종에게 고취한 한국 외교의 지침이었다. 따라서 고종이 공로의식(恐露意識, Russophobia)을 극복하고 러시아를 전략적 파트너로 받아들인 한·러 수교(1884)는 사대교린의 전통 외교에서 근대 외교로 전환하는 분수령이었으며, 나아가 자주독립 국가 건설의 출발점이었다.

이 글은 고종의 북방정책과 러시아 레숍스키 함대의 극동 원정을 고찰한 것이다. 레숍스키(С. С. Лесовский, 1817~1884) 제독이 지휘했던 러시아 함대의 극동 원정은 이리 문제를 둘러싼 러·청 간의 갈등이 최고조에 달한 시점에서 이루어졌다. 이리 분쟁은 외견상으로는 신장[新疆]의 서부 지역인 이리에서 벌어지는 러·청 무역과 관련이 있었으나, 영국을 대신한 청국이 러시아의 남하를 저지하는 구조를 형성하며, 사실상 영·러 대결의 신장판이었다. 신장은 카자흐스탄·아프가니스탄과 접경하는 지역으로, 러시아는 이리를 통해 중앙아시아에서 영향력을 확대하고자 하였다. 이에 영국은 인도 방위를 위해 러시아의 이리 점령을 적극적으로 저지했다. 따라서 영국·러시아·청국을 중심으로 일본 및 유럽국가들의 외연을 이루는 이리 위기(Ili Crisis)는 이후 한반도에서 벌어지는 거문도 사건(1885~1887)의 서막이라 할 수 있었다.

이리 위기 당시 청국의 황쭌셴[黃遵憲]은 방아론에 근거한 『조선책략(朝鮮策略)』을 집필하였다. 김홍집이 이 책을 국내에 소개(1880)하자 조선 정부의 대러 경각심은 고조되어 장박(張博)이 연해주에 파견되었다. 이후 고종에게 정세보고서가 이어졌는데, 1882년 12월 백춘배(白春培)의 "아라사채탐사백춘배서계(俄羅斯探探使白春倍書啓)"가 대표적이다.[1] 26척에 달하는 러시아의 대규모 함대가 1880년 9월 블라디보스토크에 원정하여 청국을 압박하는 작전을 준비했고, 1881년 6월에야 본국으로 귀환하였음에도, 러시아 레솝스키 함대의 극동 원정과 고종의 북방정책에 관한 국내 연구는 거의 없다. "1880년 장박이 변경 문제로 연해주에 갔었다고 하나 그 변경 문제가 무엇이었는지 알 길이 없다"는 것이 현재까지의 국내 연구결과이다.[2]

---

1 백춘배의 서계는 壬午年 臘月(1882년 음력 12월)에 작성되어 러시아가 한국을 침략할 이유 열 가지(俄의朝鮮侵略의十端)를 고종에게 설명하였다. ① 러시아의 동진정책은 터키, 카자흐스탄을 넘어 新疆에 이르렀기에 그 세력이 차례로 조선에 이르게 될 것이다. ② 사통팔달하는 한국의 항구를 탐내고 있다. ③ 블라디보스토크항은 군용으로 부적합하여 부동항을 얻고자 한다. ④ 일본의 한국 침략을 부추겨 성공할 경우, 함경도를 할양해 가지려는 음험한 꾀를 추구한다. ⑤ 블라디보스토크는 한·러 국경에서 300리에 불과하여 조선과 海港을 공유하고자 한다. ⑥ 한국은 러시아보다 상대적으로 온화하고 토지가 기름지고 비옥하다. ⑦ 한국 백성들이 떼를 지어 노령에 이주하고 있어 한국의 허실을 잘 알고 있다 ⑧ 러시아인의 성정이 횡포하여 조선에만 유독 너그러울 리 없다. ⑨ 러시아는 중국, 일본, 한국이 입술과 이빨의 관계가 되는 것을 싫어하기 때문에 조선을 확보하여 중국의 목구멍을 막고 동으로 일본의 어깨를 잡으려 한다. ⑩ 러시아로 도망하여 조선이 좋다고 과장하여 러시아 사람에게 취할 것을 권했던 임락지(林樂之) 같은 자를 활용하는 러시아의 용인술이 그것이다. 國史編纂委員會, 1958, 「俄羅斯探探使白春培書啓」『修信使記錄』, 191~194쪽.

2 李光麟, 1985, 「舊韓末 露領移住民의 韓國政界進出에 대하여-金鶴羽의 活動을 中心으로」, 『歷史學報』 108, 51~86쪽. 러시아의 연구에서도 레솝스키 함대의 극동 원정과 고종 정부의 대러 수교정책의 상관성을 밝힌 연구는 미진하다. 이는 한국의 사료를 활용하지 않았던 것이 주된 원인이다. 그 결과 고종 정부가 『朝鮮策略』적 세계관을 극복하고 레솝스키 함대의 극동 원정을 예의주시하게 된 원인과 그것이 대러 접근으로 이어지는 과정에 대한 검토가 생략될 수밖에 없었다. А.Л.Нарочницкий, Колониальная Политика Капиталистических Держав на Дальнем Востоке, 1860~1895, М.

이 주제의 국내 연구가 미진한 원인은 두 가지로 집약할 수 있다. 첫째, 자료의 한계이다. 레솝스키 제독이 지휘한 러시아 함대의 극동 원정 관련 자료는 대부분 러시아 해군성문서관(РоссийскийГосударственныйАрхив Военно-Морского Флота, 이하 РГАВМФ로 약함)이 소장하고 있다. 이에 자료의 접근과 수집에 제약이 따르며, 인쇄체가 아닌 1880년대 초반의 사료이기 때문에 해독의 어려움이 있다. 둘째, 고종의 역할에 대한 부정적 평가이다. "실패한 군주"와 "개명군주"로 양분된 고종에 대한 평가는 진영 논리와 결합하여 학문적 연구가 매우 어려운 주제가 되었다. 고종의 북방정책 연구는 한국 근대 외교의 기틀이자 오늘날까지 이어지는 현대 외교의 바탕임에도 학술적 접근이 이루어지지 않고 있다. 따라서 본 연구는 상술한 한계들을 극복하는 데 연구의 초점을 맞추려 한다.

본 연구를 관통하는 문제의식은 "누가 새롭게 생각한 인물인가?"이다. 이는 청국 정부의 대러관이 집약된 황쭌셴의 『조선책략』(1880)에서 러시아의 침략에 대비한 방아론을 설파했음에도 러시아에 접근한 인물은 누구이며, 그 계기가 무엇인지 밝히는 작업이 필요하다. 필자는 공로의식을 극복하고, 러시아를 근대 한국의 국제관계사에 포섭했던 인물로 고종을 꼽는다. 그는 와해하는 중화체제를 대체할 "포스트 중화체제(Post Sinocentric system)"를 전망함으로써 러시아와 새로운 관계 맺기를 시도했다. 아울러 본 연구는 상트페테르부르크의 러시아 해군성문서관(РГАВМФ)이 소장한 레솝스키 제독의 극동 원정 관련 자료를 활용하였음을 밝힌다.

1956. pp.289-290.; История Корея, Том 1, Академия Наук СССР Институт Востоковедения, М., 1974. pp.333-335.; Б.Д.Пак, Россия и Корея, М., 2004. pp.127-136. Бэлла Пак, РоссийскийДипломат К.И.Вебер и Корея, М., 2013, pp.30-41.

2. 레솝스키 함대의 극동 원정 배경-러·청의 이리 분쟁

이리(伊犁)[3] 분쟁은 러시아가 점령하고 있던 청국 신장 지역의 이리강(伊犁江) 유역에 대한 청국의 반환요구로부터 시작되었다. 러시아는 러·청 간의 국경무역이 확대되던 이리 지역으로 이슬람교도의 반란이 확대되자, 1871년부터 질서유지를 명목으로 점령하였다. 이에 1878년 쥐종탕[左宗棠]이 지휘하는 청국군이 이슬람교도의 반란을 진압한 후, 이리 지역 반환을 요구함으로써 러시아 군대의 철병조건을 둘러싼 이견이 양국 갈등의 직접적인 원인이 되었다.

이리 분쟁의 러시아 측 원인은 러시아 중앙정부와 현지 주둔군 사령관들과의 견해차였다. 이리 지역 반환을 위한 협상안을 심의하기 위해 소집된 1879년 3월 4일의 각료회의에서 영토 반환의 대가로 러시아 상인들의 현지 교역 허가, 러시아 영사관 설치 및 이리강 상류의 테케스 지역 양도 요구 등이 잠정 합의되었다. 그런데도 러시아 육군성에서는 투르케스탄 총독 카우프만(К.П.Фон Кауфман) 장군과 세미레첸스크(Семиреченск) 지역 군무지사 콜파콥스키(Г.А.Колпаковский)가 중심이 되어 추가로 이리강 서부를 러시아에 병합할 것을 건의했다. 이 지역이 키

---

[3] 伊犁(Кульджа)의 현재 행정구역은 중국 신장[新疆]·위구르 자치구 이리 카자흐 자치주이다. 신장은 1759년 청의 건륭제가 정복하였으며, 신장 북동부 이리강 유역의 伊犁가 행정중심지이다. 면적은 55만 평방마일로 프랑스의 약 2배 반이며, 톈산산맥을 경계로 남북으로 나뉜다. 북으로는 러시아와 몽골, 동쪽으로는 간쑤성[甘肅省], 남으로는 티베트와 카슈미르와 접하고 있고, 서쪽은 러시아의 중앙아시아와 접해있다. 토질이 비옥하여 물산이 풍부하며 18세기 말부터 러시아와 교역이 증대되었다. 伊犁는 신장 남부의 카슈가리아(Kashugaria)를 잇는 통로이자 전략적 요충지로서 서방 군사전문가들은 이곳을 "신장의 요새(fortress of Sinkiang)"라 불렀다. Immanuel Hsu, 1965, *The Ili Crisis, A Study of Sino-Russian Diplomacy 1871~1881*, Oxford University Press, pp.17-18.

르기스 유목민들의 이동로라는 것이 명분이었지만, 이곳을 반환할 경우 적어도 6천만 루블의 추가 보상금을 요구할 수 있다는 계산이 있었다.

러시아 외무성은 반환조건을 완화해야 한다는 입장을 보였다. 당시 러시아는 러·터 전쟁(1877~1878)을 마무리하는 베를린회의(Congress of Berlin)에서 삼제동맹(Three Emperors League)이었던 독일과 오스트리아의 도움을 전혀 받지 못하는 외교적 고립에 놓여 있었다. 오스트리아는 발칸반도에서 러시아의 영향력 강화에 반대했고, 독일이 오스트리아 편을 드는 사이에 영국 역시 지중해 패권을 유지하기 위해 대러 전쟁을 불사하겠다는 입장을 취했다.[4] 이는 전쟁에서 승리하고도 외교에서 패배한 전형적인 사례라 할 수 있다. 이에 러시아 외무성은 유럽 외교무대에서 러시아의 고립이 러·청 국경교섭에 반영될 가능성을 우려하였다.

러시아 외무성은 육군성의 요구를 부분적으로 수용하는 선에서 타협했다. 아시아 국장이자 부외상을 겸했던 기르스(Н.К. Гирс)는 베를린회의에서 외교적 실패를 겪은 외상 고르차코프(А.М. Горчаков)를 대행하고

---

4 Stanford J. Shaw, Ezel Kural Shaw, 1976, *History of the Ottoman Empire and Modern Turkey: Volume 2, Reform Revolution, and Republic: The Rise of Modern Turkey 1808~1975*, Cambridge University Press, pp.189-191. 러시아는 발칸반도의 슬라브족 해방을 기치로 러·터 전쟁(1877~1878)에서 승리하여 터키와 산스테파노 조약(1878.3.3)을 체결했다. "에게해(Aegean Sea) 연안을 영유하게 될 새롭고 거대한 불가리아(Big Bulgaria)를 건국한다"는 조약 제1조가 대영제국의 존립에 위협이 된다고 판단한 영국은 조약개정을 하지 않을 경우, 대러 개전을 불사하겠다는 성명을 발표하여 독일의 비스마르크가 중재하는 베를린 회의가 열렸다. 영국은 에게해에 러시아 해군기지가 건설될 경우, 수에즈(Suez)운하에서 영국을 잇는 제국항로가 위협받을 것이 우려된다며, 지중해의 제해권을 유지하기 위해 불가리아의 분할을 요구했다. 결국 러·터 전쟁에서 국력을 소진한 러시아는 영국의 요구를 수용할 수밖에 없었다. 이에 영국은 러시아의 전리품을 터키에게 돌려준 대가로 지중해 제해권을 강화하기 위해 사이프러스를 점유하는 협정을 체결(Cyprus Convention, 1878.6.4)하였다.

있었다. 그는 이리강 서부유역을 러시아에 넘길 것을 제안한 콜파콥스키 장군의 요구는 유지하되, 러시아군의 주둔비용은 500만 루블로 삭감했다. 이에 1879년 10월 2일 흑해 연안 크림반도의 리바디아에서 청국 전권대표 숭후(崇厚)와 러시아 외상 직무대리 기르스 간에 이리 지역 반환을 위한 리바디아 조약(Treaty of Livadia)이 체결되었다. 이 조약은 이리 지역 서부의 토지를 러시아에 할양하고, 러시아인에게 중국 서부 여행의 자유와 무역특권을 허락하며, 러시아가 이리 지역을 점령하여 치안을 유지하면서 지출한 러시아 군대의 주둔비용 500만 루블을 청국이 보상한다는 것이 요지였다.

리바디아 조약으로 청국은 러시아의 이리 지역 점령비용을 지불하기로 했지만, 이는 공법 질서하에서 대등한 관계를 반영한 것은 아니었다. 이는 사실상 전승국이 패전국에 부과하는 조건으로서 청국 정부는 이를 굴욕적인 조약으로 받아들였다. 조약 체결 소식이 전해지자 청국 정부에서는 반대여론이 비등하기 시작했다. 그러자 청국 정부는 조약 체결의 최종 책임을 전권대표 숭후에게 돌리는 한편, 전쟁의 위험을 무릅쓰고라도 즉각 재협상해야 한다는 주전파가 부상하였다. 이것이 이리 위기의 청국 측 원인이었다.

조약 폐지를 주장한 주전파의 수장은 후난성[湖南省] 출신의 쥐종탕[左宗棠, 1812~1885]이었다. 그는 전권대표 숭후가 체결한 리바디아 조약을 폐지하고 전쟁을 준비한다는 폐약비전(廢約備戰) 주장을 폈고, 장지둥[張之洞] 역시 폐약과 숭후의 처형까지 상주하기에 이르렀다.[5] 이는 국경

5　鄢洪峰, 2010.2, 「曾紀澤與中俄伊犁交涉」, 『華北水利水電學院學報』(社科版) 第26卷 第1期.

문제에 강경한 주장이 반영되었을 뿐만 아니라 종래의 불평등한 러·청 관계를 반전시키기 위한 대응이었다.

그러나 리바디아 조약에 대한 강경한 주장은 리홍장의 "선윤후번론(先允后翻論)"이 제기되면서 조정 과정을 거치게 되었다. 리홍장은 리바디아 조약을 일단 접수한 다음 새로운 모색을 시도하자고 했다. 절충안 마련을 위한 논의 과정에서 청국의 주적이 러시아인지 아니면 일본인지 논쟁이 일어났다. 이는 이리 지역을 회복하기 위해 러시아와 대립하는 과정에서 조선을 자주국으로 인정한 한·일 간의 강화도조약이 체결(1876)되고, 청국의 속국이었던 류큐가 일본에 병합되는 사건이 발생(1879)했기 때문이다. 청국의 적은 북방에 있는가 아니면 바다에 있는가? 이 고민은 러시아가 청국의 주적이라면 육군을 증강하여 변방을 강화해야 하지만, 일본이 주적이라면 해군력을 강화해야 한다는 이른바 육방론(陸防論)과 해방론(海防論)의 대립으로 진화했다. 쥐종탕이 육방론 지지자라면, 리홍장은 해방론 지지자였다.

청국 정부는 논쟁의 타협책으로 굴욕적인 리바디아 조약을 개정하는 협상에 착수하기로 했다. 리바디아 조약 비준을 거부하고, 숭후의 처형을 공표한 것은 대러 조약 개정을 위한 비전촉화(備戰促和) 방책이었다. 동시에 주영공사 쩡지쩌[曾紀澤, 1839~1890]를 러시아주재 공사로 임명하여 협상을 재개한다는 계획이 수립되었다.[6]

한편, 이 시기 러시아 정부는 극동의 해군기지 선정에 고심하고 있었다. 해군성은 블라디보스토크를, 육군성은 성 올가만(Залив СваятойОльги)을

---

6 鄔洪峰, 2010.2, 「曾紀澤與中俄伊犁交涉」, 『華北水利水電學院學報』(社科版) 第26卷 第1期.

주목하였다. 이는 발칸반도에서 오스만 제국의 지배력이 쇠퇴함에 따라 근동의 새로운 질서를 둘러싼 영·러 간의 충돌 가능성이 고조되고 있다는 판단에 기인했다. 러시아는 청국보다는 영국과의 충돌에 대비했다. 또 블라디보스토크는 항구 강화에 막대한 비용이 소요되지만, 올가만은 러·터 전쟁 이후 국방비 감축에 따른 대안이었다. 올가만은 육군참모총장 오브루체프(Н. Н. Обручев) 주재하에 특별위원회에서 해군성에 이를 권고하기로 합의한 사안이었다.[7] 육군성 입장에서 방위비 삭감의 부담은 해군성의 몫이었다.

그런데도 극동의 해군기지로 올가만을 결정한 것이 올바른 것이었는지에 대한 의문은 이어졌다. 동시베리아 군관구 사령관 프레데릭스 공(барон П.А.Фредерикс)은 해안포대를 갖춘 블라디보스토크 항구의 대대적인 보강공사 필요성을 제기하였다. 상트페테르부르크의 해군성에 발송된 극동 항구사령관 에르드만(Г. Ф. Эрдман) 제독의 정책건의서는 블라디보스토크 개발의 당위성이 담겨 있었다. 건의서에는 해군성 지휘부가 일본 함대의 성장, 특히 강화도조약 이후 러시아 국경에 인접한 조선의 항구들로 입항을 보장받은 일본 정부의 열정적인 활동에 주목할 것을 요구했다. 이어 제독은 극동에서, 일본과의 전쟁에서 패전으로 위신에 손상을 입지 않는 해법으로 일본에 뒤지지 않는 해군력을 태평양에 집중시켜야 하고, 항만이 넓고 전략적인 입지가 유리한 블라디보스토크를 증강된 러시아 함대의 정박로 삼아야 한다고 제시했다.[8] 1880년 1월 15일, 에르드만 제독은 항구 선정에 최종 결정을 검토하기 위해 상트페

---

7 РГАВМФ. Ф.410. Оп.2, Д.3623. Л.29, 34об-35.
8 РГАВМФ. Ф.410. Оп.2, Д.3623. Л.72-75.

테르부르크로 소환되었다.[9]

항구 문제와 더불어 극동 해역에 러시아 해군력 강화 문제가 긴급히 제기된 계기는 청국 정부가 숭후에게 사형을 선고했다는 주청 러시아공사 코얀데르(А. И. Кояндер)의 보고(1880.3.7)였다. 보고서에 따르면, 청국 정부에 반외세파가 득세하여 만주·몽골 국경 서부 지역에서 군사행동을 준비하고 있으며, 베이징주재 외국 공사들은 자국의 태평양함대 지휘관들을 상하이로 집결하도록 조치했고, 러시아 역시 태평양함단 사령관 슈타켈베르크(А. И. Штакельберг) 제독에게 함단 증강을 요청하고, 소볼(Соболь)호와 모르슈(Морж)호에게 상하이로 집결할 것을 요청했다는 것이다. 당시 러시아 태평양함단은 기지에 상주하는 소규모 전력을 보완하기 위해 제독이 지휘하는 함단들이 상호 교대하는 방식으로 운영되고 있었다.[10] 그 결과 외상 기르스는 해군상 레솝스키 제독에게 슈타켈베르크 함단과 교대할 아슬란베고프(А. Б. Асланберов) 함단을 조속히 파견할 것을 요청(3.16)하기에 이르렀다.

기르스 외상이 아슬란베고프 함단의 조속한 발진을 예의주시한 것은 러·청 관계가 심상치 않다는 판단에 따른 것이었다. 이는 외상이 "우호적인 러·청 관계를 유지하기 위해 숭후의 처형은 반드시 보류되어야 한다"는 입장을 주청공사를 통해 청국 정부에 전달할 것을 지시(1870. 3.1)했음에도 회신은 부정적이었기 때문이다. 코얀데르의 회신에서는 "청국인들은 우호관계를 중시하지 않으며, 이리 문제로 전쟁을 준비하

9　Кондратенко Р.В. Морская политика России 80-х годов XIX века. СПб., 2006. pp.35-36.
10　РГАВМФ. Ф.410. Оп.2. Д.4071. Л.2, 60.

고 있다"라고 했다.[11]

러·청 간의 무력충돌 가능성이 고조되고 있음에도 해군성은 신형 장갑 전함 건조와 발트해에서 태평양으로의 전함 파견을 둘러싼 예산 지원 문제로 재무성과 접전을 치르고 있었다.[12] 이미 1879년 11월부터 해군상 레숩스키는 최근 일본과 중국의 해군력이 증강되고 있음에 주목해 줄 것을 국가회의(Гос. Совет)에 요청했었다. 레숩스키의 자료에 따르면, 일본은 4척의 장갑 순양함과 도합 137문의 함포를 적재한 16척의 순양함을 보유했으며, 중국은 도합 90문의 함포를 적재한 22척의 순양함을 보유했고, 그 가운데 8척은 신형 전함이었다. 그런데도 재무성은 러·터 전쟁에 지출된 전비 부담으로 장갑 전함 건조에 필요한 긴급 예산 지원을 거부했다.[13] 결국 태평양함대 증강을 위한 재무성의 예산은 러·청 간의 전쟁 가능성이 최고조에 달했을 때 빗장이 풀렸다. "긴급 군사 상황에 따른 비용"이란 명목으로 1880년 12월 30일 국가회의에서 태평양함대 증강에 180만 7,707루블을 해군성 예산에 배정했다.[14]

청국을 압박하는 수단으로 해군력 증강이 필수적이라는 외상의 판단은 극동으로 함대를 급파하는 결정으로 이어졌다. 1880년 3월 17일, 레숩스키 제독은 아덴(Aden)에 정박 중인 아슬란베고프 제독의 함대에 긴

---

11 РГАВМФ. Ф.410. Оп.2. Д.4071. Л.58-61
12 РГИА. Ф.1152. Оп.9. Д.600Е. Л.746об-747.
13 РГИА. Ф.1152. Оп.9. Д.600е. Л.823-827.
14 Решение Государственного совета от 18 декабря 1880 г. ≪О финансовой смете Морского министерства на 1881 год≫, пункт 32 — РГИА. Ф. 1152. Оп.9. Д.615е. Л.891об.

급히 극동으로 이동할 것을 명령했다.[15] 1880년 3월 4일, 외상 기르스가 레솝스키 제독에게 주청공사 코얀데르와 주일공사 스트루베의 전문 사본을 동봉하여 아슬란베고프 함대의 조속한 파병을 요청한 것도 대청 압박을 위해 함대 증강이 필수적이라고 판단했기 때문이었다.[16]

이후에는 신형 함대 발진 조치가 이어졌다. 3월 6일, 러시아 해군성은 크론슈타트 항구사령관 코자케비치(П.В.Козакевич) 제독에게 프리기트·게네랄 아드미랄(Генерал-Адмирал)과 클리퍼함 플라스툰(Пластун)·자비야카(Забияка), 순양함 아프리카(Африка)·예브로파(Европа) 등의 9개월간 해외 항행 비용을 통보했다. 아울러 페슈로프(А. А. Пещуров) 부해상(副海相)은 외상 기르스과 함께 클리퍼함 스트렐로크(Стрелок)·크레이세르(Крейсер)를 태평양함대에 추가 배치하기로 합의하였다.[17] 또 1880년 발트해에서 수뢰정 2척, 1881년 흑해에서 수뢰정 8척을 의용함대 회사 소속의 증기선에 적재하여 이송하려던 계획도 조기에 착수하기로 결정하였다.[18]

마침내 러시아 황제 알렉산드르 2세는 3월 29일 그리스 해역에 정박 중이던 프레기트함 포자르스키 공(Князь Пожарский)을 원정함대의 기함으로 선정하여 태평양으로 급파하는 계획을 재가했다.[19] 이에 크론슈타

---

15 РГАВМФ. Ф. 410. Оп. 2. Д. 4071. Л.9-10

16 РГАВМФ. Ф.410. Оп.2. Д.4071. Л.1.

17 РГАВМФ. Ф.410. Оп.2. Д.4071. Л.80. 1880년 3월 22일 러시아로 귀환하던 도중 알렉산드리아에 기항했던 "크레이세르"호는 극동으로 돌아가라는 명령을 받고 재출발 하였다.

18 РГАВМФ. Ф.243. Оп.1. Д 8666. Л.8.

19 РГАВМФ. Ф.410. Оп.2. Д.4071. Л.90.

트와 니콜라예프로 전문을 보내 즉각 함정들을 무장시켰다. 극동에서 러시아 해군력이 담당해야 할 역할은 명확했다. 강력한 해상시위를 통한 청국 압박 작전이 핵심이었다. 청국과의 국경선에 육군을 투입하여 군사적 우위를 확보하기 어렵다는 전략적 판단도 극동 원정의 주요 원인 중 하나였다.

러시아 함대의 대중국 무력시위 준비과정은 레숍스키 제독이 육군상 밀류틴(Д. А. Милютин)에게 보낸 기밀 서신(4.3)에서 확인할 수 있다. 이는 3단계로 진행될 예정이었다. 1단계는 1880년 5월 말에서 6월 초까지 아슬란베고프 제독의 함대를 일본 나가사키에 집결시키고, 2단계는 그리스의 피라에우스항(Port of Piraeus)에 정박 중인 기함 '포자르스키 공'호를 수에즈 운하를 거쳐 극동의 아슬란베고프 함대에 합류시키며, 3단계는 크론슈타트항에 정박 중인 발트함대의 함정들이 태평양으로 발진할 수 있도록 준비시킨다는 것이었다.[20] 러시아 해군의 가용 전력 대부분을 동원하여 청국을 압박한다는 레숍스키의 계획은 단순한 해군력 시위로 마무리되는 것이 아니었다. 해상 압박은 육군과의 공동작전을 염두에 둔 것으로 베이징 공략을 위한 상륙작전이 그 대미를 이룰 것이었다.

청국 압박 작전에는 전함뿐만 아니라 수송선도 동원되었다. 블라디보스토크 수비 강화에 병력수송과 군수품 조달을 담당할 러시아 의용함대(Российский Добровольный флот) 소속 증기선 모스크바호와 페테르부르크호가 극동으로 출발했다. 또 크론슈타트를 출발했던 수송선 러시아호도 오데사(Odessa)에서 독일·덴마크의 수송선들로부터 군수품을 옮겨 싣고 극동으로 향했다. 대포를 장전하고, 화물을 꾸리는 일은 상당한 시

---

20 РГАВМФ. Ф.410. Оп.2. Д.4071. Л.140-141

간이 필요했기 때문에 1880년 8·9월이 되어서야 대포, 수뢰(水雷), 화기 및 군수품 등이 블라디보스토크에 도착했다.[21]

대청 압박 작전의 기본 계획이 틀을 갖추면서, 병렬적으로 청국의 군사력 정보 수집도 전개되었다. 각국 주재 러시아 외교관들과 무관들을 중심으로 한 정보망을 바탕으로 청국주재 독일 외교관들의 도움을 받은 점은 주목할 만하다. 톈진, 상하이, 아모이(샤먼), 광둥 등의 해안방위 상황에 대한 주청 독일영사의 보고서 사본들이 러시아 해군성에 전달되었다. 주청공사 코얀데르가 청국 전투함 리스트를 상트페테르부르크로 발송한 것도 주청 독일공사 브란트(Max von Brandt)가 제공한 자료에 근거한 것이었다. 이에 레솝스키 제독은 해군과 관련된 부분들을 모두 필사·인쇄하여 태평양에서 순항 중이거나 출발 예정인 함정의 함장들에게 보낼 것을 지시했다.[22]

러시아 함대의 극동 원정에 독일 외교관들이 정보를 제공한 것은 1880년 1월 4일 독일대사로 임명된 사브로프(П. А. Сабров)의 활동 덕분이었다. 베를린회의 이후 삼제동맹(三帝同盟)이 와해하고, 유럽의 외교무대에서 고립된 러시아는 청국과의 관계가 악화하기 시작하자 재차 독일과의 동맹을 모색하기 시작했다. 이에 1880년 1월 31일부터 2월 7일까지 개최된 사브로프와 비스마르크(Otto von Bismarck)의 회담은 동맹 체결에 목적이 있었다. 그 과정에서 오스트리아를 제외한 러·독의 이국동맹(二國同盟)에 관심을 보인 러시아와 오스트리아를 포함한 삼제동맹을 성립시키려는 독일의 견해차가 드러나기도 했으나, 마침내 러시아·독일·

---

21 РГАВМФ. Ф.283. Оп.3. Д.1396. Л.79; Ф.410. Оп.2. Д.3674. Л.1, 6, 19, 33, 77, 333, 372.
22 РГАВМФ. Ф.410. Оп.2. Д.4071. Л.11.

오스트리아가 제2차 삼제동맹(1881.6.18)에 합의하였다. 이로써 러시아는 고립된 유럽의 외교무대에서 탈출하게 되었다.[23]

러시아 군부가 청국 압박 작전에 마지막으로 점검한 부분은 바로 블라디보스토크 방위였다. '연해주 방위를 논의하는 관계기관 회의'가 개최(4.15)된 것은 청국 함대의 블라디보스토크 공격을 대비하기 위해서였다. 회의 결과 해안포대 강화와 수뢰 설치 등 구체적인 방비책이 강구되었다. 또 블라디보스토크 포대의 대포를 강선이 있는 신형으로 교체하고, 새로운 포대를 추가하는 동시에, '금각만'과 '동방의 보스포루스 해협'에 수뢰를 설치하기로 했다.[24] 해군성은 해안포대와는 별개로 수뢰를 부설하는 방안이 효율적이라고 결론을 내리며, 전기 작동 수뢰 400개 배송을 육군성에 요청했다.[25] 이 계획은 5월 15일 황제 알렉산드르 2세의 재가를 받았다.

대청 압박 작전 준비를 마친 러시아 정부는 양대 함대, 즉 아슬란베고프 함대와 슈타켈베르크 함대를 결합한 태평양의 러시아 해군을 총괄할 사령관을 임명해야 했다. 당초 대제독(Генерал-Адмирал)이 추천했던 쉐스타코프(И. А. Шестаков) 해군 소장은 청국 압박 작전의 무모함을 들어 고사했다. 다양한 함선들을 모아 놓은 함대가 "4억의 인구를 가진 국가

---

23 William Langer, European Alliances and Alignments 1871~1890,(New York: 1956). pp.197-211.
24 РГАВМФ. Ф.410. Оп.2. Д.4071. Л.208-213.
25 РГАВМФ. Ф.410. Оп.2. Д.4071. Л.172-173. 1880년 5월 6일 총제독 콘스탄틴 니콜라예비치(вел.кн. Константин Николаевич) 대공은 청국이 영국에 주문한 대형 함포가 탑재된 장갑 전함 2척의 건조 상황을 예의주시하고, 가능하다면 러시아도 이 전함을 구매할 수 있는지 타진을 지시한 것도 청국 해군에 대한 견제책의 일환이었다(РГАВМФ. Ф.410. Оп.2. Д.4071. Л.176).

와 전쟁을 벌이기 위해 1만 5,000마일 떨어진 곳에서 작전을 벌이고, 전쟁을 수행하기란 불가능하다"는 것이었다.[26] 이어서 추천되었던 치하체프(Н. М. Чихачев) 제독마저 거부함으로써 결국 해군상 레솝스키 제독이 극동 원정 함대의 사령관을 맡게 되었다(6.30). 더불어 1880년 7월 5일 부해군상 페슈로프(А. А. Пещуров)가 해군상을 승계했다.

1880년 7월 18일, 해군성의 대제독 콘스탄틴 니콜라예비치 대공(вел.кн. Константин Никлаевич)은 레솝스키 제독을 극동으로 출정시키며 목표를 제시했다. "청국과의 전쟁 결과는 1860년 제2차 아편전쟁 당시 영·프 연합군의 베이징 점령과 같이 베이징 함락 이외에는 우리의 요구가 충족될 수 없다."[27] 이어서 육군상 밀류틴은 페슈로프 제독에게 육군성은 2만 5,000명 규모의 상륙부대를 동원하는 데 하등의 어려움이 없으며, 해군성이 이들의 수송 계획을 마련할 수 있는지 문의(8.11)하였다. 그러자 해군성에서는 베이징 함락이라는 목표를 실현하기 위해 두 가지를 고려했다. 하나는 현지 상황을 살펴본 레솝스키 제독의 판단이었고, 다른 하나는 청국 대표 쩡지쩌가 상트페테르부르크에 도착하여 시작한 교섭의 성격이었다.

---

26 РГАВМФ. Ф.26. Оп.1. Д.20. Л.562.
27 РГАВМФ. Ф.410. Оп.2. Д.4071. Л.332-333.

3. 레솝스키 함대의 극동 원정과 상트페테르부르크 조약

레솝스키는 1880년 7월 14일 임지로 출발했다. 오데사와 콘스탄티노플을 거쳐 수에즈 운하를 통과한 뒤 극동에 도착하기까지 두 달이 걸렸다. 러일전쟁(1904~1905) 당시 제2태평양함대(발트함대)를 이끌고 극동으로 내도한 로제스트벤스키(З.П.Рожественский) 제독보다 무려 25년 앞서 극동 원정을 감행한 레솝스키 제독의 앞날은 누구도 장담할 수 없었다.

레솝스키는 임지로 부임하는 여정에서 이미 극동에 대기 중이던 슈타켈베르크 제독과 아슬란베고프 제독에게 임무를 부여했다. 슈타켈베르크 제독에게는 일본에 도착한 전함[미닌(Минин), 포자르스키 공(Князь Пожарский), 쥐기트(Джигит), 나예즈니크(Наездник), 라즈보이니크(Разбойник), 아브료크(Абрек), 아시아(Азия)]들로 구성된 북방함대를 지휘하여 블라디보스토크를 수비하라는 명령을 내렸다. 아슬란베고프 제독에게는 극동으로 출발한 함정들[아프리카(Африка), 예브로파(Европа), 자비야카(Забияка), 플라스툰(Пластун), 스트렐로크(Стрелок)]로 구성된 제2함대의 지휘를 맡길 예정이었다. 이 함대의 집결예정지는 싱가포르였다. 이곳에서 해군성이 주문한 군수 장비를 실은 수송선들이 도착하기를 기다렸다가 이들을 블라디보스토크까지 호위하는 임무가 부여되었다.[28] 결국, 러시아의 해군력을 극동으로 집결시키는 작업은 1880년 가을까지 이어졌다.

레솝스키 제독은 상하이 도착 직후 베이징주재 공사 코얀데르에게 현재 청국의 상황에 대한 정보를 요청하는 편지를 발송(9.8)하였다. 대청

---

28 РГАВМФ. Ф.536. Оп.1. Д.1. Л.80.

압박 작전의 선결과제는 이리 문제에 관한 청국의 입장을 정확히 파악하는 일이었다. 코얀데르의 편지에는 러시아 함대의 극동 원정이 청국 정부의 행보를 대러 협상으로 돌리게 했다고 알려 주었다.[29]

주청공사는 비록 청국 정부가 외국에서 무기 구입을 지속하고, 군대를 동원하고 있음에도 정세가 점차 안정되고 있음을 보고했다. 리훙장을 수장으로 한 주화파가 점차 득세한 것을 원인으로 꼽았다. 이에 코얀데르는 청국 정부에 조언하던 유럽의 외교관들도 적극적으로 양보를 권유하고 있음을 보고했다.[30] 6월 26일 사형선고를 받은 숭후를 임시 사면한다는 황제의 칙령과 주영 청국공사 쩡지쩌가 리바디아 조약 재협상을 위해 상트페테르부르크에 도착(7.23)한 것도 이와 관련된 것으로 파악했다.

러시아 정부 역시 극동으로 해군력 집결이 완료되지 않았던 상황을 고려하여, 러·청 갈등을 완화하는 동시에 무력시위를 자제하고 있었다. 러시아 해군성도 슈타켈베르크 제독에게 두 개의 함대로 구성된 러시아

---

[29] 1880년 7월 18일 수신사로 일본을 방문한 金弘集은 주일 청국공사 何如璋과 黃遵憲을 만나 국제정세에 관해 의견을 나눴다. 김홍집과 허루장이 나눈 필담(1880.9.7)에는 레솝스키 함대의 극동 원정에 관한 양국의 입장이 투영되어 있다. 김홍집이 말하기를, "방금 이노우에 가오루[井上馨]를 만났더니 말하기를, 러시아 兵船이 장차 우리나라 東南海를 거쳐 山東省 해안으로 향할 것이라고 하던데 크게 염려가 됩니다"
허루장이 말하기를, "전에 신문에 난 일이 있는데 러시아 병선이 山東의 烟臺를 경유한다는 말은 확실하지 않습니다. 도문강 하구에 있어야 할 자들이 계속 나가사키에 왔다가 석탄을 琿春 海口에 운반하고 있는데, 그들의 거동은 도대체 어떻게 하려는 것인지 알 수 없습니다. 현재 중국과 伊犁건을 서로 협의하고 있어 이 일이 어느 정도 끝나가고 있는데, 만약 이 일이 나중에 마치게 되면, 그들의 兵船이 귀국의 북쪽에 있다가 혹시 통상하자는 말을 하면서 事端이 생기게 할지 모르겠습니다" [金弘集 저·金益洙 역, 『修信使日記, 大淸欽使筆談』(제주문화원; 1996), 205~224쪽.]

[30] РГАВМФ. Ф.410. Оп.2, Д.4071. Л.7.

의 함대가 한 항구에 정박하는 것을 금지(1880.6.18)했다. "증강되고 있는 러시아의 함대에 대해 바람직하지 않은 추측"을 유발할 수 있다는 우려 때문이었다.[31]

러시아 정부는 외교적으로도 1880년 7월부터 1881년 초까지 발칸과 중앙아시아의 복잡한 정세 속에서 극동정책 기조를 조정하고 있었다. 정책조정의 핵심은 대청 관계 악화에 주의하고, 1880년 4월 집권한 영국의 자유당 정부와 대화의 물꼬를 트는 것이었다.[32] 따라서 외무성은 리바디아 조약을 고수하자는 육군성과는 달리 새로운 협정 체결을 위해 청국과의 타협에 관심을 보였다.

러·청 양국의 긴장이 소강상태로 접어들자 레솝스키는 대제독이 주재했던 특별회의의 결의사항을 이행했다. 결의사항이란 "청국과 개전하기 전까지는 항상 청국과 일본주재 공사들과 연락망을 유지하며, 공사들이 본부로부터 수신한 정보 혹은 현지 공관으로부터 받은 보고에 따라 행동한다"는 것이었다.[33] 이에 레솝스키는 오직 전시에만 독자적으로 청국 함대를 격퇴하거나 청국의 주요 항구 점령을 결정할 수 있었기 때

---

31 РГАВМФ Ф.410. Оп.2. Д.4071. Л.236.
32 영국의 대외정책은 집권당의 성향에 따라 진자운동을 하는 특징을 보인다. 전진파(Forward School)는 해외의 변경을 확장함으로써 제국의 이익을 방어할 수 있다는 확장론자들이며 보수당과 입장을 같이한다, 반면 공고파(Consolidation School)는 국제협약이나 비공식적 영향력을 통해 제국의 이익을 수호하되 대영제국의 팽창을 반대한 자유당의 노선을 지지했다. 1880년 4월 글래드스턴(William E. Gladstone)을 수장으로 한 자유당 정부는 해외문제에 대한 책임을 최소화하기 위한 불개입 정책을 추구함으로써 러·청 간의 전쟁에 부정적이었다. 러시아에 유리한 전쟁 결과가 도출될 경우, 북경을 점령한 러시아에 의해 중국 내 영국의 지위는 엄청난 타격을 입게 될 것이기 때문이었다. Immanuel Hsu. *The Ili Crisis, A Study of Sino-Russian Diplomacy 1871~1881*. p.14.
33 РГАВМФ Ф.410. Оп.2. Д.4071. Л.237, 325, 326.

문에 블라디보스토크 항구 확장사업과 연해주 방위에 전력을 기울였다.

청국 해안 봉쇄 계획은 중립국들의 상업적 이해가 고려되어야 하고, 외국의 함대 사령관들과 사전 협의가 있어야만 가능했다. 일본 및 조선과의 관계 또한 특별한 단서조항이었다. 레숍스키는 주일공사 스트루베가 조선과 독자적인 관계를 수립해야 할 필요성을 언급(6.15)했음에도 주목하지 않았다. 그는 조선을 개항시키려는 서구 열강의 시도에 착안하여 조선과의 관계 설정에는 반드시 일본 정부와 공감대를 형성해야 한다는 견해를 피력했다. 이는 극동에서 청국 압박 작전을 전개하기 위해서는 일본의 협력이 중요하다는 판단에서 비롯되었다. 따라서 레숍스키는 외무성과 지속적인 협의를 통해서 행동하고자 했다.

한편, 상트페테르부르크를 방문한 청국 전권대표인 쩡지쩌는 기르스 외상을 방문하고, 8월 10일 차르스코예 셀로(Царское село)에서 알렉산드르 2세에게 신임장을 봉정했다. 코얀데르는 8월 5일 숭후가 감옥에서 석방되었음을 전문으로 알렸다. 대러 교섭을 앞둔 일종의 유화적인 제스처였다. 그런데도 같은 날 차르는 주러 일본공사 야나기바라 사기미쓰[柳原前光]의 신임장도 제정받았다. 이는 1879년 일본의 류큐 귀속 문제로 청·일 간의 갈등을 상기시키는 상황이었다. 이는 쩡지쩌로 하여금 러·청 전쟁 시 일본이 러시아를 지지할 것으로 예상하는 단서가 되었다.

레숍스키 함대의 극동 원정과 쩡지쩌의 러시아 방문은 양국의 협상 가능성을 열어 놓았다. 해군상 페슈로프 제독이 홍콩에 머무르던 레숍스키 제독에게 "정치적 문제와 관련하여 상황이 좋아지고 있다"는 전문을 발송(8.14)한 것이 이 같은 상황을 반영한 것이다. 러시아 역시 협상에 관심을 표명하기 시작했다. 육군상 밀류틴의 주재하에 8월 13일에 개최된 특별위원회에서는 테케스강 유역에서 이전할 것을 강요하지 않는 대

신, 군대를 주둔하며 발생한 경비를 청국에 요구하기로 결정했다.[34]

1880년 9월에 접어들며 양국의 관계가 개선될 조짐이 나타났다. 코얀데르 공사는 레솝스키 제독에게 보내는 편지(9.19)에서 "중국의 대신들이 두 달 전부터 러시아와 직접 교섭하고 싶다는 의향을 전달"해 왔다고 보고했다. 청국 측은 대러 교섭을 위해 지난 협정들을 위반하면서 러시아의 개별 요구사항들을 1주일 만에 모두 해결해 주었음을 강조하였다.[35] 또 레솝스키 제독은 외무상 기르스의 임무를 임시로 대행하던 외무성 자문관 조미니(А. Г. Жомини)로부터 보다 진전된 내용의 전문을 접수했는데, 그 요지는 차르가 상트페테르부르크에서 쿨제(이리) 문제에 대한 협상을 진행하려는 생각을 굳혔으며, 이는 청국 측의 제의에 부응하기 위함이라는 것이었다.

주청공사 코얀데르가 레솝스키 제독에게 청국을 위협하는 해군 압박 작전을 자제할 것을 요청한 것도 같은 맥락이었다. 주청공사의 보고(10.1)에 따르면, 리훙장은 양국의 오해를 불식시키고 갈등을 평화적으로 해결하기 위해 반외세파(주전파)에 명분을 주지 말 것을 요청했다고 한다. 만일 현 상황에서 러시아 함대가 청국을 위협하는 해상시위를 벌인다면 이는 청국이 자발적으로 하는 것이 아니라, 강압에 의한 타협이 된다는 것이었다.[36]

그런데도 일본에서 획득한 정보는 청국의 유화정책이 협상을 장기화하려는 책략과 관련이 있다는 추측의 근거가 되었다. 레솝스키는 8월 말

---

34 РГАВМФ. Ф.410. Оп.2. Д.4071. Л.359.
35 РГАВМФ. Ф.536. Оп.1. Д.49. Л.7 об-8 об.
36 Там же. Л.6-12.

상하이에 도착한 후, 나가사키를 거쳐 9월 4일 순양함 아프리카호를 타고 즈푸에 도착하여 열강의 제독들과 조우했다. 이후 다시 나가사키로 되돌아와 주일 러시아공사 스트루베(К. В. Струве)로부터 청국의 현안을 보고 받았다. "일본 외무상 이노우에가 주청 일본공사의 보고서에 근거하여 청국의 주전파와 주화파 간의 대립은 여전하며, 어떤 정파가 승리할지 예측하기 매우 어렵다는 견해를 전해 왔다" 스트루베의 보고서는 러·청 간의 협상이 장기화할 조짐을 예고하고 있었다.[37]

주일공사의 보고서에 레솝스키의 회신(9.23)은 대청 압박전략이 장기화할 경우를 대비해 현실적인 문제들, 즉 일본의 항구에서 러시아 군함들이 겨울을 날 수 있는지, 이 문제로 예상되는 일본 정부의 입장은 어떠한지, 1878년의 전례에 따라 일본에서 영업 중이던 미국의 무역회사 월쉬 홀 컴퍼니(Walsh & Hall Company)에서 블라디보스토크로 보급품과 석탄을 납품할 수 있는지를 점검했다.[38]

결국 레솝스키는 청국 침공계획을 신중하게 검토하기 시작했다. 이는 청국 정부 내에서 주전파와 주화파의 투쟁이 계속되어 결과를 알 수 없는 혼돈이 지속했기 때문이다. 1880년 10월 8일, 블라디보스토크에서 레솝스키 제독, 연해주 군사령관 티흐메네프(М. П. Тихменева) 육군 소장, 그리고 육군성·해군성 파견관이 참석한 연석회의가 개최되어 만주의 선양[瀋陽] 방향에서 청국 내륙 깊숙이 침투하는 계획을 검토하기에 이르렀다.[39] 이 계획에서 레솝스키 함대의 임무는 청국 함대가 외해(外

---

37 РГАВМФ. Ф.536. Оп.1. Д.50. Л.48 об.
38 РГАВМФ. Ф.536. Оп.1. Д.50. Л.29—29 об.
39 РГАВМФ. Ф.410. Оп.2. Д.4072. Л.191 об.

海)로 나오지 못하도록 청국 항구들을 공격하여 청국 해군의 연해주 공격을 사전에 막는 것이었다.⁴⁰ 아울러 러시아 육군이 선양으로 진격하는 동안 해상에서 지원하는 작전계획도 수립했다. 즉, 티흐메네프 장군이 지휘하는 블라고베쉔스크, 하바롭스크, 니콜스크 지역에 집결한 러시아 육군의 만주침략 작전의 측면 지원이었다. 이를 위해 발해만을 봉쇄하고, 주요 항구들을 공격하여 포대를 파괴하고, 적어도 4천 명 이상의 해병대를 랴오둥반도 동·서해안으로 상륙시킨다는 세부 계획이 마련되었다.⁴¹

레솝스키의 계획은 러시아 해군성이 신속히 검토하였다. 해상 대리 페슈로프 제독은 관방국에 작전 비용 산출 및 이 계획에 대한 육군성의 견해를 타진했다. 그 결과 두 가지 문제가 제기되었다. 첫째 만주로 진격하기 위해 8천 명의 해병대를 동원할 경우, 장비와 병력 수송에 과도한 재정 부담이 야기된다는 점, 둘째 지난 8월에 수립된 베이징 작전에 100문의 야포와 2만 5천 명의 병력을 투입한다는 계획을 배제하고는 소기의 성과를 거둘 수 없다는 점 등이 지적되었다. 이러한 규모의 병력과 장비를 극동으로 수송하기 위해서는 적어도 50척의 증기선이 필요했고, 소요되는 3,500만 루블에 달하는 비용을 조달하기란 당시 재정 형편으로는 거의 불가능하다는 결론에 이르렀다.⁴²

상트페테르부르크에서는 베이징과 마찬가지로 즉각적인 무력충돌보다는 협상의 장기화 전략을 선호하였다. 10월 25일, 조미니 외상 대리

---

40 РГАВМФ. Ф.410. Оп.2. Д.4072. Л.19об.
41 РГАВМФ Ф.410. Оп.2. Д.4072. Л.186-189 об.
42 РГАВМФ. Ф.410. Оп.2. Д.3680. Л.3-3 об.

가 블라디보스토크에 보낸 전문에 따르면, "내년 1월까지 협상을 지연하라는 훈령을 받았으며, 그때 가서 전쟁을 할지, 강화를 할지 결정하기로 하였다. 만일 무력충돌이 불가피하다면, 군사행동은 5월 이후에 가능하다"는 요지였다.[43]

결국, 전쟁 위기로 치달았던 러·청 간의 군사적 대립은 무력충돌로 비화하지 않고 새로운 전기를 맞았다. 협상에 임하는 러시아 측의 입장 완화가 계기였다. 리바디아 조약이 체결된 지 채 1년이 지나지 않았음에도 조약 개정을 요구한 청국의 협상안에 대해 러시아는 진지하게 검토한 바 없었다. 그런데도 11월 23일 주일공사 스트루베를 통해 레솝스키에게 전달된 조미니 외상 대리의 전문에는 "청국의 쩡지쩌와 교섭을 재개했는데, 이는 러시아 측에서 청국이 조약을 비준하고 이리 지역에 러시아 군대 주둔과 관련된 군비 지출에 대한 보상금 지불을 약속하는 조건으로 러시아도 양보하기로 하였음"을 알리고 있었다. 나아가 "청국이 러시아의 요구를 수용할 경우 협정 체결이 가능할 것으로 보인다"고 덧붙였다.[44]

그런데도 레솝스키는 협정에 서명할 때까지 긴장을 늦추지 않았다. 비록 1880년에 유난히 일찍 찾아온 추위 때문에 러시아 전함들이 일본 항구에서 월동하는 문제와 관련하여 도쿄 방문을 허가받(11.9)았음에도 이를 실행하지 않았다. 일본의 나가사키와 요코하마에서 겨울을 나기 위해 러시아 함대를 이곳으로 파견하기로 한 계획은 러·청 교섭이 재개

---

43 РГАВМФ. Ф.536. Оп.1. Д.50. Л.81.
44 РГАВМФ. Ф.536. Оп.1. Д.50. Л.93.

되었다는 정확한 정보를 입수한 후에야 이루어졌다.[45] 그러나 11월 13일 블라디보스토크를 출항한 예브로파호는 11월 14일 아침 몰아닥친 태풍에 휩쓸려 레솝스키 제독이 다리 골절상을 입고 말았다. 그 결과 그는 오랫동안 전열에서 제외되었다. 레솝스키는 건강을 회복할 때까지 태평양함대의 지휘권을 제1함단 사령관 슈타켈베르그 중장에게 넘겼다.[46]

슈타켈베르그 제독이 스트루베 주일공사와 노력을 기울인 문제는 러·청 전쟁 시 일본이 러시아에 우호적인 중립을 취하도록 교섭하는 것이었다.[47] 러·청 대립은 류큐의 병합문제로 청·일 관계가 악화한 상황에서 일본이 러시아 함대에 편의를 제공할 수 있는 좋은 기회가 되었다. 일본은 슈타켈베르그 제독이 참모진과 전함 사령관들을 대동하고 일왕을 알현할 수 있도록 배려했고(1881.1.29), 1월 29일 러시아 함대가 요코하마 정박지에서 사열식(1.21)을 거행할 때 열렬히 환영했다.[48]

러·청 간의 이리 문제를 둘러싼 외교적 타협은 이미 1880년 12월에 결정되었고, 상트페테르부르크 조약이 공식적으로 서명된 것은 1881년 2월 12일이었다. 1880년 11월 30일, 육군상 밀류틴이 주재하는 특별위원회에서 외무상과 신임 재무상 아바자의 강력한 요청으로 청국에 테케스강 협곡을 돌려주고, 통상 협정 수정을 요구하지 않는다는 결정을 내림으로써 협상은 속도를 냈다. 쩡지쩌는 완고함으로 일관하면서 쑹화강 항행권 같은 러시아 측의 중요한 요구사항이 삭제된 후에야 비로

---

45 РГАВМФ. Ф.410. Оп.2. Д.4072. Л.80, 83-86.
46 РГАВМФ. Ф.536. Оп.1. Д.46. Л.141, 173; Д.54. Л.217-217об.
47 РГАВМФ. Ф.410. Оп.2. Д.4072. Л.296.
48 Кондратенко, 57-58.

소 기존의 리바디아 조약을 기본으로 한 새로운 조약을 체결하는 데 동의하였다. 1880년 12월 14일에 조약의 추가 수정안이 제출되었고, 12월 28일 청국 정부는 쩡지쩌로 하여금 조약에 서명하도록 훈령을 내렸다.[49]

레솝스키 제독의 태평양함대는 그동안 청국 정부의 비준을 기다리며 일본의 항구에서 겨울을 나고 있었으며, 조약은 1881년 5월 3일 비준되었다. 부상에서 회복한 레솝스키 제독은 일본을 방문하여 크게 환대를 받았다. 제독은 1881년 6월 3일 일왕 알현을 시작으로 이튿날 도쿄의 수도방위사령부 퍼레이드와 환송연을 받고, 1881년 6월 7일에 예브로파호를 타고 홍콩으로 출항하였다.

레솝스키 함대의 극동 원정은 러시아의 극동 외교에 두드러진 족적을 남겼다. 그런데도 러시아는 극동 원정 추진 과정에서 봉착한 수많은 문제를 러일전쟁 때까지 극복하지 못했다. 국가 중심부와 극동을 잇는 육상 교통로를 발전시키지 못했고, 해상 교통로는 너무 멀었다. 블라디보스토크에는 도크, 대형 기중기, 선박 수리창 등이 건립되지 않았기 때문에 해군기지로서 요구되는 조건들은 충족되지 못했다.[50] 이에 따라 블라디보스토크는 함대의 지원을 받지 않아도 될 정도로 방위력 증강의 필요성이 제기되었으며, 동시에 아무르강에 함포를 갖춘 전함을 배치하기로 결정되었다.[51]

결과적으로 1880~1881년 레솝스키 함대의 극동 원정은 러시아 당로자들 사이에 청일전쟁 직전까지 청국과의 전쟁은 가장 고통스러운

---

49 РГАВМФ. Ф.410. Оп.2. Д.4072. Л.157, 174.
50 РГАВМФ. Ф.410. Оп.2. Д.4072. Л.224.
51 РГАВМФ. Ф.410. Оп.2. Д.4072. Л.56.

정치·군사적 과제라는 인식을 심어주었다. 청국과의 전쟁은 단기전으로 승부를 보기 어려웠기 때문이다.[52] 그런데도 러시아 정부는 청국과 일본과의 관계 악화를 회피하면서 19세기 말까지 레솝스키 제독이 수립한 극동에서의 해상전쟁 계획을 따랐다. 나아가 레솝스키 제독의 극동 원정은 고종의 북방정책을 태동시켰다는 점에서 한국 근대사에도 커다란 영향을 끼쳤다.

4. 레솝스키 함대의 극동 원정과 고종의 북방외교

『조선책략』은 수신사로 일본에 간 김홍집(金弘集)이 1880년 7월 18일 청나라 공서참찬(公署參贊) 황쭌셴을 만나, 그가 쓴 『사의조선책략(私擬朝鮮策略)』 1책을 가지고 돌아와 고종이 열람하도록 올림으로써 국내에 알려졌다. 주일 청국공사 허루장과 참찬관 황쭌셴은 일본의 개화 양상을 파악하기 위해 파견된 신사유람단의 정사 김홍집과 국제정세에 관해 의견을 나누면서 조선의 외교정책에 대해 조언하고 권고한 바 있었다. 이는 러시아의 남침을 막기 위해 친중국(親中國), 결일본(結日本), 연미국(聯美國)하여 자강(自强)을 도모해야 한다는 것이 요체였다. 다시 말하면 극동에서 러시아의 침략은 조선에서 시작될 것이며, 러시아의 남하를 두려워하는 청국·일본·미국과 합종(合從)하여 이를 저지해야 한다는 것이다.

그러나 황쭌셴의 권고는 "표트르 대제 이래, 새로 강토를 개척한 것이

---

52 РГАВМФ. Ф.410. Оп.2. Д.4072. Л.203 об.

10배가 넘고, 중앙아시아 위구르[回鶻]를 잠식해 오는"러시아의 팽창에 대한 청국의 우려일 뿐 조선과는 무관할 수도 있었다. 왜냐면 중화질서의 중심인 청국이 흔들리는 것은 청에 대한 조선의 전통적인 신뢰가 약화하기 때문이었다. 이는 조선이 자주와 독립을 강화하기 위해서는 청의 동요가 조선에 기회일 수 있음을 의미했다. 고종은 청에 기대어 독립을 유지하기도 힘들거니와 제3국이 조선을 침략할 경우 원조를 기대하기 난망하다는 정세를 정확히 파악하고 있었다.

고종의 이 같은 입장은 1880년 10월 2일 수신사 김홍집의 복명을 듣는 자리에서도 확연히 드러난다. "상(上)이 이르기를, 우리나라가 피해 볼 것이라고 하는 것은 혹시 우리를 꼬이고 놀라게 하려는 단서가 아닌가?" 하니, 김홍집이 아뢰기를, "일본 사람이 말하기를, '이것은 조선을 위하여 대신 도모하려고 하는 것이 아니라 실은 저희 나라(청국)를 위하여 그러한 것이다'라고 하였습니다" 하자, 상이 이르기를 "이미 스스로 저희 나라를 위한 것이라고 하였다면 그 말이 혹 그럴 듯하다" 하니, 김홍집이 아뢰기를 "저들의 말을 비록 깊이 믿을 수는 없으나, 청나라 사신에게 물어보니, 또한 그 실정이 그렇다고 하였습니다" 하였다.[53]

고종은 청이 제시한 조선의 외교 책략에 대해 근본적인 의문을 제기했다. 『조선책략』에서 "러시아의 정복은 처음엔 유럽에서 시작했다가 중앙아시아로 이어졌고, 금일에 이르러선 다시 극동으로 옮겨졌는데, 조선이 마침 그 폐해를 입게 되었다"는 방아론(防俄論) 배경에 회의를 표명했던 것이 이를 반증한다. 결국 고종은 조선책략적 외교지침에 대해 "이것은 조선을 위하여 대신 도모하려고 하는 것이 아니라, 사실은 청국

---

53 『承政院日記』, 高宗 17年 8月 28日.

을 위하여 그러한 것이다"[54]라고 입장을 정리했다.

그렇다면 고종이 『조선책략』의 저의를 정확하게 파악할 수 있었던 근거는 무엇인가?

이는 종래의 사대교린 외교에서 전혀 고려된 적이 없었던 그의 러시아 인식과 관련이 있었다.

그렇다면 고종이 러시아 변수에 대해 주목하고 향후 조선의 독립과 자주외교의 주축으로 삼고자 했던 배경은 무엇인가?

이는 한편으로 러시아를 쇠퇴해 가는 청국의 대체 세력으로 보았기 때문이며, 다른 한편으로는 이리 사태를 둘러싼 러·청 간의 갈등 해결 과정에 대한 정확한 분석의 결과였다.

고종이 블라디보스토크에 집결한 러시아 함대의 동태를 예의주시한 것도 러시아가 청국을 대체할 세력으로 자리매김할 수 있을지를 살피기 위함이었다. 1880년 9월 8일, 영의정 이최응(李最應)이 "방금 러시아 사람이 병선(兵船) 16척을 모았는데, 선마다 3천 명을 수용할 수 있다고 합니다. 추워진 뒤엔 그 세력이 틀림없이 장차 남쪽으로 향할 것입니다. 그 의도를 진실로 추측할 수 없으니, 어찌 위태하지 않으며, 급박하지 않은지"라고 아뢰자 고종은 "러시아 사람이 장차 산둥[山東]으로 간다고 하던데 과연 그런지"를 확인하였다.[55] 고종의 생각으로는 러·청 간에 전쟁이 발발한다면, 러시아가 두만강에서 조선의 동·남해안을 돌아 산둥으

---

54 『高宗實錄』, 高宗 17年 9月 8日. 고종은 일본인들이 부추기는 공로의식의 저의 또한 정확히 꿰뚫어 보고 있었다. "일본 사람의 말을 보니, 그들이 두려워하는 바는 러시아로서 조선이 대비하기를 요구하는 듯하지만, 사실은 조선을 위한 것이 아니라 그들 나라를 위한 것이다."

55 『承政院日記』, 高宗 17年 9月 8日.

로 가는 것이 너무 멀다고 판단했기 때문이다. 다시 말하면 러·청 갈등으로 조선반도에 불똥이 튈지 모른다는 우려가 반영된 셈이었다.[56] "그들의 동정을 살피건대, 우리나라에 대하여 과연 악의가 없는지"라고 고종이 김홍집에게 물은 이유가 바로 그것이었다. "지금 본 바로는 가까운 시일 안으로는 걱정할 것이 없습니다. 신이 이 일에 대해서 청나라 사신에게 물어보니, 또한 실정은 그러하다"는 김홍집의 진언이 있었다.[57]

결국, 1880년 블라디보스토크에 레숍스키 함대의 출현은 고종으로 하여금 청국과 일본이 러시아를 두려워하는 한편, 한·러 간의 적대 가능성은 매우 낮다고 판단하는 계기가 되었다. 이최응은 조선에 대한 일본의 태도를 "기실 겉으로는 위하는 체하면서 실상은 다른 것을 위하는 것 같은데, 이는 조선이 대비하지 않으면, 저들 나라가 틀림없이 위태로울 것이기 때문"이라고 진언하였다. 김홍집 역시 청국공사가 러시아 때문에 근심하고 있으며, 조선을 돕는 데 성의가 대단하다고 아뢰자, "그들이 아무리 우리나라와 한마음으로 힘을 합치고자 해도, 이것이 어찌 깊이 믿을 만한 것이겠는가. 요컨대, 우리도 부강해질 방도를 시행해야 할 뿐"이라는 고종의 입장은 청국에 대한 신뢰 하락과 자주외교의 의지를 오롯하게 표명하였다.

고종의 이 같은 입장은 러·청 간의 이리 협상이 러시아에게 유리하게 마무리될 것이라는 전망과 맞물려 있다는 점 역시 주목된다. 김홍집은 러시아 함대의 극동 내도가 러·청 간의 무력충돌로 비화할 가능

---

56 『承政院日記』, 高宗 17年 9月 8日. 이는 이최응도 같은 생각이었다. "임진년의 일로 보건대, 길을 빌린다는 핑계를 대고 공연히 나온 것이지, 실로 길을 빌린 것이 아니었습니다. 러시아 사람이 길을 빌릴 뜻이 없는지 어찌 알 수 있겠습니까."

57 『承政院日記』, 高宗 17年 8月 28日.

성을 일축하고, 주일 청국 외교관들과 접촉하여 "청국 일은 잘 마무리 될 것 같다"고 보고했다. 왜냐하면 "청국 정부가 숭후를 이미 석방하고 죄를 묻지 않았다는 소식을 들었으며, 이리 지방을 끝내 아라사에게 허락하고서야 러·청 협상이 끝날 듯하다"며 현지 관측통들이 전망했기 때문이다. 이에 고종은 청국에게 불리한 조약을 체결한 숭후를 처형해야 한다는 청국 정부 내부의 논란에도 그가 석방된 것에 의아해했다. 고종이 "숭후를 어째서 벌주지 않았는가?"라고 묻는 이유도 바로 여기에 있다. 이를 설명한 김홍집의 전언에 따르면, "숭후가 제멋대로 땅을 떼어 줄 것을 허락한 것은 참으로 죄가 있습니다. 그러나 청국이 이미 그에게 전권(專權)을 위임하고서도 그가 허락한 것을 뒤따라 어긴다면, 이것은 이웃 나라에 믿음을 잃는 것입니다. 그러므로 벌을 줄 수 없다고 합니다."

그러나 청국이 숭후를 석방한 이유는 러시아에 대한 신뢰 상실을 우려했기 때문이 아니었다. 청국 정부에 주전파가 득세한 상황에서 이리 지역 반환은 그에 따른 보상이 수반되어야 함에도 그 누구도 구체적인 양보안을 내놓지 않았기 때문에 결국 숭후는 속죄양에 불과했다.[58] 따라서 숭후에 사형선고를 내린 것은 러시아와의 일전을 각오하고 조약 개정에 착수하겠다는 굳은 의지의 표현이었던 반면, 그를 석방했다는 것은 이의 포기를 의미했다. 이는 러시아와의 전쟁을 자살행위로 간주한 협상파가 득세함으로써 양국의 우호관계 수립에 대외정책의 방점을 찍

---

58 ВоскресенскийА.Д. Дипломатическая история русско китайского Санкт Петербургского договора 1881 года. М. (1995). p.111.

은 것이었다.⁵⁹

이리 문제를 둘러싼 러·청의 대립에서 청국이 보인 타협적인 태도와 약세는 고종의 관심 대상이었다. 이는 견청사절단(遣淸使節團)의 보고를 받는 자리에서도 확인할 수 있다.⁶⁰ 1881년 4월 8일, 고종이 사절단 정사 임응준(任應準)에게 ① 청이 러시아와 강화하는 데 배상하는 비용이 얼마였는지, ② 블라디보스토크에 주둔했던 러시아 수병들 역시 돌아갔는지, ③ 청국의 국정을 주도하는 자는 누구이며, 주화와 주전을 주장하는 사람은 각각 누구였는지, ④ 쥐종탕에 대해 청국 조정이 신임하여 이미 척화(斥和)의 논의가 발동하였음에도 왜 뜻을 굽혀 화의(和議)를 따르게 되었는지 등을 물었다. 고종은 전통적인 중화질서에서 조선에 가장 중요한 국가였던 청국의 흔들리는 위상을 놓치지 않았다.

고종의 질의에 임응준의 답변 요지는 다음과 같았다. ① 배상금 규모는 정확히 알 수 없으나 2백만~4백만 정도이며, ② 러시아가 군사를 발동시킨다고 공갈과 협박을 하여 청국이 이에 대한 비어(備禦)의 방책을 해야만 했으나, 군수물자 공급상의 애로로 인해 화의(和議)론이 제기되었으나, 의견이 통일되지 않아 오랜 시간을 끈 후에야 조약이 이루어져 현재는 눈앞의 근심은 면한 상태이며, ③ 쥐종탕이 주전을, 리홍장은 주화를 주장하며, ④ 간쑤[甘肅] 총독 쥐종탕은 청국 조정의 신임을 받았지만 끝내 화의(和議)가 이루어진 것은 리홍장의 뜻이라는 것이었다.

이에 고종은 청국이 거액의 배상금을 지불하며 러시아와 타협하게 된

---

59 위의 책, pp.115-116.
60 『承政院日記』, 高宗 18年 4月 8日. 3인의 見淸使節團은 정사(正使) 임응준(任應準), 부사(副使) 정직조(鄭稷朝), 서장관 홍종영(洪鍾永)이었다.

근본 원인이 군사전략의 총체적 부실에 있다고 판단했다. 이는 북방의 위협을 막아내기 위해 "남쪽의 군사를 동원하여 북쪽에 머물게 하는 것은 반드시 어려움이 많을 것"이기 때문이었다.[61] 청국이 러시아의 위협에 맞설 정병(精兵)을 북부지방에서 유지하지 못한다면, 청국의 대러 약세는 계속될 것이었다. 따라서 러시아가 조선을 침략할 경우, 청국은 결코 그 우환으로부터 조선을 구해줄 능력이 없음이 드러난 것이었다.

비록 이리 위기는 대규모 전쟁으로 비화하지 않고 외교협상을 통해 평화적으로 해결되었지만, 극동의 전통적인 중화질서에 끼친 영향은 지대했다. 레솝스키 함대의 원정은 청국에게 서구 열강의 함포 외교의 위협을 재현시켰고, 러시아의 대규모 함대와 수병들이 블라디보스토크에 주둔함으로써 군수 문제와 식료품 보급을 위해 조선과의 통상관계 수립의 필요성을 절감하게 하였으며, 고종에게 쇠락하는 청국을 대신하여 러시아의 군사력에 믿음과 신뢰가 더욱 강화되는 계기가 되었다. 따라서 레솝스키 함대의 극동 원정은 고종이 전통적인 화이관에서 벗어나 포스트 중화체제(Post Sinocentric system)를 준비하게 된 결정적인 계기가 되었다.

포스트 중화체제라는 새로운 국가생존 전략을 준비하는 과정은 세 가지로 구분할 수 있었다. 첫째는 러시아에 대한 정보 수집, 둘째는 새로운 시대를 준비할 인재 등용, 셋째는 전통적인 중화사상에서 벗어난 실용주의 외교 등이 그것이다. 그리고 그 최종 목표는 자주독립 국가 수립이었다. 결국 포스트 중화체제 준비의 초점은 고종의 새로운 생각을 뒷받침할 대내적인 개혁과 외교적 혁신이었다.

---

61 『承政院日記』, 高宗 18年 4月 8日.

러·청 간의 이리 위기가 고조되었던 1880년 고종의 명을 받고 블라디보스토크를 다녀온 장박(張博)[62]은 레솝스키 함대의 극동 원정과 관련된 현지 사정을 살피고, 한인 이주민들을 통해 수집한 정보를 복명하는 임무를 수행했다. 그가 임무를 수행과정에서 도움을 주었던 인물은 1871년 러시아 연해주로 이주한 김학우(金鶴羽)였다. 그는 1881년 러·청 간의 이리 지역 반환에 관한 상트페테르부르크 조약 체결(2.12) 이후 김옥균의 수원이었던 백춘배(白春培)의 연해주 지역 정보 수집 임무 등을 지원함으로써 조선 정부에 이름을 알렸다. 김학우는 1883년 고종의 부름을 받아 기기국위원(機器局委員)으로 임명된 후 1894년 법부협판(法部協辦)에 임명됨으로써 노령 지역 이주 한인으로 정계에 진출하여 최고 관직에 오른 인물이 되었다.

김학우가 조선 정부에서 발판을 굳힐 수 있었던 배경에는 블라디보스토크에서 생활한 경험 때문이었다. 블라디보스토크는 극동에서 러시아 해군의 위용을 과시했던 레솝스키 함대의 거점이기도 했지만, 동시에 극동 정보의 집결지였다. 당시 극동은 구미세계와 텔레그라프(Telegraph)로 연결되어 실시간으로 정보교환이 이루어져 레솝스키 함대도 블라디보스토크에 집결하여 나가사키와 상하이 등을 오가며 일사불란하게 작전을 수행하였다. 이는 1871년 극동이 유럽-지중해-인도-싱가포르-홍콩을 잇는 남방노선과 유럽-시베리아-블라디보스토크-나가사키-상하이(1871.4.18)를 잇는 북방노선을 통하여 남북 양방향에서 세계와 소통하고 있었던 상황과 깊은 관련이 있었다.[63]

---

62 張博(1849~1921, 후에 錫周로 개명)은 함북 鏡城 生으로 갑오개혁 당시 법부대신을 역임함.
63 Daniel R. Headrick and Pascal Griest, 2001, "Submarine Telegraph Cables: Business and

시베리아 전신선은 차르 정부로부터 사업권을 획득한 덴마크의 대북전신회사(Great Northern Telegraph Company)가 운영하고 있었는데, 블라디보스토크는 시베리아 육상전선선과 나가사키-상하이를 잇는 해저전신선의 접속지로 유럽과 극동의 정보가 집결되는 곳이었다.[64] 따라서 블라디보스토크 출신의 김학우는 조선 정부의 전신사업에 기틀을 잡는 데 크게 기여했다. 사통팔달하는 한반도의 지정학적 장점에 주목한 그가 고종에게 전신가설 필요성을 건의하자, 고종은 이를 받아들여 그를 일본에 파견하여 연구토록 했다. 일본의 『조야신문(朝野新聞)』(1885.1.7) 보도에 따르면, 도쿄에서 매일 전신본국을 찾아가 연구한 김학우는 마침내 국문자모호마타법(國文字母號碼打法)을 제정하기에 이르렀다.[65] 그 결과 한국은 한글 자음과 모음에 전신부호를 제정함으로써 전신을 통해 세계와 소통하게 되었을 뿐만 아니라 인천-서울-의주를 잇는 서로전선(西路電線)을 가설(1885.11.19)하여 중국전신선과 연결됨으로써 글로벌 전신 네트워크와 접속할 수 있게 되었다.

이는 고종이 급변하는 국제정세에 대응하기 위한 폭넓은 인재 등용의 필요성에 주목한 결과이기도 했다. 새로운 인재 등용에 관한 고종의 교

Politics, 1838~1939", The Business History Review, Vol.75, No.3, pp.563-564.

64 Eiichi ITOH, 2007. "The Danish Monopoly on Telegraph in Japan-A case study of an unequal communication system in the Far East", Keio Communication Review, No.29, pp.88-89. 상하이-홍콩 전신선을 개통한 대북회사는 漢字를 모스 부호로 직접 전송할 수 없었기 때문에, 개별 한자당 4개 숫자를 조합한 코드를 만들고, 특별사전을 편찬하여 이를 전송하는 방식을 고안해냈다. 이에 1882년 상용한자 6천 자를 숫자 4개와 조합한 코드 방식으로 전송이 가능해졌다.

65 李光麟, 1985, 「舊韓末 露領移住民의 韓國政界進出에 대하여-金鶴羽의 活動을 中心으로」, 『歷史學報』 108, 53-59쪽.

시(1882.9.4)에 따르면,⁶⁶ 문벌을 숭상하는 것은 공평한 천리(天理)가 아니며, 귀천을 따지기보다는 능력 본위로 인재를 등용해야 함을 밝혔다. 고종의 교시에서는 "무릇 서북(西北), 송도(松都), 서얼(庶孼), 의원(醫員), 역관(譯官), 서리(胥吏), 군오(軍伍)들도 능력 위주로 주요 관직에 등용"할 것을 공포하고 있었다.

더불어 척양비(斥洋碑)를 뽑아버리라는 고종의 윤음(1882.9.16) 역시 문호개방의 걸림돌이자 쇄국의 이념이었던 화이론의 청산을 의미했다. 이는 "근년 이래 천하의 대세는 옛날과 판이하게 되었다"는 인식에서 비롯되었다. 고종은 윤음을 통하여 개항과 임오군란(1882)으로 갈등과 진통을 겪은 후 척사관(斥邪觀)을 비판하는 한편, 한국이 국제사회에서 고립되지 않기 위해 척양의 자세를 버리고 만국공법을 준수를 촉구하였다. 한국은 이미 1882년 미국과 영국 등 여러 나라와 조약을 맺고 통상하게 된 이상, 세계 만국의 통례(通例)로 우리나라에서 처음 행해지는 것이 아니니, 결코 경악할 일이 아니라는 것이 윤음의 요지였다. 따라서 서양과 수호를 맺은 이상 서울과 지방에 세워 놓은 척양(斥洋)에 관한 비문들은 시대가 달라졌으니 모두 뽑아버리겠다는 의지를 천명한 것이었다.⁶⁷

포스트 중화체제를 준비하기 위해 문호개방을 천명한 고종의 외교는 이제 이념보다는 실용을 중시한 북방 외교로 표출되었다. 이는 중화질서의 구조에 한중관계를 복속시켜 왔던 전통적인 외교정책의 틀을 깨고, 청국이 고취했던 공로의식(Russophobia)을 극복하는 과정이기도 했다. 이에

---

66 『承政院日記』, 高宗 19年 7月 22日.
67 『高宗實錄』, 高宗 19年 8月 5日.

러시아와의 수교를 목표로 한 고종의 대러 접근이 이루어졌다.

1882년 7월 5일, 주일 러시아공사 로젠(Р. Р. Розен)이 외상 기르스에 보낸 보고서에는 고종의 북방외교가 단적으로 나타나 있다.[68] 보고서에 따르면, 두 명의 한국인이 주일 러시아공사관을 방문하여 한 시간가량 대화를 나누었는데, 러시아 지방 당국이 연해주 한인들에 대해 이들을 보호하고 지원하는 것에 대해 칭송했다는 것이었다. 한국인들은 이 문제에 대해 국왕(고종)도 잘 알고 있으며, 조선 정부는 러시아 정부의 후견에 고마움을 표시하고 높이 평가했다고 덧붙였다. "떠나는 길에 두 사람 가운데 연배가 높은 김옥균이라는 자가 러시아도 미국(5.22)과 영국(6.6)의 전례에 따라 인접국인 한국과 수호조약을 체결하기를 희망한다"고 로젠은 보고했다.

고종의 대러 접근은 이후에도 계속되었다. 박영효를 단장으로 한 수신사 일행은 조속한 한·러 수교의 필요성을 제기했다. 김옥균을 포함한 수신사들은 도쿄에서 개최한 외교관 초청 만찬에서 주일공사 로젠에게 조선에 대한 청국의 속방화(屬邦化)정책을 저지하고, 자주와 독립을 유지할 유일한 방책은 청국의 개입을 배제한 러시아와의 조속한 수교임을 러시아 정부에 전달할 것을 요청하였다. 이에 로젠은 1882년 11월 13일 외상 기르스에게 "차르 정부는 이러한 생각을 하는 사람들을 활용하여 조선에 대한 청국의 영향력에 맞설 수 있으며, 나아가 러시아의 국익이라는 관점에서 청국으로부터 조선의 독립보장이 바람직

---

68 Донесение Посланика в Токио Барона Розена Министру иностранных дел Н.К.Гирсу, 23 июня 1882 г. АВПРИ. Ф. СПб. Главный архив, 1-9, Опись 8, 1882-1883 гг. Д. 6. Л.184-188об.

하다"고 보고했다.[69]

그런데도 러시아 외무성은 조선과의 수교를 서두르지 않았다. 그 이유는 두 가지였다. 첫째, 약소국 조선은 열강에 맞설 수 있는 역량이 부족하여 청국과 종속관계에 있는 것이 오히려 영토 보전을 할 수 있다. 둘째, 이미 조선과 수호조약을 체결했던 영국과 독일이 비준할 때까지 기다리는 것이 바람직하며, 조약이 비준될 경우 러시아는 이를 기준으로 동등한 조건의 조약을 체결하면 된다고 판단했다.[70]

영국 정부가 조영수호통상조약을 비준(1884.4.4)한 후 고종의 특사 김광훈(金光勳)은 연해주 노보키옙스코예(Новокиевское)의 국경판무관 마튜닌(Н. Г. Матюнин)을 방문(5.5)했다. 그는 러시아 정부가 조선과 조약 체결을 원하는지 문의했다. "조선 국왕은 조·러 간의 조약이 체결되면 조선은 러시아와의 교류를 원치 않는 청국의 영향력에서 벗어날 수 있는 결정적인 계기가 될 것으로 판단"했다.[71]

1884년 6월 20일, 톈진주재 러시아영사 베베르(К. И. Вебер)가 인천에 도착한 목적은 수호조약을 체결하기 위함이었다. 그를 맞이하러 인천에 도착한 인물은 도쿄에서 로젠 공사에게 수교를 제의했던 김옥균이었다. 그의 안내로 서울에 도착한 베베르는 조약 체결을 위한 협상을 시작하

---

69 Донесение Посланика в Токио Барона Розена Министру иностранных дел Н.К.Гирсу, 13 ноября 1882 г.: АВПРИ. Ф. СПб. Главный архив, 1-9, Опись 8, 1882-1883 гг. Д. 6. Л.257-262.

70 Из Проекта Инструкции посланику в Пекине д.с.с. Попову, 6 июля 1883 г.: АВПРИ. Ф. Китайсий столь, Д. 3. Л.49-74.

71 Б.Д.Пак, Россия и Корея, М, 2004, pp.10-131.

여 1884년 7월 7일 조로수호통상조약을 체결하였다.[72] 베베르와 김옥균의 만남은 이것이 처음이자 마지막이었다. 그는 청국에 의존하려는 사대당(事大黨)을 축출하기 위한 갑신정변을 주도한 죄로 상하이에서 암살(1894.3.28)당했다.

5. 맺음말

상술한 바와 같이 중앙아시아와 청국의 경계에서 발생한 러·청 간의 이리 분쟁이 한반도에 파급되는 상황을 고종의 북방정책과 관련지어 살펴보았다. 이리 분쟁을 통해 근대한국의 외교 지평에 떠오른 러시아는 실용주의적 세계관을 지닌 고종에게 근대적 자주독립 국가를 수립하는 데 중요한 파트너로 인식되었다. 이에 러시아 해군력의 위용을 과시한 레솝스키 함대의 극동 원정은 고종이 유교적 화이관에서 벗어나 러시아를 새롭게 인식하여 조·러 수교로 나아가는 중요한 계기가 되었다. 각 장의 주요 내용을 정리하면 다음과 같다.

제2절 "레솝스키 함대의 극동 원정의 배경-러·청 이리 분쟁"에서는 신장 서북부의 이리 지역을 둘러싼 영토 문제로 러·청 양국의 전쟁 위기로 진화하는 과정을 살펴보았다. 러·터 전쟁과 베를린회의를 거치면서 재정이 고갈되고, 외교적으로 고립된 러시아에 대해 청국이 조약 개정을 제기하면서 양국은 개전 위기로 치닫게 되었다. 양국이 이리 지역

---

72 『承政院日記』, 高宗 21年 閏5月 15日; Treaties, Regulations, etc., between Corea and other Powers. 1876-1889. Shanghai; London,: P.S. King & Son, 1891, pp.263-307.

반환에 관해 리바디아 협정을 체결했음에도 파국에 이른 것은 청국 정부 내에 반외세를 기치로 한 주전파가 득세했기 때문이다. 이에 러시아 정부는 외교적·군사적 대응책을 강구하여, 제2차 삼제동맹을 체결하며 외교적 고립에서 벗어나고자 했으며, 해군상 레솝스키가 지휘하는 극동 원정 함대를 결성하여 청국에 군사적 압박을 준비했다.

제3절 "레솝스키 함대의 극동 원정과 상트페테르부르크 조약"에서는 개전 위기로 치달았던 러·청 간의 이리 문제가 상트페테르부르크 조약 체결(1881)이라는 평화적이고 외교적인 방식으로 마무리되는 과정을 고찰하였다. 이는 청국 정부가 주전파와 주화파로 분열되고, 외교적으로 청국을 후견했던 영국이 자유당 정부가 집권하면서 러·청의 전쟁에 부정적인 입장을 취한 결과였다. 주화파를 대표했던 리홍장은 레솝스키 함대가 주전파를 자극할 해상 무력시위 같은 압박을 자제할 것을 요청함으로써 양국은 무력충돌 위기에서 벗어나 협상으로 이리 문제를 해결할 수 있었다.

제4절 "레솝스키 함대의 극동 원정과 고종의 북방외교"는 레솝스키 함대가 극동에 출현한 사건으로 고종의 대러 인식 변화와 조·러 수교(1884)로 이어지는 과정을 검토하였다. 러시아 역사상 처음 이루어진 대규모 함대의 극동 원정은 중화질서의 종주국인 청국의 위상을 흔들었고, 전통적인 중화체제에 충격을 주었다. 청국은 대응책으로『조선책략』에 근거한 방아책을 제시하여 조선의 외교를 중화질서의 틀 속에 가두고자 하였다.

그런데도 고종은 흔들리는 청국의 위상을 보면서 포스트 중화체제를 준비했다. 그는 처음으로 러시아를 새롭게 인식했고, 유교적 이념에서 벗어나 실용주의적 외교를 추구함으로써 한·러 수교를 성사시켰다. 한·

러 수교는 전통적 우방국인 청국과 신흥강국인 러시아 간의 상호 견제가 이루어지는 평화적인 조건 속에서 조선 정부의 대내적 개혁 추진에 기여했다. 결국 러일전쟁 시기 러시아 발트함대의 사례에서 볼 수 있듯이, 러시아 함대의 극동 원정은 전쟁의 승패뿐만 아니라 조선 정부의 대외관계에도 커다란 영향을 끼쳤다.

제3장

영국의 글로벌 전신 네트워크와 한반도의 전신선 접속
- 홍콩·상하이은행 자금과 한국의 서로전선(西路電線) 가설

1. 머리말
2. 전신의 발전과 유럽-극동 전신 네트워크의 형성
3. 한·일 해저전신선 가설과 영국의 "올 레드 루트(All Red Route)"
4. 영국 해군의 거문도 점령과 서로전선 가설
5. 맺음말

존 펜더(John Pender, 1816~1896)

티트겐(C. F. Tietgen, 1829~1901)

1. 머리말

우리는 언제부터 "지구촌(Global Village)"이라는 개념을 사용했을까? 개화기 지식인 유길준(兪吉濬)은 전신기 출현을 그 시발점으로 보고 있다. 그는 "서양 사람들이 과장해서 말하기를 '전신기가 인간 세상에 출현한 뒤부터 온 세상이 한 집처럼 되었다'고 하였는데, 실상 지나친 말이 아니다"라고 『서유견문(西遊見聞)』(1895)에 적고 있다. 또 "오늘날 서양 여러 나라의 전선이 바다와 육지에 종횡으로 깔려 있는데, 커다란 거미가 공중에 그물을 쳐 놓은 것과도 같다"고 표현하여 한국이 지구촌의 일원으로서 거미집(Web) 모양의 글로벌 통신망에 접속해야 할 당위성을 설명하고 있다. 한국이 전통적인 화이관에서 벗어나 근대적 자주독립 국가로 변모하기 위해서는 세계와의 소통이 출발점이었다.

새뮤얼 모스(Samuel Morse)의 전신 시스템이 정착(1844)한 이래 대표적인 전신기술 혁신 사례는 바로 절연 피복을 입힌 해저케이블(Submarine Cable)이었다. 유럽과 북미 대륙을 연결하는 대서양 해저전신선이 성공적으로 부설된 이래(1866) 20년간 아프리카를 포함한 전 세계는 새로운 통신기술인 전신(Telegraph)에 열광했다. 이후 등장한 전화, 팩시밀리 그리고 오늘날 한국의 촛불혁명을 이끈 스마트폰과 같은 첨단 기술도 19세기의 전신이 원형이다. 글로벌 전신 네트워크 구축과 한반도의 접속 과정은 IT 강국인 한국의 통신역사뿐 아니라 세계 통신혁명과 연동하여 자주독립 국가로 발돋움하기 위해 노력했던 근대한국의 역사이기도 하다.

서로전선(西路電線)은 제물포-서울-의주를 잇는 1,130리의 육로(陸路)전신선으로 조청전선조약(朝淸電線條約, 1885.7.17)에 의해 가설된 한국 최초의 전신선이다. 1885년 11월 17일 완공된 서로전선은 청국 정부가 조선 정부에 20년 상환 조건의 10만 냥 차관을 제공한 것이 사업 추진의 견인차가 되었다. 조선 정부는 차관의 대가로 의주선(義州線)을 완공한 이후 25년간 조선에서 여타 국가의 육상·해저전신선 가설을 불허하고, 전신선을 확충하거나 증설할 경우 청국전보국에 청부하기로 약속하였다.[1]

실용주의적 개혁노선을 취하고 있었던 고종은 국내 전신에 대한 청국의 권리를 인정하는 대신, 서로전선을 통해 중국과 연통하고 있던 글로벌 전신 네트워크와 접속함으로써 "세계로 향한 창"을 보유하게 되었다. 이로써 국제전신망에 접속된 조선 정부는 전신을 통해 수입되는 서구의 정보와 지식으로 근대적 개혁정책의 동력을 얻을 수 있게 되었다.

서로전선은 서울-의주-봉황성-뤼순으로 연결되면서 근대중국과 서구의 정보들을 실시간으로 접할 수 있는 환경을 조성해 주었다. 필자가 이 시점에서 주목하는 것은 청국이 조선 정부에 제공한 차관이 영국계 홍콩·상하이은행의 자금이라는 점이다.

그렇다면 왜 홍콩·상하이은행은 청국을 통해 조선 정부에 의주선 가설자금을 지원했을까?

이는 본 연구를 관통하는 문제의식이 될 것이다. 의주선이 영국의 자금 지원으로 청국 전신과 접속된 것은 서로전선이 더는 한국의 국내선이기보다는 국제 공로(公路)의 가치와 역할이 부여된 것으로 볼 수 있다.

---

1 『高宗實錄』 22卷, 高宗 22年 6月 6日. 이 조약이 체결에 중국 측에서 독판 전보총국(督辦電報總局) 성선회(盛宣懷) 진윤이(陳允頤), 총판 전국공정(總辦電局公程) 여창우(余昌宇) 등이, 조선 측에서는 독판 교섭통상사무(督辦交涉通商事務) 김윤식(金允植), 협판 서상우(徐相雨) 그리고 신헌구(申獻求) 등이 참석했다.

서로전선을 글로벌 통신 네트워크에 접속시킨 것은 조선 정부뿐 아니라 국제전신망을 지배하고 있던 영국의 요구이기도 했다.

근대 글로벌 네트워크에 개별 국가의 전신선은 전구성(全球性, Globality)에 수렴(Convergence)되는 특징이 있다. 왜냐면 각국의 전신망은 국제전신망에 접속되어 일부를 구성해야만 의미와 가치를 지닐 수 있기 때문이다. 따라서 서로전선의 가설은 세계전신의 66% 이상을 지배하고 있던 영국의 전신 네트워크[2]에 통신 소외 지역이었던 한국이 수렴되는 과정이기도 하다.

그런데도 한국과 글로벌 전신 네트워크의 접속에 관한 연구는 거의 이루어지지 않았다. 이는 다음의 정황들과 관련이 있다. 첫째, 서구의 연구에서는 대부분 중국과 일본을 중심으로 극동 전신 네트워킹을 설명하고 있는데, 그 과정에 한국의 전신을 생략하거나 극히 소략하게 다루는 게 원인이다.[3] 둘째, 국내에서는 한국의 전신사 자체에 관한 연구는 있으나 글로벌 통신 네트워크와의 연동과 상호작용에 관한 연구는 없다.

---

2   Daniel Headrick and Pascal Griset, "Submarine telegraph Cables: Buisiness and Politics, 1838~1939", The Business History Review, Vol.75, No.3, 2001, p.560. 1892년 통계에 따르면, 대영제국은 총연장 163,618km의 전신 케이블을 보유함으로써 세계전신선의 66.3%를 차지하고 있었다.

3   Jorma Ahvenainen, 1981, *The Far Eastern Telegraphs-The history of Telegraphic Communications between the Far East, Europe and America before the First World War*, Helsinki: Suomalainen TiedeAkatemia, ; Daniel Headrick, 1991, *The Invisible weapon: Telecommunications and International Politics 1851~1945*, New York: Oxford University Press. 아베나이넨과 헤드릭의 저작에는 한국의 전신선이 생략되어 있고, 다칭 양의 저서에는 일본의 대외팽창 대상 국가로서 한국의 전신에 대한 설명이 소략되었다. Daqing Yang, 2010, *Technology of Empire: Telecommunications and Japanese Expansion in Asia, 1883~1945*, Havard University Press, pp.29-32.

이는 전신이 그 속성상 국경을 넘는(Transnational) 연계망 구축을 특징으로 하고 있음에도 일국사(一國史)적 시각에서 벗어나지 못하고 있기 때문이다.[4] 중국과 일본에서는 임오군란(壬午軍亂)과 갑신정변(甲申政變) 등 한국의 정치적 혼란 상황에 보다 빨리 군대를 파견하기 위해 한반도에 전신을 가설했다는 학설이 주류를 이루고 있다.[5] 이는 한반도가 극동 위기의 근원이라는 편견을 반영하고 있다는 점에서 문제가 된다. 따라서 한국의 서로전선과 국제전신망 접속 경위를 구명하기 위해서는 전 지구적 시점에서 정리할 필요가 있다.

이를 위해 본 연구는 영국국립문서관(The National Archives, 이하 'TNA')과 제정러시아대외정책문서관(Архив Внешней Политики Российской Империи, 이하 'АВПРИ')이 소장한 자료들을 활용하였다. 『승정원일기(承政院日記)』와 『고종실록(高宗實錄)』은 관련 기관의 데이터베이스를 활용했음을 밝힌다.

---

[4] 이병주, 1984, 『한국 우정 100년』, 체성회출판부; 김연희, 2003, 「고종시대 서양 기술 도입: 철도와 전신 분야를 중심으로」, 『한국과학사학회지』 25권 1호; 2006, 『고종시대 근대 통신망 구축사업-전신사업을 중심으로』, 서울대 박사학위 논문.

[5] 郭海燕, 2008年, 「从朝鲜电信线问题看甲午战争前的中日关系」, 『近代史研究』第1期, . 105~108쪽. 곽해연은 청국과 일본이 갑신정변 이후 체결한 톈진조약(1885.4.18)에 의거, 양국이 동등하게 한국에 대한 출병권을 확보함에 따라, 신속한 파병 여부가 상대를 제압할 수 있는 관건이 되었다고 분석했다. 따라서 청일전쟁 이전에 한국의 전신권을 둘러싼 청일 간의 쟁탈전이 벌어졌다고 주장하고 있다.; 有山揮雄, 2016, 『情報覇權と帝國日本 III, 東アジア電信網と朝鮮通信支配』, 吉川弘文館, 9~12쪽. 아리야마는 일본의 한국 침략은 정한론에 근거, 한반도의 전신지배를 최우선의 전략으로 삼았음을 지적했다. 이에 일본은 임오군란(1882)을 계기로 당시 전신의 공백 지대였던 조선의 전신을 둘러싼 경쟁에서 유리한 입지를 차지하기 위해 대북전신회사(Great Northern Telegraph Company)의 자본과 기술에 의존하게 되었음을 밝히고 있다.

2. 전신의 발전과 유럽-극동 전신 네트워크의 형성

새로운 통신 수단으로 발명된 전신(Telegraph)은 전통사회를 근대사회로 변모시킨 통신혁명의 시발점이 되었다. 통신혁명에 근거한 정보유통과 지적 교류를 가능하게 한 네트워크는 근대사회의 도래를 촉진했다. 전신에 의한 장거리 통신혁명은 지리적·공간적 장벽을 허물고, 전신망으로 일체화된 근대세계를 등장시킴으로써 상호 연동되는 글로벌 사회가 열리는 토대를 제공하였다. 그 결과 1844년 새뮤얼 모스(Samuel Morse)의 전신 시스템이 상용화된 이래, 1850년 절연 피복을 입힌 해저전신선이 영불해협에 부설됨으로써 전신이 세계화하는 글로벌 네트워크 기반이 마련되었다.

해저전신선이 새로운 성장산업으로 발돋움하기 위해서는 기술의 안정화를 입증해야만 했다. 이 분야의 초기 사업가들이 유럽과 북미 대륙을 연결하는 북대서양 해저전신선 부설사업에 주목한 것도 이 공사의 성공 여부가 새로운 산업의 전망을 좌우하기 때문이었다. 더욱이 유럽과 북미 대륙의 통신 수요가 풍부하였기 때문에 이 시장을 목표로 한 대서양 해저전신선 부설은 막대한 이익이 예상되었다.

미국인 사이러스 필드(Cyrus Field)는 이 사업의 가능성에 가장 먼저 주목하였다. 그는 아일랜드(Ireland)의 발렌시아(Valentia Island)섬과 북미의 뉴펀들랜드(New foundland)를 해저전신선[최단 거리 1,900마일]으로 연결하는 계획을 수립하고, 1855년에 대서양전신회사(Atlantic Telegraph Company)를 설립하였다. 1857년, 마침내 대서양 해저전신선 부설에 최초로 도전하여 성공했지만 곧 유실되고, 이듬해 부설한 제2차 전신선은 정상적으로 작동되었다. 영국의 빅토리아 여왕(Queen Victoria)과 미국의 뷰캐넌(J. Buchanan) 대통령이 축하 메시지를 서로 교환한 것도 바로 이때 (1858.8.16)였다. 하지만 제2차 전신선은 뷰캐넌 대통령의 메시지를 16시간 동안 전송한 후 더는 작동하지 않았다.[6] 영국 정부는 대서양 해저전신선 성공 여부가 곧 19세기 중반 전신산업의 성패임을 전제하고, 대서양전신회사 기술자들과 전문가들로 공동조사위원회(Joint Committee on Submarine Telegraph Cables)를 꾸려 실패 원인을 분석하였다.

한편, 일각에서는 성공 가능성이 희박한 대서양 해저전신선의 대안으로 시베리아를 횡단하는 육로전신선이 부상했다. 시베리아전신선으로 대서양 해저전신선을 대체하자는 계획은 미국의 전신 프로모터 페리 콜린스(Perry Collins)의 제안에서 비롯되었다. 그는 대서양 해저전신선이 실패(1857~1858)한 전례를 들어, 미국-브리티시 컬럼비아(British Columbia)-알래스카-시베리아-유럽을 잇는 육상전신선 부설을 제안했다. 그는 미국 정부로부터 북태평양 연안 조사 자금으로 5만 달러를 지원받으며 사업 성공에 자신감을 보였다.[7] 그가 성공을 장담한 근거는 남북전쟁(1861~1865) 참전용사 가운데 경험 많은 통신병들을 브리티시 컬럼비아, 알래스카 그리고 동북시베리아에 측량 및 전신선 가설에

---

[6] Daniel Headrick and Pascal Griset, 2001, "Submarine telegraph Cables: Buisiness and Politics, 1838-1939", *The Business History Review*, Vol.75, No.3, pp.548-549.

[7] Морев В.А. "Первые Проекты и Начало Проведения Электрического Телеграфа через Сибири и ДальныйВосток(1850-1870-е годы)", *Новый исторический вестник*, No.3, 2015. pp.10-11. 콜린스는 러시아 정부로부터 1859년 아무르강 하구에서 아메리카 대륙의 미국령과 캐나다까지 전신선 가설 예비조사를 허가받았다. 1863년 러시아 체신상 톨스토이(И. М. Толстой), 콜린스 그리고 웨스턴 유니언의 시블리 등 3자의 미·러 전신협약이 체결되었다. 그 요지는 러시아 측이 이르쿠츠크에서 아무르강 하구까지 전신선을 가설하고, 미국 측은 미국 서부에서 알래스카-베링해협-아무르강 하구까지 가설하기로 약정했다.

투입할 수 있었기 때문이다. 또 미국의 웨스턴유니언전신회사(Western Union Telegraph Company) 사장 시블리(Hiram Sibley)가 그의 계획을 지지함으로써 인적·물적 토대가 공고했다. 이처럼 시베리아전신선 부설공사는 새롭게 시작된 대서양 해저전신선 부설공사가 성공적으로 완료되었다는 뉴스가 없었더라면, 결코 중도에서 멈추지 않았을 전도양양한 사업이었다.[8]

1866년, 대서양 해저전신선이 성공적으로 부설될 수 있었던 배경에는 영국 맨체스터(Manchester) 면화 산업계의 거물 존 펜더(John Pender)가 이 사업에 본격적으로 참여한 것을 들 수 있다. 펜더는 관련 회사들을 합병하여 전신선 가설 및 유지 회사인 TC&M(Telegraph Construction and Maintenance)을 설립하고, 다른 자본가들의 참여를 설득했다. 이 회사는 1850년대 대서양 해저전신선 부설공사 실패에서 얻은 교훈과 공동조사위원회의 조사보고서가 바탕으로 내구성이 강하고 효율적인 케이블 제조에 성공[9]하며 꿈을 키웠다.

이후 펜더는 영미전신회사(Anglo-America Telegraph Company)를 설립하여 1890년대까지 20년 이상 대서양 해저전신선 시장을 독점하였다. 그가 전신사업에 참여하는 데 일조한 미국의 웨스턴유니온전신회사(Western Union Telegraph Company) 역시 미국 동부 해안의 전신회사들을 매입하여 대서양 해저전신선과 접속함으로써 미국-유럽 전신을 거의 독점하였다. 웨스턴유니온전신회사는 러시아로 연결되는 육상전신선 사

---

8 David M. Fletcher, 2001, *The Diplomacy of Involvement: American Economic Expansion Across Pacific, 1784~1900*. University of Missouri Press, pp.33-37.

9 Daniel Headrick and Pascal Griset, 위의 논문, p.549.

업을 포기하면서 손실을 보았지만, 유럽-미국 해저전신선을 독점함으로써 이를 상쇄시킬 수 있었다.[10]

그렇다면 대서양 해저전신선의 대안으로 주목받았던 시베리아전신선의 운명은 어떻게 되었을까?

1866년 9월 9일, 대서양 해저전신선 부설공사가 성공적으로 완료되어 베링해(Bering Sea)를 가로질러 미국-러시아-유럽을 연결하는 노선보다 비용이 훨씬 저렴한 것으로 판명됨에 따라 미·러 전신사업은 중단되었다. 웨스턴유니온전신회사가 러시아 정부에 사업 중단을 통보한 것은 대서양 해저전신선이 완공되고 반년도 지나지 않은 1867년 2월 28일이었다. 이에 유럽과 북미를 연결하는 가교로서 세계적 관심을 끌었던 시베리아전신선은 유럽과 극동을 잇는 전신 네트워크로 전환을 꿈꾸었다.

유럽과 아시아 중간에 자리한 러시아의 지리적 장점을 눈여겨 본 사람은 덴마크의 대북전신회사(Great Northern Telegraph Company)[11] 대표 티트겐(Tietgen C. F.)이었다. 그는 일찍부터 러시아와 극동을 해저전신선으로 연결할 것을 제기하였다. 러시아 정부가 이를 본격적으로 논의하기 시작한 것은 1869년 1월 해저전신선 가설 타당성을 담은 티트겐의 비공식 메모가 러시아 전신국장 류데르스(К. К. Людерс)에 제출되면서부터

---

10 *Telecommunications Politics. Ownership and control of the Information Highway in Developing Countries*, Ed. Bella Mody, Johannes M. Bauer, Routledge, 2009. pp.33-34.

11 Daniel R. Headrick and Pascal Griest, "Submarine Telegraph Cables: Business and Politics, 1838-1939", *The Business History Review*, Vol.75, No.3, 2001. pp.563-564. 1868년 은행가 티트겐(C. F. Tietgen: 1829~1901)과 해군 중위 수엔슨(Edouard Suenson)이 덴마크를 노르웨이-영국-러시아와 연결하기 위해 설립한 전신회사.

였다.¹² 그 결과 1869년 5월, 러시아 각료회의에서는 시베리아전신선의 종착지인 블라디보스토크에서 해저전신선을 통해 일본과 중국을 연결하는 공사에 착수한다고 합의했다.

러시아와 극동의 국가들을 해저전신선으로 연결하는 사업은 케이블 제작을 비롯한 연관 산업의 파급력으로 인해 사업자 선정에 치열한 로비전이 펼쳐졌다. 로비전의 관전 포인트는 해저전신선 산업의 최강자이자 영국의 전신왕(電信王)인 존 펜더가 구성한 컨소시엄과 덴마크의 티트겐이 주도하는 대북전신회사의 대결이었다.¹³ 영국은 해가 지지 않는 제국을 수립한 대국이었지만 덴마크는 작은 나라이며, 군사력도 미미했기 때문에 외견상으로는 이미 결판이 나 있었다.

그런데도 덴마크는 러시아의 대외 전신사업을 수행할 수 있는 나름의 강점을 보유하고 있다고 자부했다. 우선, 정치적 중립을 견지할 수 있다는 점이었다. 덴마크는 영국, 러시아, 프러시아 등 강국들 틈바구니에서 이들을 전신으로 접속시키며 유럽을 놀라게 했다. 정보통신 산업의 정치적 특성을 간파한 티트겐은 이를 이용하여 공략하고자 했다. 또 유럽

---

12 Якобсен К. "Большое Северное Телеграфное Общество и Россия: 130 лет сотрудничества в свете большой политики", Отечественная История, No.4, 2000. cc.45. 류데르스(1815~1882)는 에스토니아에서 출생하였고, 1849년 독일 지멘스사 《Siemens & Halske AG》의 전신기기를 구입하여 상트페테르부르크-모스크바 전신을 개통시켰다. 이후 1866년 러시아 전신국장에 취임하여 시베리아 횡단 전신 가설사업을 완료했다.(Лосич Н.И. Директор телеграфов Карл фон Людерс, Элетросвязь: История и современность, No.4, 2007. cc.5-7)

13 Kurt Jacobsen, "Small Nation, International Submarine Telegraphy, and International Politics: The Great Northern Telegraph Company, 1869-1940", *Communications Under the Seas: The Evolving Cable Network and Its Implications*, Ed. Bernard Finn & Daqing Yang, The MIT Press (2009), pp.124-125.

강국들 중심에 놓인 덴마크의 지리적 장점이 융합(synthesis)이라는 학문적 특징을 형성한 점이었다. 덴마크의 융합적 학문연구 풍토는 영국의 산업기술, 독일의 철학 그리고 유럽의 기술교육 제도 등을 수용함으로써 급속한 산업화를 이루는 바탕이 되었다. 이에 덴마크는 영국과 미국의 산업가들이 실패와 경제적 손실로 축적했던 기술들을 흡수하며 기술인력 양성에 활용하였다.[14] 이러한 덴마크의 자신감으로 시베리아전신선을 극동으로 확장하는 사업권 경쟁은 당초의 전망과는 달리 한 치 앞을 볼 수 없는 형국이 되었다.

티트겐은 영국의 존 펜더와 콘소시엄을 형성한 러시아의 귀족 세르게이 아바자(Абаза С.)와 사업권 경쟁을 벌여 최종 승리자가 되었다. 덴마크의 신흥전신회사가 영국의 전신왕을 누르고 시베리아전신선을 극동으로 확장하는 사업권을 획득한 것은 극동뿐 아니라 한반도를 둘러싼 국제관계에서도 중요한 변곡점이 되었다.

티트겐이 승리한 요인은 그가 당시의 국제정세를 잘 활용했기 때문이었다. 그는 덴마크 전신회사가 사업권을 획득해야 할 당위성으로 회사의 독립성을 강조했다. 그는 아시아를 둘러싼 영·러의 "그레이트 게임(Great Game)"에서 독립적인 회사가 시베리아전신선과 일본·중국을 잇는 해저전신선을 장악하는 것이 러시아에 훨씬 유리하다고 설득했다. 더욱이 러시아의 아바자는 영국의 펜더와 협력하고 있었기 때문에 티트겐의 반영 논리는 러시아 정가를 끌어당기기에 충분했다.

정치적 논리보다 결정적이었던 것은 덴마크 왕실과 러시아 황실의

---

14 *China And Denmark: Relations Since 1674*, Kjeld Erik Brdsgaard, Mads Kirkeback ed., Nordic Institute of Asian Studies, 2003. pp.121-122.

관계였다. 티트겐은 1865년 러시아 황태자 알렉산드르와 결혼한 덴마크 공주 마리아 표도로브나(Мария Фодоровна)에게 사업을 설명하며 양국 황실의 관계를 활용할 기회를 얻게 되었다. 1869년 7월 초, 그는 덴마크 국왕 크리스티안 9세(Christian IX)가 공주에게 보내는 편지를 통해 러시아 황태자 알렉산드르가 이 계획을 지지하도록 부탁했다. 1869년 9월 25일, 티트겐은 "덴마크의 영광을 위해" 자신에게 사업권이 허가될 수 있도록 다시 한번 공주에게 편지를 보낼 것을 국왕에게 청원했다.[15]

1869년 10월 13일, 드디어 러시아 각료위원회에서 덴마크 대북전신회사의 손을 들어주었다. 이러한 결과에는 황태자비 마리아 표도로브나의 역할이 결정적이었다. 1869년 10월 23일, 러시아 황제 알렉산드르 2세가 러시아의 대외 전신사업권을 덴마크 대북전신회사에 부여한다는 협정서에 서명함으로써 1870년부터 블라디보스토크-나가사키-상하이 해저전신선 부설공사가 착공되었다. 이후 1872년 1월 1일, 블라디보스토크-나가사키 해저전신선이 공식 개통됨으로써 극동 지역은 시베리아 전신선을 통해 유럽과 미국으로 연결되었다.[16]

---

15 Якобсен К, 위의 논문. cc.45-46.
16 Kurt Jakobsen, 위의 논문, pp.124-125. 티트겐은 1869년 6월 1일 두 개의 전신회사(Danish-Norway-British and Danish-Russian companies)와 노르웨이-영국전신회사(Norwegian-British Telegraph Company)를 합병하여 대북전신회사를 창업했다. 동시에 핀란드-스웨덴 케이블 부설 면허를 획득하여 대북전신회사는 덴마크, 노르웨이, 영국, 러시아의 해저전신선에 대한 통제권을 확보했다. 이 시스템은 확대되어 1873년 덴마크-프랑스의 직통케이블이 부설됨으로써 러시아는 영국과 독일을 거치지 않고 프랑스와 직접 연결될 수 있었다.; 블라디보스토크와 나가사키-상하이 구간의 해저전신선이 완공된 이후 러시아는 육로전신선을, 대북전신회사는 해저전신선 구간을 관할하기로 했다. 이에 육상전신선과 해저전신선이 접속되는 전신 중계소에 덴마크 기술자들이 작업하였고, 이들은 러시아 전신회사 소속이었다. 1889년 러시아 정부는 외국인이 전신에 참여하는 것

러시아 황실이 후견하는 덴마크의 대북전신회사는 러시아와 일본, 중국 등을 해저전신선으로 연결하는 주역이 되었고, 1883년에는 나가사키-부산 부설공사를 담당함으로써 극동 통신산업을 지배하였다. 또 일본에서 외국을 연결하는 해외사업을 독점하였고,[17] 진입 장벽이 높았던 청국에서도 전신 가설사업에 참여함으로써[18] 극동 전신시장에 영국과 경쟁할 수 있는 유일한 회사가 되었다.

을 금지하여 덴마크 기술자 대부분은 본국으로 귀환했고, 시베리아 전신에는 오직 러시아인 기술자들만 종사했다.

17 일본이 초기에 전신선 부설과 유지를 위해 외국기술에 의존했던 근본적인 이유는 메이지 정부가 해저전신선에 투자할 재정 여력이 없었고, 이를 부설하고 유지할 기술도 없었기 때문이었다. 국제통신의 경우 대외 의존도가 더 강했다. 1870년 9월 20일 메이지 정부와 대북전신회사의 협약에 따라, 대북전신회사가 나가사키-상하이(909km), 나가사키-블라디보스토크(1,430km) 그리고 나가사키-요코하마 구간에 해저전신선을 부설하는 조건으로 나가사키에 사무소를 개설하고, 양륙(揚陸)으로 접속시킬 수 있도록 허가를 받았다. 더욱이 일본 정부가 다른 나라의 전신회사보다 많은 특혜를 베풀 경우, 대북회사도 똑같은 권리를 갖는다는 최혜국조관을 규정하고 있었기 때문에, 일본의 국외 통신은 대북전신회사가 장악하게 되었다.(Daqing Yang, 2010, *Technology of Empire: Telecommunications and Japanese Expansion in Asia, 1883-1945*, Havard University Press, pp.21-22).

18 齊藤齊, 2006, 「近代中國における風水の問題: 上海吳淞電信の撤去(1865)・山東省の金鑛開發(1868)・福州における洋式建築をめぐる反キリスト教運動(1878) の事例から」, 『慶應義塾大學大學院社會科學硏究科紀要』, No.62, 145-152쪽. 전신의 중국 진입 장벽은 風水와 관련이 깊다. 電信은 서구 근대기술의 산물인 동시에 제국주의 열강의 중국 침략 수단으로 간주하였다. 이에 청국 관리들이 전신부설을 허가하지 않으며 내세운 이유는 바로 風水였다. 중국의 전통적인 풍수사상과 서구의 전신기술이 만나면서 발생한 갈등과 대립은 중국인들이 電柱를 뽑아버리는 형태로 나타났다. "외국인들이 중국 內地에 전신주를 세운 후, 풍수에 害가 생겨 民衆이 이유 없이 돌연 병사"하는 사례가 많아 전신주 가설자를 처벌해야 한다는 주민들의 청원은, 땅도 생명을 가진 유기체로 간주하는 풍수사상에서 비롯되었다. 이에 전주를 세우는 것은 풍수를 해하는 것이고, 전신주 부설은 서구인이 자기의 이익을 위해 중국인들을 희생시키는 행위로 간주하였다. 따라서 傳統이라는 慣性의 힘은 電信의 수용에서 청국이 일본보다 뒤처지는 주요 요인 가운데 하나가 되었다.

대북전신회사의 나가사키-상하이-홍콩 해저전신선 부설(1871.4.18)
은 청국 또한 시베리아 전신 네트워크에 연결되었음을 의미했다.[19] 이는
극동과 유럽을 연결하는 북방(北方)노선의 완성을 의미하는 것으로 영국
이 부설한 지중해-인도-싱가포르-홍콩을 연결하는 남방노선과 더불어
극동과 유럽을 남북으로 잇는 양대 축이 형성된 것이었다.

영국 전신의 해외팽창은 1868년 영국 정부가 국내 전신사업을 국영
화한 것과 깊은 관련이 있다. 영국의 전신왕 펜더는 국내 전신을 정부에
800만 파운드에 매각한 후 이를 해외 해저전신 사업에 투자하여 1869년
에 인도-유럽 전신회사(Indo-European Telegraph Company)를 설립하여 영
국-인도 전신을 가설하였다. 같은 해 12월에는 중국해저전신회사(China
Submarine Telegraph Company)를 설립하였으며, 1871년 6월에는 사이공
(Saigon)을 경유하는 싱가포르-홍콩 구간을 개통시켰다.[20] 이후 1873년

---

[19] Eiichi ITOH, 2007, "The Danish Monopoly on Telegraph in Japan-A case study of an unequal communication system in the Far East", *Keio Communication Review*, No.29, pp.88-89. 상하이-홍콩 전신선을 개통한 대북회사는 한자를 모스 부호로 직접 전송할 수 없었기 때문에 개별 한자에 4개 숫자를 조합한 코드를 만들어 특별사전을 편찬하여 이를 전송하는 방식을 고안해냈다. 이에 1882년 통용 한자 6천 자를 4개 숫자와 조합한 코드 방식으로 전송 가능해졌다.

[20] Ariane Knuesel, 2007, "British Diplomacy and the Telegraph in Nineteenth-Century China", *Diplomacy & Statecraft*, No.18, pp.523-525. 펜더의 중국해저전신회사가 1870년 싱가포르-홍콩 노선을 부설하고, 대북전신회사가 나가사키-홍콩 구간을 1871년 개통하자, 양 회사는 담합하여 상하이 이남은 펜더 회사가, 이북은 대북전신회사가 케이블 부설을 담당하기로 했고, 일본을 대북전신회사 영업권에 포함하기로 했다. 1875년부터 청국주재 영국대사관은 베이징에서 시베리아를 거쳐 런던과 통신하는 방식을 채택했는데, 이는 청국에서 가장 저렴하게 전신을 이용하는 구간이었다. 왜냐면 시베리아전신선이 캬흐타까지 연결되어 있었기 때문에 외교문서들을 마차에 실어 캬흐타까지 보내서 유럽으로 연결되는 러시아의 전신을 이용했다. 당시 수에즈 운하를 통해 본국에 보고서를 보내는데 5주가 소요된 반면, 1871년 당시 런던에서 인도를 거

아시아에서 영업하던 영국의 전신회사 3개를 합병하여 동방확장호주중국전신회사(Eastern Extension, Australasia and China Telegraph Co. Ltd.)를 설립함으로써 극동의 전신은 펜더의 전신회사와 덴마크의 대북전신회사가 지배하는 양강 구도가 형성되었다.

러시아, 중국, 일본 등이 대북전신회사에 대해 모르고 있었던 사실은 영국 TC&M의 기술 지원과 펜더·런던 은행의 재정 지원 그리고 영국 외무성의 지지를 받은 점이다. 영국 외무성은 본토와 극동을 연결하는 인도양·지중해 전신선에 장애가 발생할 경우를 대비하여 아시아와의 접속을 백업할 수 있는 전략적 파트너가 필요했다. 이에 따라 대북전신회사와 펜더는 협정을 체결(1870.5.13)하고, 유럽과 극동 이외의 지역으로 수·발신되는 전보의 통과요금, 예를 들어 양대 회사의 노선을 거쳐 북남미, 아프리카, 중동 등으로 보내는 전보의 통과요금은 양사의 공동기금(Joint purse)으로 처리하여 그 이익을 똑같이 나누기로 하였다.[21] 결국, 덴마크의 대북전신회사는 러시아 황실의 후견을 받는 동시에 영국의 펜더가 주도하는 "이스턴 케이블제국(The Eastern Cable Empire)"의 비밀성원이기도 했다.[22] 대북전신회사가 러시아와 영국의 후견을 받으며 극

처 홍콩으로 전보를 수·발신하는 시간은 53분 걸렸다. *Empires of panic, Epidemics and Colonial Anxieties*, Ed. Robert Peckham, Hong Kong University Press, 2015, pp.144-146.

21 Jorma Ahvenainen, op.cit. pp.51-52.

22 Daniel R. Headrick and Pascal Griest, 위의 논문, p.563. 1873년 2월 Pender는 Tietgen과 양대 회사의 협업에 관한 협정을 체결하였다. 이를 통해 홍콩-상하이 구간의 대북전신회사 전신선을 공동 사용하는 동시에 극동 및 청국, 유럽 간의 전신 규정에 대해 합의했다. 그러나 이 협업은 1881년 리홍장이 대북전신회사에 청국의 대외 전신과 국내 전신망 가설에 독점권을 부여함으로써 1886년 12월까지 중단되고 말았다. Kurt Jacobsen(2009), pp.124-125.

동 해저전신선을 독점 지배하는 구조는 일본과 중국 그리고 한국의 전신산업이 자생력과 경쟁력을 갖추며 독자적으로 발전할 수 있는 여지를 제한하는 결과를 낳았다.

3. 한·일 해저전신선 가설과 영국의 "올 레드 루트(All Red Route)"

1870년대에 청국과 일본은 이미 영국과 덴마크의 전신회사들에 의해 글로벌 전신 네트워크에 연결되었으나 한국은 여전히 사각지대에 있었다. 글로벌 통신기업의 관점에서 보면 한국은 인프라 구축에 막대한 자금을 투자할 만큼 매력적인 시장이 아니었다.[23] 따라서 자본과 기술이 부족했던 한국이 자력으로 글로벌 전신 네트워크에 접속할 수 없다면, 한반도가 지닌 고유의 장점이 발현되는 시기까지 기다려야 했다.

그런데도 한국이 글로벌 전신 네트워크에 접속된 계기는 경제적인 요인보다는 전략적 요충지로서의 지정학적 요인이 결정적인 역할을 했다. 지정학적 요충지인 한반도에 대한 정확하고도 신속한 정보를 선점하는 문제는 누가 어떤 방식으로 한반도에 접속하는가 하는 문제와 맞물리게 되었다. 한국에서 발신하는 메시지는 전신의 속성상 누구에게나 평등한 정보였지만, 만약 접근이 제한되고 차단될 경우 정보의 격차에서 비롯되는 군사적·외교적 경쟁력의 차이는 엄청날 수 있었다.[24] 따라서 일본,

---

23 有山揮雄, 2016, 『情報覇權と帝國日本 III, 東アジア電信網と朝鮮通信支配』, 吉川弘文館, 8~9쪽.
24 郭海燕, 2008, 「从朝鲜电信线问题看甲午战争前的中日关系」, 『近代史研究』 第1期, 105~107쪽.

중국에 이어 극동에서 마지막으로 남은 한국이 글로벌 전신 네트워크에 접속되는 방식은 극동과 글로벌 차원에서 주요한 변화의 요인이 될 수 있었다.

한국의 전신은 지역적 차원에서 청국과 일본이 독점 지배하기 위해 치열한 각축을 벌이는 대상이 되었으며, 글로벌 차원에서는 영·러 대결의 영향을 받는 이중적 구조에 놓여 있었다. 지역적 차원에서 한반도에 대한 신속·정확한 정보를 선점하고자 했던 국가는 일본이었다. 일본은 새로운 기술을 받아들이는 데 적극적이었고, 중국보다 앞서 국내 전신망을 정비하였다.

그런데도 일본은 정책목표와 이를 실현할 기술력 간의 괴리를 드러냈다. 당시 일본의 전신기술은 한·일 양국을 해저전신선으로 연결할 수 있는 수준이 아니었다. 따라서 덴마크의 대북전신회사에 한·일 해저전신선 부설을 의뢰함으로써 기술력과 자본 부족 문제를 해결하고자 했다.

덴마크 전신회사의 자본과 기술지원을 받아 한국의 전신을 지배하고자 한 일본의 전략은 전신기술을 독점한 글로벌 통신기업에 의해 대외정책이 견제되거나 제한되는 상황으로 이어졌다. 대북전신회사는 일본의 기술력이 미천함을 간파하고, 지원하는 대가로 얻어 낼 이권에 주목했다. 그 결과, 일본 정부는 나가사키-부산 해저전신선 가설(1884) 대가로 향후 20년간 일본-아시아 대륙 및 대만, 홍콩, 루손(Luzon)군도 등에 자체적으로 해저전신선을 가설할 수 없게 되었다.[25]

---

25 Eiich Itoh, Ibid, pp.91-92. 일본 정부와 대북전신회사가 약정(1882.12.28)한 면허장 6조에 따르면, ① 일본 정부는 특허장이 효력을 발휘하는 시점부터 20년간 일본과 아시아

1882년 12월 28일, 일본 정부가 대북전신회사와 체결한 통칭 "개정해저선육양면허장(改正海底線陸揚免許狀)"으로 불리는 해저전선 관련 협정을 들여다보면 한반도에 대한 정보 선점과 독점을 위한 고육책이었다. 일본은 대북전신회사의 기술과 자본을 끌어들이기 위해 면허장 6조인 독점기간에 10년 재연장 조문을 포함하여 새로운 전신선 부설, 국제전신 요금 책정 등 전신 주권을 1912년까지 제약하고 말았다.[26] 따라서 대북전신회사와 같은 다국적회사가 일본의 대외 전신선 부설권을 지배하는 구조가 성립됨으로써 일본의 대외 팽창정책의 속도와 범위는 구조적 한계를 지니게 되었다.

일본의 대륙팽창 교두보였던 나가사키-부산 해저전신선은 대북전신회사가 1883년 11월에 완공하였으며, 다국적기업이 개별 국가의 팽창정책에 협력한 사례가 되었다. 1884년 2월 1일, 전보 업무를 공식적으로 개시한 한·일 해저전신선은 경제적 이득보다는 일본이 부산에 양륙시킨 전신선에 잠재된 확장성에 큰 의미가 있었다. 당시 부산 왜관에 거주하던 일본인은 700~800명 정도였으며, 연간 전보 이용량은 6,000~7,000통에 불과했다. 따라서 30만 엔을 투자하고, 연간 5,000엔

대륙, 또는 일본과 역내 도서[대만, 홍콩, 루손(Luzon)군도] 등을 연결하는 어떠한 해저전신선도 부설하지 않을 것이며, ② 대북전신회사 이외에는 특허장을 발부하지 않을 것이고, ③ 만일 제3국 정부가 대북전신회사에 발부한 면허장의 기한을 30년으로 연기할 경우, 일본은 면허장 기한을 20년에서 30년으로 갱신한다고 명시하였다. 有山揮雄, 2016, 『情報覇權と帝國日本 III, 東アジア電信網と朝鮮通信支配』, 吉川弘文館, 24쪽.

26 大野哲弥, 2006, 「明治期対外交渉で見る日本の国際通信政策」, 『情報化社会·メディア研究』, No.3, 73~74쪽. 1884년 한일 해저전신선 개통 이후부터 러일전쟁 직후인 1906년까지 일본의 국제전신선은 1898년에 청나라에서 인수한 臺灣-福州 해저전신선을 제외하고는 모두 대북전신회사가 소유하는 나가사키-상하이 전신선, 나가사키-블라디보스토크 전신선, 나가사키-부산 전신선뿐이었다.

의 수입을 거둬들이는 구조였기 때문에 경제적 가치는 미미했다.[27] 더욱이 한반도에는 아직 전신이 가설되어 있지 않아 그 효용성은 주목받지 못했다.

그렇다면 일본은 왜 자국의 전신 주권을 30년간 제약받는 수모를 겪으면서 수익성이 기대되지 않는 한반도와 해저전신선 연결을 구상했는가?

이는 두 가지 측면과 관련이 있었다. 첫째, 덴마크의 경험이다. 일본 정부는 1870년 나가사키에 전신선 양륙권(揚陸權)을 확보하여 극동과 유럽의 통신을 지배한 대북전신회사의 경험을 벤치마킹하고자 하였다. 이는 한반도가 육상전신선으로 중국·러시아를, 해저전신선으로 일본·미국을 연결하는 지정학적 요충지에 있다는 점에 주목한 것이다. 이에 따라 접근성이 뛰어난 한반도에 전신선 양륙권을 확보하고, 한반도에 전신선이 가설된 후 중국과 접속하면 만주와 유라시아 전신과 연결하는 것을 기대한 것이다.

둘째, 극동 통신 시장의 재편 가능성이었다. 이는 영국의 동방확장회사(Eastern Extension Company)와 덴마크의 대북전신회사가 양분하고 있는 극동 통신 시장에 지각변동을 불러올 새로운 해저전신선 부설계획이 이미 본격화되고 있었기 때문이다. 캐나다와 미국에서 태평양 해저전신선(The Pacific Cable)을 부설하여 아시아와 북미 대륙을 연결하려는 계획이 1880년대부터 구체화 되었다. 태평양 해저전신선 부설계획이 추진된다면, 세계정보의 축은 대서양에서 태평양으로 전환되고, 그것이 아시아

---

27 郭海燕, 2008, 「从朝鲜电信线问题看甲午战争前的中日关系」, 『近代史研究』 第1期, 106쪽.

와 미국 간의 교역 증진에 미칠 파급력은 지대했다. 또 극동 뉴스 공급처인 영국 로이터 통신의 정보독점도 깨질 것이고, 궁극적으로 세계뉴스의 공급자가 미국 뉴욕의 연합통신(Associate Press)이 될 것이었다.[28] 따라서 태평양 해저전신선이 완공되면, 유럽 중심의 통신 시장에서 변방이었던 극동이 서구와 대등한 정보혁명이 촉발하는 진원지가 될 수 있었다.

일본은 태평양 해저전신선을 염두에 두고 새로운 판에 주도적인 역할을 담당하고자 했다. 외상 이노우에[井上馨]가 덴마크의 대북전신회사에 일본의 대외전신에 대한 30년 독점면허권을 부여하면서까지 한·일 해저전신선 부설에 관심을 보인 이유도 바로 여기에 있었다.[29] 1880년 12월, 이노우에는 주일 미국공사 빙험(John A. Bingham)을 대동한 미국인 기업가 필드(Cyrus W. Field)를 만나 태평양 해저전신선 부설계획을 논의하였다. 필드는 제지산업으로 돈을 모은 후 대서양전신회사를 설립하여 대서양 해저전신선을 최초로 부설(1858)한 기업가였다. 세계 순방길에 일본에 들른 그는 이노우에 외상과 미국-일본-중국을 연결하는 해저전신선 가설과 관련한 노선 선정, 회사설립 등을 논의했다.[30] 비록 이들의 회동은 미국의회의 의결을 거치기 전 일본 정부의 의향을 알아보기 위

---

28 Jeffrey K. Lyons, 2005, "The Pacific Cable, Hawaii and Global Communication", *The Hawaiian Journal of History* 39, pp.43-44.

29 Jorma Ahvenainen, The Far Eastern Telegraphs, The History of Telegraphic Communications between the Far east, europe and America before the First World War, Academia Scientiarum Fennica, (Helsinki: 1981). p.67. 일본 정부 내에서 대북전신회사에 장기적인 특권을 부여하는 데 대해 외무상과 해군 장교들이 호의적이었다.

30 「太平洋海底電線架設保護之義ニ付上申ノ件」, 『日本外交文書』, 第13卷, 1880.12.20, 338~339쪽.

한 예비절차였음에도 이노우에는 큰 의미를 부여했다.

이노우에는 주일 미국공사 빙헐에게 보낸 서신(1880.12.23)에서 태평양 해저전신선을 "실로 인류의 명예"라고 할 수 있는 사업으로 평가하였다. 그러면서 일본 정부가 바라는 태평양 해저전신선 선로는 미국 서북부에서 캄차카(Камчатка)반도를 거쳐 홋카이도[北海島]의 하코다테[箱館]로, 육양장(陸揚場)으로 하코다테를 염두에 두었다. 또 전신선 가설자금 및 투자수익에 대한 보증 기한과 일본 정부의 관용 전신료는 보통 통신료에서 할인해 줄 것을 희망했다.

이노우에는 태정대신 산조 사네토미[三條實美]에게 보낸 서신(1880.12.20)에서 태평양 해저전신선 가설이 가져올 효과에 대해, 일본과 남·북아메리카, 유럽 여러 나라와 한층 편리하게 통신할 것이며, 서구·중국·인도와의 통신 문호(門戶)로서 편익을 얻을 것이며, 장차 파나마운하가 준공되면, 일본의 지세(地勢)로 보아 동서 통상의 중심이 될 것이라고 전망했다.[31] 요컨대, 태평양 해저전신선과 파나마운하 개통을 일본이 극동 무역과 통신의 허브(Hub)로 도약할 기회로 본 것이다.

또 미국의 태평양 해저전신선 계획과 더불어 비슷한 시기에 일본 정부의 한반도 전신 지배야욕을 부추긴 또 다른 제안도 주목할 만하다. 1880년 12월 15일, 주일 영국대리공사 케네디(J. G. Kennedy)가 일본 정부에 영국의 태평양 해저전신선 양륙 가능성을 이노우에 외상에 타진했다.[32] 이는 영국의 태평양 해저전신선 부설계획이 캐나다의 태평양철도 부설과 깊은 관련이 있음을 의미했다. 캐나다철도 수석 엔지니어인

---

31 위의 문서.
32 「太平洋海底電線揚陸ニ付照會ノ件」, 『日本外交文書』, 第13卷, 1880.12.17, 336~337쪽.

샌포드 플레밍(Sandford Fleming)이 처음 제안한 이 계획은 1879년 캐나다 태평양철도의 종착역이 밴쿠버로 결정되자 밴쿠버에서 영국령인 호주를 해저전신선으로 연결하고자 한 것이다.[33]

영국의 태평양 해저전신선은 대영제국의 통합 기제로서 의미가 컸다. 이는 영국에서 캐나다로 이어진 대서양 해저전신선과 접속되어 뉴질랜드와 호주를 연결함으로써 전 세계에 흩어져 있는 영국령을 전신선으로 연결할 수 있었다. 영국인들은 제국의 통합에 증기기관과 더불어 전신선 역시 효율적이라고 믿고 있었다. 이에 캐나다와 호주를 연결하는 노선 선정 문제가 대두되었다. 그 결과 캐나다의 태평양 연안에서 쿠릴열도를 지나 홋카이도에 양륙시킨 후 나가사키-상하이-홍콩-싱가포르-호주로 연결하는 방안이 당시의 기술 수준에서 가장 유력했다.

1880년 6월 27일, 플레밍이 캐나다 총독 캠벨에게 편지를 보내 영국 정부가 대일협상에 나서도록 간청한 것도 태평양 해저전신선의 홋카이도 양륙 문제와 깊은 관련이 있었다.[34] 플레밍이 총독을 설득한 논리는 대영제국을 통합시킬 세계적 규모의 전신망 구축이 목표이고, 실천방식으로는 외국 땅을 경유하지 않음으로써 독립적인 영국전신망을 완성하는 것이었다. 이는 전신이 전 세계적 규모의 대영제국을 지탱하는 메커니즘이지만, 동시에 외국 땅에서 단선될 경우, 제국 유지에 위기로 이어질 수 있다는 두려움의 표현이기도 했다.

따라서, 영국 정부는 전신망이 전 세계로 확장되고, 해외식민지들이

---

33 *The All Red Line; the annals and aims of the Pacific Cable project*, Ed. by George Johnson, (Ottawa: 1903). pp.7-8.

34 *Ibid*. p.14.

전신망에 접속되어 갈수록 대영제국령으로만 연결하는 독립적인 전신망 확보에 관심을 보이기 시작했다. 플레밍이 총독에게 태평양 해저전신선의 홋카이도 양륙뿐 아니라 쿠릴열도의 섬 가운데 하나를 영국에 이관하는 대일협상 착수를 제안한 것도 이러한 인식이 반영된 결과였다. 플레밍의 계획은 영국의 그렌빌(Earl Granville) 외상과 식민상 킴벌리(Earl Kimberley), 런던주재 캐나다 판무관 갈트(A. T. Galt) 사이에서 긴밀한 논의가 이루어졌다. 논의 결과는 갈트가 킴벌리에게 보낸 서신에 정리되었다. "쿠릴열도의 섬 하나를 영국으로 이관할 것을 일본 정부에 요구하는 것은 적절하지 않으나, 섬에 양륙할 때 일본 정부로부터 전신선 보호를 보장을 받는 것이 바람직하다."[35]

이 논의의 연장선에서 이루어진 것이 주일 영국공사와 일본 외상의 태평양 해저전신선 보호에 관한 협의(1880.12.15)였다. 영국공사는 이노우에 외상으로부터 해저전신선이 홋카이도의 적절한 지점에 양륙하는 것에 동의할 것이라는 확인을 받았다. 이에 동반구와 서반구의 전신 시스템(Eastern and Western Telegraphic System)을 연결하려는 목적에서 설립된 영국회사에 일본 정부가 1870년 덴마크의 대북전신회사에 나가사키에 양륙을 허가한 유사한 조건을 부여할 것을 요청했다. 일본 정부는 대북전신회사에 나가사키가 블라디보스토크와 상하이를 연결하는 중계 거점이었던 만큼, 홋카이도의 특정 지역도 브리티시 컬럼비아와 홍콩을 잇는 중계기지로 삼기를 원했다. 아울러 케네디 공사는 일본 정부와 관련 협정을 체결하기 위해 전권을 가진 대리인이 조만간 일본을 방문할

---

35 *Ibid*, p.15.

예정이라고 덧붙였다.[36]

하지만 이후에 태평양 해저전신선 공사를 담당할 영국회사의 대리인은 일본을 방문하지 않았다. 왜 오지 않았을까?

이는 영국의 태평양 해저전신선 노선이 변경되었기 때문이다. 1885년 10월 20일, 캐나다 총리 존 맥도널드(John Macdonald)에게 보낸 플레밍의 편지에는 영국의 태평양 해저전신선 노선 변경에 대한 최초의 정보가 있다. 편지에 따르면, 1882년 11월까지도 캐나다의 태평양 연안과 아시아를 잇는 해저전신선 부설을 위한 회사설립 작업이 진행되고 있었고, 선로 역시 일본을 경유하는 노선에는 변함이 없었다. 이는 태평양 중심부에 암초들과 산호초들이 퍼져 있어서 전신선 설치와 유지보수가 사실상 불가능할 것으로 생각했기 때문이다. 그런데 플레밍이 일본을 경유하는 태평양 북부 노선을 추종해야 할 필요가 없어졌음을 적시했다. 브리티시 컬럼비아에서 호주로 직접 연결하는 것이 실용적이라는 견해가 우세하다는 것이 이유였다.[37]

태평양 해저전신선의 노선 변경은 1885년을 전후하여 나타난 영국 정부의 새로운 전신정책의 특징을 잘 보여 주는 사례이다. 그 특징이란

---

36 「太平洋海底電線揚陸ニ付照會ノ件」, 『日本外交文書』, 第13卷, 1880.12.17, 336~337쪽. 주일 영국대리공사와 이노우에 외상 간의 회담 소식이 런던에 보고된 직후 같은 해 12월 23일 런던주재 캐나다 판무관 갈트(A. T. Galt)는 캐나다 국무상(Secretary of State, Canada)에게 일본이 홋카이도의 적절한 지점에 케이블 양륙을 허락하고자 한다고 알렸다. 반면, 이노우에 외상이 영국대리공사에게 회신한 서한(1881.1.17)에는 대리인이 내도하여 상세한 취지를 듣기 전에는 확답하기 어렵다고 입장을 밝혔다.(「太平洋海底電線揚陸ニ關シ回答ノ件」, 『日本外交文書』 제13권, 1881.1.17, 337~338쪽)

37 *The All Red Line; the annals and aims of the Pacific Cable project*, Ed. by George Johnson, (Ottawa: 1903). pp.21-22.

향후 영국의 전신선은 외국의 영토를 거치지 않는다는 원칙이었다. 외국령을 거치게 되면 유사시 단선될 위험에 노출되기에 1885년부터 새로운 전신정책을 추진한 것이다. 요컨대, 1885년부터 영국은 전신을 전략적으로 사용하기 시작한 것이다.

"올 레드 루트(All Red Route)"로 명명되는 영국의 새로운 전신정책은 전신의 효율성보다는 안전성에 초점을 맞춤으로써 전신선이 외국 영토를 거치지 않고 영국령만을 연결하여 구축하는 것을 목표로 삼았다. 통상적으로 대영제국을 구성했던 영국령은 지도에 붉은색으로 표시했기 때문에, 왕립우편선박의 항로를 의미했던 올 레드 루트가 영국령만을 연결하는 전신망의 의미로 확대되었다. 해가 지지 않은 대영제국이 올 레드 루트를 집착한 것은 전신선이 제국 유지에 유용한 수단이자, 전시에 단선될 가능성과 경유국에서 전신을 검열할 수 있다는 보안상의 약점 때문이었다. 이에 따라 영국의 식민방위위원회(Colonial Defence Committee)는 전 세계에 산재한 식민지들과 영국령을 해저전신선으로 연결할 경우, 대영제국만의 독자적이고 글로벌한 통신망을 구축할 수 있을 것으로 판단했다.[38]

해저전신선은 육상전신선보다 검열과 단선의 위험이 덜 했지만 완벽한 것은 아니었다. 전쟁 위기 시, 적대국들이 제일 먼저 전신선 절단을 준비하여 개전 직전에 해저전신선이 단선될 가능성이 매우 컸다. 비록, 1884년 3월 14일에 파리에서 국제전신협약(International Telegraph Convention)이 제정되어 해저전신선 보호에 관한 조문들이 규범화되었지

---

38 Kennedy P. M. "Imperial Cable Communications and Strategy, 1887-1914", *The English Historical Review*, Vol.86, No.341, 1971, pp.737-738.

만, 이 협약 제15조에는 어떤 방식으로든 '교전국 행동의 자유(Freedom of action of belligerents)'를 제한하지 않는다는 조항도 있었다.[39]

이에 따라 1885년 중앙아시아에서의 영·러 대립이 아프가니스탄 펜제(Penjde)를 둘러싼 전쟁 위기로 발전하자 영국 정부는 관련 부처에 올레드 루트의 보완책을 마련하도록 했다.[40] 다른 한편으로는 한반도 전신가설의 단초를 제공했다. 왜냐면 펜제 위기가 영국 해군의 거문도 점령(1885.4.14)으로 확대되었기 때문이다.

4. 영국 해군의 거문도 점령과 서로전선 가설

영국 해군의 거문도 점령 정보가 러시아 정부에 노출된 것은 런던 주재 일본대사가 본국으로 전송한 보고 전문을 전신검열한 결과였다. 1885년 4월 8일, 러시아 외상 기르스는 런던에서 시베리아 전신망을 통해 도쿄로 전송된 주영 일본대사의 전문을 해군상 쉐스타코프(И. А. Шестаков) 제독에게 통보했다. 러시아 정부가 간파한 정보의 요지는 영

---

39 Convention for the Protection of Submarine Telegraph Cables (Paris, 14, March 1884), Article XV: "It is understood that the stipulations of the present Convention do not in any way restrict the freedom of action of belligerents."

40 Kennedy P. M. 앞의 논문. pp.732-733. 영국 정부는 영·러 간의 전쟁 위기로 러시아 해군성의 영국전신선 절단을 우려하고 있었다. 이는 영국이 러시아 내륙의 전신 시스템을 파괴하기엔 역부족이었지만, 러시아 해군의 전신선 절단에는 속수무책인 상황이었다. 적성국이 무차별적으로 해저전신선을 절단할 경우, 대영제국이 입을 손실은 상상을 초월하는 것이었다. 따라서 해저전신선 중립화(neutralization of telegraphic cables)를 위한 국제협정 체결이 보완책으로 제기되었다.

국 해군이 블라디보스토크에서 이틀이 채 걸리지 않는 거문도에 저탄소를 설치했음을 주영 일본대사가 본국 정부에 보고했다는 것이다.[41] 영국의 거문도 점령에서 비롯된 한반도 위기 상황은 신속·정확한 정보획득의 필요성을 고조시킴으로써 한국의 전신선 가설 문제로 이어졌다.

1885년 5월, 영국 정부가 거문도를 새로운 해저전신선 선로로 삼아 홍콩의 해군사령부와 직접 연결한 것은 올 레드 루트의 방침을 따른 것이었다. 이는 기존의 홍콩-상하이-나가사키 노선을 활용하지 않겠다는 의미였지만, 1899년 영국 재무상 힉스비치(Hicks Beach)는 영국 해군성이 정보 보안을 명목으로 막대한 예산을 낭비한 대표적인 사례로 거문도 전신선을 꼽았다. 왜냐면 거문도 전신선 부설비용으로 8만 5,000파운드를 지출했으나 2년 뒤 철수하면서 겨우 1만 5,000파운드에 매각했기 때문이다.[42]

주청 영국공사 오코너(N. R. O'Conor)가 청국의 총리아문에 상하이 동쪽 100마일 해상의 북새들군도(North Saddle Islands)에 해저전신선 양륙권 허가를 요청(1885.5.8)한 것은 동양함대의 모항인 홍콩에서 거문도로 직접 연결하려는 계획 때문이었다.[43] 기존의 홍콩-상하이-나가사키 전신선을 이용하여 나가사키-거문도를 연결하는 노선이 경제적이었지만 영국 해군은 북새들군도를 중계기지로 삼아 홍콩과 거문도를 직접 연결하고자 하였다. 이는 두 가지 원인과 관련이 있었다. 첫째, 상하이-나가사키 해저전신선은 러시아의 후견을 받는 덴마크 전신회사가 관할했기

---

41 Кондратенко Р. В, 2006, 186-187.
42 Kennedy P. M, 앞의 논문, pp.737-738.
43 TNA. FO 405/35/17: N. R. O'Conor(1885.5.8)→E. Granville

때문에 영·러 대립 구도에서 전신의 보안 문제가 발생할 수 있었다. 둘째, 영국령이 아닌 지역을 경유하지 않기로 한 올 레드 루트 원칙 때문이었다.

하지만 홍콩과 거문도를 직접 연결하기 위한 북새들군도 양륙권 교섭은 처음부터 난항을 겪었다. 청국 정부는 철도와 더불어 전신을 제국주의 열강의 침략 도구로 간주함으로써 영국 전신회사의 해저전신선 양륙을 불허했다. 이 같은 청국 정부의 조치는 일본보다 전신 보급이 지체되는 주요 원인이 되었다.

청국의 총리아문이 오코너 공사에게 제기한 북새들군도의 해저전신선 양륙 불가 근거는 세 가지였다. 첫째, 러시아의 간섭이다. 주청 러시아공사는 청국 총리아문에 영국 해군이 무슨 근거로 거문도에 정박 중인지, 그리고 청국 정부가 북새들군도의 양륙권을 영국에 허가한 근거에 대해 문제를 제기했다. 둘째, 청국 정부는 영·러 간의 무력충돌 가능성은 없다고 판단했지만, 영국의 거문도 점령으로 영·러 간에 긴장감이 고조되고 있다고 우려했다. 따라서 영국에 북새들군도 양륙권을 허가한다면, 러시아 역시 최혜국조관에 따라 동등한 권리를 요구할 수 있다는 구실을 들어 영국의 요청을 수용하지 않았다.[44]

이에 대한 오코너 공사는 거문도를 해저전신선으로 연결하는 것이 "제3국이 이곳을 합병하는 것을 방지하는 최선의 방책"이라며 설득했다. 더불어 거문도에 전신선이 연결될 경우, 청국 총리아문도 한국에서 발생하는 일들에 대해 신속·정확히 알 수 있다고 했다. 이어 청국 정부가 북새들군도와 같은 자국령에 양륙 허가를 결정하는 것에 대해 제

---

44 TNA. FO 405/35/74: N. R. O'Conor(1885.5.15)→E. Granville.

3국이 불평할 근거가 없다고 일축했다.[45]

청국 총리아문은 고심 끝에 나가사키에서 조선으로 연결하는 방식을 제안했다. 이는 청국 정부가 영국의 거문도 점령을 부추겼다는 혐의에서 벗어나게 해줄 대안이기도 했다. 결국, 영국은 거문도와 직접 연결하는 북새들군도의 양륙은 임시이며, 영·러 간의 무력충돌 가능성이 사라진다면 즉각 제거하겠다는 약속을 했고, 청국 정부도 동의함으로써 교섭은 마무리되었다.[46]

1885년 5월 28일, 영국의 전신선 가설 선박이 새들군도에 도착한 것은 이러한 교섭이 성사된 이후였다.[47] 이에 홍콩에서 새들군도를 경유하여 거문도로 이어지는 전신선 가설 공사가 시작되었다. 같은 해 6월 3일에 영국 해군성은 거문도 전신선 가설 공사가 완료되었다고 외무성에 통보[48]함으로써 올 레드 루트 전략에 따른 해저전신선이 한반도와 접속되었다.

그런데 주목할 것은 덴마크의 대북전신회사가 홍콩-거문도 해저전신선 가설 공사를 담당했다는 점이다. 이는 영국의 펜더 회사와 대북전신회사 간에 체결된 협정에 따른 것으로, 홍콩 이남은 펜더 회사가, 상하이 이북은 대북전신회사가 담당하도록 영업권역을 약정하였기 때문이다. 극동 전신을 지배하고 있던 글로벌 통신기업은 개별 국가들의 무력충돌 위기보다는 영업권역을 준수하는 것이 더 중요했다. 게다가 양사는

---

45 위의 문서.
46 위의 문서.
47 TNA. FO 405/35/30: E. Granville(1885.5.20)→N. R. O'Conor.
48 Parliamentary Papers, p.12, No.38: The Secretary to the Admiralty(1885.7.27)→J. Pauncefote.

카르텔을 형성하여 독점을 강화하고 있었으며, 별도의 공동 적립제도를 유지하여 동등한 이익분배를 하고 있었기 때문에 극동에서 위기가 고조될 때마다 이들의 영향력은 강화되었다. 요컨대, 영국은 통신보안을 위해 독자적인 전신 네트워크 유지 전략을 취하고 있었음에도, 전신회사들은 국적에 상관없이 모든 정보를 공유하고 있었다.

영국은 보안을 위해 홍콩과 거문도를 직접 연결하였지만, 전신선 가설 공사를 담당한 대북전신회사는 관련 정보를 러시아 외교관들에게 흘리고 있었다. 주일 러시아공사 다비도프(А. П. Давыдов)가 기르스 외상에게 보낸 보고서(1885.7.18)에 따르면, 다비도프는 일본 전신국장의 자문관인 덴마크 국적의 스텐(Sten)으로부터 대북전신회사 상하이 지국장 헬란드(Helland)의 기밀 서신을 전달받았다고 했다. 그 요지는 "첫째, 회사는 영국 정부로부터 해저전신선 부설에 대해 비밀 준수를 요구받았으며 둘째, 전신선 공사는 영국과 청국 정부의 협약 체결 직후 시작되었고 셋째, 청국 정부가 서울에서 청국 국경까지 전신을 가설함으로써 조·청 간의 전신망 연결을 추진하고 있다"는 것이었다.[49]

다비도프의 보고서는 글로벌, 극동, 한반도 등 세 가지 층위에서 다음을 시사하고 있었다. 첫째, 비록 대북전신회사가 영국 정부로부터 거문도 전신선에 대한 비밀유지를 요청받았음에도, 러시아 측에 정보를 누설할 수밖에 없었던 이유는 유럽과의 접속을 위해 러시아의 시베리아전신선을 빌려 쓰고 있었기 때문이다. 둘째, 영국의 거문도 전신선은 한·일

---

49 АВПРИ. Ф. ГлавныйАрхив У-Аз. 1885 год. Д.45, Л. 312-314: А. П. Давыдов-Н. К. Гирсу. "Китайцы, по-видимому, действуют по наущению Англичан, желающих как можно теснее связать вассала с его сюзереном."

해저전신선(나가사키-부산)과 마찬가지로 덴마크의 대북전신회사가 부설했다. 다만 차이점은 전자는 후자와 달리 조선 정부와 사전교섭과 허가 없이 전신선을 양륙시킨 점이다. 셋째, 영국의 거문도 점령이 한국 내 전신선 부설을 본격화하는 계기를 제공했다. 이는 영·러 간의 전쟁 위기가 전략 요충지인 한반도에 대한 정보 수요를 고조시켰기 때문이다.

한반도 최초의 전신선인 서로전선이 제물포-서울-의주로 연결되어 청국의 전신선과 접속하게 된 것은 이 같은 국제정세 변화와 긴밀히 맞물려 있었다. 청국 정부는 주일 청국공사 리쉬창[黎庶昌]이 한·일 간의 해저전선가설의정서(韓日海底電線架設議定書, 1883.3.3) 체결과 관련하여 대응책으로 톈진-인천 전신선 가설의 필요성을 북양대신 리훙장에게 건의(1883.3.23)했으나 어떠한 조치도 취해지지 않았다.[50] 청국은 자본과 기술력이 부족한 상황에서 한반도의 위기가 고조되지 않는 한 조선과 전신 연결을 모색하지 않았다. 왜냐면 러시아와 신장 지역에서 이리 위기를 겪으면서 전신의 중요성에 목격하고, 이제 겨우 상하이-톈진 전신선을 가설했기 때문이다.[51] 영국 해군의 거문도 불법점령에 신속히 대응하기 위해 글로벌 전신 네트워크와 접속을 준비한 측은 조선 정부였다.

고종은 영국의 거문도 점령에 대해 단호했다.[52] 나가사키에 체류 중

---

50 郭海燕, 위의 논문, 107쪽.

51 Jorma Ahvenainen, 앞의 책, pp.60-61.

52 TNA. FO 405/35/87: Vice-Admiral Sir W. Dowell to the Secretary to the Admiralty. Nagasaki, May 18, 1885. 도웰 제독의 보고에 따르면, 고종이 보낸 2명의 한국 관리(嚴世永, Möllendorf)는 거문도의 상황을 살펴보고 이곳에 영국기가 게양된 것에 대해 강력히 항의했다는 것이다. 이에 도웰은 私見을 전제로 거문도는 방어가 어렵고 요새화 작업에 막대한 비용이 필요하기에 결코 최적의 장소가 아님을 밝혔다.

이던 주한 영국총영사 애스턴(W. G. Aston)과 극동 해군 사령관 도웰(W. Dowell) 제독이 영국 정부에 보고한 고종의 입장은 다음과 같았다. "한국은 영국 국기가 거문도에 게양될 경우, 서울의 영국영사관 철수를 요구할 것이다."[53]

그런데도 영국이 거문도에 국기를 게양하고, 거문도를 요새화했다.[54] 그러자 고종은 국제적 항의를 포함한 열강에 중재 요청을 했다. 조선 정부는 주청 영국공사 오코너에게 문서를 보내(1885.5.20) 거문도는 한국의 중요한 지방이고, 이를 점령하는 것은 국제법 위반이며, 영국의 거문도 점령으로 러시아나 다른 나라도 한국의 여타 지역을 점령할 수 있는 구실이 된다며, 영국 해군의 거문도 점령을 지적했다.[55]

외무독판 김윤식이 주한 영국부영사 칼스(W. R. Carles)에게 전달한 항의서한(1885.5.20) 역시 상술한 조선 정부의 입장을 골간으로 했다. "귀국(영국)과 같이 우애와 친목을 귀중히 여기고, 공법에 밝은 나라가 이런 뜻밖의 행동을 할 줄이야 어떻게 알았겠는가? 기대에 너무나 어긋나서 놀랍고, 이상스러움을 금할 수 없다. 귀국이 만약 우의를 중하게 여겨서 과감하게 생각을 돌려 이 섬에서 빨리 떠난다면 어찌 우리나라에만 다행한 일이겠는가? 만국이 모두 대단하게 여길 것이다. 만일 그렇게 하지 않는다면 우리나라는 도의상 묵묵히 보고만 있지 않을 것이며, 또한 동

---

53 김용구, 2009, 『거문도와 블라디보스토크: 19세기 한반도의 파행적 세계화 과정』, 서강대출판부, 119~122쪽.
54 The Japan Weekly Mail, April 30, 1887,(АВПРИ. Ф.150, Оп.493, Д.113, Л.155-156 об.)
55 『高宗實錄』, 高宗22年(1885) 4月 7日, "이 섬은 우리나라의 중요한 지방이므로 귀국(貴國)의 요청을 허락할 수 없을 뿐 아니라 다른 각국(各國)에서 요구한다 해도 절대로 승인할 수 없다."

맹한 각 나라에 성명(聲明)하여 그 공론(公論)을 들을 것이다."⁵⁶

고종이 영국의 거문도 불법점령을 철회시키기 위해 국제공론을 일으킬 방편으로 주목한 것은 바로 한반도와 국제사회를 연결하는 전신선 가설이었다. 글로벌 전신 네트워크와의 연결이야말로 한반도 문제에 열강을 깊숙이 개입시킴으로써 상호 견제하고, 특정국의 독점지배를 제어하기 위한 방책이었다. 고종이 청국 정부에 전신선 가설에 필요한 재정지원을 요청⁵⁷한 것도 국제공론을 통해 거문도 사건을 해결하려는 조치였다.

1885년 6월 25일, 청국의 북양대신 리홍장은 한국의 전신선 가설을 청국이 직접 담당할 것임을 고종에게 통보함으로써 한반도에 전신선 가설의 토대가 만들어졌다.⁵⁸ 이는 리홍장이 랴오둥과 선양의 병풍 역할을 하는 조선의 지정학적 중요성에 주목함으로써 한국을 보호한다는 명목으로 전신선 가설을 황제에게 상주(6.24)한 결과였다.⁵⁹ 1885년 7월 17일에 체결된 조중전선조약(朝中電線條約)으로 한반도에 전신선 가설은 청국이 담당하되, 그 자금은 대한차관(對韓借款) 형식으로 조달하기로 합의했다.⁶⁰

---

56 『高宗實錄』, 高宗22年(1885) 4月 7日.
57 АВПРИ. Ф. ГлавныйАрхив У-Аз. 1885 год. Д.45, Л. 334-336. Давыдов-Влангали. 27 сен. 1885 г.
58 위의 문서.
59 郭海燕, 2008, 『從朝鮮電信線問題看甲午戰爭前的中日關係』, 第1期, 近代史硏究, 107쪽.
60 『高宗實錄』, 高宗 22年(1885) 6月 6日. 이 조약에 따라, 청국이 제공한 10만 냥의 차관으로 청국에서 파견된 기술자들이 부설하였고, 청국 관리들이 한성전보국(漢城電報局)과 각 지방 분국(제물포, 서울, 평양, 의주)의 책임자로 임명되었다. 平壤局 위원으로 왕석지(王錫祉), 義州局 위원에 장정주(張廷桂)가 임명되었다. 冯超, 2007, 「甲午战争时期中国电报

그렇다면 청국이 조선 정부에 대여한 차관의 출처는 어디인가?

조중전선조약 제6조에 따르면, 차관 은(銀) 10만 냥은 청국전보국에서 톈진의 홍콩·상하이은행에 예탁하여 찾아 쓴다고 했다. 이는 영국계 홍콩·상하이은행이 청국전보국에 자금을 빌려주었음을 의미했다.[61] 주일 러시아공사 다비도프가 외상 기르스에게 보낸 전보(1885.7.18) 역시 이를 재확인시켜 준다.

"청국 정부가 서울에서 청국 국경까지 전신을 가설함으로써 조·청 간의 전신망 연결을 추진하고 있는데, 정보에 따르면 양국이 주종관계를 더욱 공고히 하려는 영국의 사주를 받아 행동하는 것으로 보입니다."[62]

주지하다시피 중국의 전신 시스템은 통상 무역보다는 방위 목적으로 보급이 시작되었다. 러시아와의 이리 분쟁은 상하이-톈진 전신선의 가설 배경이 되었으며, 톈진-베이징 전신선은 1884년 청·프 전쟁 위기가 계기가 되었다. 양국의 갈등은 전신선에 가설에 반대하던 보수파에 큰 충격을 줌으로써 마침내 수도인 베이징으로 전신이 연결되었다. 그리고 한반도를 둘러싼 영·러 위기 상황에서, 영국 해군이 거문도를 점령하자 조선 정부가 전신선 가설 지원을 요청하여 영국 금융기관의 자금과 덴마크 기술진의 지원으로 봉황성-서울 전신선 가설에 착수하게 되었다.[63]

局的作用」,『安徽教育学院学报』, 第25卷 第5 期, 23~28쪽.

61　有山揮雄, 2016, 『情報覇權と帝國日本 III, 東アジア電信網と朝鮮通信支配』, 吉川弘文館, 65쪽.

62　АВПРИ. Ф. ГлавныйАрхив У-Аз. 1885 год. Д.45, Л. 312-314.: А.П.Давыдов-Н. К. Гирсу.

63　李鴻章은 조약 체결 즉시 1885년 8월부터 봉천-봉황성-서울을 잇는 전신선 부설에 착

서로전선이 완공되기 전에 마지막 고비가 있었다. 그것은 일본과 체결한 한일해저전선가설의정서(朝日海底電線設置議定書, 1883.3.3)였다. 의정서 제2조 "조선은 타국 정부와 회사에 해저전신선의 이익에 대항하는 전선을 허가하지 않기로 한" 조문과 조중전선조약이 상충할 소지가 있었다. 주한 일본임시공사 다카히라[高平小五郎]는 의주선이 압록강을 넘어 봉황성-뤼순을 거쳐 아시아와 구미로 이어진 베이징으로 연결될 경우, 조선의 해외 전보는 오직 의주선만 이용할 수밖에 없을 것이라고 불만을 나타냈다. 그러면서 의주선이 한·일 해저전신선에 손해를 끼침으로써 한일해저전선가설의정서 제2조를 위배한다고 이의를 제기하고, 전신선 가설은 인정할 수 없다고 김홍집에게 항의했다(1885.9.16).

조선 정부는 일본의 억지에 반박했다. 의주선 이북의 전신선은 청국이 가설했기 때문에 조선 정부와는 무관하다. 또 조중전선조약은 육선(陸線)이고, 한일해저전선가설의정서는 해선(海線) 조약이기 때문에 상호 저촉됨이 없다.[64] 이와 관련하여 독판교섭통상사무 김홍집은 고종에게 이 논란은 일본의 말 바꾸기가 근본 원인이라고 보고하였다.[65] 김홍

수하여 기술자들을 한국에 파견했다. 이때 뮬렌스테트(H. J. Muhlensteth)를 비롯한 한국에 파견된 기술자들이 덴마크의 대북전신회사 소속이었음은 주목할 만하다. 이는 청국 전신총국과 대북전신회사 간의 공조의 산물로서 1881년 리훙장이 대북전신회사와 체결한 업무협약에 근거한 것이었다. 협약의 골간은 청국의 해외전신 가설권을 대북전신회사에 위임하는 대신, 대북전신회사는 청국의 전보총국에 기술자를 파견하고, 전신학교 학생들을 기술자로 양성하는 데 협력한다는 것이었다. 贾熟村, 1997, 「李鴻章与中國电讯事业」, 『安徽史學』 第2期, 28쪽.

64 「電信條約ニ關シ抗議申入レノ件」(附屬書), 『日本外交文書』 第18卷, 1885.9.16, 149~150쪽, ; 有山揮雄, 위의 책, 57~58쪽.

65 이와 관련된 조선 정부의 입장은 『雲養集』에 다음과 같이 소개되어 있다. "지난번 다케조에 공사가, 다만 해저선로만 언급했던 것은 해저선로가 외국과 직통하는 전선이기 때

집에 따르면, 의정서 체결 당시 일본공사 다케조에[竹添一進郎]가 "부산의 해저전선 조약을 체결할 때, '이후에 북양(北洋)을 통하여 전선을 설치하게 된다면 이는 이익을 다투어 대항할 일이 아니다'라고 했음에도 다카히라 공사가 말을 바꿨다"는 것이다. 그 이유는 부산-서울 육로전신선을 욕심내고 있고, 청국에 어느 것 하나도 양보하지 않으려 하기 때문이라고 했다.[66]

청일 간의 논란을 잠재우고 서로전선 가설 공사를 성공적으로 마무리하는 데 결정적인 역할을 한 국가는 바로 영국이었다. 영국은 해저전신선으로 거문도를 홍콩과 연결하고, 서로전선으로 청국과 조선을 접속시킴으로써 러시아의 한반도 남하를 적극적으로 저지하고자 했으며, 그 최전선에는 주한 영국총영사 애스톤(W. G. Aston)이 있었다.

주한 영국총영사 애스톤은 다카히라를 찾아가(1885.9.28) 한일해저전선설치의정서가 공포(公布)되었는지 물었다. 그러면서 일본이 해저전신선 조약을 공포하지 않은 상황이기에 청국은 이를 알지 못한 상태였다. 따라서 청국과 조선이 전신조약을 맺었을 때는 한일 간의 해저전선조약과 '신구(新舊) 선후(先後)의 차(差)'는 있지만, '그 공력(功力)에 경중대소(輕重大小)의 차이'가 있다고 할 수 없다. 즉, 관계국이 조약을 공포하지

문이다.… 만일 부산 근처에 또 다른 해저선로를 설치하여 외국의 전신과 접선한다면, 이곳은 정말로 이익을 나누고 기필코 다투고자 하는 지역이 될 것이다. 하지만 인천이나 의주 같은 곳은 부산에서 육로로 1~2천 리나 떨어져 있다. 인천이나 의주 사람들이 식량을 싸 들고 와서 부산의 전선을 찾을 리 없고, 부산에 있는 사람 또한 식량을 싸 들고 가서 인천이나 의주의 전선을 찾을 리 없다. 양쪽 모두가 이익이 될 것 없고, 또 양쪽 모두가 손해될 것 없는데, 어찌 맞서면서 이익을 다툰다고 말할 수 있겠는가?"[운양집(雲養集) 제8권, 공함(公函), 日本公使高平小五郎 乙酉(고종 22년, 1885)].

66 『承政院日記』, 高宗 22年 9月 23日(양력 10.30).

않고 비밀로 하는 상황에서는 한·일, 한·청 조약이 모두 유효하다. 일본은 조선에 대해 조약이행을 강요할 수 있지만, 청국에 조약 폐지를 요구할 "도리(道理)"는 없다는 것이었다.[67]

5. 맺음말

서로전선에 관한 최신 연구인 아리야마[有山輝雄]의 연구에서도 애스톤 영국총영사의 행동이 어떤 배경에서 비롯된 것인지 알 수 없다고 했다. 이는 책의 부제에서 볼 수 있듯이 극동의 시각에서 조선의 통신문제에 접근한 결과로 보인다.[68] 그런데도 한국의 전신은 거문도를 둘러싼 영·러 대결(Anglo-Russian Rivalry)의 글로벌 위기와 연동되어 글로벌 네트워크로 수렴되었다. 따라서 한국 최초의 전신선인 서로전선에 관한 연구도 한국사가 아닌 글로벌 히스토리의 시선으로 정리해야 하는 시대로 접어들었다.

제2절에서는 전신의 발전과 유럽-극동 전신 네크워크 형성과정을 고찰했다. 근대사회 도래에 기여한 주요 발명 가운데 하나인 전신은 세계를 글로벌 전신 네트워크로 묶었다. 전신으로 인한 장거리 통신혁명은 지리적·공간적 장벽을 허물고, 전신망으로 일체화된 근대세계를 출현시킴으로써 상호 연동되는 글로벌 사회의 토대를 제공하였다. 그 결과, 1844년 사무엘 모스의 전신 시스템이 상용화된 이래, 1850년 절연 피복

---

67 有山輝雄, 위의 책, 64~65쪽.
68 有山輝雄, 2016, 『情報覇權と帝國日本 Ⅲ, 東アジア電信網と朝鮮通信支配』, 吉川弘文館.

을 입힌 해저전신선이 영불해협에 부설됨으로써 글로벌 전신 네트워크의 기반을 마련하였다.

유럽과 북미를 연결하는 대서양 해저전신선이 성공한 후, 영국을 필두로 한 유럽 열강은 극동으로 전신 네트워크를 확장하고자 하였다. 당시 중국은 전신을 제국주의 열강의 침략 도구로 간주하여 중국의 통신 시장에는 북방노선과 남방노선만 부설되었다. 북방노선은 덴마크의 대북전신회사가 개척한 전신망으로서 러시아의 시베리아를 거쳐 블라디보스토크-나가사키-상하이를 연결하였다. 한편, 유럽-지중해-인도-싱가포르-홍콩을 연결하는 남방노선은 영국의 전신왕 펜더가 개척함으로써 1870년 초 극동과 유럽을 잇는 양대 전신망이 형성되었다. 그 결과 극동의 전신은 외형상 펜더의 전신회사와 덴마크의 전신회사가 지배하는 양강 구조였다. 하지만, 실제로는 두 회사가 카르텔을 형성하여 펜더의 전신제국이 장악하는 구조였다.

제3절에서는 한·일 해저전신선 가설과 영국의 올 레드 루트 전략과의 상관관계를 분석하였다. 주지하다시피 극동과 유럽을 잇는 양대 노선이 완성된 이후에도 한국은 전신의 사각지대에 놓여 있었다. 이에 한국은 지역적 차원에서 청국과 일본이 독점 지배하기 위해 각축을 벌이는 대상이 되었으며, 글로벌 차원에서는 영·러 대결의 영향을 받는 이중적 구조에 놓이게 되었다. 한반도에 이러한 이중적 구조가 형성되는 시발점은 일본의 한국 침략이었다. 그 중심에는 한국의 전신을 독점 지배하려는 전략이 있었다. 일본은 이를 실행하기 위해 덴마크 대북전신회사의 지원으로 한·일 해저전신선을 가설하였다.

한편, 1885년 한반도 거문도에 영·러 대결 구도가 투영되면서 한국의 전신은 기존의 지역적 수준을 능가하는 글로벌 차원의 영향을 받게 되었다. 이에 영국과 청국은 한국에 대한 신속·정확한 정보의 필요성을 절감하며 한반도 전신 가설에 단초를 마련하였다. 그 결과 영국령만을 연결하는 영국의 통신전략 올 레드 루트가 한반도에 적용될 가능성이 고조되었다.

제4절에서는 영국 해군의 거문도 점령과 한국 최초의 전신선인 서로전선 가설과정을 상호 연동시켜 살펴보았다. 고종이 영국의 거문도 불법점령을 철회시키기 위해 국제공론을 일으킬 방편으로 주목한 것이 바로 한반도와 국제사회를 연결하는 전신선 가설이었다. 글로벌 전신 네트워크와 연결하는 것이야말로 한반도 문제에 열강을 깊숙이 개입시킴으로써 상호 견제를 통해 특정국의 독점 지배를 제어하는 방책이었기 때문이다. 영국은 해저전신선으로 거문도를 홍콩과 연결하고, 서로전선으로 청국과 한국을 접속시킴으로써 러시아의 한반도 남하를 적극적으로 저지하려 했다. 이를 위해 영국계 홍콩·상하이은행이 청국전보국에 자금을 빌려줌으로써 의주와 봉황성을 잇는 서로전선이 완성되었다. 이러한 논의들은 한국 최초의 전신선 가설 시점이 왜 거문도 사건이 발생한 이후인 1885년이었는지를 밝히는 데 도움이 되었다.

제2부

한반도 부동항과
미·러의 태평양 패권 경쟁

제4장

러시아의 시베리아횡단철도 부설과 영국의 방아용일책(防俄用日策)
- 풍도(豊島)해전의 코우싱호[高陞號] 사건(1894)과 국제법

1. 머리말
2. 영국의 방아용일책(防俄用日策)과 영·일의 접근
3. 청일전쟁 개전과 영국 상선 코우싱호 침몰 사건
4. 코우싱호 배상책임을 둘러싼 법리 공방과 영·청의 정치적 타협
5. 맺음말

킴벌리(Earl of Kimberley, 1826~1902)

야마가타 아리토모(山縣 有朋, 1838~1922)

1. 머리말

국제법 시각에서 보면 청일전쟁은 그 발발 시점에 대한 국제적 합의가 없었다. 청·일 양국의 선전포고 날인 1894년 8월 1일을 제쳐두고, 1894년 7월 25일을 유력한 개전일로 보는 것은 영국 국적의 상선 코우싱호[高陞號] 침몰 사건과 관련이 깊다. 이는 19세기 말 유럽의 국제법 학계에서 선전포고를 전쟁 개시로 보았던 시각과 실제 교전이 발발한 시점을 개전으로 간주하던 시각이 공존하고 있었기 때문이다. 따라서 제2차 헤이그평화회의(1907)에서 개전 시점에 대해 국제적으로 합의하며 개전 법제화가 이루어졌다.[1]

1894년 7월 25일, 영국의 인도차이나윤선공사(Indo-Chinese Steamship Navigation Co.) 소속 상선 코우싱호는 청국 정부와 계약을 맺고 청국 군인을 아산으로 수송하던 중 풍도(豐島) 해역에서 일본 순양함 나니와[浪速]호의 정선(停船) 명령을 받고, 임검(臨檢)·수색 후 격침당했다. 일본 정부가 청국에 선전포고한 것은 1894년 8월 1일이었다. 여기에서 침몰한 영국 선적의 코우싱호가 중립국인 영국의 선박인가 아니면 청국 정규군을 수송 중인 교전국의 수송선인가를 따져볼 필요가 있다. 선전포고를 국제법으로 법제화한 상황에서 전통적인 관습과 규범으로 해결하기 곤란한 사건이 청일전쟁 개전 과정에서 발생했기 때문이다.

코우싱호 사건의 쟁점은 두 가지였다. 첫째, 일본 군함 나니와호가 코

---

1 James B. Scott, 1920, *The Proceedings of the Hague Peace Conferences*, Oxford University Press, pp.623-625. 8개조로 이루어진 개전에 관한 협약(Convention Relative to the Opening of Hostilities)은 1907년 제2차 헤이그평화회의에서 제정되었다. 제1조에서 교전 당사국 간의 적대행위는 사전에 명시적인 경고 없이 시작되어서는 안 된다고 규정했다.

우싱호를 격침한 행위는 합법적인가?

이는 일본이 공식적인 선전포고 이전에 영국 국기를 게양한 코우싱호를 격침할 권리가 있는지를 다투는 문제였다. 코우싱호 사건 발생 이전에 선전포고가 있었다면 적군을 수송하던 증기선을 격침하는 일본의 행위는 합법적일 수 있었으나, 한반도에 청군과 일본군이 집결하는 상황은 전시도 아니고 평시도 아니었다. 따라서 선전포고가 없었기 때문에 전시도 평시도 아닌 상태에서 코우싱호 격침의 합법성을 결정하는 문제는 고도의 법률적 판단이 필요하다.

둘째, 침몰한 코우싱호에 대한 손해배상을 누가 해야 하는가?

청국 정부가 군대를 수송하기 위해 인도차이나윤선공사로부터 고용한 코우싱호의 피해보상은 용선의 주체인 청국 정부가 해야 하는지, 교전국의 병력을 수송했던 영국의 선박회사가 손실을 감수해야 하는지, 아니면 이 배를 격침한 일본에 책임이 있는지 다툼의 여지가 있었다. 결국, 국제법 해석권이 누구에게 있는가에 따라 배상 책임자가 달라지는 구조가 만들어졌다.

이 글은 청일전쟁을 코우싱호 사건에 초점을 맞춰 국제법의 시선에서 고찰하는 데 목적이 있다. 청일전쟁은 서구식 훈련을 받은 청국과 일본의 군대가 서구식 무기와 군함 그리고 영국이 독점했던 전신 네트워크를 활용하여 서구의 전쟁규칙을 준수하며 수행했던 글로벌 전쟁이었다. 따라서 코우싱호 사건의 배상책임 문제뿐만 아니라 전쟁의 승패 역시 서구 문명에 개방적이었거나 서구 열강의 지지를 받던 국가에 유리한 구조가 형성되어 있었다.

그런데도 청일전쟁을 서구 문명의 산물인 국제법 시각에서 살펴본 국내 연구는 거의 없다. 청일전쟁에 대한 방대한 국내외 업적들과 성과에 대해서는 박영준 교수와 서영희 교수가 체계적으로 정리했다. 전자는 1990년대 중반까지의 청일전쟁에 관한 사료, 문헌목록, 연구 문헌 해제(전문 연구와 방계 연구)의 순으로 정리했고,[2] 후자는 2000년대 이후 발표된 한국 학계의 청일전쟁과 러일전쟁 연구 논저를 검토했다.[3] 하지만 이 논문들에서도 청일전쟁에 대한 국제법적 관련 연구를 새로운 방향으로 제시하지는 못했다. 즉, 한국 해역에서 발생한 코우싱호 사건이 국제적 반향을 불러일으켰음에도 국내 학계에서는 여전히 미진한 과제로 남아 있는 것이다.[4]

따라서, 청일전쟁 개전과 관련하여 코우싱호 사건과 국제법 관련 문제들을 살펴볼 필요가 있다. 즉, 코우싱호 사건에서 비롯된 청일전쟁의 개전 시기를 둘러싼 법리 공방, 코우싱호 침몰로 물에 빠진 청국 병사들을 사격함으로써 야기된 제네바협약(1864)의 해전법(海戰法) 적용 문제, 청일전쟁이 종식(1895)되었음에도 1903년까지 계속된 영·청 간의 배상책임 논쟁 등이다.

이를 위해 본 연구는 청일전쟁을 영·러의 대결 구도에서 영국 정부의 방아용일책(防俄用日策) 시각에서 코우싱호 문제를 고찰하고자 한다.[5] 이

---

2 박영준, 1996, 「청일전쟁」, 『한국외교사연구』(김용구·하영선 공편), 나남출판, 339~416쪽.
3 서영희, 2016, 「청일전쟁·러일전쟁-한반도에서 벌어진 국제전을 바라보는 한국 학계의 시각」, 『군사』 100, 119~145쪽.
4 코우싱호 관련 국내 학술논문 가운데 조세현의 연구가 있으나 사건의 개요만을 소략하게 소개하고 있다. 조세현, 2013, 「청프전쟁과 청일전쟁에서의 해전-해양 관련 국제법 사건을 중심으로」, 『中國史硏究』 第84輯, 232~238쪽.
5 논문에서 활용된 TNA(The National Archives)자료와 『李鴻章全集』은 근대한국외교문서편찬위원회 편, 『근대한국외교문서-청일전쟁』, 서울대학교 출판원(近刊)에 수록된 자료를

는 영국 정부가 코우싱호를 불법 격침한 일본을 배제하고, 배상책임을 청국에 전가했기 때문이다.

2. 영국의 방아용일책(防俄用日策)과 영·일의 접근

청일전쟁은 청국과 일본이 한반도의 패권을 놓고 벌인 극동 전쟁이었지만 근대 유럽의 국제법 규범을 따랐다. 이는 개전 과정, 종전 그리고 강화조건 등에 유럽 열강이 시종일관 관여했던 국제 전쟁이라는 속사정이 있다. 즉, 전쟁의 주체는 청국과 일본이지만 전쟁의 전 과정에 구미 국가의 관심과 이해가 영향을 끼쳤기 때문에 유럽 열강의 전쟁 규범이 적용되었다. 또 청일 간에 개전 방지를 위해 열강의 외교적 중재와 군함을 비롯한 근대적 무기들 그리고 용선 계약을 맺은 유럽 국가들의 선박들도 관여되었다. 1894년 8월 21일 일본의 사세보에 포획심판소(捕獲審判所, Prize Court)가 설치[6]된 것도 유럽의 상선들이 직·간접적으로 관여되어 있었기 때문이다.

청일전쟁이 국제전 성격을 띠게 되자 아시아와 유럽 국가들 모두가 준수해야 하는 보편적인 국제규범이 적용되었다. 국제법은 편견이나 편파성이 배제된 보편을 지향했으나 본질적으로는 유럽 문명의 산물이다. 서구의 법치(法治) 문화를 대표하는 국제법은 유럽과 아시아의 통상과

활용하였음.

6 Takahashi Sakue, 1899, *Cases on International Law during the Chino-Japanese war*, London, pp.11-13. 32개조로 구성된 포획심사소법은 1894년 8월 20일 제정되어 21일 공포되었다.

교류 증진과정에서 더 정교해지고 진화하고 있었지만, 그 중심에는 서구의 법의식과 가치 체계가 핵심을 이루고 있었다. 따라서 청일전쟁이 서구 국제법의 규제를 받게 된 이상, 서구문명권 국가들과 법적으로 대등하고 독립적인 성원으로 인정받은 국가에 유리한 것은 당연했다.

청일전쟁의 교전국으로 서구문명권의 일원으로 인정받았던 국가는 일본이었다. 1894년 7월 16일, 영국 외상 킴벌리(J. Earl of Kimberley)와 주영 일본대사 아오키[青木周藏]가 체결한 신영일통상항해조약(新英日通商航海條約)은 치외법권 폐지로 불평등성을 해소함으로써 양국의 대등한 관계수립을 반영하였다.[7] 일본 정부의 조약 개정정책은 통상조약 체결이라는 경제적 측면과는 별개로, 일본이 영국에 의해 평등하고 독립적인 국가공동체의 일원(A recognized equal and independent member of the great family of nations)으로 인정받았다는 데 의미가 있었다.[8] 따라서 일본에 조약 개정은 "탈아입구(脫亞入歐)"의 실현이었다.

일본이 서구문명권 국가의 일원으로 청국에 전쟁을 도발한 것은 일종의 서구 문명과 중국 문명의 충돌로 볼 수 있었다. 서구 문명의 담지자인 일본과 중국 문명의 계승자인 청국의 전쟁에 구미(歐美)의 전쟁법이 준

---

7 「日英條約調印ノ經緯報告ノ件」, 『日本外交文書』, 第27卷 第1冊, 1894.7.17, 90~94쪽. 이 조약은 22개조로 구성되었고, 주요 내용은 제1조, 내지(內地) 개방을 대가로 영사재판권을 철폐하고, 제3조, 편무적(片務的)이었던 최혜국대우를 상호하며, 제5~8조, 관세자 주권을 부분적으로 회복했다.

8 坂根義久, 1967, 「靑木周藏論-對英條約改正交涉と外交政略」, 『國際政治』, 卷33号, 10~20쪽. 일본은 법치국가로 정비되지 않음으로써 생명과 재산을 위임하는 것에 대한 외국인들의 불안감을 조약 개정을 통해 해소할 수 있었다. 이에 1895년까지 영일통상항해조약 내용을 반영한 조약을 미국, 프랑스, 독일, 러시아, 네덜란드, 이탈리아 등 14개국과 체결함으로써 法權上 구미 열강과 대등한 관계로 들어서게 되었다.

용된다면, 다툼의 여지가 있는 사건에 관한 판단은 일본에 유리하게 적용될 여지가 있었다.

따라서 일본이 영국과의 조약 개정(1894.7.16) 직후 대청 개전(7.17)을 결정한 것은 우연이 아니었다. 일본 어전회의가 대본영에서 처음 열린 7월 17일, 일본 정부는 청국과의 전쟁을 확정지었다.[9] 7월 19일, 일본 정부가 청국 정부에 7월 24일까지 응답하지 않고 조선으로 병력을 증파한다면 적대행위로 간주한다는 최후통첩을 보낸 것도 개전의 수순이었다.

아오키 주영공사가 영국과 조약 개정 담판을 마치고 무쓰 외상에게 보낸 편지에는 청일전쟁을 앞둔 시점에서 영국의 대일 접근 의지를 보여 주는 킴벌리의 견해가 반영되어 있었다. 이 조약으로 일본이 얻게 될 것은 "청국이 패주(敗走)하는 것보다 훨씬 더 우수한 것"이라는 그의 축사(祝辭)였다.[10] 이는 영국이 청일전쟁에서 일본의 승전을 강력하게 지지한다는 의미뿐 아니라 일본 정부와 국민이 국제법에 따라(According to Laws of nations) 개명사업을 발달시키는 데 기여할 것으로 보았다. 결국, 1880년대 초반부터 일본 정부가 추진한 조약 개정 사업은 청일전쟁 개전을 앞둔 1894년 7월 16일에 영국이 수락함으로써 완료되었다.

영·일 간의 조약 개정 과정에서 최후의 걸림돌은 조선에 대한 일본 육군의 전신선 가설이었음은 주목할 만하다. 일본은 청국과의 관계가 긴박해지면서 조인을 서둘렀지만, 킴벌리는 당초 조약 체결일인 7월

---

9 稻葉正夫 編, 2004, 『現代史資料37: 大本營』, みすず書房, 50~51쪽. 추밀원 의장 야마가타 아리토모[山縣有朋]도 천황의 특명에 의거 회의에 참석했다.
10 「對英談判終了ニ付哀情披瀝ノ件」, 『日本外交文書』 第27卷 第1册, 1894.7.19, 113~114쪽.

14일에 서명을 거부했다. 일본군 공병대가 인천의 외국인거류지를 횡단하여 전신선을 가설했다는 것이 이유였다.[11] 일본은 조선 정부의 거부와 항의에도 불구하고 전략적 목적으로 전신선 가설을 강행했지만, 이는 "조선의 독립"이라는 대청(對淸) 개전의 명분과도 모순될 뿐 아니라 한반도 전신에 대한 영국의 이해를 심각하게 훼손하는 결과를 초래하는 것이었다. 영국은 조선의 전신선에 연고권(緣故權)이 있었기 때문이다.

청일전쟁 개전 당시 서로전선(의주선)과 남로전선(경부선)이라는 양대 노선으로 이루어진 한국의 대외 전신은 영국 자본의 간접적인 지배하에 있었다. 1885년, 영국은 거문도를 점령한 직후, 동양함대 기지인 홍콩과 거문도를 직접 연결하는 해저전신선을 부설(1885.6.3)[12]하는 한편, 조선 최초의 육상전신선인 의주선 가설 자금을 지원했다. 1885년 7월 17일에 체결된 조중전선조약(朝中電線條約)에서 청국이 한반도에 전신선을 가설하되, 그 자금은 청국 정부가 홍콩·상하이은행의 자금(은 10만 냥)을 차관 형식으로 조선 정부에 제공한 것도 이와 관련 있었다.[13] 따라서 인천-서울-의주를 연결하는 서로전선은 압록강을 지나 청국의 전신망과 연결됨으로써 영국의 전신왕 펜더가 지배하던 글로벌 전신 네트워크와 연결되어 있었다.

청일전쟁 개전 무렵 극동의 전신망은 전 세계 전신망의 약 65%를 지배했던 펜더의 전신제국이 장악하고 있었다. 1866년, 대서양 해저전

---

11 「日英條約調印ノ經緯報告ノ件」, 『日本外交文書』 第27卷 第1冊, 1894.7.17, 90~94쪽.
12 Parliamentary Papers. p.12. No.38: The Secretary to the Admiralty (1885. 7. 27)→J. Pauncefote.
13 최덕규, 2017, 「글로벌전신네트워크와 서로전선의 접속」, 『세계역사와문화연구』 45, 122쪽.

신선 가설에 성공한 펜더는 이후 세계 전신시장을 독점하며 영국 중심의 정보통신망을 확충하기 시작했다. 그가 설립한 동방확장전신회사는 1871년에 런던-지중해-인도-싱가포르-홍콩을 잇는 아시아의 남방노선 가설에 성공했고,[14] 같은 해 덴마크의 대북전신회사는 시베리아-블라디보스토크-나가사키-상하이를 연결하는 북방노선을 완공했다.[15] 동방확장전신회사와 대북전신회사는 외형상 독립적인 회사였지만, 후자는 전자의 재정 및 기술지원을 받고 있던 펜더 제국(The Eastern Cable Empire)의 구성원이기도 했다.[16] 따라서 펜더 제국은 영국 정부의 후견하에 극동 전신망을 독점 지배하는 구조를 이룩함으로써 중국, 일본 그리고 한국 등의 전신이 자생력과 경쟁력을 갖춘 산업으로 발전할 수 있는 여지를 엄격히 제한하였다.

결국, 일본이 전신을 활용한 근대 전쟁을 치르기 위해서는 극동의 통신망을 독점하고 있는 영국의 협력이 절대적이었다. 한반도에서 전개되는 군사작전을 도쿄의 대본영에서 조직적으로 지휘하기 위해서는 안전하고 신속한 통신망 구축이 전제조건이었다. 이를 위해 일본군은 개전을 앞두고 통신보안을 이유로 전신선을 신설하고자 하였으나 1882년

---

14 Daniel Headrick and Pascal Griset, 2001, "Submarine telegraph Cables: Buisiness and Politics, 1838-1939", *The Business History Review*, Vol.75, No.3, p.560. 1892년 통계에 따르면, 대영제국은 총연장 163,618km의 전신선을 보유함으로써 세계전신선의 66.3%를 차지하였다.

15 Eiichi Itoh, 2007, "The Danish Monopoly on Telegraph in Japan-A case study of an unequal communication system in the Far East", *Keio Communication Review*, No.29, pp.88-89.

16 Jorma Ahvenainen, 1981, *The Far Eastern Telegraphs-The history of Telegraphic Communications between the Far East, Europe and America before the First World War*, Helsinki: Suomalainen TiedeAkatemia, pp.51-52.

대북전신회사와 체결한 협정(1882) 때문에 좌절되었다. 일본 정부가 서명한 대북전신회사의 해저선육양면허장(海底線陸揚免許狀) 제6조에 따르면, 나가사키-부산 해저전신선 가설 대가로 향후 20년간 일본 열도와 아시아 대륙 및 대만, 홍콩, 루손(Luzon)군도 등을 연결하는 어떠한 국외 전신선도 일본이 자체적으로 가설할 수 없다는 의무가 명시되어 있다.[17] 결국, 대북전신회사의 자본과 기술지원을 받아 한반도의 전신을 선점하고자 했던 일본은 전신기술을 독점하고 있는 글로벌 통신기업에 의해 오히려 대외팽창이 견제되거나 제한받는 상황에 처하고 말았다.

일본 정부가 개전을 앞두고 해결해야 할 난제는 일본과 한국을 이어주는 전신이었던 의주선의 한계였다. 의주선은 의주-톈진-상하이-나가사키로 연결되기 때문에 만일 청일전쟁이 발발한다면 톈진 및 상하이를 통과하는 전보가 방해받을 가능성이 매우 컸다. 경부선의 경우, 이는 조선의 국가자산일 뿐 아니라 관리가 불안정하여 긴급한 상황에서 군사·외교적으로 신뢰하기 어려웠다. 야마가타[山縣有朋]의 "개전 전 착수사항 개요 건의서(1894.6.23)"에서 개전 전에 착수해야 할 사항의 하나로 경부 전선(電線) 가설을 제시한 것도 이러한 이유 때문이었다.[18] 카와카미[川上操六] 참모본부 차장이 이 문제를 담당했다.

그러나 조선의 허가를 받지 않은 일본군의 군용 전선 가설은 그 자체가 불법일 뿐 아니라 한국·중국·일본의 전신망을 독점적으로 부설하고

---

17 有山揮雄, 2016, 『情報覇權と帝國日本 III, 東アジア電信網と朝鮮通信支配』, 吉川弘文館, 19~25쪽. 일본은 1883년 대한해협을 통해 한반도와 연결하는 한일해저전신선(부산-나가사키)을 부설하면서 자금과 기술력 그리고 부설 선박을 보유하지 못했기 때문에 덴마크의 대북전신회사에 해전전신선 부설을 의뢰한 바 있었다.

18 有山揮雄, 위의 책, 125~129쪽.

관리하는 영국의 전신 네트워크 지배구조를 교란하는 행위였다. 이는 근대 극동 정보통신망을 지배했던 영국의 승인이 없는 한, 일본 국내도 아닌 해외에서 전신선을 가설하여 본국과 소통한다는 계획은 비현실적이었음을 의미했다. 그렇다면 이러한 난제를 어떻게 해결할 것인가?

주한 일본특명전권공사 오토리[大鳥圭介]는 외상 무쓰에게 보낸 기밀 전문에서 조선과 외교 교섭을 통해 전신선 가설 승인을 획득하기 어렵다고 인정했다.[19] 오토리 공사가 "형세일변(形勢一變)"을 기대하면서 잠시 유예를 보고한 것은 외교적 담판을 통해 관철할 정당성이 없다고 보았기 때문이다. 따라서 7월 19일, 오토리 공사가 갑자기 조선 정부에 직접 전신선 착공을 통고한 것은 형세가 급변했다는 판단에서 기인했다고 볼 수 있다.[20] 조선 정부의 승인을 받기보다는 강행으로 방침을 바꾼 것이다.

일본 정부가 돌연 한반도에서 군용 전신선 가설계획을 강행하기로 방침을 변경한 원인은 무엇이었을까?

이는 영국의 수락이 있었기 때문이다. 영국은 일본의 불법적인 전선 가설이 자국의 극동 전신 지배정책에 손상을 입힌 것에 문제를 제기하였으나, 결국 묵인했다. 그 배경에는 근대 전쟁의 핵심 기술인 통신시스템을 독점한 영국의 극동정책과 연동되어 있었다. 요컨대 일본의 청일전쟁 도발은 극동 정보통신망을 독점하고 있던 영국의 승낙으로 가능한 것이었다.

영국의 킴벌리 외상이 인천 외국인거류지를 횡단한 일본군의 전선

---

19 「鐵道電線ノ建架及新開港ノ困難ノ件」, 『日本外交文書』 第27卷 第1冊, 1894.7.17, 611쪽.
20 原田敬一, 2008, 『日淸戰爭』, 吉川弘文館, 30~31쪽.

에 항의(7.14)하자 주영공사 아오키는 본국 정부의 훈령에 따라 각별한 반성의 뜻을 전달했다. 1894년 7월 15일 새벽, 아오키는 영국 외상에게 "일본군 사령관은 군사상 필요에 따라 전선 가설을 추진하던 중 해당 지역에 거주하는 외국인들의 이해를 고려하지 못함을 반성하고, 이를 즉시 중지한다"는 취지의 전문을 보냈다. 7월 15일, 영국 외상 보좌관이 16일 오후 4시로 외상과의 면담시간을 통보하자, 주영공사 아오키는 킴벌리 외상을 만나 사안을 상세하게 설명하여 의혹을 푼 뒤, 마침내 영국과 조약 개정을 마무리하였다.[21]

영국은 왜 일본에 청일전쟁 개전의 물꼬를 터줬을까?

이는 영국의 극동 패권과 대청(對淸) 무역 기득권을 위협하는 변수가 등장했기 때문이었다. 러시아가 1891년 5월에 착공한 시베리아횡단철도는 영국의 특권적 지위에 변화를 일으킬 새로운 도전이었을 뿐만 아니라, 영국의 극동함대 역할에 심대한 변화를 초래했다. 중앙아시아에서 영·러 간의 아프가니스탄 위기(1885)가 영국 해군의 거문도 사건과 연동되었듯이, 영국 극동해군의 주요 임무는 러시아의 유럽 및 중앙아시아로의 남하정책에 대한 양동작전(陽動作戰)에 초점이 맞춰져 있었다. 따라서 극동으로 영향력을 확장해 오는 러시아를 직접 봉쇄하는 역할이 영국의 극동함대에 부과되었다.

러시아 해군은 1893년 이탈리아를 밀어내고 영국과 프랑스에 이어 세계 3위로 부상했다. 더욱이 러시아는 시베리아횡단철도 부설공사에 자금을 제공한 프랑스와 군사협약(1892.8.18)을 하며 동맹조약을 체결(1894)하기에 이르렀다. 러·프동맹(Franco-Russian Alliance) 체제가 영국에

---

21 「日英條約調印ノ經緯報告ノ件」, 『日本外交文書』 第27卷 第1冊, 1894.7.17, 90~94쪽.

끼친 영향은 심대했다. 해군력 2·3위 국가들의 규모보다 월등한 해군력을 보유할 수 있게 2개국 표준(Royal Navy's Two-Power Standard) 원칙을 재조정해야 했다.[22] 영국 해군은 러·프동맹의 해군력보다 군함 톤수에서 앞서지 못했을 뿐 아니라, 프랑스의 항구를 자유롭게 이용할 수 있는 러시아에 지정학적으로 불리했다.[23] 결국, 러·프동맹의 해군력은 영국이 세계 해양패권을 지탱하고 유지하기 위해 적어도 러일전쟁 발발 전까지 러·프동맹과 치열한 군비경쟁을 전개할 단계에 들어섰음을 의미했다.

영국의 극동함대 사령관[24] 프리맨틀(Edmund Fremantle) 해군 중장이 해군상 스펜서(Lord Spencer)에게 보낸 편지(1893.10.29)는 영국의 극동 해양패권에 대한 위기의식이 투영되어 있었다. "극동함대의 전력은 러시아 1개국에는 우세하지만 러·프의 협력을 고려하면 2개국과 대적하는 데는 우려가 따른다. 전략을 보강하지 않으면 우리의 대청 무역은 일정 기간 쇠락하게 될 것이고, 만일 러시아와 프랑스의 함대가 결합하여 협력할 경우 우리는 결정적인 패배를 경험할 수도 있을 것이다.… 나는 각하께 이 상황을 알리고, 우리가 기대하는 만큼 우리의 전력이 강하지 않다는 것을 경고하는 것이 옳다고 생각한다"[25] 프리맨틀 사령관의 경고는

---

22 Roger Parkinson, 2008, *The Late Victorian Navy: The Pre-dreadnought and the Origins of the First World War*, Boydell Press , pp.169-171.

23 John Berryman, 2002, "British Imperial Defence Strategy and Russia: The role of the Royal Navy in the Far East, 1878-1898", *International Journal of Naval History*, Vol.1, Issue 1, pp.5-6.

24 영국 극동함대 사령관의 정식표기는 "The Command-in-Chief of the China Station of the Royal Navy"이나 편의상 "영국 극동함대 사령관"으로 약함.

25 John Berryman, "British Imperial Defence Strategy and Russia: The role of the Royal Navy in the Far East, 1878-1898", p.6.

막대한 재정 투입이 필요한 군비 확장정책을 요구하는 것이었다.

영국의 극동 해양패권에 대한 위기감은 대외정책의 근본적인 검토를 요구하였다. 그 요체는 영국외교의 전통이었던 "영광스러운 고립(Splendid Isolation)"정책 포기와 "동맹정책" 추진이었다. 즉, 극동에서 러·프동맹의 해군력에 맞서고, 러시아의 시베리아횡단철도 부설에 대응할 수 있는 동맹체제 구축이 목표가 되었다.

영국이 러시아의 남하에 대응하기 위해 일본을 동맹국으로 고려하기 시작한 것은 1885년 거문도 사건 직후였다. 이는 영국 외상 그렌빌(G. Grenville)이 일본의 대러 접근을 우려했던 주일공사 플런켓(Francis Plunkett)에게 대일 동맹 가능성 타진을 지시(6.8)하면서 교섭의 물꼬를 텄다. 1885년 2월, 주일 영국공사 플런켓은 외상 그렌빌에게 기밀보고서(1885.2.16)를 보내며, 일본의 서구 지향성에 주목하여 양국의 우호관계 수립을 건의한 바 있었다. 그 목적은 "일본의 어떠한 항구도 외국의 수중에 들어가서는 안 되며, 향후 우리 선박을 공격하기 위한 기지가 되어서도 안 되기 때문"이었다. 이를 위해 "일본이 러시아의 침략에 대항할 수 있는 정도로 강력해지고, 우리 상품을 대규모로 소비할 수 있는 풍요로운 국가가 되도록 관심을 가져야 한다"는 것이었다.[26]

그렇다면 러시아에 맞설 수 있을 만큼 일본을 강력하고 풍요로운 국가로 만들기 위한 영국의 해법은 무엇인가?

플런켓이 제시한 해법은 조약 개정을 위한 대일 교섭에서 "더 관대한

---

26 Fauziah Fathil, *British Diplomatic Perceptions of Modernization and Change in Early Meiji Japan, 1868-1890*, Submitted for the Degree of PhD in History School of Oriental and African Studies University of London, 2006, Published by ProQuest LLC(2017). p.206.

원칙(more generous principle)"을 채택하는 것이었다.²⁷ 이는 영·일 간의 조약 개정 교섭이 동맹 체결의 선결 조건인 양국의 대등한 관계 정립의 초석임을 의미했다. 이 교섭을 통해 영국과 기존의 불평등조약을 개정하게 될 일본은, 평등하고 독립적인 서구문명권의 일원이 될 것이며, 이는 영국과 대등한 관계로 동맹 체결이 가능한 위상을 확보할 수 있는 지름길이었다. 결국, 일본이 조약 개정을 통해 이루고자 했던 탈아입구(脫亞入歐)정책의 성패는 영국의 국가적 이해와 부응 여부에 달려 있었다.

영국이 일본을 국제법 체제에 편입시키려는 노력과 더불어 관심을 가졌던 또 다른 과제는 군사원조였다. 이는 영국 해군과 일본 해군이 효율적으로 협력할 수 있는 토대가 되었다. 1888년, 영국 극동함대 사령관 해밀턴(R. Vessey-Hamilton) 제독은 영일동맹을 지지하면서 다음의 논거를 제시했다. "중국과의 동맹이 유용할 수 있으나, 이 경우 그들이 저지르게 될 야만적 행위로 받을 불명예마저 감수해야 한다. 일본인들은 훨씬 더 유용한 동맹국이 될 것이며, 일본의 정치가들, 해군과 육군 장교들, 육·해군 시스템 등은 중국의 그것보다 훨씬 우리와 일치한다."²⁸

영국 해군장교 존 잉글스(John Ingles) 대위가 일본 해군 자문관으로 봉직(1887~1893)하면서 일본 해군의 문제점들을 분석하여 대안을 제시했던 당시에 영국 해군의 장비, 훈련 교본, 규범집 등이 일본에 전수되었다.²⁹ 1890년대 초, 일본 정부가 대규모 군함과 해군 장비들을 영국

---

27 Fauziah Fathil, *British Diplomatic Perceptions of Modernization and Change in Early Meiji Japan, 1868-1890*, pp.207-213.
28 Fauziah Fathil, *British Diplomatic Perceptions of Modernization and Change in Early Meiji Japan, 1868-1890*, p.219.
29 原田敬一, 『日淸戰爭』, 46쪽. 잉글스 해군 대위가 일본해군대학교 제3기 학생에게 강의

의 암스트롱(Armstrong)사에 발주한 것은 영국 해군의 협력에 대한 보답이었다. 속사포가 장착된 신형 순양함들은 후장총포(後裝銃砲)보다 6배 빨리 사격할 수 있었기에 청일전쟁 당시 황해 해전에서 그 위력을 발휘했다.[30] 이처럼 일본 해군을 극동에서 러·프동맹의 해군에 맞서는 수준으로 끌어올리는 데 결정적인 역할을 한 국가는 바로 영국이었다.

영·일의 접근은 영국의 일방적인 산물이 아니었다. 일본 정부 역시 고립주의를 버리고 우호국을 선택하여 동맹 체결에 나서야 할 절박함을 느끼고 있었다. 이는 러시아의 시베리아횡단철도 부설을 아시아 침략으로 판단했기 때문이다. 영국의 킴벌리 외상과 조약 개정을 이끈 주영공사 아오키는 제1차 야마가타[山縣有朋] 내각의 외상 시절 러시아를 극동에서 축출해야 한다는 외교 정략의 목표와 수단을 제시한 바 있었다.[31]

아오키가 러시아의 아시아 침략에 경종을 울린 논거는 러시아가 극동에서 부동항을 구하려 함에 따라 청·조, 특히 조선에 다양한 외교적 권모술수를 펼치고 있으며, 섬나라인 일본의 세력범위를 축소하고 외교활동을 견제함으로써 일본이 위기에 처할 수 있다는 것이었다. 따라서 일본 정부의 외교 정략은 청·조·일을 위협하는 러시아를 극동에서 축출하는 것이었다.

그렇다면 러시아를 어떻게 축출할 것인가?

했던 것이 번역되어 1892년 2권의 『海軍戰術講義錄』으로 간행되었고, 1894년 제2기 학생에 대한 강의는 해군문고에서 3권의 『海軍戰術講義』로 출간된 바 있었다.

30 John Curtis Perry, 1966, "Great Britain and the Emergence of Japan as a Naval Power", *Monumenta Nipponica*, Vol.21, No.3/4, pp.305, 314~316.

31 하라다 게이이치 저·최석완 옮김, 2013, 『청일·러일 전쟁』, 어문학사, 46~48쪽. 坂根義久, 「青木周藏論-對英條約改正交涉と外交政略」, 22~23쪽.

야마가타 수상과 아오키 외상 모두 군비우선(軍備優先)을 강조했다. 아오키는 일본 혼자만의 힘으로는 곤란하므로 동맹으로 일본의 군비 열세를 만회하고자 했다.[32] 이로써 일본과 영국은 반러 공동전선 동맹의 공감대를 형성하였다.

　유라시아 국가로서의 지리적 장점을 극대화하기 위해 유럽과 아시아를 연결하는 시베리아횡단철도 부설을 주도했던 러시아 재무상 비테(С. Ю. Витте)는 이 철도로 인해 일본이 청일전쟁을 도발하였음을 간파하고 있었다. 비테에 따르면, 유럽 열강과 일본은 멀지 않은 장래에 청국이 분할될 것을 예견하고 있으며, 이 경우 시베리아횡단철도가 러시아에 엄청난 기회를 주는 이기(利器)로 간주하여 이를 경계하고 있다고 생각했다. 1895년 3월, 승전국 일본이 대청 강화조건으로 랴오둥반도 할양을 요구한다는 소식이 알려지자, 비테는 대일강경책을 주도했다.[33] 러시아의 지정학적 장점을 이용하여 시베리아횡단철도를 통해 유럽의 상품과 아시아의 원료를 운송하고자 했던 재무상 비테의 러시아 산업화정책은 모스크바를 세계무역의 중심으로 만들고자 했던 당초의 계획과는 달리 청일전쟁의 단초가 되고 말았다.

32　坂根義久, 「靑木周蔵論-對英條約改正交涉と外交政略」, 22~23쪽.
33　Красный Архив. Исторический журнал. М., 1932. Т. 3(52). Журнал Особого совещания (11 апреля) 30 марта 1895 г.

3. 청일전쟁 개전과 영국 상선 코우싱호 침몰 사건

영국 정부가 신영일통상항해조약에 서명(1894.7.16)한 것은 일본에 대청 개전을 승인한 결재 사인이었다. 이는 영·일 간의 조약 개정이 영국의 방아용일책(防俄用日策)임을 의미했다. 주일 영국공사 파제트(Ralph Paget)가 일본의 조선 파병에 대해 보고(6.7)하자,[34] 영국 정부가 최우선으로 관심을 집중한 사안이 바로 러시아의 조선 문제 개입 가능성이었다. 영국 외무성에서 영국 해군의 거문도 철수(1887)의 전제조건이었던 1886년 리홍장[李鴻章]-라디젠스키(Н. Ф. Ладыженский) 협약을 재검토하게 된 원인도 시베리아횡단철도를 부설 중인 러시아가 한반도 문제에 개입하지 않기로 한 8년 전의 구두협약을 지킬지에 대한 불안감 때문이었다.[35]

영국 정부의 우려는 주영 독일대사 하츠펠트(Count Hatzfeldt)에게 조선 문제에 대해 열강의 공동간섭을 요청(1894.7.9)하면서 표면화되었다. 영국 외상 킴벌리의 제안에 따르면, 독일의 청·일 무역 규모가 상당히 크기 때문에 전쟁으로 인한 손실을 막는다는 명분이었다. 하츠벨트가 킴벌리에게 간섭의 실제 목적을 문의하자, 러시아가 영국의 거문도 철병 조건으로 한반도의 일부를 점령하지 않겠다고 보증했음을 상기

34　TNA. FO. 405/60/2, June 7, 1894, Mr. Paget to the Earl of Kimberley.

35　TNA. FO. 405/60/3, Memorandum by Mr. F. Bertie.(1894.6.8) 버티의 메모에 따르면, 영국은 청국에게 러시아가 영흥만(Port Lazaleff)을 점령하지 않는 조건으로 거문도 철수를 제안했다. 영·청 간 교환된 청국 정부의 각서에는 영국이 거문도에서 철수한다면, 한국의 영토를 점령하지 않겠다는 러시아의 보장(러시아는 구두 보장하였음)이 기록되어 있었다. 영국은 청국이 이 보장을 배서함으로써 거문도에서 철수하였다.

시켰다.36 영국은 거문도 사건 이후 조선의 현상변경 사태가 발발할 때마다, 가장 우려한 것이 바로 러시아의 한반도 부동항 획득 가능성이었다.37

거문도 사건 이후 영국과 일본의 반러 공동전선 형성의 주요 근거였던 러시아의 시베리아횡단철도는 한반도의 부동항과 연결되어야만 본연의 목적을 이룰 수 있었다. 유럽과 아시아를 연결하는 러시아 산업화의 대동맥으로서 연중무휴로 기능하기 위해서는 동항(凍港)이었던 블라디보스토크를 대신하여 부동의 해양 출구와 접속해야 했다. 이러한 러시아의 지정학적 한계는 러시아와 접경한 한반도의 부동항 획득 문제와 연동되는 구조를 형성했다.

시베리아횡단철도가 착공되기 전, 러시아의 한반도 부동항 획득을 영국이 사전에 차단한 법적 근거는 리훙장-라디젠스키 협약(1886)이었다.

---

36 TNA. FO. 405/60/61, July 9, 1894, The Earl of Kimberley to Sir E. Malet. 청일전쟁 직후 러시아 주도의 대일 삼국간섭(1895.4.23)이 성사되자 영국의회에서 제기된 한반도의 영토 보전에 대한 러시아의 약속 준수 여부에 대한 대정부 질의(1895.6.13)도 같은 맥락이었다. 영국 외무성에 대한 아슈메드-바틀렛(E. Ashmead-Bartlett) 의원의 질문은 영국의 거문도 철수 당시 러시아 정부가 한반도의 어떠한 곳도 점령하지 않겠다는 약속이 여전히 잘 지켜지고 있는지, 그리고 러시아의 서약은 조선의 남서부 영토에도 똑같이 적용되는지 여부였다. 이는 삼국간섭 이후 러시아가 한반도 서남부의 항구 점령 가능성을 우려한 것이었다. 이에 대해 부외상 그레이(E. Grey)는 한국의 영토를 점령하지 않겠다는 러시아의 약속은 잘 지켜지고 있는 것으로 보이며, 러시아의 약속은 한국의 영토만을 언급했다고 답변하고 있다(House of Commons Hansard, Vol.34, 13, June, 1895, Sir Ellis Ashmead-Bartlett).

37 영국의회는 한반도 현상변경 가능성이 고조될 때마다 계속해서 영토 보전에 대한 러시아의 약속 준수 여부를 점검했다. 이러한 입장은 러일전쟁에서 패퇴한 러시아가 한반도에서 완전히 물러날 때까지 계속되었다. 이는 1900년 3월 30일, 한·러 간의 마산포(馬山浦) 조차협정 체결 이후에도 영국의회 의사록에서 재확인된다(House of Commons Hansard, Vol.83, 28 May, 1900, Sir Ellis Ashmead-Bartlett).

이 협약은 러시아 외교관 라디젠스키와 청국의 리훙장이 톈진에서 만나 조선의 독립과 영토 보전에 합의함으로써 영국의 거문도 철수의 전제조건이 되었다. 이는 한반도를 둘러싼 영·러 대립 과정에서 거문도를 2년간 점령했던 영국 해군이 명예롭게 퇴각(1887)하는 명분이 되었고, 동시에 한국의 독립과 영토 보전을 영·러 양국이 공동으로 보장한 국제협약이었다. 따라서 청일전쟁 개전 이전, 한반도의 독립과 영토 보전은 두 겹의 국제협약을 통해 보장되어 있었다. 청국과 일본이 맺은 톈진조약(1885.4.18)이 극동 차원의 보장이었다면, 러시아와 영국이 조선의 현상 유지(Status quo)와 영토 보전을 약속한 리훙장-라디젠스키 협약은 유럽 열강 차원의 보장책이었다.[38]

리훙장이 일본군의 조선 출병에 대해 보고받고, 영국뿐만 아니라 러시아에 중재를 요청한 배경도 여기에 있다. 주청 러시아공사 카시니(A. П. Кассини)는 외상 기르스에게 보낸 전문(1894.6.24)에서 리훙장은 한반도의 현상 유지에 대한 리훙장-라디젠스키 협약에 근거하여 조선의 내정개혁과 관련한 일본의 제안을 일축했고, 청·일 대립에 러시아의 중재를 원한다고 보고했다.[39]

리훙장의 중재 요청에 러시아의 반응은 기대와는 달리 부정적이었다. 이러한 러시아의 반응은 주한 러시아공사 베베르의 전문에서 그 원인을 찾을 수 있었다. 그는 러시아 외무성에 보낸 전문(1894.7.4)에서, 동학농민운동은 지방관의 학정에서 비롯되었고, 정부에 반대한 것이 아니기

---

38 А. Л. Нарочницкий, Колониальная Политика Капиталистических Держав на Дальнем Востоке, 1860-1895, ИАНС.Москва, 1956. p.395.

39 Красный Архив. 1932. Т. 1-2. Телеграмма посланника в Пекине министру ин. дел. 24 (12) июня 1894 г.

에 파병은 사태를 복잡하게 할 수 있다고 리훙장에게 경고했음에도, 리훙장은 이를 과대 포장하여 파병을 결정했다고 비판했다. 요컨대 청국의 파병 결정은 조선에 대한 종주권(Suzerainty) 과시가 목적이었다는 것이다.[40]

베베르는 한반도 사태의 단초를 제공한 리훙장에게 두 가지 사실을 분명히 했다. "만일 조선 국왕이 청국에 파병 요청을 했다면 이는 명백히 위안스카이[袁世凱]의 강압에 따른 것이다. 왜냐면 청국군 못지않게 잘 훈련된 조선군 1만 5,000명이 있었기 때문에 청국의 원병이 필요한 상황은 아니다. 또 조선의 안녕은 청국뿐 아니라 러시아와 일본의 관심사이기도 하다. 조선을 속국(屬國)으로 간주하는 청국의 정책은 기대한 결과를 얻을 수 없을 것이며, 조선 문제에 관심이 많은 주변 국가들의 간섭을 초래할 가능성이 크다."[41]

결국, 러시아는 리훙장의 기대와는 달리 조선 문제에 개입하지 않았다. 러시아 외무상은 차르에게 올린 상주서(1894.7.8)에서 "리훙장의 중재 요청은 마치 조선의 내정개혁에 러시아가 직접 참여하도록 양보한 것처럼 보입니다. 하지만 외무성은 조선의 내정개혁에 개입함으로써 조선 문제에 끌려 들어가는 것을 거부하기로 방침을 정했"다고 그 이유를 설명하였다.[42] 러시아는 영국과의 한반도의 현상 유지 약속과는 별개로

---

40 Красный Архив. 1932. Т. 1-2. Телеграмма поверенного в делах в Сеуле. 4 июля (22 июня) 1894 г.

41 Бэлла Пак, Российский Дипломат К. И.В ебер и Корея, ИВ РАН: Москва. 2013, p.134. 주한 러시아공사 베베르는 휴가가 예정된 주청공사 카시니를 대신하여 주청 임시대리공사직을 수행하기 위해 현지로 부임하는 여정 중에 리훙장과 톈진에서 회동(6.8)하였다.

42 Красный Архив. 1932. Т. 1-2. Всеподданнейшая записка министра ин. дел. 8 июля

조선에 대한 종주권을 유지하려는 리훙장의 대조선정책에 속박될 이유가 없었다.

7월 14일, 리훙장은 주청공사 카시니로부터 러시아의 조선 문제 개입 불가 방침을 전해 듣고 전쟁이 불가피하다고 판단했다.[43] 이날은 일본 정부의 제2차 절교서가 청국 정부에 전달된 날이기도 했다. 일본 정부의 결정은 주러 일본공사 니시(西德二郎)로부터 러시아의 군사적 간섭이 없을 것이라는 정보가 전해진 결과였다.[44]

일본 정부가 개전을 위해 내린 첫 조치는 의주선 절단이었다. 의주선은 조선 최초의 육로전신선으로 청국이 덴마크 기술자 뮬렌스테트(H. J. Muhlensteth)를 고용하여 가설한 후 청국전보국(淸國電報局)의 조선국총판(朝鮮局總辦) 리위쎈[李毓森]이 관리하고 있었다.[45] 7월 22일, 심야에 의주선이 절단됨으로써[46] 청국은 개전 초기 지극히 불리한 상황에 처하고 말았다.

청국은 전신선 절단 사태에 두 가지 조치로 대응했다. 우선, 한성전신국 파괴에 대비하여 개성(開城)에 별도의 전신국을 개설했다. 그러면서 의주선과 경부선 가설에 참여했던 뮬렌스테트를 서울로 파견하여 한성전신국을 관할토록 했다. 이는 서양인의 국제적 지위를 빌려 전보국의

(26 июня) 1894 г. Отказ России от посредничества в корейском вопросе.

43　Красный Архив. 1932. Т. 1-2. Телеграмма посланника в Пекине министру ин. дел. 14 (2) июля 1894 г. Подготовка Китая к войне с Японией.

44　原田敬一, 2008, 『日淸戰爭』, 吉川弘文館, 28~29쪽.

45　冯超, 2007, 「甲午战争时期中国电报局的作用」, 『安徽教育学院学报』 25(5), 23~24쪽.

46　有山揮雄, 2016, 『情報覇權と帝國日本 III. 東アジア電信網と朝鮮通信支配』, 吉川弘文館, 140~141쪽.

안전을 보장받으려는 고육책이었다.

뮬렌스테트가 승선한 차오장[操江]호가 코우싱[高陞]호와 함께 다구[大沽]를 떠나 아산(牙山)으로 향했던 시점은 1894년 7월 23일 오후였다. 7월 25일 아침, 차오장호는 풍도(豊島) 해전에서 코우싱호를 호위하던 중 일본 해군에 나포되고, 뮬렌스테트는 일본의 포로가 되었다.[47] 이로써 풍도 해전에서 침몰한 영국 선적 코우싱호의 배상책임을 둘러싼 새로운 전쟁이 국제법정에서 펼치게 되었다.

1883년 건조된 코우싱호는 1,355톤급의 윤선(輪船)이었다.[48] 선주는 런던의 인도차이나윤선공사였고, 상하이의 이화양행(怡和洋行, Jardin, Matheson & Co. Ltd.)에서 운용을 맡고 있었다. 7월 14일 푸저우[福州]에서 출발한 코우싱호가 상하이에 도착한 뒤 톈진으로 이동(7.17)한 것은 청국 정부의 용선 계약에 따른 것이었다. 청국 정부는 계약하면서 유사시에 대비하여 예치금을 이화양행에 지급한다는 조건으로 홍콩·상하이은행에 4만 파운드를 예치한 상태였다.[49]

영국 상선을 고용하여 아산으로 군대를 수송하려는 리훙장의 구상은 일촉즉발의 위기상황에서 위험부담이 큰 작전이었다. 총리아문은 영

---

47 冯超, 「甲午战争时期中国电报局的作用」, 25쪽. 결국, 청일전쟁 이후 한국에 도착한 뮬렌스테트는 한국전신 사무에 종사하길 원했다. 그가 독일영사를 통해 외부대신 김윤식에게 전달(1895.7.9)한 것도 바로 한국 전보 사무 관련 취직 신청서였다[고종 32년 5월 17일, 『舊韓國外交文書』 15(德案 1)].

48 「在長崎英國海事裁判所ニ於ケル高乘號事件宣書書寫送付ノ件」, 『日本外交文書』 第27卷 第2冊, 1894.8.20, 368~371쪽.

49 Takahashi Sakue, 1899, Cases on International Law during the Chino-Japanese war, London, p.26. 선원은 영국인 선장 갤스워디(Thomas R. Galsworthy)와 기관사 등 6명의 영국인을 포함하여 총 64명이었다.

국이 다둥거우[大東溝]를 통한 북로(北路)를 이용할 것을 조언한 점을 들며 아산으로 병력을 증파한 의도가 적절한지 의견을 제기하였다.[50] 이와 더불어 2,500명을 이끌고 아산에 상륙한 예즈챠오[葉志超] 제독은 7월 18일 리훙장에게 해로를 통해 평양으로 이동하여 주둔하는 것은 매우 위험하니 육지의 요충지를 점령한 뒤 기회를 살펴 이동할 수 있게 해줄 것과 한성과 부산을 왕래하는 일본군의 남로(南路)를 차단하기 위해 부대를 증파할 것을 요구했다.[51] 청국 정부는 이러한 위기상황을 고려하여 대규모 군대를 신속히 수송하기 위해서는 외국 상선을 빌려야 했다.

리훙장의 지시에 따라 북양수사(北洋水師)의 도원(道員) 라펑루(羅豊祿)이 코우싱호 용선 계약을 체결했다.[52] 그가 윤선공사의 대리점 이화양행과 체결한 용선 계약(7.17)의 골자는 코우싱호는 수송선으로 사용되며, 영국 국기를 게양하는 것이 안전하다면 반드시 게양하며, 포획되었을 경우 이미 합의된 구매대금(purchase money)을 이화양행에 지불하며, 공식적으로 선전포고가 선언되면 코우싱호는 청국 국기를 게양하고 가장 가까운 청국의 항구로 돌아간다는 것이었다.[53] 계약서상에는 코우싱호가 영국 국기를 게양한 상태에서 침몰한 사례에 대한 처리규정은 없었다. 교전국 군함이 제3의 중립국 상선, 그것도 영국 국기를 게양한 영

---

50 李鴻章(1894.7.19./光緒二十年六月十七日)→總署(1894.7.20), 2007, 『李鴻章全集』 24, 顧廷龍·戴逸 主編(合肥: 安徽教育出版社) 146쪽.

51 李鴻章(1894.7.20)→總署, 『李鴻章全集』 24, 146쪽.

52 라펑루(1850~1903)은 복건선정학당(福建船政學堂) 출신으로 영어에 능통하여 리훙장 막부의 핵심 성원이자 청말 외교의 중신(重臣)이었다. 1895년 리훙장을 수행하여 청일전쟁 종전 교섭에 참여했고, 1897년 駐英公使를 맡아 코우싱호 사건 배상문제를 담당하였다. 杜志明, 2014, 「晚淸駐英公使羅豊祿與高陞號賠償案」, 『黑龙江史志』, 01期, 38쪽.

53 Mr. Denby to Mr. Gresham, July 28, 1894, Foreign Relations of United States, pp.41-42.

국 선박을 격침한 행위는 예상 밖이었다.

영국 국기를 게양한 코우싱호가 일본 군함에 의해 침몰한 경위는 무엇인가?

이는 영국의 지원을 받는 일본이 청일전쟁의 기선을 잡기 위한 전략에서 비롯되었다. 조·청 간의 통신망과 해상 교통로 차단에 초점을 맞추었던 이 전략은 한편으로 의주선 절단과 다른 한편으로 서해 제해권 장악으로 표출되었다. 아산에 상륙해있던 청국 군대를 섬멸하기 위해서는 청국군의 한반도 추가 파병 저지가 최우선 과제였다. 이에 대본영의 명령에 따라 연합함대 사령관 이토[伊東祐亨]가 본대·제1·2유격대로 구성된 순양함과 해방함(海防艦) 13척 등을 이끌고 사세보[佐世保]를 출발(7.23)하여 흑산도에 도착(7.24)했다.

일본의 연합함대가 사세보항을 출발하던 날, 주청 러시아 무관 보가크(К. И. Вогак) 대령은 영국의 함대가 거문도에 정박해 있다고 보고했다.[54] 주일 러시아공사 히트로보(А. С. Нитрово)도 영국의 함대가 거문도에 한 달간 주둔하기 위해 군수품을 준비하고 있다는 첩보(1894.6.8)와 조선 해역을 순항 중인 프랑스 군함 함장으로부터 같은 보고를 받았다는 주일 프랑스전권공사 듀발(Georges Dubail)의 전갈을 외무상 기르스에게 보고했다.[55] 6월 23일, 요코하마에 정박 중인 영국 함대가 출항명령을 받았다는 보고가 이어졌다.[56] 총리아문은 영국이 암암리에 일본을 돕고

---

54 Красный Архив. 1932. Т. 1-2. Донесение военного агента в Китае. 23 (11) июля 1894 г.

55 Красный Архив. 1932. Т. 1-2. Депеша посланника в Токио министру ин. дел. 8 июня (27 мая) 1894 г.

56 Красный Архив. 1932. Т. 1-2. Телеграмма посланника в Токио министру ин. дел. 23 (11) июня 1894 г.

있으며, 자국 상선의 용선을 막고 있다는 점을 들어 리훙장에게 타국의 선박 용선을 제의(7.20)하였다.[57]

일본 연합함대의 대청 개전은 영국 해군과의 공조를 통해 이루어지고 있었다. 연합함대 제1유격대 사령관인 해군 소장 쓰보이 고조[坪井航三]는 이토 사령관으로부터 아산만 부근을 정찰하라는 명령을 받고 7월 25일 새벽에 아산만 풍도(豐島) 앞바다에 도착했다.[58] 쓰보이 제독이 아산만 방면에서 북상하는 청국 해군 순양함 제원(濟遠)호와 광을(廣乙)호를 확인한 것은 6시 30분경이었다. 이 순양함들은 이화양행에서 용선하여 청국군을 아산으로 수송한 영국 상선 애인(愛仁)호와 비경(飛鯨)호의 호송 임무를 완수(7.23)한 후 코우싱호를 호송하기 위해 다구로 회항하던 중이었다.

7월 25일, 청·일 양국 함대가 일전을 벌인 풍도 해전은 일본의 압승으로 끝났다. 광을호는 폭파되었고, 제원호는 패주하였다. 도주하던 제원호를 추격하던 나니와호와 요시노[吉野]호는 덕적진(德積鎭) 울도(蔚島) 부근에서 다구를 출발(7.23)하여 아산으로 향하던 코우싱호·차오장호와 조우했다. 차오장호는 항복했으나 코우싱호는 영국 국기를 게양했기 때문에 나니와호는 오전 9시 15분경 코우싱호에 정지신호를 보내 투묘(投錨)하고, 사관을 보내 서류심사와 임검(臨檢)했다. 그 결과 나니와호 선장 도고 헤이하치로[東鄕平八郎]는 코우싱호가 청국군 수송선임을 확인하고 따라올 것을 명령했다. 코우싱호 선장 토머스 골즈워디(Thomas R.

---

57 總署→李鴻章(1894.7.20./光緒二十年六月十八日), 2007, 『李鴻章全集』 24, 顧廷龍·戴逸 主編(合肥: 安徽敎育出版社), 147쪽. "英暗助倭 故阻雇英輪 如須運兵 能雇他國船否".
58 原田敬一, 『日淸戰爭』, 51~52쪽. 제1유격대는 3척의 순양함(旗艦 요시노[吉野], 나니와[浪速], 아키쓰시마[秋津洲] 등)으로 구성되었다.

Galsworthy)는 동의했으나, 탑승했던 청국 장교들은 이에 반대하며 출발지인 다구로 회항하도록 선장을 협박했다. 그러자 코우싱호 선장은 도고 제독에게 청국으로 회항시켜 줄 것을 요청했다.[59]

도고 함장은 선장의 요청을 묵살했다. 그는 유혈사태를 막기 위해 코우싱호를 포획하여 사세보항으로 끌고 가려 했다. 하지만 청국 장교들은 일본의 관대함을 기대하지 않았다. 도고 함장은 코우싱호가 청국군에 점거된 것으로 간주하고 격침했다.[60] 코우싱호 탑승원 가운데 3명(선장, 1등 운전수, 조타수)[61]이 구조되었고, 147명은 울도에 상륙하였고, 1천여 명이 익사했다. 사건이 발발하자 수장된 1천여 명의 청국군보다 코우싱호의 침몰이 큰 반향을 일으킨 것은 그 배가 영국 선적이기 때문이었다.[62]

교전국이 아닌 제3국 선박을 격침한 이 사건은 침몰 선박에 대한 배상책임을 놓고 지루한 법리 공방으로 이어졌다. 공방의 초점은 책임소재에 맞춰져 있었고, 핵심 쟁점은 격침의 합법성이었다. 합법성과 관련하여 검토해야 할 문제는 다음과 같았다. 첫째, 청일전쟁 개시(開始) 시기이다. 격침이 이루어진 시기가 과연 전시였는지를 따져야 했다. 둘째,

---

59 Takahashi Sakue, Cases on International Law during the Chino-Japanese war, pp.28~30.
60 原田敬一, 『日淸戰爭』, 70~71쪽; Takahashi Sakue, Cases on International Law during the Chino-Japanese war, p.31. 코우싱호는 오후 1시 10분에 피격되어 1시 46분 완전 침몰했다.
61 『日本外交文書』, 第27卷 第2冊, 368~371쪽.
62 陸奧宗光 저·김승일 역, 1994, 『蹇蹇錄』, 범우사, 150~152쪽. 영국언론에서는 1) 일본 해군이 대영제국의 국기를 모독하였고, 2) 일본의 행위는 전쟁이 시작되기 이전인 평화적 상황에서 행한 포악한 행동이기 때문에 3) 일본 정부는 침몰 선박의 주인과 이 사건으로 생명과 재산을 잃은 영국 臣民에게 상당한 배상을 해야 한다고 격앙된 분노를 터뜨렸다.

코우싱호가 나포된 선박임에도 격침한 것은 정당한 행위인지 판단해야 했다. 왜냐면 코우싱호는 투묘한 상태에서 임검을 받음으로써 정지상태에서 피격되었기 때문이다. 셋째, 코우싱호의 침몰 장소도 문제였다. 조선은 교전국이 아니며, 중립국 여부도 밝혀야 할 문제였다.[63]

청일전쟁 시점에서는 선전포고를 전쟁 개시로 보는 국제법이 성립되지 않았다.[64] 이는 선전포고에 대한 유럽 열강의 일치된 합의가 없었기 때문이다. 프랑스를 중심으로 한 대륙학파는 선전포고의 필요성을 강조한 반면, 영국학파는 공식적인 선전포고의 필요성을 중시하지 않았다.

선전포고 필요성을 주장하는 논거는 두 가지로 나타난다. 첫째, 선전포고는 대내적으로 공식적인 참전을 위한 국민 의지의 표현이므로 선전포고의 부재는 국가 주권 개념에 위배된다. 둘째, 선전포고는 대외적으로도 교전국과 중립국을 분리하는 기준이 되므로 반드시 필요하다.

반면, 선전포고 무용론의 근거는 첫째, 통신기술의 발달과 전신의 속도는 선전포고와 개전 행위의 간격을 단축함으로써 선전포고의 의미를 상쇄시킨다. 둘째, 적대행위의 시작은 개전 의지를 표명한 것이므로 별도의 서면을 통한 개전 선언은 공허한 형식에 불과하다.

따라서 일본은 전쟁이 실제로 시작된 시점을 전쟁 개시로 보는 실전설(實戰說)을 수용한 영국의 입장을 따랐다.[65] 실전설을 따를 경우, 전쟁이 실제로 시작된 시점을 언제로 보아야 하는가?

---

63 Takahashi Sakue, Cases on International Law during the Chino-Japanese war, pp.42-51.
64 原田敬一, 『日清戰爭』, 62~63쪽.
65 Douglas Howland, "Japan's Civilized War: International Law as Diplomacy in the Sino-Japanese War(1894-1895)", Journal of the History of International Law, 9(2007), p.191.

코우싱호 격침의 합법성을 확보하기 위해서는 전쟁은 침몰 이전에 개시되었다는 것이 확정되어야 했다. 일본의 국제법 학자들은 청일전쟁 개전 시기를 풍도 해전에 소급 적용하였는데, 이는 코우싱호 배상문제와 결부되었기 때문이다. 결국, 공식적인 선전포고가 없었던 상황에서 코우싱호 격침이 전시에 발생했다는 억지 논리를 만들어야 하는 상황은 선전포고를 전쟁 규범화해야 할 당위성을 제공하였다. 그 결과 선전포고의 국제법화는 향후 헤이그평화회의에서 구체적으로 논의해야 할 의제 가운데 하나가 되었다.[66]

개전 시점에 대한 일본 학자들의 견해는 육군과 해군의 입장으로 나뉜다. 일본 육군의 법률고문으로 복무한 아리가 나가오[有賀長雄]는 청국이 조선의 내정개혁에 대한 일본의 기대를 저버리고 조선으로 추가 병력을 파견했을 때, 이러한 적대적 행동이 개전의 표식이라고 주장했다.[67] 한편, 일본 해군의 법률 자문관이었던 다카하시 사쿠에[高橋作衛]는 아리가의 주장은 전쟁 준비를 전쟁 개시로 간주했다고 비판하며, 청국의 실질적인 교전 행위에 초점을 맞췄다. 그는 코우싱호 침몰 몇 시간 전에 벌어진 풍도 해전에서 청국 순양함이 일본 군함에 먼저 포격하면서 전쟁이 발발했다고 주장했다. 풍도 해전에서 누가 먼저 발포했는지는 논란의 여지가 있지만[68] 일본 정부는 다카하시의 주장을 공식적으로 채택

---

66 James B. Scott, 1920, *The Proceedings of the Hague Peace Conferences*, Oxford University Press, pp.623-625.

67 有賀長雄, 明治 29年(1896) 『日淸戰役國際法論: 附 · 佛國學士會院講評』, 陸軍大學敎, 34~35쪽. 아리가의 주장에 따르면, 敵抗은 청국이 兵員을 派出하였기 때문에 일본이 그에 대응하기 위해 군함을 파출했던 날, 즉 7월 23일을 전쟁개시일로 보아야 하며 이는 高陞號 굉침(轟沈) 수일 전이었다.

68 다보하시 기요시(田保橋潔)는 "7월 25일 아산만 풍도 앞바다에서 조우한 청 · 일 양국 함

(9.10)했다.⁶⁹ 이로써 풍도 해전은 공식적인 선전포고 없이 이루어진 교전 행위에 정당성을 부여하는 계기가 되었다.

풍도 해전 개전설이 공고화되기 위해서는 일본에 한정하지 않고 국제적으로 인정받는 정설이 되어야 했다. 이를 위해 이해 당사국인 영국의 동의가 무엇보다 필요했다. 영국이 풍도 해전(7.25) 개전설을 인정한다는 것은 코우싱호 격침에 연루된 일본 해군에 면죄부를 준다는 의미였다. 이는 침몰한 코우싱호의 배상책임이 일본 해군에서 청국 정부로 넘어가는 결과이기도 했다.

4. 코우싱호 배상책임을 둘러싼 법리 공방과 영·청의 정치적 타협

코우싱호 침몰 사건에 관한 영국의 입장은 일본 해군의 공격행위에 대한 비판에서 이를 수긍하는 것으로 바뀐다. 비판의 요지는 선전포고가 없었던 상황에서 중립국 상선을 격침한 일본의 행위는 불법일 뿐 아니라 사실상 영국에 대한 적대행위로 간주할 수 있다. 중립국 선박이 개전 이전에 공식통보를 받지 못할 경우, 중립 의무 이행은 사실상 불가능

대 중에 어느 쪽이 먼저 발포해서 전단을 열었는지 문제가 되고 있다"는 견해를 피력했다. 그의 견해에 따르면, 일본 해군 軍令部에서 편찬한 『27·8년 해전사』에는 "오전 7시 52분 양측의 거리가 거의 3천 미터로 근접했을 때 청국 군함 제원이 먼저 우리를 향해 발포했다"라고 기술되어 있지만, 제원과 광을 통솔했던 부장 방백겸(方伯謙)의 회고록인 『원해기문(寃海紀聞)』에 따르면, 그는 전투를 전혀 예상하지 못했고, 전투준비를 명하기도 전에 우세한 일본 군함이 맹격을 가했다고 했다. 田保橋潔 저·김종학 역, 2016, 『근대 일선관계 연구 下』, 일조각, 532쪽.

69 Douglas Howland, "Japan's Civilized War", p.191.

하기 때문이다. 영국 극동함대 사령관 프리맨틀 제독이 일본 해군의 코우싱호 격침을 비판하고, 나니와호의 책임자 처벌을 강력히 요구했던 것도 일본책임론의 반영이었다.[70]

그런데도 코우싱호 사건에 대한 일본책임론은 영국 정부의 공식 입장으로 채택되지 못했다. 영국 외무성은 프리맨틀 제독이 자제하도록 훈령할 것을 해군성에 요청했다. 주지하다시피 영국 정부는 시베리아횡단철도를 부설 중인 러시아에 맞설 잠재적 동맹국으로 일본이 필요했다. 따라서 교전국의 권리는 적대행위의 시작과 더불어 효력을 갖는다는 왕립해군대학의 국제법 교수인 로렌스(T. J. Lawrence)의 해석이 영국 정부의 공식 입장으로 채택되었다.[71] 다시 말하면 나니와호의 행위는 선전포고 이전이라 하더라도 풍도 해전을 계기로 정당성을 갖는다는 것이다. 이처럼 코우싱호가 중립국 선박이 아니라 청국의 수송선으로 보아야 한다는 견해가 등장한 것도 일본책임론을 면해 주는 새로운 논리가 필요했기 때문이다.

일본의 행위를 정당화하는 데 기여한 영국의 국제법 학자들은 케임브리지 대학교의 웨스트레이크(J. Westlake) 교수와 옥스퍼드 대학교의 홀랜드(Holland) 교수였다. 웨스트레이크는 『타임스(The Times)』에 기고(1894.8.3)한 기사에서 중립국 선박으로서의 코우싱호 지위를 부정했다. 그의 주요 논거는 3가지였다. 첫째, 코우싱호가 영국 상선이고, 영국 국기를 게양한 것은 인정되지만, 동시에 분명한 것은 코우싱호가 청국에

---

70 Douglas Howland, 2008, "The Sinking of the S.S. Kowshing: International Law, Diplomacy, and the Sino-Japanese War", *Modern Asian Studies 42*, pp.682-683

71 Douglas Howland, 2016, *International Law and Japanese Sovereignty-The Emerging Global Order in the 19th Century*, Palgrave Macmillan, pp.106-107.

수송서비스를 제공했다는 점이다. 이러한 서비스는 일종의 교전 행위로서 영국 국기와 소유권으로부터 보호받을 자격이 없다는 것이다. 둘째, 일본은 단지 선전포고를 하지 않았다는 이유로 코우싱호를 교전국 선박으로 간주하는 것에 방해받지 말아야 한다는 것이다. 선전포고 없이 개전하는 것은 나쁜 관습(bad habit)이지만 과거 오랜 기간 관례화되어 왔기 때문에, 19세기 후반에 선전포고 사례가 정형화되었다고 해서 그러한 관습이 완전히 배제되었다고 할 수 없다는 것이다. 따라서 청국이 교전국이라면 교전국에 수송서비스를 제공한 행위도 교전 행위로 보아야 한다고 했다. 셋째, 코우싱호에 승선한 청병(淸兵)들이 조선으로 향한 이유는 주한 일본군을 축출하려는 목적이었고, 코우싱호 선상에서 보여준 청병의 행위는 호전적이었기 때문에 일본은 이 배를 격침할 필요가 있었음을 입증할 수 있다[72]고 했다.

홀랜드 교수의 『타임스』 기고문(1894.8.7)은 코우싱호 사건에 대해 들끓고 있는 영국여론에 합리적 의심을 제안했다. 그는 코우싱호 격침 소식이 런던에 전해진 후 "해적과 같은 행위", "선전포고 없는 전쟁", "영국 국기에 대한 모독", "일본 지휘관 처벌" 등과 같은 말의 성찬이 이뤄지고 있음을 지적하고, 실제는 이와 다르며 일본은 무죄라는 주장을 폈다. 그의 논거는 두 가지였다. 첫째, 선전포고가 있기 전에 이미 전쟁 상태가 존재했다. 영미법(英美法)에서 전쟁은 선전포고의 뒤를 이어 개시하는 것이 아니라 교전 일국의 적대행위와 더불어 시작된다는 것은 주지의 사실이다. 둘째, 코우싱호 선장은 일본 군함 함장의 정지를 명령을 받았을 때 전시 상황임을 인식하고 있었다. 코우싱호는 중립국 선박임에도 교전국의 수

---

72 Takahashi Sakue, *Cases on International Law during the Chino-Japanese war*, pp.38~40.

송서비스를 제공하고 있었기 때문에 영국 국기 게양은 무의미한 것도 알았다.[73] 따라서 일본에 적대적인 교전국의 원정 군대를 저지하고, 그 수송선을 나포하기 위해 무력을 행사한 것은 법적인 문제가 없다고 했다.

하지만 홀랜드 교수는 일본 해군이 코우싱호가 격침되어 물에 빠진 청국 병사들에 대해 사격을 가한 불법행위에 대해서는 함구했다. 증거가 불충분할 뿐 아니라 만일 그런 일이 있었더라도 이는 교전국 간의 고충일 뿐 중립국의 권리와는 무관하다는 것이 이유였다. 다만, 일본 함장의 행위를 명예 혹은 인도주의 원칙에서 평가하는 것은 또 다른 과제라고 결론지었다.[74]

코우싱호 격침 소식이 런던에 알려지자 영국 정부가 법학자들을 동원하여 일본을 옹호하고 나선 것은 잠재적인 동맹국에 대한 정책적 배려였다.[75] 킴벌리 외상이 조약 개정은 일본에게 청국에 대한 승전보다 훨씬 좋은 것이라고 언급했던 것도 같은 맥락이었다.

신영일통상항해조약이 체결된 지 9일 만에 발생한 코우싱호 사건은 일본이 서구문명권의 "위대한 국가공동체(The great family of nations)"의 성원으로 취급될 가능성과 한계를 여실히 보여 주었다. 풍도 해전의 압승이 그 가능성이었다면, 코우싱호의 부상병 및 조난된 청국 병사들에 사격을 가한 행위는 그 한계라 할 수 있다.[76]

---

73 Douglas Howland, "The Sinking of the S.S. Kowshing", pp.684-685.
74 Takahashi Sakue, *Cases on International Law during the Chino-Japanese war*, pp.40-42.
75 홀랜드와 웨스트레이크 교수는 영일동맹이 체결되었던 1902년 일본 국왕으로부터 일본제국에 기여한 공로를 인정받았다. Douglas Howland, *International Law and Japanese Sovereignty-The Emerging Global Order in the 19th Century*, p.103.
76 S. C. M. Paine, 2003, *The Sino-Japanese War of 1894-1895*, Cambridge University Press:

영국 외무성이 나니와호의 무장 보트가 코우싱호의 조난한 청병들을 사격한 사실에 대해 침묵한 것은 주목할 만하다. 유럽에서 비난 여론이 일었지만, 청일전쟁 시기 교전국의 부상병, 전쟁포로, 병든 군인들에 대한 의료지원과 구호를 규범화한 제네바협약이 해전법으로 발효되지 않은 상황이었다. 일본의 행위는 도덕과 인도주의적 관점에서 비난할 수 있는 문제였지만 국제법 위반은 아니었다.[77] 청일전쟁에서는 교전국이 해전에서 적국의 전상자들을 보살펴야 할 의무가 법제화되지 않았기 때문이다.

영국 정부가 일본 해군에게 면죄부를 주면서 최대 현안으로 등장한 문제는 코우싱호 배상에 관한 청국 정부의 책임 여부였다.[78] 관건은 청국 정부가 영국과 일본이 만들어 낸 코우싱호 침몰 시나리오를 수용할지 여부였다. 선전포고가 없었더라도 풍도 해전에서 청·일 해군의 교전

---

    p.134. 리훙장의 군사고문으로 코우싱호에 승선했다 구조되었던 독일 육군포병 소령 콘스탄틴 폰 한네켄(Constantin von Hanneken)이 제물포주재 영국영사에게 제출한 진술서(1894.7.28)에서는 코우싱호가 피격되면서, 승선해있던 淸兵들이 바다로 뛰어들자, '나니와'의 무장 보트가 물에 빠진 청병과 침몰하는 코우싱호를 향해 사격했던 사실이 보고되었다. 그는 그 목적이 무엇인지 알 수 없었다고 진술했다. 또 침몰 중인 코우싱호 갑판에서 물에 빠진 청병들을 향해 사격했던 사실도 언급되었다. 한네켄은 코우싱호에서 물에 빠진 청병들을 향해 사격한 것은 "아마도 자신들이 살지 못할 바에는, 그들의 동료들도 죽어야만 한다는 야만적인 생각을 했던 것 같다"고 진술했다. 그는 코우싱호가 어뢰에 피격된 지 약 1시간 반 만에 완전히 침몰했다고 증언했다(Mr. von Hanneken's statement 28th July, 1894. FRUS(1894), pp.45-47).

77 Douglas Howland, "Japan's Civilized War", p.194. 제네바협약(1864.8.22)은 1864년 야전군의 병상자들 상태를 개선하기 위한 64개조의 국제법의 규칙들로 이루어졌다. 서구 열강은 陸戰에 국한되었던 이 협약에 추가조항을 첨부하여 해전에 적용하고자 제2차 제네바회의를 개최(1868)하였으나, 해전법으로 법제화되지 못했다. 일본은 1886년에 이 협약에 서명했다. 제네바협약을 보완하여 해전법으로 법제화하는 문제는 1899년 제1차 헤이그평화회의에서 구체화되었다.

78 陳肯寒, 2009, 「高陞號事件中英國政府態度轉變原因新論」, 『河北師範大學學報』, 第32卷 第3期, 134~137쪽.

이 있었기 때문에 이미 전쟁 상황은 존재했고, 코우싱호는 중립국 선박이 아니라 교전국의 군대수송을 지원했던 교전 도구였다는 논리는 코우싱호의 격침 이후 일본과 영국 정부가 고안해 낸 시나리오였다. 청국이 이를 순순히 받아들일지는 미지수였다. 결국, 코우싱호 사건은 배상책임을 둘러싼 영국과 청국의 국제법적 다툼의 단초가 되었다.

영·청 간의 법적 투쟁에서 피해자는 당대의 세계 패권국이었던 영국이었다. 불법 혐의를 받는 국가는 조약법에 따라 영국과 불평등관계에 있었던 청국이었다. 양국이 서구의 국제법에 따라 손해배상 문제를 다투게 된다면 아직 '문명'의 단계에 도달하지 못한 약자가 패소하게 될 것은 명약관화한 일이었다. 따라서 코우싱호 사건을 둘러싼 영·청 간의 법리 공방 기간은 청국이 영국의 배상 요구를 수용하는 과정이기도 했다.

코우싱호 배상책임을 둘러싼 영·청 간의 공방은 8년간 계속되었다. 이는 영·일의 논리 구조가 청국을 설복시키는 데 매우 취약했기 때문이다. 청국이 코우싱호 배상 요구를 수용한 이유는 법리 공방에서 패했다기보다는 의화단(1899~1900) 사건 이후 대외적 위상과 입지가 크게 위축된 청국이 영국의 압박을 끝까지 버텨내지 못했던 역학관계의 영향으로 보는 것이 더 크다.

코우싱호 배상책임을 일본이 아닌 청국에 강요하는 영국의 논리가 갖는 약점은 선전포고의 부재와 조선의 독립 훼손이었다. 우선, 선전포고는 통상적으로 교전 상대국뿐 아니라 중립국에게도 개전 사실을 통보하는 것이 목적이기 때문에 중립국에 중립 의무가 부과된다. 따라서 선전포고가 부재하여 중립국의 신민이 개전 사실을 알지 못한 채 합법적인 기업 활동에 참여하여 피해를 보았다면, 선전포고 이전에 전투행위를 한 교전국이 보상해야 한다. 또 교전국이 중립국 영토에서 교전권을 행사하는 행위는 중립국의 독립과 주권 훼손에 해당한다. 코우싱호 사건은 일본 순양함 나니와호가 조선 해역을 항행하던 중립국 선박을 정지시켜 임검하고, 수송선으로 판명되자 사세보로 끌고 가려는 과정에서 발생했기 때문에, 나니와호의 행위는 명백히 조선의 독립과 주권을 침해하는 행위였다.[79]

청국이 영국과 코우싱호 배상책임을 둘러싼 법리 공방에 적극적으로 참여한 계기는 라풍록의 주영공사 임명(1897)이었다. 그는 리홍장의 막료이자 코우싱호 고용계약을 담당했고, 전임 공사 공자오위안[龔照瑗][80]의 후임으로 임명되면서 영국 정부와 본격적인 법리 공방을 준비했다.

---

[79] Takahashi Sakue, *Cases on International Law during the Chino-Japanese war*, pp.48-50. 다카하시는 이 책의 제1부 제1장에서 코우싱호 문제를 다루면서 "조선은 중립국이 아니라 일본의 동맹국(Was Korea an ally of Japan or a neutral at that time?)"이라는 주장을 펼치면서 조선 해역에서 벌어진 나니와호의 국제법 위반행위를 피하고자 하였다. 그 논거는 조선의 관리(外務督辦)가 주한 일본공사에게 조선 정부를 대신하여 아산에 있는 청병의 축출을 요청했던 날이 바로 7월 25일이라는 것이었다(「大院君新政府組織中ナル旨報告ノ件」,『日本外交文書』第27卷 第1册, 1894.7.28, 631쪽). 이에 다카하시는 7월 25일 조선이 일본의 동맹국이 되었기 때문에, 풍도 해전이 벌어진 조선 해역은 중립지대가 아니라고 주장했다. 따라서 조선 해역에서 일본의 臨檢과 搜索을 실시할 수 있는 권리에 대한 논의는 의미 없다는 것이었다. 그러나 주한 일본공사가 조선 정부의 요청을 본국 정부에 알리기 위해 부산까지 공문을 우편으로 발송(7.25)하여 부산에서 陸奧 외상에게 타전(7.28)하는 데 3일이 걸렸다. 당시 朝日 간의 동맹조약 체결 여부에 대한 사실 확인은 차치하더라도, 나니와 함장 도고 헤이하치로[東鄉平八郎]가 조일동맹 체결 사실을 통보받고, 풍도 해역을 동맹국의 해역으로 간주하여 코우싱호를 임검하고 수색한 것은 아니었다. 당시는 무선통신이 없었기 때문에 함장이 이 사실을 인지할 수 없었기 때문이다. 따라서 코우싱호 사건이 발발한 풍도 해역은 중립 해역이 아니라 동맹국의 해역이었다는 다카하시의 주장은 궤변을 짜 맞추기 위한 억지에 불과했다.

[80] 王木, 2013, 「高陞號事件: 中日甲午戰爭的導火索」, 湖北檔案, 11期, 35쪽. 공조원은 리홍장과 인척 관계였기 때문에 1893년 주영공사에 임명되었다. 외교 경험이 없었고, 영어와 프랑스어를 구사하지 못했기 때문에 코우싱호를 둘러싼 영·일·청 3국 간의 힘겨루기에서 제 역할을 하지 못했다.

영국 외무성이 코우싱호의 선주였던 인도차이나윤선공사를 대리하여 청국 정부에 손해배상을 요구(1896.4.27)하며 조속한 타결을 독촉했음에도, 그는 협상을 지연시키며 법리적 반격을 도모했다.[81]

라풍록이 솔즈버리(Lord Salisbury) 외상에게 보낸 각서(1898.8.22)에는 청국의 입장이 다음과 같이 정리되어 있다. 코우싱호의 청병 수송은 조선 국왕의 원군(援軍) 요청에서 비롯된 것으로 일본군에 적대하는 교전 행위로 간주할 수 없다. 또 코우싱호 선장은 격침 당시 전시 상황이 성립되었음을 알 수 없었다. 영국과 일본은 코우싱호 격침 몇 시간 전에 청·일 간의 풍도 해전이 이미 발생하여 전시 상황이 존재했음에도 선장은 이를 무시했다고 논리를 완성했으나, 무선통신이 부재한 상황에서 선장이 이 사실을 알기에는 물리적으로 불가능하다는 것이 요지였다.[82]

라풍록은 교전국이 제3국의 상선에 개전 상황을 공식적으로 고지할 의무를 이행하지 않았을 경우, 코우싱호는 중립국 선박의 지위를 갖게 된다는 입장을 확고히 하였다. 더욱이 중립국 선박을 임검·수색하는 교전국의 권리는 중립국들이 외교채널을 통하여 개전을 공식통보 받은 후에야 비로소 발효되기 때문에, 코우싱호는 청국의 출발 항구인 다구로 회항했어야 했다는 논리를 제시했다. 이처럼 주영 청국공사는 코우싱호를 격침한 일본의 행위는 불법일 뿐만 아니라 정당화될 수 없는 것이라고 주장했다.[83]

코우싱호가 중립국 선박이라면, 영국 정부는 선박 소유주가 청국 정

---

81 杜志明,「晚淸駐英公使羅豊祿與高陞號賠償案」, 38~39쪽.
82 王木,「高陞號事件: 中日甲午戰爭的導火線」, 35쪽.
83 Douglas Howland, "The Sinking of the S. S. Kowshing", pp.691-692.

부에 손해배상을 요구하는 행위를 중단시켜야 했다. 하지만 영국 정부는 오히려 중립국 선박을 불법 수색한 교전국에 손실 배상 청구권을 행사했다. 따라서 중립국 선박을 불법으로 임검·수색한 일본 해군이 불법 행위에 순종하지 않았다고 중립국 선박을 격침할 권한을 가졌다는 주장은 억지에 불과했다.

라풍록은 일본 해군에 면죄부를 주었던 영국 국제법학자 홀랜드의 주장에 근거하여 청국면책론을 제기했다. 홀랜드는 풍도 해전으로 전시상황이 존재했기 때문에 청국 병사를 수송했던 코우싱호의 서비스를 교전 행위로 간주했으나, 청국이 실제로 교전국이고 코우싱호가 청국의 해군과 육군 작전에 참여했다면, 영국 선주들이 코우싱호의 침몰에 대한 손해배상을 요구할 어떠한 근거도 없다는 것이다. 만일 청국이 교전국이 아니었다면 코우싱호에 대한 불법 수색과 격침의 책임은 전적으로 일본에 물어야 하는 논리가 성립한 것이다.

영국 정부는 궁지로 몰리고 있었다. 청국면책론을 제기한 라풍록의 논리를 반박할 논리를 찾지 못하고 있었을 뿐 아니라 코우싱호의 선주였던 인도차이나윤선공사 이사 윌리엄 케스위크(William Keswick)가 영국의회 의원으로 선출되었기 때문이다. 케스위크는 청국에 대한 영국의 상업적 이익을 대변하던 중국협회(The China Association) 회장이었기 때문에 코우싱호의 손해배상에 대해 영국 정부와 외무성에 압박이 강화되기 시작했다. 이에 따라 영국 외무성은 청국공사에게 중재(仲裁)를 해법으로 제안(1899.3.18)했다.[84]

청국 정부가 코우싱호 사건에 대한 해법으로 중재를 수용한 것은 자

---

84 Douglas Howland, "The Sinking of the S. S. Kowshing", p.697.

국에 유리하다고 판단했기 때문이었다. 라풍록 공사는 영국 외무성에 주영 미국대사 조셉 초트(J. H. Choate)를 공증인으로 초빙하기로 요청하고, 7개조로 구성된 공증인 장정[中英兩國爲高陞輪案聘淸公正人判斷章程]을 영국 정부에 제출했다. 장정의 특징이 집약된 제1조는 초트 대사가 판단해야 할 코우싱호 사건의 핵심 쟁점이 명시되어 있었다.

"영국회사의 선박인 코우싱호가 일본 나니와호에 격침된 사실에 대해 초트 대신(大臣)을 청하여 경위를 명확히 밝힌다. 우선, 나니와호의 행위가 합리적이었는지, 나이와호의 행위가 공법을 위배하지 않는지를 살핀다. 또 배를 빌린 청국과 배를 빌려준 선박회사 중 누가 책임을 질 것인가에 대해서는 초트 대신에게 판단을 청한다. 파손된 선박이 얼마의 가치를 가지는지 초트 대신이 재량껏 평가한다. 다른 공증인(notary public)을 따로 파견하여 선박의 가치를 평가할 것인가는 초트 대신의 편의에 따른다."[85]

영국은 장정 채택을 거부했다. 비록 영국이 먼저 중재를 제안했음에도 나니와호의 코우싱호 격침을 불법으로 규정하고자 한 장정을 수용할 수 없었다. 청국은 장정 제6조에서 밝힌 대로 사안을 신속히 처리하고자 했으나,[86] 영국은 서두르지 않았다. 이는 영국이 중재를 택한 목적이 청국과 달랐기 때문이다. 1901년 1월 18일 『타임스』에 공개된 중재의 목적은 "책임소재는 청국이고, 청국 정부로부터 배상을 받아야 한다"는 것을 대중에게 알리는 데 있었다. 영국 외무성은 코우싱호의 손해배상은

---

85 杜志明, 「晚淸駐英公使羅豊祿與高陞號賠償案」, 38쪽.
86 第六款 此案一经公正人判后, 即为定案, 两国国家均应速照办理, 不得再有翻异(杜志明, 「晚淸駐英公使羅豊祿與高陞號賠償案」, 38쪽.)

청국 정부가 책임져야 한다는 입장을 유지했다. 영국 외무성이 중재에 회부하고자 한 사안은 청국 정부가 책임져야 할 배상금의 규모와 지급 시기였지 일본의 책임을 따지려는 것은 결코 아니었다.[87]

그렇다면 청국은 왜 다툼의 여지가 있음에도 코우싱호 침몰의 배상책임을 떠안았는가?

영국과 일본의 억지 논리로 만들어진 청국책임론에 대해 청국 정부는 끝까지 저항하지 못했다. 청국은 청일전쟁의 패전과 의화단 진압 과정에서 8개국 공동연합군에 의해 베이징과 주요 거점들이 점령당함으로써 영국과 법리 공방을 할 동력을 잃어버리고 말았다. 코우싱호 배상책임을 둘러싼 영·청의 국제법 공방은 재판이나 중재의 합법적인 방식보다는 힘의 논리에 따라 결정되고 말았다.

코우싱호 사건의 배상 문제는 베이징에서 마무리되었다. 영국 외무성은 승산이 없는 라풍록과의 교섭보다는 베이징에서 개인 외교의 방식으로 해결하기로 협상 전략을 수정했다. 신임 주청 영국공사 사토우(Ernest Satow)는 의화단 사태의 해결 과정에서 친분을 쌓은 경친왕 혁광(奕劻)과 신임 주영공사로 임명된 장데이[張德彝]와 대화를 시작했다. 양국 간의 이견을 보였던 미결 과제들을 논의하는 과정에서 코우싱호의 배상금 문제가 제기되자, 경친왕은 배상을 인정하되 배상금은 요구액의 절반만 지불하기로 타협하였다. 광서제에게 올린 상주(上奏)에서 혁광은 이를 "돈으로 평화를 샀다[花錢買平安]"고 완곡하게 표현했다.[88]

1903년 3월, 청국 정부는 환율에 따라 백은(白銀) 31만 냥을 지불하며

---

87 Douglas Howland, "The Sinking of the S. S. Kowshing", p.698.
88 王木, 「高陞號事件:中日甲午戰爭的導火線」, 36쪽.

정산을 마쳤다.[89] 코우싱호 사건은 최초로 국제법적 논쟁을 일으키면서 사건 발생 9년 만에 해결되었으며, 이로써 청일전쟁은 대단원의 막이 내려졌다. 비록 청·일 양국의 전쟁은 시모노세키 강화조약으로 마무리되었지만 코우싱호를 통해 표출된 극동 전쟁에 대한 영국의 개입은 영일동맹(1902)을 거쳐 러일전쟁으로 이어졌다.

5. 맺음말

청일전쟁은 교전 당사국이었던 극동 국가들이 서구의 국제법으로 관리되고 통제된 모습을 보였다. 개전에서 종전 심지어 종전일로부터 8년이 지나 배상이 마무리된 코우싱호 사건에 이르기까지 서구인들이 만들어 놓은 규범과 그들의 법 해석에 따라 전쟁의 향방은 반전을 거듭했다. 서구인들 특히, 당대 세계의 패권국인 영국의 간섭과 개입 여하에 따라 승패가 판가름 나는 상황이 연출되었다. 따라서 영국의 적성국이었던 러시아 주도의 삼국간섭이 청일전쟁 종전 직후 곧바로 실행된 이유도 영·러 대결의 극동판이 바로 청일전쟁이었기 때문이다.

풍도해전에서 영국 상선 코우싱호가 격침된 사건은 청일전쟁이 극동의 범주를 넘어서는 국제 전쟁이었음을 방증한다. 청일전쟁 개전 무

---

[89] Douglas Howland, "The Sinking of the S. S. Kowshing", pp.699-700. 코우싱호의 선주였던 인도차이나윤선공사는 당초 1894년 용선 계약 당시 청국 정부가 약속했던 4만파운드를 기대했으나, 최종 전달된 금액은 英淸 양국의 정치적 타협의 산물이었던 3만 3,411파운드였다. 윤선회사가 이 금액의 배상금을 수령한 것은 영국 정부의 강요 때문이었다.

렵 영국의 극동 해군은 거문도로 출동하여 정박하였고, 독일의 포병장교 폰 헤네켄 소령은 리훙장의 군사고문으로 코우싱호에 승선하여 아산 상륙을 준비하였다. 미국 역시 국제법에 따라 재일 청국인과 청국 거주 일본인들에 대한 보호자 역할을 청·일 양국으로부터 위임받아 수행했다.[90] 더욱이 청국의 공친왕(恭親王 奕訢)은 베이징주재 미국공사관을 방문(1894.10.31)하고, 덴비(Charles Denby) 공사에게 톈진조약(1858) 제1조의 거중조정 규정에 따라 미국이 중재자로서 일본에 교전 행위를 중지시키고, 강화조약 체결을 주선해 달라고 요청하였다.[91] 따라서 청일전쟁은 교전국이었던 청국·일본·조선뿐만 아니라 서구 열강도 연동되었던 국제전이었다.

영국 정부가 코우싱호 사건의 책임소재와 배상 문제에서 일본을 배제한 사이 일본 정부는 미국여론의 지지를 끌어내기 위해 언론공작을 전개했다. 코우싱호 침몰 당시 조난한 청국 병사들을 향해 일본군의 사격 행위가 있었다는 증언이 생존자들한테서 나왔기 때문이다. 일본의 비밀정보기금(Secret Service fund)이 에드워드 하우스(Edward Howard House)를 포함한 미국 작가들과 『도쿄 타임스(Tokyo Times)』 편집자에게 전달된 것도 일본에 유리한 보도를 하도록 하기 위함이었다.[92]

---

90 Cui Zhihai, 2015, "The United States and the Sino-Japanese War of 1894-1895", Social Sciences in China Vol.36, No 4, pp.168-169.

91 "Mr. Denby to Mr. Gresham, October 31, 1894." in American Diplomatic and Public Papers: The United States and China, Series III, The Sino-Japanese War to the Russo-Japanese War 1894-1905, Vol.2, The Sino-Japanese War I, pp.274-277.

92 Jeffery M. Dorwat, 1971, The Pigtail war: the American response to the Sino-Japanese war of 1894-1895. Doctoral Dissertation of University of Massachusetts Amherst, pp.40-42.

선전포고 이전에 발발한 일본 해군의 기습공격을 정당화하기 위한 노력은 성과를 드러내기 시작했다. 미국 언론들은 코우싱호 사건에 관대한 태도를 보였다.『뉴욕 트리뷴(the New York Tribune)』은 "사소한 일들을 따지기보다 코우싱호는 사실상 일본에 맞서 전투행위에 참전했던 청국 선박이었고, 일본 군함이 이를 격침할 충분한 권리를 가졌다"고 보도(1894.8.1)했다.『뉴욕 트리뷴』8월 5일 자 기사에서 뉴욕 주재 일본공사관의 참사는 "일본에 대한 미국 언론 보도에 감사"를 표했다. "전쟁 결과가 어떻게 되든, 위대한 공화국과 '동방의 양키 형제(Yankee brother)'인 일본과의 유대는 강화될 뿐"이라며 양국의 우호를 강조했다.[93] 결국, 미국을 비롯한 영국, 러시아, 독일, 프랑스 등 서구 열강은 청일전쟁의 개전 방지에 전력하기보다는 일본의 대청 개전을 묵인 또는 방조했다.

하지만 열강은 청일전쟁에서 보여 준 일본의 전투력에 만족해하면서도, 일본의 국제법 위반과 비인도주의적 행위들을 규제할 필요성을 절감하였다. 청일전쟁과 러일전쟁 직후 헤이그에서 평화회의가 개최된 것은 결코 이와 무관하지 않았다.[94]

---

93 Jeffery M. Dorwat, *The Pigtail war*.

94 코우싱호의 조난(遭難) 청병(淸兵)에 대한 사격 사건과 관련하여, 유럽 열강은 그동안 미뤄왔던 "제네바협약 원칙들을 해전에 적용하기 위한 협약(Convention for the Adaptation to Maritime Warfare of the Principles of the Geneva Convention)을 1899년 제1차 헤이그평화회의에서 제정하였다. 이후 이 협약은 러일전쟁을 거치면서 1907년 제2차 헤이그평화회의에서 보완되었다. James B. Scott, 1916, *The Reports to the Hague Conferences of 1899 and 1907*, Oxford: At the Clarendon Press, pp.709-714.

제5장

한반도 부동항과 러시아의 태평양 해양대국화정책
― 러시아는 대륙국가인가 아니면 해양국가인가

1. 머리말
2. 러시아의 태평양 해양대국화정책
 ― 대륙국가론에서 해양국가론으로
3. 러일전쟁 이후 러시아의 평화모색정책
 ― 해양국가론에서 대륙국가론으로
4. 맺음말

비테(Sergei Y. Witte, 1849~1915)

로젠(Roman Rosen, 1847~1921)

1. 머리말

　러시아의 대한반도정책은 러일전쟁을 정점으로 그 이전의 부동항 획득노선과 그 이후의 현상유지노선으로 구분된다. 부동항 획득정책은 러시아역사상 최초로 본격 추진되었던 태평양함대 증강정책으로 표출되었다. 반면 러일전쟁 이후에는 한국의 독립을 지지하여 일본군의 한국주둔을 차단함으로써 연해주를 방위하려는 현상유지정책을 추구하였다. 비록 전후 한국의 독립 지지정책은 한일병합으로 미완에 머물렀지만, 항일독립운동의 기지가 되었던 이유이기도 했다.

　러일전쟁은 반전과 이변이 어우러지고 극적인 요소들이 곳곳에 포진해 있는 2부작 드라마이다. 이는 '이상한 전쟁'이라고 할 수밖에 없는 다음의 몇 가지 이유 때문이다. 우선 러시아의 경우, 회피하고 싶었던 전쟁이었음에도 불구하고 개전으로 휘말려 갔으며, 원하지 않은 시기에 미국에 등 떠밀려 강화회의장에 나갈 수밖에 없었던 점이 쉽게 이해되지 않기 때문이다. 자국에게 유리한 시기에 전단(戰端)을 열어 승리하지 못한 채, 왜 시종일관 타의에 의해 끌려 다녔는지 의문이다. 일본의 경우, 육상과 해상에서 파죽지세로 승기를 잡았음에도 불구하고, 결과적으로 러시아로부터 한 푼의 배상금도 받아내지 못한 밑지는 장사를 한 이상한 전쟁이었다. 강화회의 결과에 실망한 일본 국민들이 전국적인 규탄대회를 열 정도의 홍역을 치른 전쟁에서는 이기고 외교에서 패배한 전쟁이 과연 승전인지 의문이다. 그리고 한국의 경우, 러시아와 일본의 전쟁임에도 불구하고 일본이 러시아령(領) 연해주를 공격한 것이 아니라 전시중립을 선언한 한국을 침략하면서 시작된 이상한 전쟁이다. 19개월의 전쟁기간에 사할린 이외에는 러시아와 일본 본토에서는 전혀 교전이 없고 오히려 만주와 한반도 및 그 인근해역이 주요전장이 되었던 기이한 전쟁이었다. 결국 이 전쟁은 1905년 9월 5일 포츠머스(Portsmouth) 강화조약이 체결됨으로써 승자도 패자도 없는 수수께끼 같은 전쟁으로 끝나고 말았다. 이러한 수수께끼는 러일전쟁이 끝났음에도 불구하고 여전히 일본군의 불법 점령하에 있었던 대한제국에도 해당된다. 여기까지가 러일전쟁의 제1막이다.

제2막은 포츠머스조약이 체결된 지 8일 뒤인 1905년 9월 13일 러시아의 황제 니콜라이 2세(Николай II)가 미국 대통령 시어도어 루스벨트(T.Roosevelt)에게 제2차 헤이그평화회의 소집을 통고하면서 막이 오른다.[1] 러시아, 일본, 한국을 중심으로 미국, 영국, 독일, 프랑스가 그 외연을 이루고 있는 제2막의 드라마는 무력이 아닌 외교전이라는 점이 관전 포인트이다. 그 치열한 외교전의 중심에는 대한제국이 있었다. 일본은 한국 점령을 합법화하고자 한 반면 러시아는 국제회의에서 독립국가로서의 한국의 위상을 확인하려 한다. 한국의 독립이 공인되고 한반도에서 일본군의 철병이 이루어져야만 태평양 연안의 유일한 항구인 블라디보스톡과 연해주의 안전이 담보될 수 있기 때문이다. 이에 1905년 10월 9일 러시아정부가 주러 한국공사 이범진(李範晉)에게 헤이그평화회의에 한국을 초청하기로 결정하였음을 통보함으로써[2] 20세기 초 한반도는 전쟁의 시발점이자 평화를 발신하는 진원지로서 의미를 동시에 갖게 되었다.

---

[1] Memorandum from the Russian Embassy handed to the President, September 13, 1905, *FRUS(1905)*, p.828.

[2] ГАРФ. Ф.818 О.1. Д. 112.Л. 1: Секретная телеграмма Российскому Посланнику в Пекине, 18 октября 1905.

대륙국가론은 재무상 비테가 견지했던 논리로 러시아는 극동에서 육군력에 의존해야 하며, 중국을 정책파트너로 삼아야 한다는 것이었다. 해양국가론은 태평양의 제해권 확보가 자신에게 부여된 역사적 사명으로 인식한 니콜라이 2세와 황실 측근들이 지지했던 팽창의 논리로서, 극동에서 러시아의 위력은 함대에 근거해야 하며, 이를 위해 태평양함대 증강뿐 아니라 그에 따른 부동항 획득정책도 수반하자는 것이었다. 후자가 러시아를 전쟁의 길로 인도했다면, 전자는 비테가 실각한 후(1903.8) 러시아의 국제법학자이자 외교관인 마르텐스(Мартенс Ф. Ф.)에 의해 체계화됨으로써 무력보다는 법률로서 분쟁을 해결하고 평화의 길로 나아가는 방향을 제시하였다.

한반도를 둘러싸고 전개된 러일전쟁이 '전쟁과 평화의 이중성'이라는 측면을 노정했음을 밝힌 연구는 아직 없다. 한반도가 청일전쟁과 러일전쟁의 원인이 되었다는 해석은 이미 학계의 통설이 되었으나 20세기 세계 평화운동의 시발점이 되었다는 연구는 거의 없다. 이는 청일전쟁과 러일전쟁이 헤이그협약의 육전법에 규제받은 최초의 전쟁이 되었다는 점을 고려하지 않았기 때문이다. 1899년 헤이그평화회의에서 입안되고, 1900년 9월 1일부터 발효된 헤이그협약의 육전법에 근거할 경우, 선전포고 없이 전시 중립을 선포한 한국에 대한 일본의 침략은 시종일관 국제법 위반으로 점철되어 있다.

러일전쟁이 종식된 지 100여 년이 지났음에도 한반도는 여전히 동북아시아의 분쟁 지역으로 남아 있다. 이에 본 연구가 향후 러일전쟁이 가져다준 전쟁과 평화에 관한 연구의 깊이와 폭을 넓히는 데 기여하기를 기대한다.

2. 러시아의 태평양 해양대국화정책 – 대륙국가론에서 해양국가론으로

러시아가 대륙국가의 전통을 버리고 제국주의의 시대적 조류에 편승하여 해양국가를 추구한 것은 러일전쟁이 발발하는 요인 중 하나였다. 러시아는 지리적 특성상 발트해, 흑해, 태평양 등에 독립된 개별 함대를 보유해야 했다. 1894년 니콜라이 2세(1868~1918)가 등극하여 극동정책이 적극적으로 바뀌기 전까지 러시아의 건함사업은 주로 발트해와 흑해에 집중되어 있었다. 1826년 2월 22일, 러시아는 니콜라이 1세(Николай I, 1796~1855)의 칙령으로 영국, 프랑스에 이어 제3위의 해군력을 유지하기 위한 건함사업에 착수했지만 크림전쟁(1853~1856)에서 영·프 연합군에 패배하며 발트함대를 상실하고, 흑해함대 보유권마저 박탈당하는 수모를 당했다. 니콜라이 2세의 선친인 알렉산드르 3세의 건함사업은 발트함대의 확대·개편과 흑해함대의 복원에 초점이 맞춰져 있었다.[3]

1881년 10월 5일, 알렉산드르 3세의 재가로 확정된 20개년 건함계획(1883~1902)에 따르면, 발트함대는 장갑 순양함을 포함하여 총 191척으로 편성될 예정이었으며, 흑해함대는 총 31척, 시베리아 선단은 기존의 소형 수뢰정 6척을 포함하여 총 21척의 소형 함단으로 발족할 예정이었다. 시베리아 선단을 함대가 아닌 소형 함단으로 발족시킨 것은 대형 순양함을 극동까지 배치할 수 없는 국가재정 형편을 고려한 결과였다.

---

3 Российский государственный архив Военно-Морской Флот(이하 РГАВМФ로 약함) Ф. 417. Оп. 1. Д. 695. Л. 4-8 : Памятная записка генерал-адмирала вел.кн. Алексея Александровича, 7 мая 1890 г.

대신 보완책으로 태평양 연안의 방위를 위해 블라디보스토크항 설비를 확장하고, 유사시 발트·흑해함대를 극동으로 파견하는 전략이 추가로 수립되었다.⁴ 알렉산드르 3세의 러시아의 건함정책은 태평양보다는 발트함대와 흑해함대의 증강에 비중을 두었으며, 니콜라이 2세가 황제로 오를 때까지 러시아 해군의 정책 기조였다.

하지만 '태평양의 제독'으로 부상하려는 꿈을 가진 니콜라이 2세가 황제에 오르면서 러시아 해군의 정책 초점은 태평양함대 증강사업에 맞춰졌다. 이에 천혜의 부동항을 지닌 한반도가 러시아의 극동정책에 전략적 요충지로 부상한 것은 당연했다. 하지만 태평양함대 증강은 막대한 군비 지출을 우려한 재무상 비테의 반대에 부딪혀 상당히 지연되고 있었다. 태평양함대 증강을 둘러싼 건함계획 지지자와 재무상 비테 간에 벌어진 논쟁의 쟁점은 '러시아는 극동에서 대륙국가인가, 해양국가인가? 또 극동에서 러시아의 영향력은 육군력에 의존해야 하는가, 해군력에 의존해야 하는가?'였다.

극동정책 당로자들 간에 벌어진 이 논쟁은 황제의 사촌이었던 알렉산드르 미하일로비치 대공(вел. кн. Александр Михайлович)이 제출한 정책건의서에 비테가 1896년 6월 30일 답신하며 시작되었다. 해군 전문가를 자처하던 대공은 '태평양에서 러시아 함대의 증강 필요성에 대한 의견'이라는 정책건의서를 비테에게 전달하고, 재무상의 "기탄없는 답변"을 듣고자 하였다.⁵

---

4 Там же. Л. 9-17об.

5 Российский государственный архив Военно-Морской Флот(이하 РГАВМФ로 약함) Ф.763. Оп. 1. Д. 41. Л. 1-35. Записка вел. кн. Александра Михайловича "Соображения о необходимости усилить состав русского флота в Тихом океане",

대공의 의견에 따르면, 표트르 대제와 예카테리나 여제가 발트해와 흑해의 출구를 획득함으로써 러시아를 유럽세계와 긴밀히 연계시켰던 것처럼, 니콜라이 2세도 시베리아를 유럽 지역의 러시아와 결부해야 할 의무를 지고 있다는 것이다. 그러면서 전 시베리아, 특히 동부 시베리아의 경제활동과 통상을 장려하기 위해 일본뿐 아니라 러시아에 가장 위협적인 영국이 획책하고 있는 연해주에 대한 영토 침해 기도를 차단해야 하고, 대양으로 나아가는 출구를 확보해야 한다고 주장했다. 대공은 러시아 태평양함대의 원대한 사명은 바로 시베리아를 대양과 연계시키고, 이 지역에 영·일의 접근을 차단하는 것이라고 강조했다. 그러면서 태평양함대의 증강을 위해 건함계획뿐 아니라 함포 및 수뢰 교체작업도 1904년까지 완료해야 한다고 했다. 이는 일본의 건함 10개년 계획이 1906년에 완성될 것을 염두에 둔 것이었다. 대공이 재무상에게 "이미 확정된 해군의 일반예산 이외에 1904년까지 매년 430만 루블을 추가예산으로 편성해 줄 것"을 요청한 것도 이 때문이었다. 나아가 "동시베리아를 적국으로부터 보호하고 개발하는 과업을 완수하기 위해 막대한 금전적인 희생을 치러야 하지만, 강력한 함대 유지와 블라디보스토크를 일급항구로 만드는 비용을 결코 아까워해서는 안 될 것"이라고 했다.[6]

그러나 이 건의서에 대한 재무상의 회신은 극동정책에 대해 근본적으로 다른 시각이 담겨 있었다.[7] 비테는 세 가지 논거를 들어 극동에서 해

С-Петербург, 1896 г. 이 정책건의서의 인쇄본은 러시아 역사문서보관소(Российскийго сударственный исторический архив-이하 РГИА로 약함)가 소장하고 있음: РГИА. Ф. 560. Оп. 22. Д. 201. Л. 2-52.

6 Там же.

7 РГИА. Ф. 560. Оп. 22. Д. 201. Л. 53-57об.: Отзыв на записку вел.кн. Александра

군력을 기반으로 러시아의 지위를 다지는 견해를 신랄히 비판했다. 첫째, 해군력 증강 계획을 입안할 경우, 태평양에서 일본 이외의 여타 유럽 열강까지 러시아의 적대국으로 등장할 가능성을 상정해야 한다. 이 경우 러시아의 태평양함대는 일본이라는 1국의 함대가 아닌 연합함대와의 전투를 염두에 두어야 한다. 만약 러시아 함대가 현재의 편제를 바꾸어 새로운 건함계획에 따라 전력을 증강하더라도 적대국들이 연합함대를 이루면 전력상 열세를 면치 못할 것이다. 둘째, 러시아에 대한 도발 가능성은 태평양뿐 아니라 러시아를 둘러싼 여타의 해상(발트해, 흑해, 백해)에도 상존한다. 따라서 태평양함대 증강을 위해 재정 지출을 증대해도 러시아와 적대국 간의 해군력 균형은 이루어지지 못할 것이다. 셋째, 다른 지역의 해군력 증강 요구를 외면하면서 태평양함대만을 증강하는 특별 예산 지출은 공평하지 못하다며 반박했다.

비테의 극동정책은 '대륙국가론'에 연유하고 있었다. 즉, 러시아는 해양국가가 아니라 대륙국가이며, 적대국들이 두려워하는 것은 러시아의 육군력이지 해군력이 아니라는 것이다. 따라서 러시아가 영국을 겨냥하여 현재의 대영제국 해군력에 대적할 만한 규모의 함대를 보유하고자 전력을 경주할지라도 그 목적을 달성할 수 없을 뿐 아니라 오히려 재정 파탄을 초래할 수 있다는 것이다. 그러면서 태평양함대 증강정책에 대해 다음과 같이 정리하였다.

"대륙국가인 러시아는 일본과의 무력충돌을 대비한다는 명목으로 해양국가인 일본의 정책을 모방하여 해군력을 증강하는 우를 범하지 말아

Михайловича-письмо министра финансов вел. кн. Александру Михайловичу от 30 июня 1896 г.

야 한다. 그보다는 오히려 시베리아횡단철도를 이용하여 유사시 신속하게 태평양 연안으로 군대를 이동시키는 전략을 수립해야 한다."[8]

비테가 극동정책의 파트너로 해양국가인 일본보다 대륙국가인 청국을 선호한 것은 당연했다. 그의 대륙국가론은 청국과의 비밀동맹 체결(1896.6.3)을 통하여 유럽 국가(프랑스, 독일, 러시아)와 청국을 잇는 대륙동맹의 성립을 목표로 하였다. 이는 "러시아의 산업화를 위해 유럽을 자본의 원천으로 삼고, 아시아를 시장"으로 삼으려 했던 경제정책의 산물이기도 했다.

흑해함대 사령관이었던 마카로프(Макаров С. О.) 제독도 비테와 의견이 같았다. 마카로프 제독에 따르면, 비록 러시아의 동쪽 지역이 유럽의 러시아와 육지로 연결되어 있지만, 인구 밀집 지역과 멀리 떨어져 있어서 본토로 보기보다는 식민지로 인정해야 한다. 따라서 극동에서 러·일 간의 대결은 두 국가 간의 대결이라기보다는 한 국가와 상대국가의 식민지 간의 대결로 보아야 한다고 주장했다.[9]

마카로프의 견해는 청일전쟁 당시 극동에 머물면서 체득한 경험에 근거하여 러시아의 지위를 현실적으로 분석한 결과였다. 그는 러시아의 국력이 일본보다 월등하지만 극동으로 한정할 경우 일본이 우월하다고 평가했다. 따라서 "무엇이 일본의 노골적인 야욕을 억제하는지를 이해하는 것"이 극동정책의 과제임을 강조했다. 그러면서, 일본이 한국에 대

---

8 Там же.
9 РГАВМФ. Ф. 763. ОП. 1. Д. 40. Л.1-39.: Отчет командовавшего эскадрой в Средиземном море контр-адмирала Макарова за время пребывания в Тихом океане в 1895 г. и соображения о возможных военных действиях на Дальнем Востоке, 20 апреля 1896 г.

해 신중한 정책을 펼치는 주요 원인은 자국의 해군력 증강에 쓸 "배상금 전액을 청국으로부터 받아내기" 위한 것이라고 평가했다. "만일 일본이 한국을 강점하면 이는 러시아와의 개전이 불 보듯 뻔할 뿐 아니라 배상금을 주지 않으려는 청국이 러시아에 가담할 것이 명확하기 때문"이라는 것이다.

마카로프 제독은 일본의 한국강점을 가로막고 있는 또 다른 이유로 일본의 이해타산적인 대러정책을 들었다. 일본과 같은 고도의 산업국가는 러시아와의 개전이 엄청난 부담이 될 뿐만 아니라 전쟁을 통해 막대한 물질적인 보상을 기대하기 어렵다는 점을 일본 정부가 잘 알고 있다고 보았다. 예를 들어 일본이 러시아 함대를 격파하고 블라디보스토크를 점령하더라도 러시아는 선뜻 종전 협상에 나서지 않을 뿐 아니라 일본에 한 치의 땅도 양보하지 않을 것이며, 이 점을 일본도 잘 알고 있다는 것이다. 이러한 마카로프의 견해는 향후 러일전쟁 당시 러시아의 정책 당로자들에게 커다란 영향을 끼쳤다.

비테의 대륙동맹론은 여러 측면에서 취약점이 있었다. 대륙국가론은 극동에서 러시아를 겨냥한 영국과 일본의 동맹 체결을 부추길 수 있으며, 시베리아횡단철도가 완공될 때까지 일본이 러시아와 개전을 하지 않을 어떠한 보장도 없다는 점이다. 이러한 대륙동맹론의 허점은 주일공사 로젠(P. P. Розен)이 1897년 4월에 작성한 "극동에서 러시아의 지위에 관하여"라는 정책건의서에 정확히 지적되었다.[10] 로젠은 러·일 간에

---

10 РГАВМФ. Ф. 763. Оп. 1. Д. 42. Л. 2-43. Записка о положении дел на Крайнем Востоке. 이 건의서는 1897년 6월 7일 外相 무라비요프(М. Н. Муравьев)의 편지에 동봉되어 海相 띠르토프(П. П. Тыртов)에게 발송됨.

무력충돌이 발발할 경우, 러·청 동맹의 역할에 깊은 불신을 나타냈다. 그의 의견에 따르면, 러시아와 일본이 전쟁을 벌이면 청국은 그에 맞는 군대와 함대를 보유하지 못하고 있기에 어떠한 원조도 기대할 수 없다. 더욱이 러시아가 이용할 청국의 항구들은 전장과 거리가 멀기 때문에 작전기지 역할을 할 수 없을 뿐 아니라 실질적으로 어떠한 도움이 되지 못한다는 것이다. 따라서 청국과의 동맹은 오직 일본으로부터 청국을 보호하는 방어의 의미 이상이 될 수 없다고 비판하였다.

이와 더불어 러·일 간에 무력충돌이 발생할 경우, 유럽의 두 국가(프랑스, 독일)로부터 적극적인 원조를 기대할 수 없다는 문제도 제기했다. 이를 입증하기 위해 청일전쟁 당시 양국이 보인 태도를 예로 들었다. 일본이 남만주 점령을 포기하도록 강박하기 위해 러시아 함대가 지푸항에 집결하였지만, 프랑스의 태평양함대 사령관 바몽 제독과 독일의 호프만 제독은 나가사키와 홍콩에 정박하고서도 러시아 함대와 합류할 태세를 보이지 않았다는 사실을 상기시켰다. 그러면서 러·일 개전은 극동에서 러시아를 곤경에 빠뜨리려는 독일에 이익이 될 수도 있다고 했다. 왜냐면 러시아는 이 지역으로 대규모의 육··해군을 투입해야 하며, 이렇게 되면 유럽에서 러시아의 행동반경이 크게 위축되기 때문이다. 따라서 러시아는 극동에서 어떠한 경우라도 대륙국가가 되어서는 안 된다고 주장했다.

이 같은 로젠의 비판적인 입장은 그의 극동정책의 기본 구상이었던 해양국가론에서 연유한 것이다. 즉, 극동으로만 한정하면 러시아는 대륙국가가 아니라 해양국가이며, 이 지역에서의 영향력은 해군력을 바탕으로 해야 한다는 것이다. 그러면서 극동 정세에 실질적으로 영향을 끼칠 수 있는 국가로는 3대 해양국인 영국, 러시아, 일본을 꼽으며, 극동의 국제관계는 이 3국의 관계가 기본 축으로 전개된다고 보았다. 3국이 보유한 군사력은 어느 한 나라가 여타 2국의 전력을 능가하지 못할 정도로 균등하여 3국 가운데 2국이 결합하는 형태가 나머지 1국에 대한 전력상의 우위를 확보하는 최선의 방책임을 지적했다. 이어 로젠은 다음과 같은 결론에 도달했다.

"태평양에서 러시아가 영국의 해군력에 대항하기 위해서는 단지 대륙적인 이해만을 보장해 주는 청국과의 동맹이나 한국의 보호국화정책으로는 지지 기반을 확보하기가 매우 힘들다. 러시아에 그와 같은 동맹국은 오직 일본뿐이다. 일본과의 동맹은 영국과의 전쟁 시 연해주의 안전을 보장해 줄 뿐만 아니라 러시아 해군의 든든한 보루가 되어 줄 것이다."[11]

로젠의 해양국가론은 니콜라이 2세가 꿈꾸었던 '태평양의 제독'과 결부되면서 태평양함대 증강 조치로 이어졌다. 이렇게 증강된 태평양함대에 부동의 양항은 필수적이었다. 따라서 극동에서 부동항 획득과 해군기지 건설이 해군성의 최우선 과제로 부상했다. 1898년 러시아 해군성이 청국으로부터 랴오둥반도의 뤼순과 다롄을 조차(租借)하고, 1900년 한반도의 마산포를 조차한 것도 해양국가론에 입각한 태평양함대 증강 정책의 산물이었다.

하지만 대륙국가론을 견지했던 재무상 비테는 '1900년도 러시아 대외정책의 과제들'이라는 외무성 제안서에 답신을 보내며 극동에서의 해양대국화정책이 초래할 막대한 방위비에 깊은 우려를 나타냈다.

"매년 끊임없이 증가하는 막대한 방위비는 가까운 시일 내에 복구되

---

11 Там же.

기 힘들 것이며, 앞으로도 러시아의 인민과 기업가들에게 커다란 부담이 될 것이다. 또 러시아가 극동에서 군사력을 증강하면 할수록 영국, 일본 혹은 여타의 열강도 이곳의 전력을 급속히 증강할 것이다. 극동에서의 군사력 증강은 궁극적으로 일본과의 갈등뿐만 아니라 열강과의 군비경쟁을 초래할 것이다. 답신에 잘 나타나 있다."[12]

주지하다시피 러시아의 마산포 획득 시도는 일본의 반대에 부딪혀 성과를 내지 못하였다. 1900년 3월 30일, 주한 러시아공사 파블로프는 한국 정부와 두 가지 협정을 체결하였다. 하나는 이 지역을 여타의 열강에 양도하지 않을 것을 약속받은 협정이었다. 이는 일본이 마산포와 인근 토지를 선점하여 전략적으로 사용하려는 기도를 차단하기 위함이었다.[13] 다른 하나는 1900년 6월 3일, 러시아 부영사 소코프(C. Соков)와 대한제국 통상국장 정대유(丁大有)가 체결된 토지조차협정으로 러시아의 태평양함대가 마산포 개항장 토지 일부를 조차하여 평화적인 목적으로 이용할 수 있는 권리를 갖는 것이었다.[14] 이로써 러시아 해군성은 마산포 문제에 계속 개입할 근거를 마련하여 당분간 극동에 유일한 부동의 해군기지였던 뤼순항의 요새화 작업에 정책의 초점을 맞출 수 있었다.

니콜라이 2세는 재정 부족에도 불구하고 러시아를 태평양의 해양대국으로 부상시키려는 야심을 일관되게 견지하였다. 그의 의지는 1902년

---

12 РГИА. Ф. 560. Оп. 22. Д. 215. Л. 2-5об.

13 РГАВМФ. Ф. 417. Оп. 1. Д. 2006. Л. 160-167об.: Донесение ст.сов. А.И.Павлова, 20 марта 1900 г.

14 Там же. Д. 2300. Л. 4-6: Копия с соглашения, заключенного в Масанпо 22 мая 1900 г.

10월 28일에 티르토프(П. П. Тыртов) 해상이 올린 상주서에 "건함사업은 국가를 최악의 상태로 몰아넣지 않는 한 결코 중단할 수 없다"고 결재함으로써 재천명하였다.[15] 하지만 제2차 20개년 건함계획(1903~1922) 최종안 선정작업이 지연되자 티르토프는 전함 증강사업이 정해진 기간 내에 완수하기 힘들다고 보고하였다. 그러자 니콜라이 2세는 일단 2개년(1903~1904) 건함계획에 쓰일 5,000만 루블을 해군성에 즉각 배정할 것을 재무성에 지시하였다.[16] 건함사업에 대한 차르의 일관된 의지는 섬나라이자 해양국가인 일본과의 갈등을 부추기고 개전을 촉진하는 데 일조하였다.

1905년 2월 18일, "러시아는 자신의 명예와 자존심뿐 아니라 태평양의 제해권(За господство на водах Тихого Океана)을 위하여 유혈의 전쟁을 수행할 것"이라는 니콜라이 2세의 칙령은 러일전쟁의 목적이 태평양 제해권 확보임을 명확히 했다. 차르의 칙령은 일본의 전쟁 도발을 정당화시켜주었으며, 이는 일본이 외국 정부에 러일전쟁 불가피론을 확산시키는 데 다음의 측면에서 유리할 수 있었다. 첫째, 러시아가 다른 열강의 이해에 손상을 끼치면서 극동에서 지배적인 입지를 확보하려 했기 때문에 개전할 불가피할 수밖에 없었다. 둘째, 러시아 황제의 칙령은 러시아에 동조하지 않는 여타의 기독교 국가(영국, 미국)들이 러시아에 대항하여 결합하는 이유가 될 수 있다. 셋째, 향후 일본이 승전할 경우, 영·미·일이 러시아의 제해권 장악을 막는 데 힘을 합칠 것이며, 대일 강화협상

15　РГАВМФ. Ф. 417. Оп. 1. Д. 695. Л. 1-1об. Доклад морского министерства по главному управлению кораблестроения от 28 октября 1902 г.

16　Там же.

진행을 곤란하게 할 수도 있다는 것이다.

1905년 2월 19일, 람스도르프(Рамсдорф) 외상은 이에 대한 상주서에서 "2월 18일 자 칙령을 외국 정부가 부정확하게 해석하는 것을 방지하기 위해 설명을 하는 것이 바람직"[17]하다는 의견을 개진했다. "만일 외국 대표들이 문의할 경우, 러시아는 전쟁 이전의 상황을 복구하고, 세계열강으로서 그에 상응하도록 '태평양의 자국 연안(На своем берегу Тихого Океана)'에서 제해권을 명확히 하고자 한다고 말하라"고 결재한 차르의 입장은 러시아의 극동정책이 해양국가론에 근거하고 있음을 재확인시켰다. 다만, 태평양 전 지역이 아니라 러시아와 연접한 지역으로 그 범위를 한정했다.

그러나 제해권의 범위는 상술한 바와 같이 축소되기도 하고, 확대되기도 하는 것이었다. 따라서 그 범위는 러시아 황제 니콜라이 2세가 추진한 '태평양에서의 해양대국화정책'과 연동되어 있었다.

3. 러시아의 평화모색정책 – 해양국가론에서 대륙국가론으로

러일전쟁 이후 제1차 세계대전에 이르는 10년간은 전쟁이 아닌 평화적 방식으로 대립과 갈등을 해결하려는 평화운동이 고조되었던 시기로, 러시아가 소집한 제2차 헤이그평화회의가 그 절정이었다. 이는 러시아가 '태평양에서의 해양대국화정책'을 포기하고 대륙국가로 복귀하는 과정과 맞물려 있었다. 이 기간 제정러시아는 해양국가로 부상하기 위해

---

17 ГАРФ. Ф. 568. Оп.1. Д. 206. Л. 3-5.

노력해 왔기 때문에 이를 극복하는 과정은 쉽지 않았다. 앞서 재무성의 강력한 반대에 부딪혀 소강 상태에 있던 해군성의 건함계획은 러일전쟁 개전을 기화로 해군력 증강사업으로 새롭게 변모하였다.

새로운 태평양함대 건설의 당위성을 설파함으로써 해군성에 건함사업에 추가예산 지원을 끌어낸 사람은 전 태평양함대 사령관이자 함대강화특위 위원이었던 두바소프 제독(Ф. В. Дубасов)이었다. 그는 1904년 9월 23일 알렉세이 알렉산드로비치 대제독(Вел.кн. Генерал-адмирал АлексейАлександрович)에게 보내는 정책건의서에서 "일본의 기습공격으로 발발한 이 전쟁에서 새로운 태평양함대 건설만이 러시아가 승리할 수 있는 유일한 길"이라고 역설했다. 그의 견해에 따르면, 새로운 함대를 건설하여 극동의 제해권을 확보할 경우 해상보급로를 차단함으로써 일본 육군원정대를 고립시켜 전쟁을 국지전화 할 수 있으며, 해상 병참로를 확보하여 러시아 육군의 보급 및 지상 작전에 적극적으로 협력할 수 있고, 일본 군대를 만주 및 한국에서 축출하여 궁극적으로 한국까지 손쉽게 점령할 수 있다는 것이다. 또 제해권 확보를 위한 제1보로 '마산포 점령'을 주장하며, 새로운 함대 건설을 통하여 러시아 해군의 숙원인 마산포를 점령함으로써 일본 육군원정대의 후방을 봉쇄하고, 러시아 해군의 전략기지를 확보할 수 있다고 했다.[18] 제독은 일본이 패하더라도 결코 승복하지 않을 것이며, 러시아에 의해 무장해제당하더라도 조속히 재기할 것이다. 따라서 이 전쟁을 승리로 이끌고 일본과의 강화조약

---

18 РГИА. Ф. 1622. Оп. 1. Д. 265. Л. 1-11: Записка вице-адмирала Дубасова с оценкой нашего положения на море и с соображениями о мерах для усилиеня флота, 10 сентября 1904 г.

이 체결된 후에라도 이 지역의 평화를 담보하기 위해서는 일본 해군을 능가하는 강력한 함대를 지금이라도 건설해야 한다고 역설했다. 이러한 논거에 기반하여 강력한 함대 건설을 위해 대형 전함 위주의 건함사업(순양함 10척, 구축함 및 수뢰정 각 15척)을 제의하였다.[19]

두바소프가 제기한 강력한 태평양함대 건설계획은 외상 람스도르프(В. Н. Ламздорф)가 적극적인 지지를 표명함으로써 한층 더 설득력을 얻었다. 외상의 견해에 따르면, "일본의 패색이 짙어질 경우 일본과 동맹을 맺은 영국뿐만 아니라 미국까지 러시아에 대해 적대행위를 감행할 가능성이 농후하기 때문에 러일전쟁이 종결될 때까지 만반의 태세를 갖춰야 한다"며 즉각 군비증강 대책을 마련해야 한다며 두바소프의 제안에 동조했다.[20]

그러나 두바소프의 계획은 1904년 12월 16일에 재무상 코코프초프(В. Н. Коковцов)가 상주서를 제출하면서 최대 고비를 맞게 되었다. 코코프초프가 제기한 새로운 함대 건설계획의 문제점은 첫째, 일본과 전쟁을 치르면서 막대한 전비 부담을 안고 있는 러시아 정부가 영국과 미국에 대비한 함대 건설에 필요한 추가예산을 감당하기란 현실적으로 불가능하다. 둘째, 막대한 예산이 소요되는 이 사업은 전비 부담에서 벗어나는 러일전쟁이 종료된 이후로 연기하는 것이 타당하다. 셋째, 국내 조선소의 생산능력은 당분간 현 수준을 유지하는 것만으로도 충분하다. 넷째, 일본과의 강화조약 체결 후 극동에서 러시아의 위상을 정립하는 문

---

19 Там же.
20 РГИА. Ф. 1622. Оп. 1. Д. 267. Л. 1-13: Записка председателя Морского технического комитета вице-адмирала Ф.В.Дубасова генерал-адмиралу вел. кн. Алексею Александровичу, 22 дек. 1904 г.

제 역시 군비증강이라는 해법보다는 외교적인 수단으로도 가능하다는 것이다.[21] 요컨대 재상은 위력적인 함대 건설은 국가 재정상 전쟁이 끝난 후에나 가능하며, 강화조약 체결 후 러시아에 의한 극동의 평화는 외교적인 방법으로도 충분히 유지될 수 있다는 논거를 제시하여 두바소프의 계획을 막고자 했다.

그러나 코코프초프의 의도는 1905년 1월 4일 대제독에게 전달된 두바소프의 정책건의서에서 통렬하게 반박되었다. 두바소프는 건의서에서 새로운 함대 건설을 반대하는 재상의 논리를 조목조목 비판하였다. 제독은 강력한 태평양함대의 건설 시기는 러일전쟁 종전 이후가 아니라 전쟁을 수행하면서 병행해야 한다고 주장했다. 그 이유는 일본을 패퇴시킨 후 러시아의 요구를 즉각적으로 수용할 수밖에 없는 상황으로 몰아가기 위함이며, 또 이 전쟁에 참전하지 않은 영국과 미국이 러시아에 적대행위를 할 경우를 대비하여 새로운 함대 건설을 해야만 한다는 것이다.

재정난을 내세운 재상의 반대 논리에 대해서도 해법을 제시했다. 비록, 1905년도 정부 예산은 막대한 전비를 겨우 감당할 정도의 규모로 편성되어 있지만, 통상적으로 전함을 건조하는 데는 최소 12개월에서 24개월이 소요되기에 선박 대금은 발주 후 1년 뒤부터 지불하면 된다고 했다. 일반적으로 선박을 인도받은 후 최종정산이 이루어지는 것이 관례이기 때문에 선박대금은 적어도 2~3년 후에나 지불하면 된다는 것이다. 따라서 발주대금은 1906년과 1907년 예산에서 지출될 것이며, 그 때쯤이면 러시아의 재정도 이를 감당할 만큼 호전될 것이라고 낙관했다.

더불어 건함 자금조달 방책으로 외국은행의 신용대출을 이용하자고

---

21 Там же.

했다. 선박건조에 필요한 상당의 부속품을 외국에 주문해야 하며, 이에 따라 구미 국가들에서 일반적으로 통용되는 대금결제 방식을 조건으로 해외 발주를 하자는 것이다. 즉, 러시아에 부담이 덜 하는 시점까지 부품 대금의 지불을 연기하고, 그동안 외국 선박회사들이 부품 제작을 위해 은행에서 차입한 대출금의 이자를 갚아 나간다는 조건이었다. 이 경우 러시아는 "현 상황에서 가장 중차대한 사업을 최단 시일에 끝마칠 수 있을 뿐 아니라 차관 도입시 예상되는 중개수수료를 물지 않고도 재정 운용을 유리하게 할 수 있다"고 덧붙였다.[22]

국내 조선소의 생산능력을 현 수준에서 동결하자는 재상의 주장에 대해서는 코코프초프의 의도가 태평양함대를 현 수준으로 고정하려는데 있다고 단정하고, 침체에 빠진 국내 조선산업 활성화를 위해서는 강력한 함대 건설사업이 최선의 정책임을 강조했다.

"승리의 순간을 맛보기 위해서는 국내 조선산업의 수준을 현 단계로 고정하기보다는 오히려 건함사업을 위한 시설 확충에 박차를 가해야 할 것이다."[23]

마지막으로, 일본과 강화조약 체결 후 러시아가 외교적으로 고립될 경우 막강한 군비를 갖추고 있더라도 이를 통해 극동에서 러시아의 이해를 보전할 수 없기 때문에 외교적인 방법으로 문제를 해결한다는 재상의 견해를 일축했다. 즉, 국제관계의 요체는 국가의 이익이며, 모든 국가는 철저히 자국의 이익을 우선한다. 따라서 향후 이들을 동맹국으로 끌어들이기 위해서는 오히려 강력한 군사력이 바탕이 되어야지 외교적

---

22 Там же.

23 Там же.

인 술책만으로는 불가능하다는 것이다. 이어서 "우리가 시급하게 함대 건설에 착수하지 않으면, 외부로부터 일체의 원조도 기대할 수 없는 고립상태에 빠질 것이며, 어떠한 외교적인 노력도 우리를 고립상태에서 끌어내지 못할 것"이라고 역설했다.[24] 따라서 함대 건설은 다각도의 논의를 바탕으로 바로 이루어져야 한다고 결론지었다.[25]

1905년 4월 초, 차르의 지시로 알렉세이 알렉산드로비치 대제독이 주재하는 건함사업을 위한 특별회의가 개최된 것은 태평양함대 증강 문제를 둘러싼 논쟁의 결과였다. 이 회의에는 외상 람스도르프, 재상 코코프초프, 육상 사하로프(В. В. Сахаров), 해상 아벨란(Авелан), 극동 총독 알렉세예프(Е. И. Алексеев), 감사원장 로브코(П. Л. Лобко), 국가위원회 경제국장 솔스키(Д. М. Сольский) 등이 참석하여 신설될 함대의 규모와 건조장소 확정 문제를 논의했다. 그 결과 발트·태평양함대 증강사업을 위해 총 규모 5억 2,500만 루블의 자금을 매년 7,500만 루블씩 7년에 걸쳐 해군성에 지원하고, 대형 전함 건조는 발트 연안의 조선소와 외국 업체가 전담하며, 이곳에서 건조된 전함은 즉시 극동으로 파견한다고 결정하였다.[26]

그러나 1904년도 해군예산 9,650만 루블의 약 5.3배에 달하는 막대한 자금이 투자될 이 건함사업은 로제스트벤스키(З. П. Рожественский) 제독이 이끄는 발트함대가 쓰시마 해전에서 거의 전멸하며 착수하지 못한 채 무산되고 말았다. 쓰시마 해전의 참패 소식에 코코프초프와 솔스키

---

24 Там же.

25 Там же.

26 Шацилло К. Ф. Русский империализм и развитие флота накануне первой мировой войны (1906-1914 гг.). М., 1968. С. 50-52.

는 태평양함대 증강계획을 철회한다고 대제독에 전달한 뒤, 건함사업을 재검토해 줄 것을 차르에게 상신하였다.[27] 쓰시마 해전은 막대한 예산이 소요되는 태평양함대 증강론을 이론적으로 뒷받침해 왔던 해양국가론을 궁지로 몰아갔다. 아울러 건함계획과 관련한 러시아의 정체성에 대한 고민이 재차 제기되었다.

황제의 시종무관장 게이덴(Гейден А. Ф.)[28]이 외무상 람스도르프에게 "러시아에는 어떤 함대가 필요한가"라는 도발적인 정책건의서를 제출한 것은 쓰시마 해전과 더불어 사그라져가던 함대 증강 논의에 불씨를 되살리기 위함이었다. 이 건의서는 이제까지 추진된 태평양함대 증강정책의 실패를 인정하고, 극동에서 근동으로 대외정책의 무게중심을 옮기는 것이 요지였다. 이는 근동정책의 지렛대로서 지중해함대와 그 예비 함대인 흑해함대 증강을 우회적으로 요구하는 것이었다.

게이덴은 지난 25년간 러시아의 건함사업은 매우 불완전했고, 미완에 그치고 말았음을 지적한 후, 해상무역 증가에 따른 해상 교통로 안전을 담보하기 위해 함대의 중요성과 역할을 강조하였다. 아울러 우수한 전력을 갖춘 흑해함대를 활용하기 위하여 1878년 베를린회의에서 봉쇄하기로 한 터키해협 개방과 영국과의 동맹 체결을 제기하였다. 이는 러일전쟁을 치르면서 드러난 해군 전략의 문제와 외교정책의 난맥을 해결하기 위한 방책으로, 태평양함대를 지원하기 위해 흑해함대를 극동으로 신속히 파견하기 위해서는 보스포루스(Bosphorus) 및 다르다넬스

---

27 Там же.
28 ГАРФ. Ф.568. Оп.1. Д.268. Л. 10-48.: Какой флот нужен России. Записка Флигель-Адъютанта Графа Гейдена

(Dardanelles) 해협 개방과 수에즈 운하 통행이 필수적이었기 때문이다.

이에 게이덴은 "엄청난 재정 부담을 감수하면서 3개 해역(발트해, 흑해, 태평양)에서 개별 함대를 건설하고 유지해야 할 필요가 없는" 새로운 해양전략, 즉 지중해함대 증강계획을 주장했다. 이는 소규모 건함계획을 통해 가능하며, 러시아는 장갑 전함 8척, 장갑 순양함 4척, 일반 순양함 6척, 수뢰정 12척 등으로 구성된 지중해함대를 중심으로 흑해에는 예비함대를 두어 실현할 수 있다고 했다. 즉, 지중해를 거점으로 유사시에는 발트해 및 극동으로 지중해함대를 파견함으로써 최소 비용으로 최대 효과를 거둘 수 있다는 것이 골간이었다. 터키해협 개방을 기본 조건으로, 극동의 태평양함대는 평시 진용을 유지하며, 블라디보스토크 항구에는 완전한 전시 진용을 갖춘 태평양함대를 예상하여 항만 및 정비시설을 갖추고, 발트해와 흑해에서는 방어를 위주로 한 설비를 구축한다는 것이다. 이 경우, "러시아 함대는 역사적인 과제, 정치적 상황 및 제국의 명예에 부합하는 임무를 수행할 수 있다"고 결론지었다.[29]

게이덴의 건의서는 쓰시마 해전 이후 러시아의 건함정책을 합리적으로 재편하는 방책으로 보였으나 근본적인 문제에 대한 해결책은 없었다. 최소한의 함대를 어떻게 운용하느냐의 문제가 아니라, 러시아에 함대가 필요한가에 대한 고민이 그것이었다. 그 고민은 러시아가 해양국가가 아니라 대륙국가의 전통으로 회귀함으로써 해결될 수 있었다. 1896년 재무상 비테가 제기했던 대륙국가론의 논리는 이제 페테르부르크대학의 국제법 교수이자 외무성 자문회의 상임위원인 마르텐스

---

29 ГАРФ. Ф.568. Оп.1. Д.268. Л. 47-48.

(Мартенс Ф. Ф.)[30]에 의해 정교하게 다듬어졌다.

1905년 6월 1일, 마르텐스는 외무성의 의뢰를 받아 게이덴의 정책건의서를 검토한 후 외무상 람스도르프에게 회신하였다.[31] "시적인 상상력이 매우 풍부하고, 독자들에게 현실정치를 잊게 하는 장점이 있다"고 평가한 후, 이 건의서의 문제점은 논리학에서 말하는 'Petitio Principii-잘못된 전제에서 출발하는 오류'에 기반하고 있음을 지적했다. 다시 말하면 입증되지 않은 전제로부터 출발한 논리체계로서, 만일 이러한 전제가 근거가 없다면 모든 건물은 반드시 무너지고 말 것이라고 했다.

이는 러시아에 또다시 수억 루블이 소요되는 거대한 함대 건조가 필수적인가? 근동에서 수차례 전쟁을 치르면서 형성된 정치 상황을 완전히 변경할 필요가 있는가? 등의 의문에서 비롯되었는데, 마르텐스는 게이덴의 건의서에서 수억 루블을 투입하여 함대를 건조해야 할 당위성을 찾지 못했다는 것이다. 이러한 의문은 역사적 사실에 대한 면밀한 검토에 근거하고 있었다. "지난 1백여 년간 모든 국제 전쟁의 결말은 함대 혹은 해전과는 아무런 관련이 없었다." 심지어 유명한 트라팔가 해전(1805)

---

30 마르텐스(1845~1909), 러시아의 국제법학자이자 외교관. 1873년부터 페테르부르크대학 국제법 교수로 재직하면서 러시아 외무성의 국제법 관련 자문 담당. 1899년 헤이그 평화회의에 러시아 대표로 참가하여 전쟁법의 지도적 이념으로 자리 잡은 소위 '마르텐스 조항(Martens Clause)'을 마련했다["더 완비된 전쟁법전이 마련되기 전까지는 체약 당사국들은 그들이 채택한 전쟁법에 포함되어 있지 않은 경우는 전투원과 민간인들을 문명국들의 관행으로부터, 또 인도적인 법(laws of humanity)과 공적 양심(public conscience)의 요청으로부터 비롯된 국제법 원칙의 보호와 지배하에 둔다"]. 그의 주도하에 중재재판제도가 마련되었다. 1905년 포츠머스 강화회의에 러시아 측 전권위원으로 참여하였고, 제2차 헤이그평화회의(1907)에서는 해사법(maritime law)위원회를 주관하였다.

31 ГАРФ. Ф.568. Оп.1. Д.268. Л. 1-10.: Доверительное письмо Тайн.сов. Мартенса, 19 мая 1905 г.

도 영·프가 전쟁의 결말을 짓지 못했고, 나폴레옹 왕조의 운명은 바다에서 결정된 것이 아니라 라이프치히와 워털루에서 결정되었다는 것이다. 즉, 해전은 나폴레옹 전쟁 이후 모든 전쟁에서 전쟁을 종식하는 데 결정적인 역할을 한 번도 하지 못했음을 역사가 입증하고 있다는 것이다.

이러한 마르텐스의 비판적인 입장은 러시아의 정체성에 대한 정확한 판단에 기인한 것이었다. 그의 견해에 따르면, 러시아는 3개 해양에 거대한 함대를 보유하지 않더라도 열강으로 남아 있을 것이기 때문에, "매우 훌륭한(Par Exellence) 대륙국가"이다. 함대는 섬나라, 연해 국가 혹은 식민정책 및 국민의 통상 이해를 염두에 둘 경우 필수적이며, 해외식민지를 거느리지 않고 해상무역이 왕성하지 않은 러시아에는 큰 의미가 없다는 것이다. 이어 쓰시마 해전의 참사도 역사적 경험에 근거한다면 러일전쟁을 종결시킬 수 없기 때문에 러시아 군대가 일본군에 타격을 가할 상태에 있고, 재정이 전쟁을 지탱하는 동안 함대의 패배는 강화조약 체결에 어떠한 영향도 끼칠 수 없다고 단언하였다.[32] 그의 주장은 포츠머스 강화회의에서도 관철됨으로써 러시아에 유리하게 강화조약을 체결할 수 있었다.[33]

마르텐스의 대륙국가론은 수뢰정 건조 문제에 대해서도 부정적이었다. 수천만 루블이 드는 수뢰정은 해저기뢰로 순식간에 침몰하며, 전쟁의 운명을 결정짓지 못하면서도 국민경제를 파산으로 몰아간다는 점에서 납득할 수 없는 문제였다. 이에 흑해 연안의 방위는 해협을 개방하

---

[32] Там же.
[33] ГАРФ. Ф.568. Оп.1. Д.209. Л.1-11об.: Инструкция Муравьеву, русскому уполномоченому на мирных переговорах с Японией.

기보다는 봉쇄하는 것이 훨씬 유리하며, 흑해의 입구인 보스포루스에 기뢰를 부설하는 것이 효과적이라 보았다. 대륙국가의 관점에서 보았을 때, 흑해를 "러시아의 호수"로 유지하는 것이 러시아의 역사적 전통과 문화적 이해에 부합된다는 것이다.

마르텐스가 게이덴의 건의서에 동의한 유일한 부분은 러·프·영의 삼국동맹론이었다. 1896년 비테의 대륙동맹론이 극동에서 일본보다 청국을 유리한 동맹국으로 간주했다면, 마르텐스는 근동에서 동맹 대상국을 독일이 아닌 영국을 꼽은 점은 주목할 만하다. 마르텐스가 1895년 동맹국 프랑스와 함께 대일 간섭에 동참했던 독일보다 일본의 동맹국인 영국과의 동맹을 고려한 것은 독일에 대한 불신 때문이다. 독일은 정치적으로 러시아를 이용해 왔고, 경제적으로 종속시켜왔을 뿐만 아니라 조직적으로 러시아를 극동으로 몰아갔다는 판단했다. 또 터키에서 독일의 영향력 증대에 따른 경계심도 일조했다. 이는 독일이 군사교관단을 터키에 파견하여 철도 이권을 획득함으로써 러시아의 기득권을 잠식했다고 판단했다.

더불어 영국은 터키와 극동에서 러시아의 영향력을 두려워했지만, 러시아의 재부를 착취하지 않았음에 주목했다. 이를 바탕으로 양국은 정치·경제적 접근이 가능할 뿐만 아니라 국민에게도 이득이 된다고 판단하였다. 만일 러시아가 보스포루스를 봉쇄한다면 영국 함대는 다르다넬스를 통제함으로써 터키에 대한 독일의 배타적인 지배가 종식될 것이라 결론지었다. 그리고 "러시아, 프랑스, 영국 간의 동맹은 개인적인 신념(Credo)"[34]

---

[34] ГАРФ. Ф.568. Оп.1. Д.268. Л. 1-10.: Доверительное письмо Тайн.сов. Мартенса, 19 мая 1905 г. 주지하다시피 1907년 7월 30일 제1차 러·일 협약이 체결된 한 달 후, 중동 문제를 둘러싼 영·러 양국 간의 이해를 조정한 영·러 협정(Anglo-Russia Entente: 1907.8.31)이 체결된 것도 마르텐스의 견해와 관련이 있었다.

이라고 덧붙임으로써 전후 러시아의 대외정책 방향을 결정지었다.

군비축소를 지향한 마르텐스의 대륙국가론은 "사회의 진보는 법(Law)과 힘(Power)의 관계를 변화시킨다"는 그의 법철학을 반영하고 있었다. 즉, 원시, 봉건 그리고 르네상스 시대로 발전해온 역사는 물리적인 힘의 역할이 축소되고, 법의 역할이 성장하고 있음이 입증되었다는 것이다. 이는 사회문명화 과정에서 인간들이 전쟁의 비참함과 국제법의 긍정적인 영향력을 깨닫게 되는 계기가 되었다. 미개인들에게 전쟁은 용기와 명예를 드러내는 수단이지만, 문명인들은 그 치명적인 악과 참상을 목격하기 때문에 전쟁의 합법성을 의심한다. 이와 함께 국제분쟁이 이해충돌과 상호대립으로 야기되기 때문에 회피할 수 없는 필요악이며, 미래에도 지속할 것이라는 사실을 직시하였다. 국가 간의 관계에서 전쟁이 불가피하다면, 국제관계에 관한 법의 지배가 마르텐스가 꿈꾸는 이상이었다. 그 결과, 전쟁의 참상을 줄이기 위해 전쟁법을 발전시키고, 국제분쟁을 평화적으로 해결하기 위한 메커니즘을 개발하고 보완하여 전쟁의 가능성을 축소해야 할 필요성은 동시대인의 과제가 되었다.[35]

이러한 과제를 해결하기 위한 첫 시도가 1899년의 헤이그평화회의이다. 이 회의에서 3개 위원회가 구성되어 군축 문제, 육전법(陸戰法)과 제네바협약(1864)을 해전에 적용하는 문제, 국제분쟁을 평화적으로 해결하는 방법으로서의 거중조정 및 중재제도 등이 마련되었다.[36] 전 세계 26개국의 대표들이 헤이그에 모여 논의하고 합의한 결과, 상설 중재

---

35 Pustogarov V. V. *Our Martens: F. F. Martens, Interntional Lawyer and Architect of Peace*, Kluwer Law International.(2000). pp.61-70.

36 Martens, F. DE, 1899, "Interntional Arbitration and the Peace Conference at The Hague", *North American Review*, 169, pp.604-606.

재판소 설치, 육전법 제정 및 기구(氣球)를 이용한 화학무기 살포금지 등의 선언들이 이루어졌다. 이는 제1차 헤이그평화회의(1899) 이후 헤이그협약에 서명한 국가들은 이를 준수해야 했으며, 국가 간의 분규와 대립 역시 전쟁이 아닌 중재 절차를 거쳐 중재재판소에서 평화적으로 해결할 수 있는 제도가 만들어졌음을 의미했다.

이처럼 마르텐스의 대륙국가론은 러시아가 함대 증강을 통한 자국의 영향력 강화하기보다는 헤이그체제를 발전시켜 무력이 아닌 국제법을 통해 국익을 보호하고 분쟁을 해결하려는 대외정책을 수립하는 데 일조하였다. 러시아가 러일전쟁에서 드러난 제1차 헤이그평화회의의 단점들을 보완하기 위해 1907년 제2차 헤이그평화회의를 소집한 것도[37] 군비축소뿐만 아니라 마르텐스가 제기한 평화적인 분쟁 해결 방식을 보다 정교하게 하려는 노력의 일환이었다.

4. 맺음말

청일전쟁 이후부터 러일전쟁까지 러시아의 극동정책은 해양국가론과 대륙국가론이 교대로 등장하며 진자운동을 하는 특징을 보였다. 해양국가론은 전통적인 대륙국가인 러시아가 극동 진출을 본격화하면서 제기된 팽창 논리로서, 해군성을 중심으로 태평양함대 증강사업과 한반도 및 랴오둥반도에서 부동항 획득정책으로 표출되었다. 지지자들은 태

---

37 Memorandum from the Russian Embassy handed to the President, September 13, 1905, *FRUS(1905)*, p.828.

평양 제해권 확보를 역사적 사명으로 간주한 황제 니콜라이 2세를 정점으로 알렉산드르 미하일비치 대공 및 황실 측근 세력이 중심이었고, 주일 러시아공사 로젠이 가세하였다.

반면, 대륙국가론은 유럽과 아시아의 가운데 위치한 러시아의 지리적 장점을 최대한 활용하기 위해 청국과의 동맹을 중시하면서 제기된 논리로서, 재무성을 중심으로 시베리아횡단철도의 중국 확장계획 및 최종 종착역으로서의 해양 출구 확보정책으로 표출되었다. 지지자인 재무상 비테는 군대 이동과 상품수송로로서의 철도 역할을 높이 평가했으나, 건함사업으로 야기되는 재정 적자 및 군비경쟁을 경계하였다.

해양국가론과 대륙국가론은 본질적으로 대립적인 측면이 강했으며, 정치적으로 차르 니콜라이2세와 재무상 비테 간의 대립이라는 황제권과 신권의 충돌을 초래하기도 하였다. 그 결과 재무상 비테가 1903년 8월 해임된 이후 차르의 권력은 견제 세력이 없이 비대해져 러일전쟁 개전으로 치닫고 말았다.

러시아 해군성은 쓰시마 해전의 참패를 계기로 해양국가론의 허상이 드러났음에도 정책의 무대를 근동으로 옮겨 재차 확장정책을 시도함으로써 해양국가론과 대륙국가론의 해묵은 논쟁이 재연되었다. 지중해함대를 증강하여 유사시 발트해와 극동으로 파견하고자 했던 게이덴이 해양국가론의 계승자였다면, 과도한 재정 지출을 경계하여 대양해군 무용론을 지적한 국제법학자이자 외교관이었던 마르텐스가 대륙국가론의 지지자를 자임했다. 마르텐스는 세계전쟁사를 면밀한 검토하여 대양해군의 의미를 평가절하하고, 국제분쟁을 해결할 대안으로 중재재판을 통한 평화적인 해법을 중시하였다. 힘의 논리보다는 법의 논리로 분쟁을 평화적으로 해결하려 했던 마르텐스의 노력으로 러시아는 포츠머스 강화조약을 유리하게 체결할 수 있었고, 제2차 헤이그평화회의를 주도하며 러시아의 국제적 위상을 신장시켰다.

마르텐스가 러시아 제1전권위원으로 포츠머스 강화회의에 참가하여 한 푼의 전쟁배상금도 지불하지 않은 채, 러시아에 유리한 강화를 체결할 수 있었던 것도 러일전쟁의 도발 및 전개 과정에서 헤이그협약을 위반한 일본의 불법행위를 추궁했기 때문이다. 한국 문제의 경우, 일본이 전시 중립을 선언한 한국을 침략한 사실, 강압을 통해 제1차 한일의정서(1904.2.23)를 체결하여 일본의 보호하에 둔 사실은 러시아에 의해 비판받고 부정되었다.[38] 포츠머스 강화조약 제2조에서 러시아는 한국에 대한 일본의 보호권을 인정하지만, 단서 조항으로 "일본이 장래 한국에서 취할 필요가 있다고 인정되는 조치가 한국의 주권을 침해하는 일은 한국 정부와 합의 후 취할 것"을 약속한 구절을 삽입시켰다. 따라서 일본은 1904년 제1차 한일의정서를 체결했음에도 1905년 한국을 보호국화하기 위해서는 보호조약을 재차 체결해야만 했다.

하지만 일본이 강요한 을사늑약(1905.11.17)은 고종의 동의와 재가를 받지 못했기 때문에 제2차 헤이그평화회의에서 절차상의 하자를 제기할 수 있는 조건을 충족하였다. 고종의 특사들이 헤이그로 간 까닭도 바로 여기에 있었다.

---

38 ГАРФ. Ф.568. Оп.1. Д.209. Л.9об.-10: Инструкция Муравьеву, русскому уполномоченому на мирных переговорах с Японией.

제6장

미국의 대러 봉쇄전략과 러일전쟁(1904~1905)
- 대한제국의 전시 중립 성립 조건

1. 머리말
2. 대한제국의 국외 중립 선언과 러일전쟁
3. 일본의 대한제국 중립 위반과 국제법 문제
4. 미국의 대러 봉쇄전략과 좌절된 대한제국의 중립
5. 맺음말

루드뇨프 제독(V. F. Rudnev, 1855~1913)

머핸 제독(Alfred Thayer Mahan, 1840~1914)

1. 머리말

러일전쟁 개전을 앞두고 대한제국이 선언한 국외 중립은 일본이 이를 위반함으로써 무산된 단순한 문제가 아니었다. 주권국가인 대한제국은 중립을 선언함으로써 국제법적으로 전시 중립국이 되었으나, 실제 전장에서 일본은 한국의 중립을 존중하지 않았고, 미국은 문제 삼지 않았다. 그 결과 일본의 대한제국 중립국 위반 행위는 서구 문명을 지탱하고 있던 법치와 준법정신을 심각하게 훼손함으로써 국제법을 위반한 전범 국가들에 대한 제재방식을 둘러싼 인류 공통의 과제를 안겨주었다.

후발 제국주의 국가였던 일본은 기득권 세력인 서구 열강에 유리한 중재재판보다는 전쟁을 더 선호했다. 러시아의 태평양 진출을 저지하기 위해 봉쇄(containment)전략을 구상했던 미국은 일본의 상무(尙武)정신을 높이 평가했다. 루스벨트(Theodore Roosevelt) 대통령이 주목했던 일본의 호전성은 러시아를 견제하는 데 유용했기 때문에 한반도와 남만주의 뤼순항을 일본이 장악한다는 전후 구상도 대러 봉쇄전략의 연장선에 있었다.

그러나 이는 단견이었다. 국제법을 위반하며 승리를 쟁취한 경험이 있는 일본에게 국제법은 기득권자들의 이해가 반영된 전복의 대상에 불과했다. 이에 따라 러일전쟁 이후 국제법을 어긴 국가들을 제재하고 재발 방지책을 마련하는 작업은 법치 세계를 수호하려는 국가들의 장기 과제가 되었다.

한반도에 평화 분위기가 조성되면서 개항기 한국사를 일관했던 "한반도 중립화"에 대한 논의들이 부활하였다.[1] 이는 개항 이후 많은 시간

---

1 『한겨레』(2018.4.4), "[김동춘 칼럼] 두 국가 체제를 거쳐 영세중립국으로"; 『미디어오늘』

이 흘렀음에도 4대 열강(미·중·러·일) 사이에 있는 한반도의 지정학적 중요성은 변하지 않았다는 인식에서 비롯된 것이다. "한국중립론"은 개항기 한국이 근대적인 자주독립 국가로 발전하기 위한 해법으로 국내외 인사들에 의해 수차례 제기되었음에도 실현되지 못했다. 한국중립론은 여전히 한국 근·현대사에 미완의 과제로 남아 있다.

한국사에서 한국중립론이 차지하는 비중이 말해 주듯이 그동안 많은 연구가 이루어졌다. 주요 성과들을 정리하면 다음과 같다. 서중석의 논문 「근대 극동 국제관계와 한국영세중립론에 대한 연구」는 1960년대에 이루어진 연구임에도 후속 연구의 기틀을 제공한 의미 있는 업적이라 할 만하다. 그는 개항기에 시도된 한국 중립국화의 동기를 5가지로 분류하고, 이를 시기별로 2단계 구분하여 정리함으로써 후속 연구의 토대를 제공했다.[2] 아울러 한국의 중립국화는 청일전쟁 이후 "열국(列國)의 성의 있는 추진과 한국 자신이 국제침략을 배제하고 자주독립국의 입장에서 절호의 기회를 포착이용(捕捉利用)했더라면 실현성이 있는 문제"일 수도 있었다고 의미를 부여했다.[3]

(2018.7.2), "박태균 교수 한반도 중립화, 미국 이해관계도 맞아".

[2] 중립국화의 동기는 첫째, 자국세력에 의한 지배가 불가능하게 되었을 때 타국세력의 한국독점 지배를 방지하는 경우 둘째, 數個 勢力이 한국 지배를 둘러싸고 길항하여 한국의 안전이 우려되었을 때 한국의 안전보장 방법으로 제3국이 건의한 경우 셋째, 대항관계에 있는 一方國이 他一方國의 한국진출을 견제하는 경우 넷째, 한국독점지배를 의도한 2대 세력(러·일) 중 러시아가 만주로 정책을 전향하면서 일본의 한국독점지배를 견제하기 위해 제의한 경우 다섯째, 대립하는 양 세력 사이에 介在한 양 세력의 개전으로 국토의 유린을 우려하였을 때 자국의 안전보장을 위해 제안한 경우로 정리하였다. 또 한국의 영세중립국화가 기도되었던 전 기간을 淸日戰爭을 기준으로 양분하여 前 段階(1882~1894)와 後 段階(1895~1904)로 설정하였다.

[3] 서중석, 1965, 「近代 極東國際關係와 韓國永世中立論에 대한 硏究」, 『경희대 논문집』 4.

이에 버금가는 역작으로 권영배의 논문 「한말 조선에 대한 중립화 논의와 성격」을 들 수 있다.⁴ 그는 한말의 중립화와 관련된 사례들을 종합적으로 분석하여 이 가운데 절대다수의 건(총 22건 중 17건)이 국제보장을 통한 영구중립화를 제안한 경우이고, 청일전쟁이나 러일전쟁 같은 전쟁 직전 전운이 고조될 때 나타나는 전시국외중립론(戰時局外中立論)도 3건이 있다고 정리했다. 아울러 개항기 한반도 중립화 구상이 실현되지 못한 요인을 4가지로 분류했다. 첫째, 개화파 인사들이 논의를 주도하면서 정부가 이에 대한 통일된 의지를 유도해내지 못했다. 둘째, 조선 정부가 전통적인 대청 관계 속에서 국제정세에 대한 폭넓은 인식을 갖지 못했다. 셋째, 중립화는 당사국들의 합의를 전제해야 하는데 청국이 종주권을 주장하여 한반도 중립화를 반대했고, 청일전쟁 이후 일본이 한반도에 대한 독점 지배를 구상하였으며, 한국 정부 또한 이들의 침략적 의도를 제어할 능력이 없었기 때문에 중립화 실현이 불가능했다. 넷째, 민중의 변혁을 기반으로 한 자강 구상을 수반하지 못한 중립론이었다는 점이다. 다시 말해서 민중의 자강적 개혁운동이나 변혁사상과 연대하지 못하고, 개화파 인사나 정부 측에 의한 외로운 외교적 투쟁이었다는 것이다.

상기 연구 이후에 산출된 저작들은 관련 주제를 미시적으로 살피거나 심화한 형태로 진화하였다. 한반도 중립화에 관여했던 국가들(독일, 러시아, 영국)의 아카이브(Archive)를 활용하거나 세부 주제에 초점을 맞춘 연구들이 진행되었다. 그런데도 이제까지 이루어진 한국 중립 관련 연구

327~328쪽.

4 권영배, 1992, 「한말 조선에 대한 중립화 논의와 성격」, 『역사교육논집』 16(1), 25~68쪽.

는 그 원인을 학술적으로 밝히지 못하며 여전히 한계를 드러내고 있다. 1960년대부터 한국의 중립화에 관한 연구가 본격화되었음에도, 상술한 권영배의 논문에서 4가지로 분류한 중립화 실패 원인의 범주를 초극(超克)하는 결론들을 제시하지 못하고 있는 것이 학계의 현실이다. 요컨대 "한국 중립국화"에 대한 주제는 세분화하고 있음에도, 중립화 실패 원인에 대한 분석은 "자위력 부족", "국제정치에 대한 이해 부족" 등과 같은 일반론의 범주를 벗어나지 못하고 있다.[5]

이에 본 연구는 대한제국의 중립전략과 관련하여 다음과 같은 쟁점을 중심으로 논의를 전개하고자 한다. 첫째, 러일전쟁은 왜 교전 양국의 영토에서 전개되지 않고 한반도와 만주가 전장이 되었는가? 이 문제에 대한 고찰을 통해 대한제국 정부가 개전 전에 국외 중립을 선언했음에도 러·일 간의 최초 교전이 제물포 해상에서 발발한 원인을 살피고자 한다. 둘째, 제물포 해전 직후, 바랴크(Варяг)호와 코레예츠(Кореец)호를 수장시킨 러시아 수병들은 이후 어떻게 처리되었을까? 이 문제의 논점은 제물포 해전의 러시아 생존 승조원들이 일본군의 포로가 되지 않고 본국으로 귀환한 원인으로, 일본의 대한제국 중립 위반과 관련하여 검토하고자 한다. 셋째, 미국의 루스벨트 대통령은 러일전쟁 기간에 청국의 중립은 지지했던 반면 한국의 중립에는 왜 무관심했는가? 이는 대한

---

[5] 러시아의 만주점령(1900)으로 러·일 간의 갈등이 고조되자 약소국 한국은 열강의 치열한 각축 속에서 국제정치를 이해하지 못한 채, 중립이라는 방법으로 생존을 모색하려 했다.(김종헌, 2009, 「1900년 이후 러·일 간의 한반도 중립화 및 분할논의」, 『한국동북아논총』, 53, 34쪽); 중립화 노선은 근본적으로 자위력이 부족한 한국으로서는 지킬 강제력이 없었다. 따라서 한국의 중립화는 처음부터 실현 불가능한 정책이었을 수도 있다.(서영희, 1997, 「러일전쟁기 대한제국 집권세력의 시국대응」, 『역사와 현실』, 25, 216쪽.)

제국의 중립이 선언으로 완성되는 것이 아니라 미국의 적극적인 지지가 필수조건이었음을 보여 주고 있다. 이 문제는 미국의 대러 봉쇄전략과 루스벨트의 한국 인식과 관련지어 살펴보고자 한다.

본 연구는 러일전쟁 개전 당시에 선언된 대한제국의 국외 중립이 제물포 해전(1904.2.9)을 계기로 유럽 열강의 지지를 받았음에도 결국에는 일본의 군사강점으로 귀결되는 원인을 밝히는 데 목적이 있다. 이에 대한제국의 중립이 미국의 지지 여부에 성패가 갈리게 되었음을 밝히는 데 초점을 맞추고자 한다. 미국은 준법정신이 요구되는 법치 대신 승전을 바탕인 상무정신을 선택했다. 따라서 일본이 무법의 군국주의 국가로 등장하게 된 시발점은 중립국인 대한제국 침략이었고, 그 결과는 인류 현대사에 지대한 영향을 끼쳤다. 이 글은 이러한 시각에서 대한제국의 중립 문제를 글로벌 히스토리 관점에서 재구성하고자 했다.

2. 대한제국의 국외 중립 선언과 러일전쟁

대한제국 정부가 러일전쟁 개전 당시 국외 중립을 결정(1903.11.23)[6]하고, 이를 열강에 전보로 타전(1904.1.21)한 것[7]은 단순히 중립 선언을 통

---

6 『高宗實錄』, 1903年 11月 23日.
7 「韓國 中立聲明 關 件, 小村-林權助」, 『日本外交文書』, 1904.1.21. 대한제국 외무대신 임시서리 이지용(李址鎔) 명의로 芝罘에서 타전된 영문의 중립 선언은 다음과 같다. "In view of the complications between Russia and Japan and in view of the difficulties which the negotiations seem to encounter in bringing about a pacific solution the Corean Government by order of H.M. the Emperor, declares that it has taken firm resolution of observing the most strict neutrality whatever may be the result of the pourparlers actually

해 대한제국의 독립을 유지하려 한 것만은 아니었다. 이는 한반도에서 전쟁을 방지하려는 전략의 일환이었다. 러일전쟁은 교전 당사국인 러시아와 일본 양국의 영토에서 전개되어야 했음에도 한반도가 전장화(戰場化)될 가능성이 농후해졌다. 그렇다면 왜 한반도에서 러·일 간의 교전이 일어났으며, 전쟁의 무대가 한반도와 만주로 한정되었을까?

이 문제는 대한제국 정부의 국가전략이었던 중립정책이 무산된 원인과 관련이 깊다. 대한제국 정부의 중립정책이 실패한 원인은 일본이 묵살했고, 미국 역시 무시했기 때문이다. 중립 선언에 따라 당연히 중립 항구가 되어야 했던 제물포(濟物浦)는 그 권리를 인정받지 못했다. 일본은 러시아 군함들이 정박했던 중립국 항구인 제물포에 포격하며 위협했고, 한반도에 군대를 상륙시켰다. 한국의 중립을 훼손한 일본의 행위는 비록 전승국이었음에도 20세기 전쟁사에서 국제법을 어긴 최초의 국가로 남게 했다.[8]

러시아와 일본의 첫 교전이 이루어진 곳은 제물포의 월미도 인근 해역이었다. 1904년 2월 8일 오후 3시 40분, 러시아 군함 코레예츠호[9]가 뤼순으로 가기 위해 제물포 외항을 나왔을 때, 해상에는 일본의 우류 소

---

engaged between the two Powers."

8 일본의 국제법학자 와니 겐타로[和仁建太郞]의 연구에 따르면, 국제법으로서 중립이 제도화(1793)된 이래 제1차 세계대전까지 교전국이 중립국에 적대행위를 한 위반 사례는 총 8건이었다. 그 가운데 일본은 3건(러일전쟁 2건, 제1차 세계대전 1건)이었다. Kentaro Wani, *Neutrality in International Law from the sixteenth century to 1945*, New York: Routledge, p.15.

9 Витор Катаев, *"Кореец" в лучах славы "Варяга": Все о легендарнойканонерскойлодке*, М:Эксимо, 2012, pp.5-7. 코레예츠호는 1,334톤급 포함으로서 1881년의 건함계획에 따라 스톡홀름 소재의 조선소에서 건조되어 1887년 실전에 배치되었다.

토키치[瓜生外吉][10] 제독이 이끄는 함대가 기다리고 있었다. 이로써 코레예츠호의 진로는 가로막히고 말았다. 이어 최초의 교전이 발생했는데, 그 원인을 둘러싼 양측의 입장은 다르다. 일본 측의 기록에 따르면, 코레예츠호의 도발이 제물포 해전의 시발점이었다. 우류 제독은 코레예츠호가 오후 5시에 팔미도(八尾島) 부근에서 일본 함대와 조우하여 일본 어뢰정을 향해 발포하자 일본은 어뢰 2발을 대응 발사했다고 해군대신에게 보고했다.[11]

반면, 러시아의 해전사편찬위원회 자료에 따르면, 코레예츠호 함장 벨랴예프(Г. П. Беляев, 1857~1907)는 며칠간 전보 수발신이 되지 않아 양국의 외교 관계가 단절된 것을 알지 못했고, 중립 해역인 팔미도 근처에서 발포할 권리가 없었기 때문에 제물포로 되돌아갈 수밖에 없었다고 했다.[12] 이를 시계열적으로 정리하면 "일본 구축함이 코레예츠호를 향해 어뢰 2발을 발사하자 코레예츠호는 37mm 함포 2발을 쏘면서 오후 4시 55분 제물포항 안으로 대피"하였다는 것이다.

팔미도 교전(1904.2.8) 관련 기록들은 두 가지 문제를 제기한다. 첫째, 왜 제물포에 있던 러시아 군함은 러·일 간의 국교 단절을 알지 못했는가? 둘째, 한국의 전시 중립 선언에 대한 러·일 양국의 입장은 왜 달랐는가? 전자는 전신(電信) 두절과 관련 있고, 후자는 국제법 준수 문제와

---

10 우류 소토키치[瓜生外吉, 1857~1937]는 러일전쟁 당시 일본의 제2함대 사령관으로서 순양함으로 이루어진 제4戰隊를 지휘했다.

11 『日本外交文書』, 明治 37卷·38卷, 「日露戰爭 I」, 瓜生第2艦隊司令官公報-海軍大臣, 97~98쪽, 1904年 2月 9日.

12 Русско-Японская Война 1904-1905. Кн. Первая. Историческая Комиссия по описанию действии флота в войну 1904-1905 гг. при Морском Генеральном Штабе. СПб, 1912. pp.295-297.(이하 "Русско-Японская Война 1904-1905. Кн. Первая."로 약함)

관련 있다.

전신선 절단 문제는 러일전쟁을 준비하던 일본 군부의 대러 군사전략 가운데 하나였다. 일본은 군사전략의 주안점을 기선 제압에 두었고, 한반도점령과 러시아 함대 기습공격은 이를 실현하기 위한 방책이었다. 대한제국과 러시아가 이용하던 전신선을 차단하고 점거하는 것은 대러 기습공격의 필수 조치였다. 일본이 절단하고자 했던 전신선은 대한제국과 청국의 국유 자산이었기 때문에 이를 절단하는 작업은 명백한 주권 침해 행위였다. 만일 발각된다면 매우 위험한 결과를 초래할 수 있음에도 일본 육·해군이 주도하여 외무성이 추인하는 형식으로 한반도와 청국에서 전신선 절단 공작이 이루어졌다.

일본의 전신선 절단 공작은 각의(1904.2.4)의 개전 결정과 맞물려있었다. 1904년 2월 4일, 일본 육·해군 수뇌부가 회동하여 대러 작전계획을 결의한 직후 개시되었다. 러시아와 청국 및 대한제국과의 통신 차단이 목적이었다. 오야마[大山巖] 참모총장은 베이징주재 아오키 노리즈미[靑木宣純] 대좌에게 바다링[八達領] 부근에서 베이징-캬흐타 전신선을 절단하도록 지시하고, 2월 5일에는 잉커우[營口]주재 가와사키[川崎三郞] 대위에게 잉커우-뤼순 전신선 절단을 명령했다. 일시에 모든 전선을 절단하면 러시아의 의심을 살 수 있었기 때문에 뤼순-즈푸 전신선 절단 명령은 2월 12일에 내려졌다.[13]

일본 정부는 대러 개전에 앞서 통신망을 확보하기 위해 한·청·일 각지에 해저전신선 부설하였다. 이 제안은 체신상, 육군상, 해군상, 대장상

---

13 有山輝雄, 2016, 『情報覇權と日本帝國 Ⅲ-東アジア電信網と朝鮮通信支配』, 吉川弘文館, 301쪽.

등이 연명하여 각의에 올려 1903년 12월 28일 통과되었다. 사세보와 팔구포(八口浦, 목포 부근) 간 해저전신선 부설이 완료(1904.1.15)된 것은 각의 결정에 따른 것이었다.[14]

사세보-팔구포 전신선은 대러 개전과 한반도점령을 전제로 한 일본의 군사통신망 3선 가운데 하나였다.[15] 사세보-팔구포 전신선에 이어 1904년 2월 9일에 부설된 쓰시마-마산 간 해저전신선은 일본이 대한제국을 침략(1904.2.6)하여 마산의 전신국을 점령함으로써 연결한 것이었다. 이 전신선의 설치 목적은 대한해협의 제해권 강화를 위해 진해(鎭海)를 해군기지로 사용하려는 작전이었다. 일본은 대러 개전 이전에 이미 대한제국을 침략하여 전신국을 점령하였고, 해저전신선을 육양(陸揚), 접속시킴으로써 한반도를 러일전쟁의 작전기지로 만들었다.[16] 이는 대한제국 정부의 허락 없이 이루어짐으로써 주권에 심각한 손상을 입힌 행위였으며, 나아가 한국의 중립 선언을 철저히 무시한 국제법 위반이었다.

대한제국의 중립 선언이 효력을 발휘하지 못한 이유는 대한제국 정부가 이를 집행할 능력이 부재하다는 내적 원인도 있었지만, 본질적인 문제는 전승(戰勝)이라는 목적을 위해 시종일관 불법 수단에 의존한 일본이라는 강력한 외인(外因)이 있었기 때문이다. 이는 1904년 1월 18일 일본 해군 군령부 차장 이주인[伊集院五郎]이 주한 일본공사관의 해군무관 요시다[吉田增次郎]에게 보낸 훈령에서도 확인된다. 대한제국의 의주선

---

14 이 작업은 1904년 1월 6일 해군상의 명령에 따라, 해저전신선 부설선 오키나와 마루[沖繩丸]호 함장 누노누 미츠조우[布目滿造] 해군 소좌의 지휘하에 완료되었다. 有山輝雄, 『情報覇權と日本帝國 III-東アジア電信網と朝鮮通信支配』, 298~299쪽.

15 이즈하라[嚴原]-마산, 이즈하라[嚴原]-거제도 간 해저전신선도 예정되어 있었다.

16 和田春樹, 2010, 『日露戰爭 起源と開戰(下)』, 岩波書店, 302~303쪽.

(제물포-서울-의주)과 원산(元山) 이북선(以北線)을 절단하여 4~5일간 불통하는 계획을 지시하는 것이다. 이후 1904년 2월 5일, 요시다는 명령에 따라 의주선은 2월 5일 당일에, 원산 이북선은 2월 6일에 절단하였다. 이에 2월 9일 자 『만조보』는 전신선이 절단되어 불통한다고 보도함으로써 요시다의 공작이 성공했음을 알렸다. 이로써 대한제국과 러시아, 만주와 러시아의 전신 연락은 일본의 파괴 공작에 의해 두절되고 말았다.

대러 개전에 대비한 일본의 불법적인 전신선 파괴행위에 제물포항에 정박해있던 러시아 군함 코레예츠호와 바랴크호[17]는 통신두절 상황을 벗어나기 위해 안간힘을 쓰고 있었다. 바랴크호는 고종 황제의 특사 현상건이 1904년 1월 11일 뤼순을 출발하여 제물포에 도착했을 때 이용했던 러시아 군함이었다. 1904년 2월 7일 아침, 바랴크호 함장 루드뇨프(В. Ф. Руднев)[18] 대령이 기차를 타고 서울공사관으로 급히 달려간 이유는 제물포에 정박 중인 프랑스·영국·이탈리아 군함 함장들이 러·일 간의 외교단절을 알려왔기 때문이었다. 루드뇨프 함장은 이에 대해 어떠한 소

---

17 바랴크호는 미국 필라델피아의 윌리엄 크램프(William Cramp and Sons)조선소에서 1898년 건조되어 1901년 취역한 6,600톤급 장갑 순양함이었다. 주지하다시피 현상건은 1903년 8월부터 한반도가 러일 양국의 전장으로 전락하는 것을 방지하기 위해 유럽 주요 국가들로부터 한국의 중립화를 승인받기 위한 외교활동을 벌이고 뤼순의 알렉세예프 제독을 만나고 귀국했다. 1904년 1월 12일 바랴크호 함장 루드뇨프 대령은 뤼순의 극동총독부에 고종 황제가 일본 군함 10여 척이 목포를 통과하여 제물포 방향으로 이동 중임을 주한공사 파블로프에게 알려왔으며, 일본인들이 한국의 개별전신을 통합 관리하기 위해 경부철도 연변에 역참들을 설치했음을 보고하고 이는 상륙 준비와 관련되어 있다고 보고한 바 있었다.

18 루드뇨프(В. Ф. Руднев, 1855~1913) 해군 대령으로 예편한 부친을 이어 해군학교 졸업했다. 1902년 12월 바랴크호 함장에 임명, 러일전쟁 후, 1905년 11월 혁명성향을 지닌 러시아 수병들의 징계에 반대하여 해군 소장으로 예편했다.

식도 듣지 못하고 있었다.[19] 외부와의 연락이 두절된 상황은 서울공사관도 마찬가지였다. 파블로프(А. И .Павлов) 공사 역시 상트페테르부르크와 뤼순으로부터 어떠한 전문도 받지 못하고 있었다. 함장과 공사가 뤼순으로 급히 코레예츠호를 파견하기로 한 결정은 상황이 매우 위급함을 공감했기 때문이다.

대한제국의 정황을 알리는 함장과 공사의 보고서를 전달하기 위해 코레예츠호가 제물포항을 출발한 시각은 1904년 2월 8일 오후 3시 40분이었다. 그러나 팔미도 부근에서 우류 제독이 이끄는 일본 함대가 코레예츠호의 진로를 가로막았다. 러·일 간의 외교단절을 모르고 있었던 코레예츠호 함장 벨랴예프 중령은 중립 해역에서 발포할 권리가 없다고 판단하고, 위급한 상황을 루드뇨프 대령에게 알리기 위해 선수를 다시 제물포로 돌렸다. 이때 일본 전함에서 두 발의 어뢰 공격이 있었고, 코레예츠호는 37mm 함포로 두 차례 응사했다. 러시아에 대한 일본의 선전포고도 없었던 상황에서 러시아의 코레예츠호와 바랴크호는 제물포에서 외부와의 연락이 두절된 채 일본 함대의 포위망에 갇히고 말았다.

선전포고도 없이 러시아 전함에 발포한 일본 해군이 오후 5시경 순양함 3척, 수송선 3척, 어뢰정 4척을 제물포에 입항시킨 목적은 일본 육군의 임시한국파견대를 제물포에 상륙시키기 위해서였다.[20] 일본 어뢰정

---

19 Русско-Японская Война 1904-1905, Кн. Первая. pp.293-294. 1904년 1월 26일 이래 바랴크호는 뤼순과 서울공사관의 연락 두절 상태에 있었기 때문이었다. 결국 바랴크호의 루드네프 함장은 외교단절 소식의 진위를 서울공사관에 문의했음(2.6)에도 어떠한 답신을 받지 못하고 있었다.

20 和田春樹, 2010, 『日露戰爭 起源と開戰(下)』, 東京: 岩波書店, 294~295쪽. 일본 육군성은 2월 5일 밤 임시한국파견대, 제12사단 소속 23여단 2,240명의 승선을 명령했다. 旅團長 木越安綱에게는 인천 상륙 후, 신속하게 서울에 진입하여 서울을 점령하라는 임무

들이 러시아 군함 바랴크호에 양쪽에서 감시하는 사이, 오후 7시 20분부터 일본 육군의 제물포 상륙이 시작되었다. 2월 9일 오전 4시에 완료된 일본군의 인천 상륙은 중립을 선언한 대한제국에 대한 침략행위이다. 그다음 수순은 제물포에 정박 중인 러시아 군함에 대한 공격이었다.

우류 제독의 함대가 2월 9일 오전 9시 반 제물포 외항으로 빠져나간 것은 바랴크호와 코레예츠호에 대한 공격을 준비하기 위해서였다. 일본 해군은 제물포에서 정박 중인 바랴크호와 코레예츠호를 나포하려 하지 않았다. 이는 제물포항에 프랑스, 영국, 이탈리아, 미국 등의 군함이 러시아 군함들과 나란히 정박해 있었기 때문이다. 나포 과정에서 중립국 군함들과의 의도하지 충돌을 미연에 방지하려는 목적이었다. 2월 9일 아침 7시 30분, 우류 제독은 항구에 정박 중인 여러 나라의 군함 함장들에게 오후 4시 이전에 제물포를 떠날 것을 요구하는 통지문을 전달했다. 러시아 함장에게는 12시 이전에 출항할 것과 만약 이를 이행하지 않을 경우, 항 내에서 공격받게 될 것을 최후통첩했다. 러시아 군함 바랴크호와 코레예츠호는 통신이 두절된 채 제물포에서 고립무원의 위기에 처하고 말았다.[21]

제물포에 정박 중이던 여러 국가의 함장들이 연대를 결성하기로 한 것은 이러한 일본의 불법행위에 대한 저항이었다. 프랑스 군함 파스칼(Pascal)호 함장 씨네(V. Senès), 영국 군함 탈보트(Talbot)호 함장 베일리(Lewis Bayly), 이탈리아 군함 엘바(Elba)호 함장 보레아(R. A. Borea), 러시

가 부여되었다. 서울점령이 육군 최초의 목표였다.

21 Margaret Maxwell, May. 1977, "The Changing Dimensions of a Tragedy: The Battle of Chemulpo", *The Historian*, Vol.39, No 3. p.492. 런던 데일리 메일 신문의 특파원 맥킨지(Frederick A. McKenzie)의 표현에 따르면 두 척의 러시아 전함 바랴크호와 코레예츠호는 "마치 독 안에 든 쥐(like rats in a trap)"와 같았다.

아 바랴크호 함장 루드뇨프 등은 파스칼(Pascal)호에 모여 대책을 논의했다.[22] 그 결과 영국의 베일리 함장이 작성한 초안을 바탕으로 중립국 함장들의 항의서가 작성되었다.

우류 제독에게 전달된 항의서의 요지는 대한제국의 중립을 준수하라는 것이었다.

"대한제국은 얼마 전 중립을 선언했고, 제물포에 한국 국기가 게양되어 있다는 점을 고려할 때 항구에 정박 중인 러시아 전함을 공격하는 행위는 국제법 위반이다. 또 국제법을 위반하는 국가는 생명과 재산상의 손실에 책임을 져야 하며, 일본의 국제법 위반에 강력히 항의한다."[23]

대한제국의 중립을 훼손한 일본에 대해 프랑스, 영국, 이탈리아의 함장들은 항의서에 서명한 반면, 미국 군함 빅스버그(Vicsburg)호 함장 마셜(William A. Marshall)은 "엄정 중립"을 이유로 서명하지 않았다. 결국 한국의 중립 선언과 중립 항구인 제물포를 일본과 미국만이 인정하지 않은 셈이었다.

대일 항의문 작성을 위한 탈보트호 회합에는 러시아 바랴크호 함장 루드뇨프도 함께했다. 이 회합에서 이루어진 합의 사항은 두 가지였다. 미국 함장을 제외한 제물포의 중립국 전함 지휘관들은 대한제국의 중립

---

22 Extracts from the report of the Russian minister to Korea, M., Pavloff. 29, Feb. 1904, *FRUS(1904)*, pp.780-782. 주한 러시아공사 파블로프는 영국·프랑스·이탈리아·미국·러시아 함장회의가 프랑스 전함 '파스칼호에서 열렸다고 보고하고 있으나, 러일해전사와 이를 인용한 와다 하루키의 저서에서는 영국의 탈보트호에서 협의가 있었다고 기술하고 있다. Русско-Японская Война 1904-1905, Кн. Первая. pp.300-301.; (和田春樹, 2010, 『日露戦争 起源と開戦(下)』, 東京: 岩波書店, 329쪽).

23 Extracts from the report of the Russian minister to Korea, M., Pavloff. 29, Feb. 1904, *FRUS(1904)*, pp.780-782.

을 훼손한 것에 대해 일본에 항의서한을 보내고,[24] 러시아 함장 루드뇨프에게 12시까지 제물포항을 출항하지 않으면, 외국 전함들은 오후 4시까지 출항한다는 것이었다. 이 항의문은 제물포 주재 러시아부영사와 일본영사를 통해 전달되었다. 루드뇨프 대령은 제물포에 정박한 중립국 군함들의 피해를 막기 위해 제물포항을 출항하여 일본 해군과 교전하기로 결정했다.

루드뇨프 대령이 사관들을 소집하여 일본의 포위망을 정면 돌파하기로 한 결정을 알린 것은 탈보트호 회합 직후였다. 출정에 앞서 바랴크호와 코레예츠호는 포위망을 뚫지 못할 경우, 일본군에게 전함을 넘겨줄 수 없다는 각오로 자폭하기로 결의했다.[25] 코레예츠호는 무기고에 폭탄을 설치하고 단단히 결의했다.

바랴크호와 코레예츠호의 사례는 러일전쟁 기간 일본이 대한제국의 중립을 무시함으로써 야기된 최초의 피해 사건이었다. 대한제국의 중립화는 전략상 러시아에 유리했던 반면 이를 무시하는 행위는 일본에 유리한 전황을 조성했다. 오전 11시 30분, 제물포를 출발한 순양함 바랴크호와 포함 코레예츠호를 기다리는 건 일본 해군의 우류 함대였다. 우류 사령관의 항복 요구가 신호로 전달되었지만 러시아 함대는 이를 거절함으로써 11시 45분 교전이 시작되었다. 결국 러시아 전함 2척은 치명적

---

24 Commander Marshall to the Secretary of Navy. Aug. 7, 1904, *FRUS(1904)*, pp.782-785. 미국 전함 빅스버그(Vicksburg)호 함장 마샬(W. A. Marshall)은 '파스칼'호 회동과 관련하여, 자신은 회합을 위한 어떠한 통고나 연락을 받지 못했다고 해군장관에게 보고했다. 다만 한국의 영토 보전에 대한 침해가 발생한다면, 이는 한국과 교전국 간의 문제이기 때문에 자신은 아무것도 하지 않겠다는 입장에서 기인한 것으로 판단됐다.

25 Русско-Японская Война 1904-1905, Кн. Первая. pp.304-305.

손상을 입고 제물포로 회항함으로써 2시 45분 교전이 종료되었다. 바랴크호는 승조원 535명 가운데 215명의 사상자가 났고, 코레예츠호는 인명손실은 없었으나 교전이 불가능할 정도로 함정이 파손되었다.[26]

이어 제물포로 도피한 러시아 전함 처리 방안이 초미의 관심사로 떠올랐다. 제물포항으로 뒤쫓아 들어가 나포할 것인지? 일본 군함이 중립항인 제물포로 진입이 불가하다면, 교전국 러시아 군함은 중립항에 얼마나 머물 수 있는지? 제물포에 정박 중인 중립국 군함들이 전쟁 중인 러시아 부상병들을 치료할 경우, 중립 위반에 해당하는지를 결정해야 했다.

바랴크호 함장 루드뇨프가 제물포로 도피한 후 조속히 해결해야 할 과제는 두 척의 러시아 전함이 일본의 전리품이 되는 것을 방지하고, 부상자 치료와 이들을 무사히 본국으로 송환하는 것이었다. 이를 위해, 파손된 전함 두 척을 폭침시키고, 부상병들을 중립국 군함으로 옮겨 응급치료를 받도록 결정했다.

중립국 군함에서 교전국 부상병을 치료하는 행위가 중립위반에 해당하는가? 대한제국의 중립이 노골적으로 유린된 상황에서 유럽 중립국 군함들은 엄정중립의 원칙에 따라 부상병들을 외면할 수 있을까? 러일전쟁 시기의 대한제국의 중립문제는 중립국 자격과 중립 효력에 대한 근본적인 의문을 제기했다.

루드뇨프 대령이 이 문제 해결을 위해 협조를 구한 중립국 지휘관은 영국의 탈보트호 함장 베일리였다. 그는 중립국 함장들 가운데 가장 연장자로서 일본의 중립 위반에 대한 항의문 작성을 주도하였다. 베일리 함장은 러시아 부상병들을 각국 전함으로 분산시켜 치료를 받도록 하는

---

26 Русско-Японская Война 1904-1905, Кн. Первая. pp.310-311.

데 동의했다. 그리고 소형 선박인 코레예츠호는 폭파하되, 대형 장갑 순양함(6,600톤급) 바랴크호는 폭파할 경우 인접한 중립국 군함들에 피해가 갈 수 있기에 선체에 구멍을 뚫어 자침(自沈)시킬 것을 제안했다.

루드뇨프는 우류 함대와 결전을 치르기 전 영국·이탈리아·프랑스 함장들과 협의했던 것처럼, 제물포로 회항한 이후에도 이들과 상의하여 여러 문제를 처리하였다. 러시아 수병들이 여러 군함에 분산된 이후 바랴크호와 코레예츠호를 침몰시켰다. 3시 50분, 침몰하는 바랴크호에서 마지막으로 하선한 사람은 루드뇨프 함장이었다. 저녁 6시 10분, 바랴크호는 완전히 시야에서 사라졌다.[27]

루드뇨프 대령의 코레예츠호 폭파 계획은 3시 20분에 벨랴예프 함장에 의해 승조원들에게 전달되었다. 일본의 우류 제독이 통보한 제물포 공격 시점이 오후 4시였기 때문에 승조원들은 신속히 중립국 군함으로 옮겨 탔다. 4시 5분, 코레예츠호는 두 발의 폭발음과 함께 수장되었다. 파스칼호로 옮겨 탄 승조원들은 타고 온 구명보트도 폭발시켰다.[28]

3. 일본의 대한제국 중립 위반과 국제법 문제

러시아 전함 바랴크호와 코레예츠호의 자침과 폭침의 근본 원인은 국제법에 의거한 대한제국의 중립 선언이 준수되지 않았기 때문이다. 전쟁

---

27 Русско-Японская Война 1904-1905, Кн. Первая. p.313.
28 Русско-Японская Война 1904-1905, Кн. Первая. p.315. 바랴크호·코레예츠호와 함께 제물포항에 정박 중이던 러시아 수송선박 숭가리(Сунгари)호도 일본 해군에 나포될 것을 우려하여 폭침하였다.

의 규칙인 국제법이 훼손됨으로써 제물포 해전의 사후처리 기준도 모호해졌다. 이에 국제법을 위반한 국가들을 제재하고, 재발 방지를 위한 새로운 법안이 필요해졌다. 중립 문제를 법제화하려는 시도가 러일전쟁 이후 개최된 헤이그평화회의의 주요 의제로 설정된 이유도 여기에 있었다.

그렇다면 제물포 해전 직후 바랴크호와 코레예츠호의 러시아 수병들은 이후 어떻게 처리되었을까? 제물포항에 정박 중인 중립국(영국, 프랑스, 이탈리아) 군함들로 분산·이송된 러시아 승조원들은 일본의 포로가 되었을까,[29] 아니면 중립항 구로 보내져 본국으로 송환되었을까? 중립국 선박에 의해 구조된 교전국의 승조원 처리에 대한 구체적인 지침이나 선례가 없었기 때문에 이에 관해 관심이 집중되었다.[30]

제물포 해전과 관련된 국제법적 문제들은 세 가지로 압축된다. 첫째, 일본은 대한제국의 중립을 위반했는가? 둘째, 일본의 우류 제독이 제물포항에 정박 중인 러시아 군함들의 출항을 강박하고, 통첩 시한을 어길

---

29 구조된 러시아 승조원의 처리와 관련 일본 측 자료와 미국 측 자료는 다르게 서술되어 있다. 다카하시는 일본 제독이 러시아 승조원들의 항복을 요구한 바 없었다고 기술된 반면, 그레이슨은 러시아 승조원들을 요구했으나 중립국 함장들이 이를 거부했다고 한다. Theodore J. Grayson, "The War in the Orient in the Light of International Law. Part II", *American Law Register*, Vol.53, No.12, Volume 44 , New Series 1905, p.742.

30 Sakuye Takahashi, 1908, *International Law applied to the Russo Japapnese War with The Decisions of the Japanese Prize Courts*, London: Stevens & Sons Ltd. pp.462-467. 미국 전함 빅스버그(Vicksburg)호는 외과의사를 보내 의료지원을 했으나, 러시아 수병들을 빅스버그호 선내로 받아들일 수 없다는 입장을 밝혔다. 본국 정부의 훈령 없이 러시아 승조원들을 개인적으로 받을 수 없다는 이유였다. 이에 바랴크호의 루드뇨프 함장은 미국 전함을 제외한 나머지 외국 전함 3척에 러시아 수병들을 분산·승선시키기로 결정했다. 러시아 자료에 따르면, 중립국 군함에 분산·승선된 러시아 승조원들은 프랑스의 '파스칼'호에 216명, 영국의 '탈보트'호에 272명, 이탈리아 엘바호에 176명이었다.(Русско-Японская Война 1904-1905, Кн. Первая. p.315)

경우 제물포항을 공격하겠다는 것에 대해 중립국 함장들이 제기한 항의는 정당한가? 셋째, 중립국 함장들이 러시아 승조원들을 구조하여 이송한 조치는 중립국의 월권행위인가?

가장 큰 쟁점은 일본이 1904년 1월 21일 전시 중립을 선언한 대한제국의 중립을 침해했는지 여부였다. 대한제국의 중립을 위반하지 않았다는 일본의 주장은 대한제국이 완전한 독립국이 아니었다는 논리적 모순을 전제로 한다. 이는 영국의 국제법학자 로렌스(T. J. Lawrence)의 주장인데, 그 근거는 1902년 체결된 영일동맹 조약문이었다.

로렌스의 주장에 따르면, 청일전쟁을 매듭짓는 시모노세키 조약(1895)에서 대한제국의 완전한 독립은 청국만 인정했다. 또 영일동맹 조약 제1조에서 "체약국은 제3국의 공격적인 행위 혹은 청국과 대한제국에서 발생하는 분규로 자국의 이해가 위협받거나 체약국 신민들의 생명과 재산 보호를 위해 간섭이 필요한 경우, 이를 보호하기 위해 불가결한 조치를 취하는 것"을 인정했다는 것이다. 이는 한국에서 자국의 이익이 침해받을 경우, 일본은 자국 신민들을 보호하기 위해 간섭할 권리를 인정받는다는 것이다. 따라서 그는 대한제국의 독립은 조건부였으며, 1895~1904년 대한제국은 실질적인 독립국이 아니었다는 견해를 밝혔다.[31]

로렌스의 주장을 따를 경우, 대한제국은 전시 중립을 선언할 법적 지위를 갖추지 못했기 때문에 일본이 대한제국의 중립을 침해했다는 논리는 성립되지 않는다. 따라서 일본 우류 제독의 함대가 일본군을 제물포에 상륙시키고, 이곳에 정박 중인 러시아 전함 바랴크호의 출항을 요구

---

31 T. J. Lawrence, 1904, War and Neutrality in the Far East, London: MACMILLAN and Co., pp.274-279.

하고, 따르지 않으면 공격할 것임을 통보했던 것도 중립 위반에 해당하지 않는다는 논리로 비약되었다. 이어 로렌스는 "과연 우류 제독의 행위가 항의받을 만한 행동이며, 국제법 위반인가?"라며 되물었다. 이는 대한제국의 중립을 위반한 일본에 대한 서구 열강의 항의를 염두에 둔 것이었다.

그렇다면 이 논리는 타당한가? 과연 대한제국은 독립적인 중립국이 아니라 러일전쟁의 전쟁터에 불과한 무능하고 허구적인 정부였는가?

이에 대해 미국의 국제법학자 그레이슨(Theodore J. Grayson)은 일본이 대한제국의 중립을 위반한 것은 명백하다고 단호하게 주장한다.[32] 그 이유는 일본의 대러 선전포고에서 밝힌 개전 사유가 대한제국과 청국의 영토 보전 및 안전에 대한 러시아의 위협이었다면,[33] 대한제국은 독립적인 중립국가가 아니며, 허구적인 정부에 불과했다는 입론이 성립되지 않기 때문이다. 일본이 대한제국의 중립을 위반했다는 것을 부인할수록 대러 개전의 정당성을 찾기 어려운 프레임에 갇히게 되는 것이다. 더욱이 제물포에 정박해있던 중립국 함장들은 대한제국이 중립국임을 숙지하고 있었으며, 이를 준수하고자 했음은 실제로 대한제국의 중립 선언이 작동하고 있었음을 의미했다.

이와 관련된 또 하나의 국제법 문제는 중립국 함장들이 일본 제독에

---

[32] Theodore J. Grayson, "The War in the Orient in the Light of International Law, Part II", p.742. 시어도어 그레이슨(Theodore J. Grayson, 1880-1937)은 펜실베이니아 법과대학에서 발간하는 저널 'The American Law Register'의 편집장을 역임했고 *The law of social and beneficial associations in Pennsylvania,*(1904); *Leaders and Periods of American Finance*(1932) 등의 저작이 있다.

[33] 『日本外交文書』, 明治 37卷・38卷, 「日露戰爭 I」, 142~143쪽. 露國ニ對スル宣戰布告ノ詔勅公布通告ノ件, 附屬書 宣戰詔勅, 1904年 2月 10日.

게 전달한 항의문의 합법성 여부였다. 영국 왕립해군대학 국제법 강사 로렌스는 이들의 항의가 법적으로 결여되었다는 견해를 밝혔다.

"해군 장교는 종종 전투원, 평화조정자, 외교관, 심판관 그리고 복수의 화신 가운데 하나가 된다. 만일 해군 장교가 그의 판단에 불법으로 보이는 적대행위와 조우하거나, 자국민의 생명과 재산이 위험에 빠진 것을 목격한다면, 가능한 모든 수단을 동원하여 그들을 보호하는 것이 그의 의무이다. 그러한 보호조치 가운데 중립 항구에서 전시 작전을 수행하는 것에 적절히 항의하는 것도 포함된다. 그러나 제물포의 사례는 영국·프랑스·이탈리아 신민들이나 재산을 위협하는 어떠한 위험도 없었다. 따라서 항의할 근거가 없다."[34]

그레이슨 역시 함장들의 항의가 어떠한 법적 근거에 의거했는지 찾기 어렵다는 입장이었다. 중립 위반 문제에 관여할 수 있는 당사국은 오직 교전국과 대한제국으로 한정된다는 것이다. 대일 항의문에 서명한 중립국 함장들의 나라에 어떠한 손실도 발생하지 않았기 때문에 개입할 권리는 없으나, 다만 인도주의(motives of humanity)에 따라 행동했다는 것은 이해할 수 있다는 견해를 피력했다. 이는 제1차 헤이그협약(1899)을 논의하는 과정에서 러시아의 국제법학자 마르텐스가 제기했던 의견을 지지하는 것이기도 했다.

"인도주의가 전쟁 행위의 진보를 촉발했다고 주장하는 사람들은 구스타부스 아돌푸스(Gustavus Adolphus)[35]와 같이 전쟁을 두 눈으로 목격한 사

---

34 Lawrence, *War and Neutrality in the Far East*, pp.75-80.
35 구스타프 2세 아돌프 왕(Gustav II Adolf, 1594~1632)은 황금왕(The Golden King)과 북방의 사자(The Lion of the North)로 불리며, 30년 전쟁(1618~1648)으로 스웨덴을 군사강국으로 성장시켰다.

람만큼 박애주의자이지는 않다."[36]

마르텐스의 주장은 이론보다는 현장을 더 중시한 발언이었다. 결국 함장들은 자국의 중립적 지위에 대해 알고 있었지만, 실제 공격받는 상황과 그것이 인간의 판단과 전쟁법 적용 문제에 미칠 영향에 대해서는 예상하지 못한 것이다.[37]

마지막으로 검토해야 할 국제법은 중립국 선박이 교전국 부상자와 승조원들을 구조했을 때, 이들의 처리를 둘러싼 문제였다. 1899년 헤이그협약에서 이 같은 문제와 관련하여 명확한 처리기준은 마련된 바 없었다. 다만 가장 근접한 규정은 "제네바협약(1864)의 해전 원칙 준용을 위한 협약(The Convention for the Adaptation to Maritime Warfare of the Principles of Geneva Convention of August 22, 1864)" 제6조였다.[38] 이에 따르면, "중립국의 상선, 요트 혹은 선박에 교전국의 부상자 혹은 난파 선원이 승선한 경우, 그것을 이유로 나포될 수 없으나, 그들의 행위는 중립 위반으로 나

---

36 마르텐스가 주재한 소위 6차 회의(1899.6.9)에서는 중립국의 권리와 의무에 대한 논의가 이루어졌다. Margaret Maxwell, *The Changing Dimensions of a Tragedy: The Battle of Chemulpo*, The Historian, Vol.39 No.3, 1977, p.497.

37 Collections from the Library of Congress: Manuscripts, W. A. Marshall-Allen, Feb. 16th, 1904. 제물포에 정박했던 미국의 빅스버그호 함장 마셜은 제물포 해전의 사후처리에 영국 군함이 관여하게 된 경위에 대해 의문을 품고 있었다. 이에 주한 미국공사 알렌에게 보낸 편지에서 다음과 같은 입장을 밝혔다. "주한 영국공사로부터 탈보트호 함장의 태도에 대해 들은 바 있으면 통보해 달라. 나는 그가 왜 그런 진흙탕에 휘말려 들어갔는지 이해할 수 없다. 아마도 파스칼호 선장의 영향을 받은 듯하다."

38 1899년 6월 20일에 개최된 헤이그평화회의 제3차 회의에서는 제네바협약(Geneva Convention)의 원칙 14개조를 해전에 적용하기로 결정했다. James B. Scott, The Proceedings of the Hague Peace Conferences, The Conference of 1899, New York: Oxford University Press, 1920. pp.387-395.

포할 수 있는 귀책 사유가 될 수 있다"고 명시하였다.[39] 중립국 함장들이 이 조항에 따라 부상병들을 구조한 것에 대해서는 협상의 여지가 있으나, 부상하지 않은 교전국의 수병들을 승선시킨 문제는 선박 나포와 몰수 조건이 될 수 있었다. 결국 중립국 함장들은 인도적인 구호 조치를 했음에도, 자신들의 행위를 해명하고 부상하지 않은 수병들을 보호할 법적 근거를 찾지 못했다.

이 문제는 개전 초기부터 보완해야 할 필요성이 제기됐다. 차기 헤이그회의에서는 중립국 선박이 교전국 승조원들을 어느 범위까지 구조할 수 있는지 명확히 하고, 나아가 중립국은 구조된 교전국 수병들이 전장(戰場)으로 되돌아가지 못하도록 하는 책임을 규정지어야 했다. 따라서 러일전쟁이 종식되면 제2차 헤이그회의는 당연히 소집될 수밖에 없었다.

중립국 군함들이 수백 명의 러시아 수병들을 승선시킨 문제를 풀어낼 해법은 무엇일까?

일본이 러시아 수병들을 전쟁포로로 넘길 것을 요구했으나 중립국 함장들이 이를 거부하면서 긴장이 고조되었다. 파스칼호 함장은 러시아 수병들을 승선시킨 중립국 선박들에 대한 일본의 공격을 방지하기 위해 주한 일본공사와 일본 제독의 공식증명서를 요구했으나, 주한 일본공사는 이 문제를 책임지려 하지 않았다.[40]

이 문제의 해법은 영국 외무성이 주한 영국공사에게 보낸 훈령(1904.2.12)에서 찾을 수 있었다. 영국 외상 랜스다운(Lord Lansdowne)은 탈

---

39 Theodore J. Grayson, 1905, *The War in the Orient in the Light of International Law. Part II*, The American Law Register(1898-197), Vol.53, No.12, pp.741-744.
40 Русско-Японская Война 1904-1905, Кн. Первая. p.316.

보트호 함장 베일리가 동맹국 일본에 대한 항의문 작성을 주도했고, 러시아 수병들을 승선시킨 문제에 대해 "이례적(irregular)"이라는 말로 불만을 표시했다. 그런데도 탈보트호가 러시아 수병들을 가장 많이 승선시키고 있었기 때문에, 이 문제에 대해 발 빠르게 대응했다. 그 해법은 바로 헤이그협약(1899)의 육전법(陸戰法) 제57조를 적용하는 것이었다.[41]

헤이그협약의 육전법 규정을 러시아 수병의 처리 문제에 적용하기로 한 결정은 일종의 고육책이었다. 이는 비록 복잡한 상황에서 벗어나기 위한 유일한 해법이었지만, 일본 정부에 시사하는 바는 매우 컸다. 영국·프랑스·이탈리아 정부가 러시아 수병들을 전쟁 포로로 일본에 넘겨주는 데 동의하지 않는다는 의지의 표명이었기 때문이다. 영국은 일본 정부에 헤이그협약 제57조에 따라 중립국 선박들은 러시아 수병을 자국령으로 이송하여 억류할 것을 통고했다. 그러자 일본 정부는 더는 요구하지 않기로 하고 영국의 제안을 수락했다. 그 결과 러시아의 부상병뿐만 아니라 모든 승조원이 상하이로 이송되어 러시아 당국자의 보증하에 전쟁이 종료될 때까지 이들이 상하이 이북으로 가서 재차 참전하지 않을 것을 맹세한 후 석방하기로 결정되었다.[42]

마침내 파스칼호는 파블로프 공사를 비롯한 주한 러시아공관 일행을 탑승(1904.2.12)시킨 후, 2월 16일 오전 7시에 상하이로 출발하였다. 최종

---

41 Article 57. A neutral State which receives ion its territory troops belonging to the belligerent armies shall intern them, as far as possible, at a distance from the theater of war. It may keep them in camps, and even confine them in forts or in places set apart for this purpose. It shall decide whether officers can be left at liberty on giving their parole not to leave the neutral territory without permission.

42 Margaret Maxwell, The Changing Dimensions of a Tragedy: The Battle of Chemulpo, pp.501-502.

목적지인 사이공(Saigon)에서 러시아 장교와 수병들을 하선시킬 예정이었다. 또 탈보트호와 엘바호는 러시아 승조원들을 홍콩으로 이송할 예정이었다.[43] 탈보트호와 엘바호에 승선한 러시아 승조원들은 홍콩에 도착한 후 영국과 프랑스 국적의 증기선으로 갈아탄 후, 4월 1일에 러시아의 오데사(Odessa)항에 도착하였다.[44]

제물포 해전에 참전했던 러시아 승조원들은 3개조로 나뉘어 4월 20일 세바스토폴항에 집결했다. 4월 29일, 이들은 열차로 상트페테르부르크에 도착하여 환대를 받았고, 황제의 조찬에 초대된 장교 31명에게 훈장이 수여되었으며, 러시아 역사에서 전쟁영웅으로 재탄생하였다.[45]

한편, 선전포고 없이 감행된 일본 해군의 기습공격으로 세 번째 희생양이 된 러시아 군함은 바로 상하이에 정박 중이던 만주르(Маньчжур)호였다.[46] 만주르호는 1903년 12월 13일부터 상하이 항구에 정박하여 정부의 업무를 지원하고 있었으며, 러일전쟁이 발발할 때까지 항구를 빠져나오지 못하고 있었다. 이에 따라 개전 이후 상하이를 출항할 경우 뤼순항으로 귀환 도중 일본 함대에 격침될 가능성이 농후했다.

만주르호의 뤼순항 귀환에 걸림돌은 상하이 항구 외곽에서 대기 중이던 일본 전함이었다. 이들은 제물포에 정박 중인 러시아 전함 바랴크호

---

43 Collections from the Library of Congress: Manuscripts, W. A. Marshall-Allen, Feb. 16th, 1904.

44 Русско-Японская Война 1904-1905, Кн. Первая. pp.320-323

45 Margaret Maxwell, The Changing Dimensions of a Tragedy: The Battle of Chemulpo, pp.511-514.

46 만주르호(1,224톤급)는 1886년에 건조되어 1887년 러시아 해군에 배치된 이래, 러일전쟁 개전 시기에 태평양함대에 편재되어 있었다.

와 코레예츠호의 뤼순 귀환을 차단했던 우류 제독의 일본 함대와 마찬가지로 상하이 입구의 우성[吳淞, Wusong]에서 만주르호를 감시하고 있었다. 더욱이 순양함 아키쓰시마[秋津島]호가 감시 임무에 가세함으로써 만주르호의 상하이 출항은 피격되든가 혹은 나포될 가능성이 농후해졌다. 이는 제물포 해전의 되풀이가 될 수 있었다. 제물포 해전의 유령이 또다시 상하이 인근을 떠돌고 있었다.

러시아의 극동총독 알렉세예프(Е. И. Алексеев) 제독은 만주르호를 생환시키고자 했다. 제물포 해전에서 바랴크호와 코레예츠호를 상실한 경험은 다른 방식의 해법을 찾게 했다. 그런데도 상하이주재 일본총영사의 강력한 요구에 굴복한 청국의 지방관은 만주르호의 무조건적인 출항을 명령했다.

만주르호를 사지로 몰아가는 청국의 결정에 극동총독부는 해법을 찾아냈다. 바로 무장해제였다. 만주르호가 상하이를 출항한 후 24시간 동안 일본 군함의 공격이 없을 것이라고 기대하기는 힘들었다. 또 전함과 승조원들의 희생이 명약관화한 강제출항도 감수하기 어려웠다. 이에 따라 깃발을 내리고 승조원들을 육지로 상륙시킨 뒤, 상하이의 프랑스 조계지에서 대피처를 물색하여 이들을 수용하는 방식이 대안으로 제시되었다.[47] 마침

---

47 The Mandjur Compromise. The New York Times, March 7, 1904. 만주르호 무기고의 탄약과 노리쇠들은 청국 전함 난소이(Nansoy)호로 이관되었다. 3월 7일, 상하이 지방관(道台)은 일본총영사 오다기리[小田切 萬壽之助]에게 총포의 노리쇠와 전함의 주요부품들이 제거될 경우, 상하이 외곽의 우성[吳淞]에서 대기하던 일본 전함 역시 퇴거하도록 요구했다. 3월 29일, 일본총영사는 아키쓰시마[秋津島]호 함장과 함께 무장해제된 만주르호를 조사하였다. 조건이 만족스럽게 이행된 것을 확인한 아키쓰시마호는 3월 31일 퇴거하였으며, 베이징주재 일본공사 우치다[內田康哉]는 이 사실을 청국 정부에 통보했다. 뉴욕타임스(1904.3.31)는 일본이 러시아 전함을 불구화시키는데 각별한 관심을 보인 원인은 일본과 상하이 간의 통상을 재개하는데 만주르호가 장애가 되지 않도록 하기 위함

내 3월 23일, 무장해제가 완료된 만주르호는 3월 29일에 동청철도회사 선착장에 계류되었고, 주요 부품들은 해체되어 육상으로 옮겨졌다.

주청 러시아공사 레사르(П. М. Леccap)가 만주르호의 무장해제에 동의한 것은 청국의 중립을 준수하기 위함이었다. 이는 궁극적으로 중립 문제에 관한 대한제국과 청국의 차이점이 드러나는 것이기도 했다. 그 특징은 미국이 주도적으로 러·일 양국에 청국의 중립을 존중하도록 요구하여 동의를 끌어냈다는 점에 있다. 반면 대한제국의 중립에 대해 미국은 어떠한 조치도 취하지 않았다. 이처럼 중립국이 되는 조건은 열강 가운데 특정 국가가 중립을 강력하게 옹호하고, 관련 국가들로부터 동의를 얻어내는 것이 핵심이었다.

대한제국과 청국은 유사한 상황이었음에도 대한제국은 중립국이 되지 못했던 반면 청국은 중립국으로 인정받은 원인은 미국의 지지 여부였다. 전쟁 발발 즉시 중립을 선언했던 미국은 청국이 중립을 선언하도록 유도함으로써 대한제국과 청국의 중립에 대해 전혀 다른 태도를 보였다.[48] 더욱이 영국, 프랑스, 독일 등을 포함한 신축조약(1901)을 체결한 국가들에도 러시아와 일본이 청국의 중립과 행정 보전(administrative integrity)을 존중하도록 요청하는 회람문을 보냈다. 결국 청국이 중립국이 되는 구조는 미국이 이를 주도하였을 뿐 아니라 열강의 지지까지 끌어냈던 노력이 골간을 이루고 있었다.[49]

미국은 대한제국의 중립을 위한 어떠한 정책도 채택하지 않았다. 청

이었다고 분석했다. The New York Times, March 31, 1904.
48 Mr. Conger to Prince Ch'ing. Feb. 11, 1904, *FRUS(1904)*, p.118.
49 최덕규 편, 『제국주의 열강의 해군과 극동』, 233쪽.

국의 중립을 위해 열강의 지지를 촉구한 회람문에서도 대한제국의 중립에 대한 언급은 없었다. 고종은 러일전쟁 개전 3주 전에 일본에 중립을 통보했고, 미국에도 알렸으나 후자는 이를 접수했지만 사실상 무시했다. 주한 미국공사 알렌(H. N. Allen)이 미국 국무부에 보내는 전문(1904.1.30)에서 대한제국의 중립 선언이 러시아의 비밀공작이라는 신념을 피력한 것은 이를 반증하는 것이었다.[50]

4. 미국의 대러 봉쇄전략과 좌절된 대한제국의 중립

미국의 루스벨트 대통령은 러일전쟁 기간에 왜 청국의 중립은 지지했던 반면 대한제국의 중립에는 무관심했는가?

이는 그의 한국에 대한 인식이 미·러 관계의 프레임 속에서 형성되었기 때문이다. 루스벨트의 한국관에는 그의 러시아관이 투영되어 있었다. 따라서 루스벨트 대통령이 대한제국의 중립보다는 일본의 한국보호국화를 지지했던 이유도 그의 반러 정서와 깊은 관련이 있었다.

루스벨트의 러시아관은 유럽과 러시아의 비동질성을 강조하는 특징이 있다. 즉, 유럽과 러시아는 다르다는 것이다. 대부분의 유럽 국가는 상호 유사한 발전 경로를 가졌으나, 러시아는 자신의 방식대로, 유럽인들이 생각하는 진보와는 정반대의 노선으로 발전했다고 생각했다.[51] 따라서 민

---

50 Kim Ki-Jung, *The War and US-Korean Relations*, *The Russo-Japanese War in Global Perspective: World war Zero*, Vol.II, (Brill: 2005), pp.473-474.

51 To Cecil Arthur Spring Rice, Aug. 8, 1896. *The Letters of Theodore Roosevelt*, Ed. E. Morison, Harvard University Press, 1951, Vol.II, p.1394.(*The Letters of Theodore Roosevelt*는

주주의 체제를 유지하고 있는 미국의 시각에서 볼 때, 독재정인 러시아의 정체와 상충할 수밖에 없었으며, 양립 불가능한 관계인 것이다.

미국과 러시아의 정치·문화적 차이점을 강조하는 입장은 인종주의적 편견과 맥을 같이하고 있었다. 서구와 러시아를 구분한다는 것은, 만일 서구가 문명을 대표한다면 러시아는 문명 세계의 일원이 아니라는 의미를 내포하고 있었다. 루스벨트는 "알 수 없이 침울할 때만 그렇게 생각한다"고 전제했지만, "러시아인은 무기력해지는, 야만의 피가 충만한 사람들"로 간주하였다.[52]

반슬라브주의적인 루스벨트의 문명관은 단순히 러시아를 서구문명권과 구별하는 야만국으로 간주하는 데 그치는 것이 아니라 러시아의 팽창을 부정하는 데 있었다. 독극물이 널리 퍼지면 안 되듯이, 사악함을 금지하는 것은 당연했다. 따라서 차르 정부의 동진(東進)과 부동항 획득을 통한 태평양 진출을 차단하는 임무는 문명 세계와 미국의 미래가 달린 태평양 수호의 신성한 의무와 동일시되었다.

그렇다면 러시아의 태평양 진출을 어떻게 막을 것인가?

해법은 미국의 저명한 해양전략가이자 루스벨트의 동지였던 알프레드 머핸(Alfred T. Mahan)[53]이 제의한 봉쇄(Containment)전략이었다. 이는

이하 "TLTR"로 약함).

52 To Cecil Arthur Spring Rice, Aug. 14, 1897, *TLTR*, Vol.II, p.644; 루스벨트는 "러시아는 성장하고 있으나 슬라브족의 성장은 매우 느리기 때문에 그들의 영광의 날은 멀리 떨어져 있다. 나는 여전히 20세기가 영어를 말하는 사람들의 세기가 될 것이라고 생각한다"고 독일인 슈턴베르크(Speck Von Sternberg)에게 토로(1898.1.17)했다.

53 Richard W. Turk, 1987, *The Ambiguous Relationship: Theodore Roosevelt and Alfred T. Mahan*, Greenwood Press, pp.1-3. 양자의 관계는 상호보완적인 듯하다. 일군의 학자들은 해군 문제 권위자였던 머핸의 견해가 루스벨트에게 심대한 영향을 끼쳤으며, 머핸의

전통적인 영·러 대결(Great game)을 전개하며 러시아의 남하를 저지해 왔던 대영제국의 쇠퇴를 목도하면서 4대 해양국가인 영국·미국·일본·독일이 연대하여 러시아의 해양 출구를 봉쇄한다는 개념이었다. 특히, 루스벨트는 1898년 초부터 일본이 재정적인 곤경을 견뎌낼 수 있다면, 극동에서 러시아에 위협적인 "균형추(counterpoise)" 역할을 해낼 것으로 믿었다.[54] 이에 따라 미국은 차르 정부가 뤼순과 다롄을 조차하여 태평양함대 기지로 개발함에 따라, 일본의 대러 견제 역할에 큰 기대를 하였다.

미국은 지리적으로 대서양보다 태평양 패권을 확보하기가 훨씬 유리했다. 대서양은 유럽 열강과 치열한 경쟁을 벌여야 하는 무대지만, 태평양은 자국의 번영과 미래가 걸린 기회의 공간이었다.[55] 이미 슈펠트(R. W. Shufeldt) 제독이 강조(1880.10.13)했던 바와 같이, "미국이 알래스카, 알류샨열도, 미일통상조약 체결, 샌드위치 섬과 사모아를 획득한 것은 멀지 않아 태평양이 미국의 통상 영역(domain)이 될 것"[56]이라는 대명제를 따른 결과였다. 따라서 러시아가 태평양에 새로운 경쟁자로서 등장하는 것은 정치적·문명론적·인종주의적 관점에서 미국이 결코 용납할 수 없는 사안이었다.

알프레드 머핸 제독의 견해에 따르면, 러시아의 남하와 동진정책은 해

추종자였던 루스벨트는 신 해군(New Navy)을 건설하여 이를 전쟁과 외교의 핵심수단으로 활용했다는 입장이다. 다른 견해는 머핸이 루스벨트의 정책에 영향을 끼쳤다기보다 오히려 루스벨트가 머핸을 활용했다는 것이다. 머핸은 해군 문제에 대한 루스벨트의 1급 참모 가운데 한 명에 불과하다는 것이다.

54 To Hermann Speck Von Sternberg, January 17, 1898, *TLTR*, Vol.II, p.763.
55 Alfred T. Mahan, *The Problems of Asia, Its Effects upon International Polices*, (Boston: Little Brown & Company), 1900. pp.191-192.
56 Corea and American Interest in the East, Oct. 13, 1880, LNC., Shufeldt papers.

상무역에 적합한 항구와 해안이 발달하지 못한 지리적 결함에서 비롯된 것이었다. 이러한 결함은 국부(國富)와 국민경제를 발전시킬 수 있는 수단의 부재로 인식되었기 때문에, 러시아의 팽창은 단순히 해안에 도달하는 것에 한정되지 않는다. 오히려 점유와 지배를 통해 넓은 해안 지역의 토지사용권을 획득하여 제국의 번영에 이바지하는 데 그 목적이 있다는 것이다. 따라서 러시아가 해안지대를 병합한 후 점령 이전에 다른 국가들이 향유했던 권리들을 무효화한 이유도 여기에 있다고 보았다.[57] 결국 러시아가 점령한 아시아의 해안지대는 문호 폐쇄의 대상이 된다는 머핸의 기고는 1900년 3월의 아시아 정세를 그대로 반영하고 있었다.[58]

1900년 3월, 『뉴욕 타임스』는 러시아가 한반도 남단의 마산포 인근에 군대 상륙을 요구하고 있다고 보도함으로써 차르 정부의 동진정책이 만주에 한정되지 않을 것이라는 위기감을 고조시켰다.[59] 주한 미국공사 알렌은 미국 국무장관 존 헤이에게 극동에서 "가장 훌륭한 항구인 마산포"[60]를 둘러싼 위기를 다음과 같이 보고했다.

---

57 머핸의 저작 『아시아의 제 문제: 그것이 국제정치에 미친 영향(The problems of Asia: Its Effects upon International Polices)』은 그가 1900년 3월부터 11월까지 잡지에 기고한 다음의 3편의 논문을 1권의 책으로 편집하여 발간한 것이다. 제1부: The Problems of Asia, Harper's Monthly Magazine, March~May, 1900, 제2부: Effect of Asiatic Conditions upon World Polities, *North American Review*, November, 1900, 제3부: Merits of the Transvaal Dispute, *North American Review*, November, 1900가 그것이다. 제1부는 3월(1-46), 4월(47-94), 5월(96-145)에 게재한 것을 3개장으로 구성하였다.

58 Alfred T. Mahan, The Problems of Asia, Its Effects upon International Polices, pp.44-45.

59 "A Russo-Japanese Crisis?", The New York Times, March 30, 1900. 신문에서는 "타 열강이 마산포 인근의 토지조차 요구 시, 러시아의 사례를 따를 가능성을 우려"한 타임스(The Times)의 요코하마 특파원 보고와 차르 정부가 "해군 확장계획을 고려 중"이라는 상트페테르부르크 특파원 보고를 아울러 보도했다.

60 Allen to Secretary of State, April 21, 1900, *Korean-American relations. III. The period of*

"① 1899년 봄, 주한 러시아공사 파블로프(А. И. Павлов)가 마산포 해안가 토지매입을 위해 해당 지역을 선정하고 지방관에게 해당 토지의 매입예정을 통보했다. ② 일본인이 해당 토지를 지주들로부터 매입하고 문서를 발급함으로써 러시아가 설정한 해안가 토지의 매입이 불가능해졌다. ③ 러시아가 매입하려던 마산포 해안 토지를 둘러싼 러·일 간의 갈등이 전쟁 위기의 핵심이다"[61]

알렌의 보고서에 나타난 루스벨트 행정부의 뜻은 러시아 태평양함대 소속 군함들의 제물포 입항(3.16.; 3.17)과 마산포 문제에 대한 대한제국 정부의 입장이었다. 알렌의 보고에 따르면, 제독을 포함한 러시아 지휘관들은 쟁점으로 떠오른 마산포 문제와 관련하여 이곳을 방문했으며, "제독의 방문은 소심한 한국인들이 러시아의 요구에 굴복하도록 하는 데 결정적인 영향을 끼쳤다"는 것이다.[62] 즉, 미국 정부에 강대국의 요구에 휘둘리는 대한제국 정부가 과연 독립적인 주권국인지 의구심을 제기했다.

루스벨트 대통령이 훗날 일본의 한반도강점과 관련하여 러시아 원인론을 제기한 이유도 이와 같은 맥락이었다. 미국이 조미수호통상조약 제1조의 거중조정의 의무를 다하지 않은 원인은 "대한제국이 당시 러시아의 지배를 받는 독립국이 아니었기 때문"이라는 것이다. 루스벨트의

---

diminishing influence, 1896-1905. Ed. Scott S. Burnett, University of Hawaii press, 1989(이하 "KARIII."로 약함). 알렌은 국무장관에게 "고베 크로니클(Kobe Chronicle, 4월 9일 1900)"에 게재된 마산포 관련 주한 영국공사 조단(Jordan)의 보고서 발췌문을 동봉했음을 알렸다. 마산포를 방문한 그는 이곳이 "세계에서 가장 훌륭한 항구 가운데 하나(one of the very best harbors in the world)"라고 보고했다.

61 Allen to Secretary of State, March 19, 1900, *KAR III*. p.86.
62 Allen to Secretary of State, March 19, 1900, *KAR. III*.

견해에 따르면, "대한제국은 독립국으로서 국내질서를 유지할 수 없었으며, 외세의 공격으로부터 자신을 보호하기 위해 일격(一擊)을 가할 힘도 없었다. 대한제국은 러시아의 지배를 받기 때문에 러일전쟁이 발발하기 오래전에 독립을 지킬 수 있도록 지원하는 외국의 모든 의무는 소멸하고 말았다. 이러한 정황 속에서 러일전쟁 후 일본의 지배가 뒤를 이었고, 1910년 최종 병합은 불가피한 것"이라고 한 것이다.[63] 결국 대한제국의 독립 유지 열망에 미국이 화답하지 않은 원인은 대한제국이 러시아의 영향력 하에 있기 때문이라는 것이다.

알렌의 보고서에 따르면, 마산포는 황해의 관문이자 시모노세키에 근접해있기 때문에 러시아의 마산포 해안 토지매입 기도는 일본의 대러 개전 사유이기도 했다.[64] "대한제국 정부가 러시아의 영향력에 순응하는 것은 개전 분위기가 통제할 수 없을 정도로 고조되는 일본에 미칠 영향을 고려하지 않은 것"이라고 평가한 이유였다. 일본인보다 대한제국을 잘 아는 사람은 없다고 단정한 알렌은 그 근거로 전신선 보호 명목으로 한반도에 주둔한 일본 헌병대(220명)는 몇 년간 한국의 해안 지도를 만들었고, 상세한 내륙지도 제작에 관여해 왔음을 적시했다. 결국 일본은 러시아가 매입을 예정했던 마산포 해안 토지를 매수함으로써 블라디보스토크-뤼순-마산포로 연결되는 태평양으로의 3각 출구 확보를 노리던 차르 정부를 견제할 수 있었다.

마산포 문제(1900)를 둘러싼 러·일 간의 대립과 위기 해소 과정은 루

---

63 Theodore Roosevelt, 1916, *Fear God and Take Your Own Part*, (New York: George H. Doran Company), p.294.
64 Allen to Secretary of State, March 19; April 21, 1900, *KAR. III*. pp.86-88.

스벨트의 대한제국 인식에 적지 않은 영향을 끼쳤다. 그에게 대한제국은 자력으로 독립을 유지할 수 없으며, 태평양의 해양강국으로 부상하려는 러시아의 영향력 하에 있는 국가였다. 루스벨트가 지인인 슈테른버그(Speck von Sternberg)에게 보낸 편지(1900.8.28)는 그의 초기 한국관이 반영된 자료로서 주목할 만하다.

"나는 일본이 대한제국을 가지는 것을 보고 싶다(I should like to see Japan have Korea). 일본은 러시아를 견제할 것이며, 이제까지 한 것으로 보아 그럴 자격이 있다."[65]

루스벨트는 태평양의 새로운 경쟁자로 부상한 러시아에 맞서 마산포 문제 해결 과정에서 적극적인 대러 개전 의지를 표명한 일본의 입장에 공감하였다.

한반도의 마산포 문제가 루스벨트의 한국관이 형성되는 계기였다면, 대청정책의 골간은 의화단(1899~1900) 사건을 통해 이루어졌다. 그의 대청정책 핵심은 슈턴베르크에게 보낸 편지에 "서구 열강은 중국 내전에 휘말리지 말아야 하며, 중국의 분할은 결코 있어서는 안 되며, 분할은 궁극적으로 모든 사람에게 나쁜 일이 될 것"[66]으로 나타나 있다. 또 루스벨트의 동지였던 머핸(A. T. Mahan) 역시 "아시아의 상황이 세계정치에 미칠 영향"이라는 기고문에서 대청정책의 양대 목표를 다음과 같이 제시하였다.

---

65 To Hermann Speck Von Shuternberg, August 18, 1900, *The Letters of Theodore Roosevelt*, Ed. E. Morison, Harvard University Press, 1951, Vol.II, p.1394.(The Letters of Theodore Roosevelt 는 이하 "TLTR"로 약함)

66 *TLTR*, Vol.II, p.1394.

"어떤 1국 혹은 국가군(group of states)이 중국에 우월적인 정치 지배권 갖는 것을 막고, 문호개방(the open door), 즉 상업뿐만 아니라 서구 사상에 대한 개방까지 강조한다."[67]

1900년의 조건에서 미국의 루스벨트와 머핸은 "과분(瓜分) 저지와 문호개방"을 대청정책의 양대 원칙으로 설정하였다. 결국, 1900년의 마산포 사건과 의화단 사건은 한국과 청국에 대한 루스벨트의 인식 원형을 제공함으로써, 러일전쟁 개전 당시 한국과 청국의 중립에 대한 미국의 무시와 지지로 이어졌다.

미국의 태평양 패권 전략의 관점에서 볼 때, 만주를 점령한 러시아가 한반도 남단의 마산포 해안에 조차지를 확보한 정황은 러시아의 태평양 출구 봉쇄를 위한 근본적인 대책을 요구했다. 이는 전쟁이었다. 자유정부(free government)가 전제정 혹은 독재정의 군대와 맞서 싸울 육·해군을 유지하지 못한다면 그 정부는 살아남을 수 없다[68]는 루스벨트의 지론에 따르면, "오늘날 유럽, 미국 그리고 호주의 문명은 문명인들의 승전 결과였다. 반면, 초기 아시아와 아프리카의 기독교인들은 이슬람 침략자와의 전쟁에서 패배했기 때문에 양 대륙에서 기독교도가 사라졌다."[69]

루스벨트에게 문명과 비문명의 기준은 상무(尙武)주의였다. 그의 시각에서 유럽의 상무주의(European militarism)는 서구의 기독교가 번창하고,

---

67 Alfred T. Mahan, *The Problems of Asia, Its Effects upon International Polices*, pp.167-168. 머핸의 기고문 "Effect of Asiatic Conditions upon World Policies"은 1900년 11월 저널 "North American Review"에 게재되었다.

68 Theodore Roosevelt, *Fear God and Take Your Own Part*, p.349.

69 Theodore Roosevelt, *Fear God and Take Your Own Part*, pp.70-71.

아시아·아프리카의 기독교가 쇠퇴하게 된 분수령이었다. 당대의 서구 문명과 지적유산이 존속할 수 있었던 것은 유럽의 기독교인들이 수천 년간 전쟁에 대비해 힘을 길러왔기 때문이고, 아시아·아프리카는 그렇지 못했다는 것이다.[70] 유럽은 상무정신 위에 기독교를 확산하고 통상무역을 확대했기 때문에 서구 문명이란 곧 힘을 의미했다. 반면, 기독교 세계에서 멀어진 아시아·아프리카는 경제·문화적으로 낙후와 후진을 면치 못함으로써 야만이자 무기력을 의미했다. 요컨대, 루스벨트에게 힘은 선(善)이요, 무기력은 그 자체가 악(惡)이었다.[71] 이는 미국의 극동정책 입안에 참여한 핵심 인사 대부분이 독실한 기독교 신자였음을 보여주는 것이기도 했다. 일찍이 조·미 수교(1882)를 성사시켰던 슈펠트 제독과 해양전략가이자 루스벨트의 동지였던 알프레드 머핸[72]도 예외는 아니었다. 이들의 일상을 지배했던 성경과 종교적 신념이 극동정책 결정 과정에 투사되는 것은 당연했다.

---

70 Theodore Roosevelt, *Fear God and Take Your Own Part*, p.71.

71 루스벨트는 미국개혁교회(RCA)의 독실한 신자였다. 그가 최고의 문학작품으로 간주했던 성경은 그에게 영감과 위안을 주었다. 1901년 그가 롱아일랜드 성서공회(Long Island Bible Society)에서 한 연설 "성경의 영향력"은 그의 종교관을 투영하고 있다. "인류가 자랑스러워할 거룩한 성취에 평생의 업적을 보탠 거의 모든 사람은 생애 대부분을 성경의 가르침에 따르고 있다. 가장 위대한 사람(the greatest men)들 가운데 대다수는 성경을 근면하게 공부하는 학생들이다." Christian F. Reisner, *Roosevelt's Religion*, The Abingdon Press, 1922. p.306.

72 Reo N. Leslie Jr., 1991, *Christianity and the Evangelist for Sea Power: The Religion of Alfred Thayer Mahan*, The Influence of History on Mahan, Ed., John B. Hattendorf, Naval War College Press, p.136. 머핸은 성공회 선교위원회(Board of Missions of the Episcopal Church)에서 10년간 봉사했고, 이를 기념하기 위해 성공회에서는 중국 揚州(Yangzhou)에 그의 이름을 딴 머핸학교(Mahan School)를 설립했다.

루스벨트에게 전쟁이란 부도덕한 것만은 아니었다.[73] 기독교적 섭리사관에서 전쟁은 악을 응징하고 질서를 유지함으로써 정의를 구현하기 위한 필수적인 도구였다. 만일 사악한 세력이 무력으로 저항한다면 사악함을 파괴하는 행위는 의무이며, 그 결과로 전쟁이 발발하는 것이다. 따라서 전쟁은 정의로운 것이다. 힘을 갖추고 있음에도 악을 응징하는 행동을 자제하는 것은 분명 정의롭지 못한 행동이었다.

기독교적 관점에서 정의로운 전쟁론은 법치를 통한 분쟁 해결을 촉구하는 평화운동과 대립하였다. 루스벨트는 군사력에 근거하지 않은 평화운동은 사상누각에 불과하다고 보았다. 그의 견해에 따르면, "폭력이나 강제가 부도덕하다고 믿는 사람들이 존재하며, 잘못된 일에 대해서도 폭력으로 대응하는 것을 부도덕하다고 생각하는 사람이 있다. 이 이론이 맞는다면 외국의 침략에 맞서 무력으로 저항하는 행동도 잘못된 것이다."[74]

그는 전쟁이 옳고 그른가는 폭력의 유무가 아니라, 전쟁의 목적과 전쟁을 치르는 정신에 달려 있다고 보았다. 루스벨트는 적국이 미국을 군사적으로 지배하는 것을 막아내기 위한 최선의 방책은 바로 전쟁이라고 믿었다. 이는 "나약함이 침략을 초래하듯이 준비는 이를 벗어날 수 있게 해 준다"[75]는 그의 신념과도 닿아 있다.

1900년 봄에 이어 1901년 3월에 한반도에서 전쟁 위기가 재차 고조되었다. 러·일 양국을 개전 위기로 몰아갔던 갈등의 핵심은 마산포 문제였다. 1900년 7월, 러시아군대는 의화단운동의 만주 파급을 차단하

---

73 Theodore Roosevelt, *Fear God and Take Your Own Part*, p.70.
74 Theodore Roosevelt, *Fear God and Take Your Own Part*, pp.65-66.
75 Theodore Roosevelt, *Fear God and Take Your Own Part*, p.79.

기 위해 만주로 진입하여, 같은 해 10월 만주점령을 완료했다. 러시아의 관동군사령관 알렉세예프 제독은 같은 해 12월에 동계훈련을 명목으로 4척의 군함을 뤼순항에서 진해만으로 이동시켰다.[76] 러시아 해군이 1901년 2~3월 6주간 마산포 인근의 진해만에서 동계 해상훈련을 실시한 사건은 일본 정부에 대러 개전의 불가피성을 인식하게 하는 결정적 계기가 되었다.[77] 러시아의 만주점령이 마산포 점령으로 이어질 것이라는 일본 정부의 위기감이 대러 개전을 준비하는 주요 원인이 된 것이다.

마산포는 러시아의 태평양 연안으로의 확장을 의미했다. 러시아는 극동 최고의 항구로 평가받던 마산포와 인근의 거제도, 진해만 등을 중심으로 동쪽으로 블라디보스토크, 서쪽으로 뤼순·다롄과 연결할 경우 태평양으로 향하는 최상의 접근로를 확보할 수 있었다. 이는 태평양의 패권 확보를 역사적 과업으로 여겼던 러시아 황제 니콜라이 2세의 야망이기도 했다. 일본 역시 만주는 한반도로 나오는 통로에 불과하다는 점을 직시했다. 따라서 마산포는 만주를 지키기 위한 전초기지이자 태평양으로 향하는 전진기지의 의미를 동시에 지니고 있다고 판단했다.

러시아 해군의 진해만 해상훈련은 러시아 해군기지 예정지가 마산포에서 진해만으로 이전될 가능성에 의구심을 높였다. 주한 미국공사 알렌은 미국 국무장관에게 "러시아 장교들이 이곳을 선호하고 있으며, 뤼순과 블라디보스토크 신문들도 러시아는 반드시 진해만에 해군기지를 보유해야 한다는 취지의 기사를 게재했다"고 보고(1901.5.28)했다. 러시

---

76 РГАВМФ. Ф.417. Оп. 1. Д. 2619. Л.17-19: Письмо Е.И.Алексеева Ф.К.Авелану, 1 фев. 1903 г.

77 Allen to Secretary of State, May 28, 1901, *KAR. III*. p.88.

아 언론들은 "진해만을 확보하는 것이 개전 사유가 된다고 해도, 또 영국이 이에 대해 어떠한 조처를 하더라도 개의치 말아야 한다"는 논조를 취하고 있었다. 알렌은 해당 지역의 지도를 국무장관에게 동봉하면서 이 문제에 관한 주한 일본공사의 입장에 대해 "주한 일본공사 하야시[林權助]는 주한 영국공사 구빈스(John H. Gubbins)에게 만일 러시아가 진해만 획득을 주장한다면, 일본 정부는 러시아와의 전쟁을 피하지 않을 것"이라고 전했다.

과연 일본 단독으로 러시아의 남하를 저지할 수 있을까?

러시아를 견제하기 위해 힘을 모아야 할 국가들은 사실상 같은 목표와 이해를 추구해야 했다. 이를 위해 대러 봉쇄전략에 참여한 국가들은 지속 가능한 협력과 연대를 유지할 수 있어야 했다. 슬라브계인 러시아에 맞서 영국·독일·미국은 3대 튜튼족 국가(the three Teutonic nations)로서, 알프레드 머핸의 전망에 따르면 동맹은 아니지만 연대를 구성하여 행동을 같이할 수 있다고 보았다. 3대 튜튼족 국가들은 혈연적 유대와 공통의 이해로 이어진 해양국가로서 경쟁자일 수는 있어도 결코 적성국은 아니라는 것이다.[78] 여기에 유럽 문명을 내재한 유일한 아시아 국가인 일본이 참여할 경우,[79] 4대 해양강국이 연대한 러시아의 해양진출 봉쇄전략이 완성될 수 있었다.[80]

영국과 일본이 동맹(1902)을 체결하여 대러 견제에 나선 것은 러시아

---

[78] Alfred T. Mahan, *The Problems of Asia*, p.133-134.

[79] Alfred T. Mahan, *The Problems of Asia*, p.149-150.

[80] 러시아 봉쇄전략은 제2차 세계대전 이후 미국의 대소 봉쇄정책으로 재현됨으로써 역사성을 입증하였다. 여기에 서독이 북대서양조약기구(NATO)의 일원으로 참여함으로써 봉쇄정책은 냉전이 종식될 때까지 지속하였다.

봉쇄전략의 실천적 조치였다. 루스벨트는 영국이 보어전쟁 이후 쇠락의 길을 걷고 있음에도 일본이 러·일 협상파의 반대를 무릅쓰고 영국과 동맹을 체결한 사실에 고무되었다. 루스벨트가 대러 봉쇄전략 수행을 위해 영국과 동맹을 맺은 일본에 가장 필요한 조치를 준비한 이유도 여기에 있었다. 청일전쟁 직후 영국도 일본을 돕지 못했던 삼국간섭(1895)의 재발 방지가 그것이다. 루스벨트는 개전 즉시 독일과 프랑스에 가장 정중한 어조로 러·프·독이 1895년의 삼국간섭을 재현하기 위해 결합할 경우, "미국은 즉각 일본 편에 서서 시간에 구애됨 없이 도울 것"을 통보했다.[81]

루스벨트의 입장은 러일전쟁에서 일본이 승리하리라는 기대감이 반영된 것이었다. 이는 러시아가 개전 초기 제해권을 장악하게 된다면, 미국으로서는 감당할 수 없게 될 것이라는 위기감의 표현이기도 했다. 루스벨트는 일본이 제해권을 장악할 것으로 전망했던 이유는 "일본이 미국의 게임을 하고 있다(Japan is playing our game)"고 판단했기 때문이다.[82] 요컨대 루스벨트에게 러일전쟁은 미국 대신 일본이 러시아와 치른 전쟁이었다. 따라서 일본이 승리할 경우, 미국이 할 수 있는 서비스는 일본이 얻은 승리의 열매를 탈취하려는 열강의 간섭을 막는 것이었다.[83]

---

81 To Cecil Arthur Spring Rice, July 24, 1905, "TLTR" Vol.IV, p.1284. 루스벨트는 일본의 대러 개전 사유를 통보받자, 즉각 청국의 중립을 보장하는 조치를 했다. 국무장관 존 헤이(J.Hay) 역시 청국의 중립 유지를 위해 열강에 각서를 발송했다.(To Oscar S. Straus, February 9, 1904,"TLTR" Vol.IV, p.721)

82 To Theodore Roosevelt, Junior, February 10, 1904. "TLTR" Vol.IV, pp.723-724. 루스벨트 대통령은 자신의 장남 시어도어 루스벨트 주니어(1887~1944)에게 보낸 편지의 서두에 "이 편지가 다른 사람의 눈에 띄는 곳에 두어야 한다. 논란의 단초가 될 수 있기 때문이다"라고 썼다.

83 To Theodore Roosevelt, Junior, July 26, 1904, "TLTR" Vol.IV, p.865.

루스벨트가 러·일 강화를 예상하고 전후 구상을 한 것은 러시아의 뤼순 요새가 함락되고, 뤼순 사령관 스테셀(A. M. Стессель) 장군이 항복문서에 조인(1905.1.5)함으로써 일본의 승세가 굳어진 1905년 초반이었다. 주러 미국대사로 부임을 앞두고 있었던 메이어(Gorge Von L. Meyer)에게 보낸 편지(1905.2.6)에는 루스벨트의 전후 구상이 담겨 있다.[84] 핵심은 두 가지였다. 첫째, 대한제국은 스스로 자주독립의 무능함을 보여줬기 때문에 일본은 대한제국에 대한 보호권(a protectorate over Korea)을 가져야 한다. 둘째, 일본은 뤼순항과 그 인접 지역의 러시아 이권을 승계해야 하며, 만주는 청국으로 반환되기를 기대했다. 요컨대 일본이 러시아의 태평양 출구(한반도와 뤼순)를 틀어막는 동안, 청국에 반환된 만주는 미국의 상품시장으로 문호가 개방되어야 한다는 것이다.

루스벨트의 전후 구상은 승전이 예상되던 일본의 이익보다는 순전히 미국의 이해가 반영된 새로운 판짜기였다. 러시아의 태평양 진출 교두보 역할을 할 수 있었던 한반도와 러시아 태평양함대의 기지였던 뤼순을 일본이 갖는 이유는 한반도와 뤼순 모두 러시아의 태평양 출구였기 때문이다. 이에 마산포 사건을 통해 형성된 그의 한국관과 러시아의 팽창 및 만주점령의 대응책으로 제기된 봉쇄전략이 결합한 루스벨트의 전후 구상은 향후 포츠머스 강화회의의 밑그림이 되었다.

그렇다면 루스벨트는 일본이 자신의 전후 구상에 동의할 것으로 생각했을까?

---

84 To Gorge Von Lengerke Meyer, Feb. 6, 1905, "TLTR" Vol.IV, pp.1115-1116. 당시 이탈리아 대사로 있던 메이어가 루스벨트 대통령으로부터 주미대사직을 제의받은 시기는 1904년 12월 26일이었다.(To Gorge Von Lengerke Meyer, Dec. 16, 1904, "TLTR" Vol.IV, pp.1078-1080).

루스벨트는 일본이 주적인 러시아인과 서구인을 구분하지 않고 있음을 알고 있었다.[85] 일본인은 미국인을 포함한 백인의 교만함을 혐오하고, 동양문명(yellow civilization)의 우월성에 확신하고 있다고 보았다. 이는 일본 위협론으로 진화했다. 루스벨트는 만일 일본이 아시아 대륙을 버리고 태평양의 해양강국이 되기 위해 러시아와 공조하는 것을 가장 우려했다. 일본이 러시아와 공조하며 해양강국으로 부상할 경우, 태평양상의 미국, 네덜란드, 영국 등의 식민지에 위협이 될 것이기 때문이었다.[86]

그렇다면 러일전쟁 이후 일본은 러시아와 공조하여 태평양의 해양강국으로 부상할 수 있을까?

루스벨트는 일본이 러시아와 공조하여 태평양의 해양강국으로 등장할 가능성이 희박하다고 보았다. 그 논거는 두 가지였다. 첫째, 러시아와 일본이 동맹이 될 경우, 해양국가들이 집중포화를 퍼붓는 대상은 러시아가 아니라 일본이라고 보았다. 해양국가들은 러시아에 거의 해를 끼칠 수 없기 때문이다. 둘째, 해양국가들은 일본 해군을 침몰시킬 수 있으며, 일본열도도 봉쇄할 수 있기 때문에 러·일 간 동맹이 성사될 경우 모든 위험은 일본이 져야 하며 이익은 러시아에 돌아갈 수밖에 없다고 보았다. 루스벨트는 러·일 동맹이 일방적으로 불리한 대안임을 일본이 모를 리 없다고 예상했다. 그러면서 태평양의 패권을 둘러싼 미·일 간의 경쟁 가능성을 낮게 보았다. 그러면서 "요약하면 우리는 주님을 믿고 화약을 장전한 채 두 눈을 부릅뜨고 있어야 한다(the summing up of the whole matter is that we must trust in the Lord and keep our powder dry and our eyes open)"고 덧붙였다.

---

85 To Gorge Von Lengerke Meyer, Dec. 16, 1904, "TLTR" Vol.IV, pp.1078-1080.
86 To Cecil Arthur Spring Rice, Dec. 27, 1904, "TLTR" Vol.IV, pp.1082-1088.

5. 맺음말

　1880년대부터 조선 정부에 의해 추진된 중립정책은 러일전쟁을 계기로 좌절되고 말았다. 이는 중국 중심의 중화체제에서 벗어나 부국강병의 주권국가를 수립하고자 했던 대한제국 근대화정책의 좌절을 의미했다. 아울러 대한제국이 일본에 강점되는 과정은 중립을 선언한 주권국가에 대한 일본의 침략에서 비롯되었으며, 이는 문명사회를 지탱하고 있었던 준법정신의 손상과정이기도 했다. 따라서 대한제국의 중립정책에 대한 성찰은 인류사회가 전범국에 대한 제재와 국제법 위반의 재발방지책 마련에 공감하는 단서를 찾을 수 있다는 점에서 유의미하다.
　이상의 논의를 정리하면 다음과 같다. 제2절 "대한제국의 국외 중립 선언과 러일전쟁"에서는 대한제국의 중립이 일본의 침략으로 침해되는 과정이었다. 대한제국은 중립국임을 선언하고 이를 서구 열강에 통보함으로써 열강은 대한제국이 중립국임을 숙지하고 있었다. 그런데도 일본은 중립 항구인 제물포에 포격 위협을 가함으로써 이곳에 정박해있던 러시아 군함들과 해전이 발생했다. 중립국인 한국 해역에서 발생한 제물포 해전은 러일전쟁 최초로 발생한 일본의 국제법 위반일 뿐만 아니라 중립국 함장들이 연명으로 항의문을 작성하는 계기가 되었다. 따라서 대한제국의 국외 중립 선언에 대해 대부분의 열강이 이를 무시했다는 종래의 학설은 시정되어야 한다. 왜냐면 제물포에 정박 중이던 영국·프랑스·이탈리아 함장들은 대한제국의 중립을 숙지하고, 이를 행동으로 지지했기 때문이다. 그 결과, 대한제국의 중립을 무시하여 발생한 제물포 해전의 러시아 부상병들은 일본의 전쟁포로인지 아니면 구조하여 치료 후 본국으로 송환할 것인지에 대한 국제법적 논란이 야기되었다.

제4절 "일본의 대한제국 중립 위반과 국제법 문제"에서는 제물포 해전과 관련된 국제법 문제를 다뤘다. 중립국인 대한제국의 제물포에 정박 중이던 러시아 전함 바랴크호와 코레예츠호의 자침과 폭침의 근본 원인은 대한제국의 중립 선언이 준수되지 않았기 때문이다. 이는 전쟁의 규칙인 국제법이 훼손됨으로써 제물포 해전의 사후처리 기준도 모호해졌다. 이 문제의 핵심은 제물포항에 정박 중인 중립국 군함들로 분산·치료 중인 러시아 승조원들의 지위였다. 중립국 선박에 의해 구조된 교전국의 승조원 처리에 대한 구체적인 지침이나 선례가 없었기 때문에, 논란의 초점은 이들이 전쟁포로로 일본에 넘겨져야 하는지 아니면 중립 항구로 보내져 본국으로 송환되어야 하는지를 결정하는 것이었다. 결국 이 문제는 일본의 중립 위반을 강력히 항의한 중립국 함장들의 주장이 반영되어, 영국 외상의 중재하에 러시아 승조원들은 본국으로 무사히 귀환하였다.

제5절 "미국의 대러 봉쇄전략과 좌절된 대한제국 중립"에서는 러일전쟁 당시 대한제국과 청국의 중립 선언에 대해 미국이 청국의 중립만을 지지하고 후견한 원인을 미국 정부의 대러 봉쇄전략과 관련지어 살펴보았다. 러일전쟁 당시 미국의 루스벨트 대통령이 대한제국의 중립보다는 오히려 일본의 한국보호국화를 지지했던 이유도 그의 반러시아 정서와 깊은 관련이 있었다. 루스벨트 대통령의 한국에 대한 인식은 태평양의 패권을 확보하기 위한 미·러 관계 속에서 형성되었다. 미국은 태평양을 자국의 번영과 미래가 걸린 기회의 공간으로 인식함으로써 이곳에 새로운 경쟁자인 러시아의 등장을 용납할 수 없었다. 따라서 러시아의 태평양 진출 출구가 될 가능성이 있다고 판단한 한국에 대해서는 반감을, 대러 견제 역할을 지속했던 일본에 대해서는 호감을 보였다. 이에 따라 러일전쟁

개전 당시 일본의 대한제국에 대한 중립국 위반에는 눈을 감으며 일본의 승전을 위해 지원을 아끼지 않았다. 하지만 이는 루스벨트의 단견이었다. 러일전쟁 직후 미국은 국제법을 위반했음에도 제재받지 않았던 무법 국가인 일본과 태평양의 패권 경쟁에 돌입해야 했기 때문이다.

주지하다시피 대한제국에 대한 일본의 국제법 위반은 19세기 말부터 제2차 세계대전에 이르기까지 국제사회의 난제였다. 일본의 호전적 국민성은 결코 중재재판으로 제어할 수 없었기 때문에 헤이그평화회의(1907)에서도 해법을 찾지 못했다. 강제력이 뒷받침되지 않는 평화운동과 법치는 후발 제국주의 국가였던 일본에게 무용지물이었다. 따라서 국제법을 어기는 전범 국가들을 정의로운 국가들이 힘을 합쳐 통제하는 방식이 고안되었다. 집단안보체제의 등장이 대표적 사례였다. 역사적으로 그것이 효력을 발휘하기 위해서는 미국뿐만 아니라 소련도 힘을 합쳐야 한다는 전제조건을 요구했다. 따라서 한국의 중립화는 내부적 합의뿐만 아니라 주변 열강, 특히 미국의 강력한 지지와 후견이 연동될 때만 가능한 구조가 만들어졌다.

제3부

제국주의 동맹체제의 강화와 국제법질서의 한계

제7장

제국주의 열강의 콜라보레이션과 을사늑약(1905)
- 일본군의 인도 파병 조건과 한국보호국화

1. 머리말
2. 일본의 한국보호국화정책과 제2차 영일동맹조약
3. 포츠머스 강화회의와 일본군대의 한국주둔 논리
   　-비테와 고무라의 논쟁
4. 일본군의 한국강점에 대한 고종 황제의 기억과 대응
5. 맺음말

랜스다운(Marquess of Lansdowne, 1845~1927)

고무라 주타로(小村壽太郎, 1855~1911)

1. 머리말

일본군의 한국강점은 을사늑약(1905.11.17) 체결을 통해 합법화되었다. 이는 일본의 한국보호국화의 산물로써 1904년 7월 일본 각의에서 논의가 시작되어, 1905년 8월 12일 영국 런던에서 제2차 영일동맹조약이 체결되고, 1905년 9월 5일 미국의 포츠머스 강화조약에서 러시아와 일본이 합의함에 따라 성사되었다. 도쿄에서 출발하여 런던과 포츠머스를 거쳐 서울에서 귀결된 일본의 한국보호국화는 그에 소요된 1년 4개월 동안 일본은 한국에 대한 보호권을 인정받는 대가로 영국과 러시아에 엄청난 양보를 해야만 했다. 영국에게는 유사시 일본군대가 영국의 식민지인 인도 방위를 지원하기 위한 해외 파병 의무를 지게 되었으며, 러시아에게는 막대한 전비를 쏟아부은 전쟁에서 승리했음에도 불구하고, 전쟁배상금을 한 푼도 받지 못한 채 강화조약을 체결해야만 했다. 따라서 열강과의 조약을 통해 한국보호국화를 승인받고자 한 일본은 영국과 러시아로부터 엄청난 군사적·재정적 부담을 떠안으며, 보호조약 체결을 저지하고자 한 고종 황제와 대신들을 군대를 동원하여 강제하며 을사늑약을 체결하였다. 그 결과 일본의 한국보호국화는 일본군의 한국강점과 불가분의 관계에 놓이게 됨으로써 대한독립의군이 40년간 한국 독립을 위해 벌인 한일전쟁의 단초를 제공하였다.

이에 본 연구는 1904년 일본 도쿄에서 고무라 주타로 외상이 입안한 한국보호국화 계획이 제2차 영일동맹조약 협상 과정과 포츠머스 강화회담에 어떻게 반영되었는지 그리고 그것이 을사늑약의 체결로 귀결될 수밖에 없었던 원인이 무엇이었는지를 상호작용과 연동하여 분석해보고자 한다. 이를 위해 첫째, 고무라 주타로 외상이 러일전쟁 당기 대러 강화교섭 조건으로 준비한 한국보호국화 계획이 영·일 간의 동맹 갱신 협상에서 어떻게 논의되고 타협을 이루게 되는지를 살펴보고 둘째, 영일동맹 갱신 협상에서 타협을 이룬 합의 사항들이 러·일의 포츠머스 강화회의에 어떻게 반영되었는지 추적하고자 한다. 왜냐면 이 문제는 러일전쟁 직후 양국 군대의 본국 철수가 원칙이나 일본군은 본국으로 돌아가지 않고 만주에서 한국으로 철수함으로써 불법적인 한국강점이 이루어지는 주요 원인이 되었기 때문이다. 셋째, 일본의 한국보호국화정책에 대한 고종 황제의 인식과 대응을 고찰하고자 한다. 고종 황제는 세계열강 및 영일동맹(1902)에 의해서 인정된 한국의 독립을 일본이 훼손하려는 계획의 심각성을 간파하고 미국과 러시아에 일본의 전횡을 견제하기 위한 거중조정 및 외교적 지원을 호소하였다. 아울러 외교적 청원 방식인 헤이그 특사 사건이 무위로 끝남에 따라 무력으로 독립을 회복하는 구상을 하기에 이르렀다. 이를 통해 일본군의 불법적인 한국강점에 맞선 고종 황제의 저항이 항일독립전쟁의 서막에 해당함을 밝히고자 한다.

   그런데도 일본의 한국강점과 을사늑약 체결에 관한 기존 연구들은 대부분 개별적이고 분절적이었다. 이에 일본의 한국보호국화가 도쿄-런던-포츠머스-서울로 연동되는 세계사적 의의를 지녔다는 중요성을 간과하였다. 이는 글로벌 히스토리 관점에서 을사늑약의 의미를 재검토해야 할 당위성을 제기하고 있다. 그 이유는 첫째, 일본이 한국보호권을 영국으로부터 승인받는 과정에서 영국은 동맹조약 범위를 아프가니스탄까지가 아니라 심지어 일본군의 페르시아 파병까지 확대하기로 논의되었던 점 둘째, 극동에서 영국의 함대를 감축하여 유럽으로 보내는 대신 일본 해군이 그 힘의 공백을 메우기로 합의한 점 셋째, 일본이 극동의 범위를 벗어난 해외 파병의 대가로 영국에게서 승인받은 한국보호국화 계획을 포츠머스 강화회의에서 관철하기 위해 억지를 폄에 따라, 러시아 역시 포츠머스 강화조약 체결 후 일주일 뒤인 1905년 9월 12일 제2차 헤이그평화회의 소집을 미국에 통고하면서 강력히 반발하게 되었다. 따라서 열강이 인정한 독립국 한국이 일본의 보호국으로 전락하는 과정과 일본군의 불법적인 한국강점은 단순히 한일관계사가 아니라 세계사의 맥락에서 연구해야 할 과제인 것이다.

아울러 이 글은 러일전쟁을 거치면서 한국이 보호국으로 전락하는 과정을 제국주의 국가 간의 콜라보레이션(Collaboration)이라는 새로운 시각에서 조명하고자 하였다. 기존의 연구들은 고종 황제를 중심으로 한 한국 정부의 무능과 일본의 대륙침략정책에서 한국의 보호국화 원인을 찾았으나, 본 연구는 선발 제국주의 국가와 후발 제국주의 국가 간의 협업이라는 분석을 통해 일본군의 한국주둔과 일본의 한국보호국화를 가능하게 한 원인을 찾고자 하였다. 이를 위해 영국국립문서관(The National Archives, Kew)이 소장한 자료와 러시아 국립역사문서관(РГИА) 및 러시아 연방문서보관소(ГАРФ)의 자료를 활용했음을 밝힌다.

2. 일본의 한국보호국화정책과 제2차 영일동맹조약

러일전쟁은 일본군의 한국주둔이 장기화한 계기가 되었다. 그리고 전쟁 기간에 체결된 제2차 영일동맹조약(1905.8.12)과 러·일 간의 포츠머스 강화조약(1905.9.5)은 이를 합법화하는 토대가 되었다. 이는 러일전쟁이 포츠머스 강화조약으로 종결되었지만, 그 보다 약 한 달 앞서 체결된 제2차 영일동맹조약이 포츠머스 강화조약의 내용을 규정하는 준거가 되었음을 의미했다. 요컨대, 양대 조약의 체약국인 일본은 영국과 조약 갱신에 합의한 후 러시아와 강화조약을 체결하고, 동맹국인 영국과 합의한 사항을 강화협상 과정에서 교전국 러시아에 강요하는 입장을 취했다. 그 결과 러·일 간의 포츠머스 강화조약 체결 과정은 국제법상의 관례가 무시되고, 불법적인 요구를 상대편에 강요하는 기현상이 나타나게 되었다. 한국 문제 역시 이러한 상황 속에서 형식과 내용이 규정되고 말았다.

제2차 영일동맹조약은 제1차 영일동맹조약(1902.1.30)의 개정판이었다. 갱신 조약은 "청국과 한국의 독립과 영토 보전, 상공업 상의 기회균등"을 약속한 제1차 조약과 비교하면 조약의 범위, 적용 대상에서 차이를 보였다. 특히 조약 대상에서 한국 문제를 제외한 점이다. 제2차 영일동맹조약에서는 극동뿐만 아니라 인도까지 범위를 설정하고, 청국의 독립과 영토 보전, 기회균등 유지·강화만을 합의했다. 이는 제2차 영일동맹이 종전의 한국 독립과 영토 보전 약속을 양국이 폐기하기로 합의했음을 의미하는 것으로 영국이 일본의 한국보호국화를 사실상 승인하는 의미였다.

영국은 일본의 한국보호국화정책을 승인한 반대급부로 자국의 식민지인 인도 방위 의무를 일본에 분담시켰다. 영국 정부가 일본을 인도 방위에 끌어들인 배경에는 러일전쟁 이후 러시아가 아프가니스탄을 거쳐 인도로 남하할 가능성이 매우 크다는 전략적 판단에 근거한다. 영국은 러시아가 영일동맹 갱신을 통고를 받을 경우, 태평양함대 복원계획을 포기하고 남하 방향을 인도로 설정할 것으로 예상했다. 러일전쟁의 학습 효과는 러시아가 태평양함대 부활보다는 육로를 통한 영향력 증대 방안을 모색할 것이라는 판단을 하게 했다.

그런데도 일본이 인도 방위의 부담을 짊어지면서 영일동맹조약을 갱신한 이유는 무엇인가? 더욱이 5년 연한의 제1차 조약의 유효기간(1902~1907)이 종료되지 않았음에도, 유효기한이 10년인 제2차 조약 체결을 희망한다면 일본의 인도 방위를 분담은 당연한 것으로 볼 수 있다.

일본의 불법적인 한국강점의 논거가 된 제2차 영일동맹 체결 과정을 살펴보자. 1904년 12월, 일본의 고무라 주타로[小村壽太郎] 외상이 주일 영국대사 맥도널드(C. Macdonald)에게 한국을 보호국화하기 위한 사전조치로 유효기한 10년의 제2차 영일동맹조약 체결을 위한 교섭이 런던에서 진행되었다. 당시 제1차 영일동맹 교섭 과정에서 동맹의 당위성을 역설하고 성사시킨 주역이었던 주일 영국대사 맥도널드는 관여하지 않았으며, 조약 갱신 협상에 주영 일본공사 하야시가 적극성을 보인 것은 주목된다. 이는 일본 측이 조약 갱신의 필요성을 보다 절실하게 느끼고 있었음을 의미했기 때문에, 만일 영국이 조약 갱신에 동의할 경우 그 대가로 충분한 보상을 받을 수 있는 구도가 성립되었음을 짐작할 수 있다. 따라서 제2차 영일동맹조약 체결을 위한 교섭 과정의 관전 포인트는 영국이 한국에 대한 일본의 보호권을 인정하는 대가로 자국의 식민지인 인도 방위에 일본을 끌어들일 수 있는지에 초점이 맞춰졌다.

주지하다시피 일본은 이미 러일전쟁 개전 후 6개월이 지난 후 육상과 해상에서 일련의 승리를 거둠으로써 러시아와의 강화협상을 준비하고 있었다. 1904년 7월, 고무라 주타로 외상이 총리에게 제출한 "일·러 강화 조건에 관한 외상의 의견서"는 일본의 이권 확장 청사진을 담았는데, 대러 강화는 "러시아로부터 전비 배상과 한국에 대한 보호권 확립"이 핵심조건이었다.[1] 러시아에 한국에서 일본의 완전한 행동자유권을 인정하도록 하고, 일본의 이익을 방해하지 않도록 분명한 약속을 받아냄으로써 한국을 일본의 주권 범위로 인정받자는 것이 요체였다. 이에 뤼순 함락과 랴오양 대결로 전황이 유리하게 조성되었다고 판단한 일본은 한국에 대한 보호권을 영국으로부터 인정받기 위한 교섭에 착수하였다.[2]

1905년 3월 24일, 영국의 랜스다운(Marquess of Lansdowne) 외상과 주영 일본공사 하야시 다다스[林董]의 조약 갱신 협상에서 화두는 조약 범위 확대와 연동된 일본군대의 인도 파병 문제였다. 영국은 제3의 열강이 동맹 1국을 침략한다면, 영국 함대가 일본을 보호하고 그 반대급부로 인도 방위에 활용될 수 있는 일본 육군의 파병 약속을 기대하고 있었다. 반면, 일본 정부는 극동의 범위를 초월하는 동맹 의무를 부담스러워했으며, 인도는 일본이 고려하는 동맹의 범위에 해당하지 않는다는 입장을 분명히 했다.[3] 결국, 영국이 일본의 한국보호국화정책을 승인하는 대가로 인도를 조약의 범위에 포함한 문제가 협상의 최대 쟁점으로 부상하였다.

이 쟁점은 협상을 결렬시킬 만한 폭발력을 지니지는 못했다. 이는 일본이 조약 갱신 협상의 결렬을 원하지 않았기 때문이다. 또 영국은 일본을 여전히 유용한 동맹국으로 간주하고 있었다. 하야시 공사는 비공식적이었지만 일본군대의 인도 복무에 대해서도 그 가능성을 열어두고 있었다. 고무라 주타로 외상이 "동맹의 확대"를 언급하자 랜스다운 외상은

1　日露講和條件ニ關スル外相意見書, 1904년 7월, 『日本外交文書』: 日露戰爭, 5卷, No.55.
2　日露講和條件ニ關スル外相意見書, 1905년 3월, 『日本外交文書』: 日露戰爭, 5卷, No.63.
3　The National Archives(이하 TNA로 약칭). WO106/5549: McDonald-Lansdowne, May 25, 1905

발언의 진의가 무엇인지 질문했다. 그러자 "일본의 일부 저명한 군인들은 일본 측에 적절한 양보가 있을 경우 보답으로 일본군대의 인도 복무와 같은 협약에 호의적"이라고 답했다. 그리고 "적절한 양보"란 영국이 일본의 한국접수를 인정하는 것이라고 덧붙였다. 하야시는 어떠한 대가를 치르더라도 한국에 대한 보호권을 영국으로부터 승인받고자 했다.

이에 랜스다운 외상 역시 일본의 유용성을 인정하고, 일본이 러시아와 외교적 타협을 도모하지 못하도록 영일동맹의 틀 속에 잡아두어야 했다. 이는 랜스다운 외상이 주일 영국대사 맥도널드가 보고한 조약 갱신 협상의 가이드라인에 공감한 결과였다. "우리가 일본을 최대로 이용할 수 있는 시간과 일본이 극동에서 우리와 앞으로도 함께할 것인지 아니면 러시아와 이해조정의 길로 나아갈 것인지를 결정하는 시간은 강화협상의 기간일 것이다. 만일 그때 우리가 그들(일본)을 잡아두려고 하거나 제3국의 개입을 방지하려 한다면, 극동 문제에서 뭔가 얘기할 거리를 계속 갖고 있어야만 한다." 랜스다운 역시 러·일 강화회의가 전후 극동 질서재편의 분수령이 될 것으로 간주하며, 러·일의 타협 가능성을 배제하기 위해서라도 일본을 자국 진영에 잔류시키기 위한 방책들을 찾고 있었다. 이에 하야시에게 일본이 러시아에 제시할 강화 조건을 결정하는 데 있어서 영국의 입장을 미리 알고 있는 것이 유리하다고 강조하였다. 나아가 영국은 계속해서 일본을 지지할 것이며, 동맹 갱신에 우호적이라는 입장을 전했다. 이는 일본이 향후 러·일 강화협상에서 한국에 대한 보호권을 강화 조건으로 제시하는 것에 영국의 지지를 표명한 것이었다.

랜스다운의 이 같은 입장표명의 후속 조치로 열린 것이 영국의 제국방위위원회의(1905.4.12)였다. 조약 갱신에 대한 장시간의 논의 끝에, 체약 1국에 대한 제3국의 공격이 있을 경우 조약이 작동하도록 조약 범위를 확대하는 것에 긍정적인 의견이 도출되었다. 이는 일본이 영국 함대의 보호를 받는 대가로, 인도가 외침을 당했을 때 일본 육군을 방위에 활용한다는 약속에 대한 기대표명이기도 했다. 비록 일본 정부가 현재의 조약 범위를 확대하는 것이 바람직하지 않다는 견해를 공식적으로 전달했음에도, 랜스다운은 5월 19일에 조약 갱신의 양대 원칙을 하야시 공사에게 제시하였다.

> "첫째, 정당한 사유 없이 체약 1국이 공격을 받을 경우, 체약 양국은 상호 지원한다. 둘째, 영국 측의 이러한 약속에 대한 보답으로 일본은 어떤 지리적 범위 내에서 육군과 해군으로 영국을 지원할 수 있다."[4]

이는 조약 갱신 협상에서 영국이 시종일관 견지한 원칙이었다. 따라서 조약의 적용 범위를 어떻게 확정할 것인지가 제2차 영일동맹 체결을 위한 협상 과정의 관전 포인트가 되었다.

랜스다운 외상이 육군성에 '영·일 양국이 상대국에 제공하는 군사지원의 성격과 군사지원의 적용 범위'에 자문을 구한 것도 조약 갱신협상 원칙에 근거하고 있었다. 이에 육군성 참모본부에서는 다음과 같은 의견을 외상에게 전달했다.[5] 참모본부가 요약한 영·일 양국의 조약 체결 목적은 "일본의 경우, 실질적으로 한국을 확보하지 못한다면 한국에서

---

4   TNA. WO106/5549: McDonald-Lansdowne, May 25, 1905.
5   TNA. WO106/5549: Observations by the General Staff, War Office, on the Proposed Anglo-Japanese Agreement.

우월한 지위를 유지하고 청국의 통일을 유지하거나 혹은 청국에서 자국보다 여타 열강이 영향력을 확대하는 것을 방지하고, 러시아와의 종전 후 기대되는 통상 증대를 고려할 경우, 조만간 일본을 겨냥해 형성될 반일 연대로부터 안전을 확보하고자 한다. 영국의 경우, 청국의 문호개방과 아프가니스탄·페르시아의 영토 보전, 환언하면 청국의 영토 보전과 인도의 안전을 확보하는 데 있다"고 정리하고, 청국과 관련하여 양국의 이해는 어느 정도 일치하기 때문에 상대국이 침략을 당하거나 제3국 혹은 열강 연합에 패퇴하지 않는 것이 각자에게 유리할 것이라고 진단했다.[6]

참모본부의 의견서에는 "조약에 서명한 국가가 조약 의무를 이행할 것이라는 유일한 보장은 이해관계이며, 아프가니스탄과 페르시아의 영토 보전이 일본의 이해에 부합하는지가 문제의 핵심"임을 지적했다. 즉, 이곳은 일본의 직접적인 이해가 얽힌 지역이 아니라는 것이다. 다만 조약 범위를 확대할 경우, 간접적으로나마 이해관계를 갖는 지역은 인도이지만, 간접적인 이해를 고려하여 러시아와 전쟁하는 영국을 돕기 위해 충분한 군대를 파견할 것으로 기대하는 금물이라고 했다. 따라서 "페르시아가 적용 범위에서 배제된다면, 러시아는 아프가니스탄으로 침투하는 대신, 페르시아 동부 국경인 세이스탄(Seistan)[7]으로 철도망을 확장할 것이고, 이는 영·러 간의 개전 사유가 되지만 일본은 페르시아가 동남아시아에 있지 않기 때문에 군사지원 의무는 없다는 것"이었다. 따라서 참모본부는 "인도 국경 인접 지역"이라는 문구보다는 아프가니스

---

6   *Ibid*
7   이란 동남부에 위치한 Seistan은 Sistan으로도 불리며, 아프가니스탄과 접경한 지역이다.

탄과 페르시아를 조약문에 명시하는 것이 바람직하다는 결론을 제시했다.[8] 요컨대, 영국은 한국에 대한 보호권을 일본에 승인하는 대신, 갱신 조약의 효력 범위를 페르시아까지 확대하고 이를 명시하고자 한 것이다.

이에 갱신 협상의 분수령이 된 것은 러시아 발트함대의 극동 내도였다. 이에 일본 정부는 갱신조약의 효력 범위 확대를 처음 언급한 이래 구체적인 지리적 경계 확정을 유보했던 종전의 입장을 바꿔 인도까지 조약 범위를 확대하기로 했다. 인도를 포함한 그 이동 지역을 조약 범위에 포함하고자 하였다. 1905년 5월 25일, 랜스다운 외상에게 보낸 보고서에서 주일 영국대사는 "일본 정부가 영국 측이 제시한 수정 조건과 범위에 원칙적인 동의"를 했음을 보고했다.[9] 대외적으로 러시아 발트함대의 극동 내도라는 위기상황이 일본 정부에 조약 갱신을 서두르도록 하였고, 내부적으로는 영국의 인도 방위를 지원하기 위한 일본군 파병의 과중한 방위부담을 안겨줬다는 부정적인 측면과 향후 일본군대의 작전 범위를 확대할 명분을 부여하였다. "러시아가 인도를 침략할 경우, 영국군과 합동작전을 하게 될 일본군대는 만주를 거쳐 파병하는 게 가장 효과적"이라는 일본 육군상의 발언이 이를 방증한다.[10] 따라서 러일전쟁은 일본군의 작전 범위를 한반도·만주로 확대하는 계기가 되었고, 제2차 영일동맹조약은 그 범위에 인도를 포함한 극동 전반으로 확장하는 계기가 되었다.

---

8 *Ibid*
9 TNA. WO106/5549: McDonald-Lansdowne, May 25, 1905.
10 TNA. WO106/5549: McDonald-Lansdowne, May 25, 1905.

그렇다면 조약의 효력 범위에 영국 육군성 참모본부에서 제안한 페르시아가 왜 포함되지 않았는가?

이는 일본과 영국 양측에서 페르시아 문제에 반대했기 때문이다. 1905년 5월 22일, 주일 영국대사가 의장인 일본협회(Japan Society)의 만찬장에서 육군상 데라우치와 외상 고무라 주타로가 나눈 대화는 일본이 생각하는 조약 범위의 지리적 경계를 명확하게 드러내고 있다. 맥도널드가 고무라 주타로 외상으로부터 전달받은 일본 정부가 정한 조약의 범위는 "극동(Far East)과 인도를 포함한 동아시아(East Asia)"였다. 이에 맥도널드는 "페르시아에서도 러시아 정부의 적극적인 행보가 예견되었음을 언급하자, 고무라 주타로는 조약의 범주에 페르시아를 포함할 계획은 없으며, 오직 인도와 그 이동 지역 모두가 해당할 것"이라고 대응했다. 이에 맥도널드는 "영국 정부가 이 문제를 거론할 가능성이 크다"고 말하면서 협상의 여지를 남겼다.

그러나 영국 정부는 페르시아를 조약 범위에 포함하는 문제에 대해서 깊은 고민을 하고 있었다. 왜냐면 외무성 내부에서 반대의견이 개진되었기 때문이다. 랜스다운이 외무성 내부에 회람시킨 공문에 대해 아시아국장의 회신각서는 페르시아를 포함하는 문제에 반대하는 논리가 정연하게 정리되어 있었다.[11] "일본 동맹(Japanese Alliance)"이라는 제목의 이 각서에서는 '페르시아 불가'의 논리가 3가지로 정리되어 있었다. 첫째, 페르시아는 일본의 직접적인 이해 지역이 아니라는 것이다. 만일 공동의 이익이 위협받을 경우, 조약문에서 세이스탄(Seistan)과 같이 원격인 지역을 배제하는 것이 오히려 일본군의 파병에 도움이 되기 때문이다.

---

11 TNA. WO106/5549: Japanese Alliance, Jun. 2, 1905.

일본여론이 참전을 강력하게 반대한다면, 그렇게 멀리 떨어진 지역에서의 러시아 행동이 조약 의무를 이행해야 할 충분한 근거가 결코 될 수 없다는 것이다. 둘째, 인도의 방위는 원칙적으로 일본에 의존하지 않는 것이 중요하다는 것이다. 왜냐면 일본의 군사적 지원을 기대하는 것은 부차적이지 인도 주둔 영국군대를 대체하는 것이 되어서는 안 되기 때문이다. 이는 일본과의 동맹은 그것이 지속할 때만 유효한 것이며, 동맹이 종료된다면 일본에 의존하면서 감축된 장비 및 공격력으로 인해 영국의 지위는 지금보다 더 추락하고 말 것이라는 두려움의 표현이었다. 셋째, 인도의 주인인 영국인에 대한 인도인들의 존경이 종식되고 말 것이라는 두려움이다. 이는 영국이 인도를 강력하게 장악해 오던 것을 멈춘다면, 그리고 인도인들이 그것을 안다면, 인도를 몽땅 잃어버릴 날이 멀지 않을 것이라는 경고이기도 했다.[12] 따라서 영국 정부 내부에서도 페르시아까지 조약 범위를 확대하는 문제는 과도하다는 견해가 설득력을 얻게 되었다.

이에 1905년 6월 6일, 랜스다운은 하야시를 외무성에 초치하여 갱신 조약의 문안작성에 착수하였다. 랜스다운은 5월 26일 자 일본의 조약문 초안에 의미가 명확하지 않은 한두 가지 조항이 있었음을 지적하자, 하야시는 그것이 공식 초안이라기보다는 협상 지침에 불과한 것이라 해명하고, 논의를 통해 구체적인 합의안을 도출할 것을 제안했다. 이에 따라 양자 간의 합의가 필요한 세 가지 핵심 사안이 제기되었다. ① 체약 양국이 전쟁을 무릅쓸 정도의 주요 이해, ② 양국이 상호 원조해야 할 조

---

12 TNA. WO106/5549: Japanese Alliance, Jun. 2, 1905.

약 범위, ③ 그러한 원조의 성격과 규모.[13] 첫 번째와 두 번째 문제는 갱신조약의 서문에 서술될 것이었으나 양자 간의 논의에서 주목되는 사안은 상대국을 지원하는 형태에 관한 것이었다. 일본은 영국으로부터 해군 이외의 다른 지원은 기대하지 않았다. 이에 랜스다운은 한국에서도 그러한지 문의했다. 이에 하야시는 자신 있게 "일본은 한국에서 자국의 이해를 보호하기 위해 필요한 모든 군사력을 투입할 능력이 있다"고 대답했다. 아울러 군대의 규모에 대해서는 투입될 병력의 숫자를 특정화하려는 시도에 반대한다는 했다. 왜냐면 양국의 전문가들이 결정하도록 하는 것이 더 나을 수 있으며, 정형화된 처리방식으로 불이익이 발생할 수도 있기 때문이었다. 따라서 하야시는 상황이 수시로 변하고 있는 점을 고려하여, 양국이 이 문제에 관해 조약 문안을 수정할 수 있는 자유를 가져야 한다는 입장을 분명히 했다.[14] 결국, 조약 갱신의 원인이었던 한국 문제는 협상 과정에서 영국이 개입할 수 있는 명분이 사라졌고, 숫자를 예측할 수 없을 정도의 일본군이 한국에 주둔할 가능성이 인정되었으며, 한국 관련 조약문 조항 변경의 자유를 일본이 확보하게 되었다.

그렇다면 대가는 무엇이었는가?

무엇보다 극동해역에서 일본의 방위부담 증대를 지적할 수 있다. 랜스다운은 극동에서 영국 함대 일부를 철수할 의사를 하야시에게 피력했기 때문이다. 영국 외상은 "현재 러시아 함대가 전멸한 상태이기 때문에 제3국의 해군력보다 규모가 강력한 함대를 극동해역과 그 인근에 유지

---

13 TNA. WO106/5549: Draft Despatch from the Marquess of Lansdawnee to Sir C. MacDonald, June 6, 1905.

14 *Ibid*

할 필요가 없다"는 명분으로 영국 함대의 철수 의사를 전달했다. 그리고 일본 육군의 인도 방위 지원 의무 역시 조약문에 명시하였다. 일본은 러일전쟁 이전 영국이 담당했던 방위부담을 떠안는 조건으로 영일동맹 조약 갱신을 이루었다. 결국, 한국에 대한 보호권 확보를 목표로 제1차 영일동맹조약의 기한이 만료되기도 전에 조약 갱신 협상에 착수한 일본은 쇠락하는 제국의 뒤처리를 맡는 엄청난 양보를 하고 말았다. 이는 과도하게 군비 부담을 떠안은 일본이 비자발적으로 군국주의의 길로 접어드는 계기가 되었다.

그 결과 한국 문제는 다음과 같이 처리하기로 합의했다. "일본이 한국에 대한 제3국의 침략행위를 통제하고, 한국의 대외관계와 관련된 혼란을 방지하기 위해 한국을 보호국화할 필요가 있을 경우, 영국은 일본의 행동을 지지하기로 약속한다"[15] 이는 1905년 5월 26일 랜스다운에게 전달된 일본 측 조약 초안의 비밀조항 제3조에 포함되어 있었다. 주지하다시피 이 비밀조항은 쓰시마 해전의 승전을 배경으로 조약문 최종본 제3조에 명문화되었다. 그 결과 제1차 영일동맹조약 전문에서 "대한제국의 독립과 영토 보전"에 대한 양국의 합의는 3년 뒤 갱신된 제2차 영일동맹조약 전문에서 삭제되었으며, 한국의 지위는 어떠한 정당한 사유도 없이 영국과 일본의 비밀외교에 의해 독립국에서 일본의 보호국으로 전락하는 운명 앞에 놓이게 되었다.

러일전쟁을 종결짓기 위한 포츠머스 강화회의 개시에 앞서, 전후 극

---

15 TNA. WO106/5549: Draft Treaty. Communicated by the japanese minister, 26th May, 1905. 일본의 조약 초안은 6개 조항으로 이루어졌고, 별도로 3개조의 비밀 조항(Separate Articles)이 첨부되어 있었다.

동의 새로운 질서구축을 위해 영국과 긴밀한 협의를 마친 일본은 이를 배경으로 러시아와의 강화협상에 나서게 되었다. 특히 유사시 일본 육군의 인도 파병이라는 부담을 무릅쓰고 한국보호국화에 대한 영국의 동의를 끌어낸 일본에게 포츠머스회의에서 성취해야 할 최우선의 과제는 한국보호국화와 이를 지속 가능케 할 일본군대의 한국주둔에 대한 러시아의 동의였다. 만일 러시아가 이에 동의하지 않을 경우 강화협상은 상당한 진통이 예상되었다.

3. 포츠머스 강화회의와 일본군대의 한국주둔 논리 – 비테와 고무라 주타로의 논쟁

러일전쟁을 종결짓는 포츠머스 강화회의가 개최된 것은 미국의 중재가 결정적인 역할을 하였다. 미국의 루스벨트 대통령의 노력으로 러시아와 일본은 전권대표 파견을 통한 강화교섭 착수에 동의했다. 1905년 6월 20일, 일본 정부는 협상 전권위원으로 고무라 주타로 외상과 다카히라 주미대사를 선임했고, 러시아는 7월 15일에 비테와 로젠을 협상 전권위원으로 결정했다.

강화협상에서 러·일 양국이 관철하고자 한 사항들을 비교해 보자. 먼저, 일본 정부는 6월 30일에 전권대표들에게 하달할 협상 지침을 마련하여 7월 5일에 일왕의 재가를 받았다. 일본 정부의 "일·러 협상 전권위원 훈령안"에 따르면, 협상 과정에서 관철해야 할 중요도에 따라 '절대적 필요조건', '비교적 필요조건', '부가조건' 등으로 구분하였다. 절대적 필요조건이란 "전쟁의 목적을 달성하고 제국의 지위를 보장하기 위하여 필요불가결한 것으로 이를 관철하기 위해 만전을 기할 것"이라는 훈령이 첨부되었다. 그리고 "우리가 한국을 완전히 자유롭게 처분하는 데 러시아가 동의하게 할 것"을 최우선 과제로 채택하였다.[16]

한편, 러시아 외무성에서는 1905년 7월 11일에 협상 지침을 준비하며, 한국 문제로 인해 강화협상이 상당한 난항을 겪게 될 것을 예상하였다.[17] "우리가 강화를 먼저 요청하지 않았고, 반드시 강화를 체결해야 할 절박함이 없다는 점을 명심할 것"을 협상 대표에게 강조했다. 그러면서 "러시아의 위신"이라는 견지에서 결코 받아들일 수 없는 일본의 강화 조건으로 "첫째, 러시아 영토의 어떤 부분의 할양에 관한 요구. 둘째, 전쟁배상금 지불에 관한 요구. 셋째, 블라디보스토크 무장해제와 태평양에서 러시아의 함대 보유 권리 박탈 혹은 태평양에서 행동의 자유를 제한하려는 모종의 요구. 넷째, 블라디보스토크를 연결하는 철도의 대일 양도 등에 관한 요구" 등을 꼽았다. 이는 이러한 수용 불가능한 강화 조건을 제외한다면, 강화협상의 타결 가능성은 열려 있음을 의미했다.[18]

러시아 정부가 마련한 협상 지침의 한국 관련 부분은 일본 정부가 최우선으로 관철하고자 한 한국보호국화 계획과 상충하였다. 러시아는 한국 문제를 보편적인 국제법 시각에서 접근하였으며, 일본의 불법성을 반박할 논리와 자료들을 가지고 있었다. 이에 따라 한국 문제와 관련하여 5가지의 협상 지침을 정하였다.

16　日露講和談判全權委員ニ對スル訓令案, 1905년 6월 30일, 『日本外交文書』: 日露戰爭, 5卷, No.102.

17　ГАРФ. Ф. 568 Оп. 1 Д. 209:Копия с Высочаише утвержденнойв Петербурге 28 июня 1905 г. инструции Статс-Секретарю Муравьеву.

18　Там же.

"① 무엇보다 일본군대가 국제법의 모든 규정을 위반하며 독단적으로 한국을 점령한 것은 한국의 독립과 영토 보전을 보장한 조약들을 침해한 것이다. ② 이 경우 일본 대표단은 한국에서 일본의 자유를 보장해 준 일본 정부와 한국 정부 간의 체결된 협정을 근거로 정당성을 주장할 것이다. 하지만, 우리에게는 일본이 한국에서 권력을 탈취한 것은 한국 황제의 의지에 반한 행동이었음을 명백히 입증해 주는 문서를 갖고 있다. ③ 일본은 강화조약에서 한국의 완전한 독립을 인정하고, 조속한 시일 내에 한국에서 군대를 철병한다는 의무조항을 명시해야 한다. ④ 러시아는 한국에 대한 일본의 우선권을 인정할 준비가 되어있지만, 오해의 소지를 없애기 위해 일본은 연해주와 접경한 한반도 북부 지역에 군대를 투입해서는 안 되며, 어떠한 요새도 건축하지 않을 것을 약속해야 한다. ⑤ 일본이 대한해협의 자유항행을 위해 한반도 남해안에 요새를 건축하지 않는다는 약속을 조약에 명시한다."[19]

강화협상을 진행하기 위해 양국의 전권대표들이 뉴욕에 도착하였지만, 초반 분위기는 매우 회의적이었다. 이는 러시아 대표 비테의 강경 발언과 관련이 있었다. 1905년 8월 2일, 뉴욕에 도착한 비테는 협상에 앞서 8월 4일에 러시아정교회 환영 미사에 참석하고, 루스벨트 대통령을 방문하여 협상에 임하는 러시아 대표단의 입장을 전했다. 비테는 환영 미사에서 "강화를 이루기 위해 영토 할양이나 배상금과 같은 러시아 국

---

19 ГАРФ. Ф. 568 Оп. 1 Д. 209:Копия с Высочаише утвержденнойв Петербурге 28 июня 1905 г. инструции Статс-Секретарю Муравьеву.

민의 자존심을 포기하는 일은 없을 것"임을 기도했다. 그리고 루스벨트를 접견하는 자리에서도 "러시아는 패전국이 아니기 때문에 국격을 손상하는 어떠한 조건에도 동의하지 않을 것이며, 국내 상황은 밖에서 보는 것과는 다르다"는 것을 강조했다. 이어 루스벨트 대통령에게 "일본이 러시아의 입장에 공감하지 않는다면, 최후까지 방위 전쟁을 지속할 것이다. 누가 최후의 승자가 될 것인지 지켜보자"는 의견을 전달했다.

일본의 강화 조건을 알고 있던 루스벨트[20]가 비테와 대담한 후 강화회담 성사에 회의를 품은 것은 어쩌면 당연했다. 그가 "향후 교섭 쌍방 중 일국이 협상을 원한다면 즉각 교섭을 재개하는 것은 필수적"이라는 의견을 제시한 것도 이러한 비관적인 전망을 무마하려는 의지를 표현한 것이다.[21]

1905년 8월 12일 오후 3시, 한국 문제를 둘러싼 러·일 양국 전권대표들 간의 본격적인 논의가 시작되었다. 비테는 회의 시작 전, "협상 성공 가능성이 희박하다"는 전보를 외무성에 타전하고 배수의 진을 칠 정도로, 한국 문제를 둘러싼 협상은 매우 중요하면서도 타결 과정에 난항이 예상되었다.[22] 비테는 일본 측이 제시한 협상안 제1조의 한국 관련 조항

---

20 루스벨트 대통령은 1904년 12월 19일 그의 재선을 축하하기 위해 방문한 주미일본대사 가네코에게 중재 의사를 밝힌 후, 그에 대한 일본 정부의 훈령(1905년 1월 3일)이 가네코에게 전달됨으로써 강화 조건을 둘러싼 양국 정부의 논의가 본격화되었다(『日本外交文書』, 日露戰爭, 5卷, No.457).

21 ГАРФ. 818-1-181: Отчет о конференции в Портсмуте 1905 г. по заключению мира Россиейс Япониейсекретаря этойконференции Плансона Г. А. 이 보고서의 분량은 총 195쪽이다.(이하 Отчет Плансона로 약함)

22 협상안 제1조의 한국 관련 조항은 저녁때까지 논의가 이어졌고, 다음 날 아침에 속개될 정도로 양측은 팽팽한 신경전을 벌였다.

에서 "러시아는 일본이 한국에서 정치·군사·경제적으로 우월권을 갖고 있음을 인정하며, 일본이 필수적이라 생각하는 한국에 대한 지도·감독·보호에 방해하거나 간섭하지 않는다"에 단서조항이 반드시 추가되어야 한다고 판단했다.

이에 러시아 측은 일본 측의 협상안을 수용하는 조건으로 세 가지 단서조항을 덧붙였다. "첫째, 러시아와 러시아 국민은 한국에서 여타의 열강과 그 국민에게 귀속되거나 귀속될 모든 권리와 특권을 향유한다. 둘째, 상술한 일본의 조치를 실행하는 데 있어서 고종 황제의 주권을 침해할 수 없다. 셋째, 일본은 한국과 인접한 러시아 영토의 안전을 위협하지 않는다. 요컨대 러시아는 한국에서 최혜국대우를 방기하지 않을 것이며, 한국의 독립과 고종 황제의 주권이 유지되는 조건으로 일본의 한국 보호국화가 가능하며, 한국에서의 일본정책이 한·러 접경 지역의 러시아 영토를 위협하지 않아야 한다는 전제조건이 수용되어야만 한반도에서 일본의 자유재량권(Free hand)를 인정할 수 있다"[23] 이는 비테가 강화협상에서 일본으로부터 받고자 한 한국 문제의 최대 목표였다.

반면, 일본은 러시아가 보내온 안을 검토한 후 새로운 수정안을 제시하였다. 이는 비테가 제기한 3대 전제조건에 대한 재반박으로서, 한반도에서 러시아의 최혜국대우 유지는 "일본의 완전한 지배에 저촉되지 않는 한"이라는 단서를 추가하였으며, 한국 국경에서 군사적 행동을 자제한다는 의무는 러시아도 같은 의무를 지운다는 것이었다. 일본 측의 새로운 수정안에는 한국의 독립에 관해서는 일체의 언급이 없었다. 한국을 보호국화 하기 위해서는 결코 한국의 독립 조항을 명문화할 수 없기

---

23 ГАРФ. Ф. 818. Оп. 1. Д. 181. Л. 50-51: Отчет Плансона.

때문이다. 이는 일본이 러시아와 한국의 독립에 관한 어떠한 논의도 하지 않겠다는 의지의 표현이었다. 이에 따라 한국의 독립을 인정하는 문제가 최대 쟁점으로 부상한 반면, 최혜국대우와 국경 지역에서 군사행동 금지 문제는 대화와 타협을 통해 해결이 가능한 부차적인 문제가 되었다.

최혜국대우 조항의 경우, 비테는 여타의 열강과 평등한 원칙을 제기했다. 여타의 열강에는 제한을 두지 않으면서 러시아에만 "일본의 완전한 지배에 저촉되지 않는 한"이라는 단서를 덧붙이는 것은 평등원칙에 어긋남을 지적하고 삭제를 요구했다. 고무라 주타로는 이 제안에 동의하는 대신 러시아의 최혜국권리는 "거주와 통상에 관련한 경우"로 국한한다고 덧붙였다. 이는 일본이 러시아가 한국에서 정치적 권한을 획득하는 것을 우려한 것이었다. 특히, 러시아라는 국호에 민감하게 반응했다. 오랜 논쟁 끝에 비테는 "러시아"라는 국호를 빼고, "러시아 신민은 여타 열강의 신민들과 한국에서 동등한 권한을 갖는다"는데 합의했다. 한·러 국경에서 군사적 행동을 억제하기로 한 조건 역시 타협이 이루어졌다. 한·러 국경에 구축된 러시아군대의 모든 진지 파괴를 요구한 일본에 대해 전시에 진지 강화공사가 이뤄진 최근의 요새로 그 대상에 한정하며, 오래전부터 있었던 요것들은 제외하기로 합의했다.

하지만 한국의 독립 유지를 둘러싼 논쟁은 양측이 현격한 시각차를 드러내며 합의에 이르지 못했다. 핵심 쟁점은 '한국 문제는 러·일 양국 간의 문제인가 아니면 국제적인 문제인가'에 초점이 맞추어져 있었다. 비테는 한국이 국제사회의 일원이라면, 한국 독립의 존속 여부 역시 국제회의에서 결정해야 할 문제라고 입장을 견지함으로써 한국 문제의 국제화를 주장한 반면, 고무라 주타로에게 한국은 점령국에 불과했기 때문에 러·일 양국이 해결할 수 있는 문제로 보았다. 요컨대, 한국이 국제사회의 일원인 독립국인지 혹은 피점령국에 불과한지를 둘러싼 인식차가 논의의 초점이었다. 이러한 인식차는 조약문에 한국의 독립을 명시할 것인지를 놓고 논쟁이 이어졌다.

비테는 러시아 외무성의 한국 문제 협상 지침에 따라 한국의 독립은 조약문에 반드시 명시되어야 한다는 입장을 고수했다. 그 논거로 한국의 독립은 원칙의 문제이지 결코 기술적인 문제가 아니라고 했다. 즉, 국제사회의 일원이자 독립국인 한국을 러시아가 독단적으로 독립을 인정하지 않는다고 해서 독립이 말살되지는 않는다는 것이다. 또 여타 열강의 저항을 고려해야 한다고 했다. 이는 한국의 독립을 명문화하고 있는 통상조약에 서명한 여타의 열강 역시 한국의 운명에 관심을 가지고 있기 때문에 강화조약에서 한국의 독립에 침묵하는 것은 이들로부터 반발을 초래할 수 있다는 것이다.

그러나 고무라 주타로는 조약문에 한국의 독립 조항을 포함하는 것에 강력히 반대하였다. 그는 일본군의 강점하에 있는 한국은 사실상의 독립을 상실한 상황이기 때문에 조약문에 한국의 독립 조항을 포함할 수 없으며, 한국은 이미 스스로 주권의 일부를 포기한 협정을 일본과 체결했다며 반대했다. 고무라 주타로는 독립국만이 국제사회의 성원은 될 수 있으며, 주권을 잠식당하거나 독립이 손상된 국가는 정상적인 성원이 될 수 없을 뿐만 아니라 오히려 정상국가의 보호를 받아야 할 대상에 불과하다는 것이었다. 그러면서 강화협상에서는 단지 러시아가 한국에서 일본의 자유행동을 인정할 것인지에 논의의 초점을 맞출 것을 제의했다. 러시아가 이를 인정하는 것과 여타 열강과는 아무런 상관이 없다는 논리였다. 다른 열강의 반발 역시 일본이 한국의 독립을 말살하는 경우에만 야기될 수 있을 것이기 때문에, 이 경우 일본이 열강에 대응할 것임을 강조하였다. 고무라 주타로는 일본군이 점령하고 있는 한국의 상황을 러시아로부터 인정받고자 하였다.

그러나 비테는 이를 수용할 수 없었다. 포츠머스 강화조약에 일본의 불법 침략으로 피점령국으로 전락한 한국을 "주권 소멸국"으로 명문화하는 것은 러시아에 부담이었을 뿐만 아니라 과거 한국의 독립을 인정했던 협정들과도 배치되기 때문이다.

그렇다면 한국에 대한 비테의 '독립인정론'과 고무라 주타로의 '독립소멸론' 간의 대립은 어떤 방식으로 타협점을 찾을 수 있을까?

이는 조약문에 고무라 주타로의 의견을 수용하여 한국의 독립에 관한 일체의 언급을 생략하는 대신, 회의록에 러시아 측의 입장을 반영하여 "일본은 한국의 주권과 관련된 일체의 조치들을 '한국 정부의 동의를 받아' 실행한다"는 문구를 넣기로 합의함으로써 가능했다.

그렇지만 당초 러시아 측의 회신안에는 "일본이 한국에서 실행하는 조치들은 '한국 황제의 주권을 훼손하지 않는다'였지만, 회의록에는 '한국 정부의 동의를 받아' 실행한다"라고 편집되어 '한국 황제'가 삭제된 점은 주목할 만하다.[24] 이는 고종 황제로 표상되는 대한제국 정부를 내각과 황제로 양분시킴으로써 고종을 무력화시키려는 일본의 저의가 반영된 것이었다. 이를 통해 일본의 한국보호국화는 한국 정부의 동의만 얻는다면, 한국 황제의 주권 훼손 여부와는 무관하게 진행될 수 있는 여건이 조성된 것이었다. 대한제국의 권력이 신권과 황제권으로 분리됨으로써 일본의 한국보호국정책의 최대 걸림돌인 고종을 정치 일선에서 배

---

24 ГАРФ. Ф. 818. Оп. 1. Д. 181. Л. 53-54: Отчет Плансона.

제할 수 있는 여건이 마련된 것이다. 이는 향후 황제의 대외정책이 정부의 공식 채널이 아닌 비선조직을 통해 전개되는 전기가 되었다.

결국, 강화협상의 첫 번째 의제였던 한국 관련 조항은 다음과 같이 확정되었다.

"러시아 정부는 한국에 대한 일본의 정치·경제·군사적인 탁월한 지위를 인정하며, 일본 정부가 한국에서 필수적으로 취해야 할 조치로서 지도·보호·감리에 대해 방해하거나 간섭하지 않을 것을 약속한다. 한국에서 러시아 신민은 여타 열강의 신민과 동등하게 대우할 것이며, 이는 최혜국의 신민과 같은 지위에 있는 것으로 이해한다. 체약 양국은 오해를 방지하기 위해 한·러 국경에서 러시아 또는 한국 영토의 안전을 침해할 수 있는 하등의 군사상 조치를 하지 않는다."

아울러 회의록에는 한국과 관련하여 다음과 같은 부속 조항이 덧붙여졌다.

"일본은 향후 한국의 주권을 침해할 수 있는 조처를 할 경우, 한국 정부의 동의에 따라 실행하여야 한다. 러시아는 전쟁 이전 국경 지역에 축조했던 요새들을 철거할 의무가 없다. 철거 대상은 양국이 개전한 후 축조한 임시 요새와 여타 군사시설물로 한정한다."[25]

상술한 한국 관련 조항의 프랑스어판을 일본 측이 수용함으로써 한국

---

25 ГАРФ. Ф. 818. Оп. 1. Д. 181. Л. 58-59: Отчет Плансона.

문제를 둘러싼 양국의 논쟁은 일단락되었다. 하지만 또 하나의 핵심 쟁점인 일본군의 한국 철수는 미결로 남아 있었다. 이 문제는 만주 철병에 관한 논의를 하면서 거론되었는데, 러시아군대는 노령(露領)으로 철병하고, 일본군은 랴오둥반도와 한국으로 철병한다는 일본 측의 주장이 제기되면서 쟁점으로 부상했다. 일본군대가 만주에서 한국으로 철병한다는 조항은 비테로서는 인정할 수 없는 문제였다. 일본군은 일본으로 철수해야 한다는 것이 그의 주장이었다. 만일 그렇지 않으면, "이 문제는 러시아 전권위원이 제기하였으나 일본 측이 부정적으로 대답했다"고 의사록에 기록을 남겨야 한다고 했다. 비테는 만주의 일본군이 한국으로 철수하는 것은 극동 평화 전반에 대한 위협이자 열강의 반발과 저항을 초래할 것이 자명하다고 생각했다. 아울러 조약문에 그러한 조문을 삽입하는 것은 동의할 수 없다고 분명히 하였다.

비테의 강경한 태도는 고무라 주타로의 강력한 반발을 초래함으로써 한국 관련 조항 전반에 대한 재검토 및 재협상의 위기로 이어졌다. 고무라 주타로는 "러시아 전권대표가 현 상황과 한국에 대한 일본의 의향을 제대로 이해하지 못하고 있다"고 불만을 토로했다. 그의 견해에 따르면, 일본은 자신들의 군대를 만주에서 어디로 철병할지 의사록이나 조문에 상관없이 실제로 보여 줄 능력이 있으며, 만일 조약이나 의사록에 이를 규정한다면 이는 자신들의 자유를 제한하는 것이라며 반발했다.

러시아 제3전권위원 플란손은 "불만에 가득 찬 고무라 주타로를 진정시키는 일은 매우 힘들었다"고 보고했지만 결국 일본의 한국주둔 병력 규모를 결정하는 문제에 일체의 간섭을 하지 않기로 동의했다. 아울러 조약문에는 만주를 철수한 병력의 행선지를 명시하지 않기로 합의하였다. 일본군의 한국주둔 규모에 대해 러시아 전권대표가 질문하자 고무라 주타로는 "재정적 여유가 충분하지 않기 때문에 가능한 한 최소 병력만을 유지할 것"이라는 대답을 들을 수 있던 것도 공식회의 석상이 아닌 사석에서였다.[26] 영국으로부터 일본의 한국보호국화에 대한 지지를 얻어내기 위해 일본군대의 인도 파병 의무까지 무릅썼던 일본 정부에게 전후 양국 군대의 본국 철수와 한국의 독립을 명문화는 차라리 고통이었다. 이후 일본의 한국보호국화 과정이 강제와 불법으로 점철된 이유도 영국의 세계전략에 편입된 아시아 제국주의의 한계였다.

일본은 전후에도 한국에 대한 군사점령 상태의 지속을 원했던 반면 러시아에게 종전은 군대의 본국 철수를 의미했다. 철병은 원칙의 문제였지 결코 타협의 대상이 아니었다. 그러나 러시아는 일본이 전후 한국 강점 지속의 논리가 궁색하고 설득력이 부족했던 관계로 철병 문제에 극도로 민감한 반응을 보임에 따라, 일본군의 철수 문제에 더는 이의를 제기하지 않기로 방침을 정했다. 이러한 태도는 승전국 일본에게 굴복했다기보다는, 협상이 결렬되지 않고 강화조약 체결로 마무리되길 바랐기 때문이다. 아울러 종전 이후 국제회의에서 한국 문제를 상식 수준에서 재논의하려는 계획의 연장선이었다. 일본군이 종전 직후 본국으로 철수한다면 일본의 한국보호국화와 한국병합이 불가능해질 것은 명백하기 때문에, 한국 문제를 국제회의에서 재논의하고자 한 러시아정책에 대해 고종 황제의 기대는 커질 수밖에 없었다.

---

26 ГАРФ. Ф. 818. Оп.1. Д. 181. Л. 56-58: Отчет Плансона.

4. 일본군의 한국강점에 대한 고종 황제의 기억과 대응

일본군의 한국주둔에 대한 고종 황제의 기억은 단순히 기억단계에 머물지 않고 현상을 타파하려는 적극적인 대응으로 진화하였다. 이는 통치 기간 내내 일본의 끊임없는 침략에도 불구하고, 일본과 타협하거나 변절하지 않고 저항과 항쟁을 전개하며 꿋꿋이 버텨낼 수 있었던 항일 의지와 신념이 바탕이 되었음을 의미했다. 이에 러·일 양국의 전권대표들이 러일전쟁을 종결짓기 위해 포츠머스에서 강화협상을 진행하던 무렵, 1905년 8월 22일 러시아 황제 니콜라이 2세에게 보낸 고종 황제의 친서에는 러일전쟁기 그의 대일 인식이 오롯이 담겨 있다.[27] 러시아어로 번역된 고종 황제의 친서는 한일관계에 대한 역사적 검토, 갑신정변부터 러일전쟁 개전 시기까지 일본의 한국 침략사, 일본군의 서울점령 이후 저지른 악행, 현실에 대한 회한과 러시아의 지원 요청 순으로 기술되어 있다.

친서에 나타난 고종 황제의 대일 인식의 특징은 역사·문화적 우월주의이다. 친서에 따르면 "역사를 통해 보면, 한국은 4000년의 역사를 가진 독립 국가였던 반면, 일본은 1200~1300년대에 들어 겨우 국가 모습을 갖추었고, 한국은 독자적인 언어, 문자, 관습, 제도 등을 가진 반면, 일본인의 관습은 한국이 그 기원이고, 문자와 제도 역시 한국의 지도를 받았다"고 서술하고 있다. 따라서 초기 한일관계는 "일본은 조상의 국가이자 구원자로서 우리를 사랑했고, 감히 우리와 적대하려 하지 않았다"고

---

27 АВПРИ. Ф. 150 Оп. 493 Д. 79 Л. 55-59: 고종 황제의 친서, 광무 9년(1905) 8월 22일. 이 편지의 러시아번역본 분량은 10쪽이다.

평가하고 있다. 요컨대 고종 황제의 대일 인식에서 한국은 일본의 구원자이자 스승이었다.

고종 황제는 평화적인 한일관계가 악화한 시발점을 1884년의 갑신정변을 꼽았다. 비록 한반도에서 8년간 임진왜란이 벌어진 바 있었지만, 양국은 적대감을 해소하고 이전처럼 평화적인 관계를 유지하였다고 보았다. 친서에는 갑신정변이 발생한 것은 유럽의 제도를 배우고 육·해군을 육성한 일본이 대륙에 굳건한 발판을 마련하려는 계획을 수립하면서 한국에 눈독을 들이게 된 것을 그 배경으로 꼽고 있었다. 이 정변은 일본으로부터 한국의 개혁을 사주받은 개화파가 군대를 동원하여 왕궁을 점령하고 충신들을 살해한 사건으로, 청국과 세계여론의 악화로 말미암아 이들이 일본으로 도주한 사건으로 기억하였다. 이후 1895년 10월의 왕후 민씨 시해 사건[乙未事變]은 일본 정부가 주한 공사에게 명령을 내려 후자가 친일세력을 이끌고 궁중을 습격한 사건으로 파악하고 있었다. 또 이 사건으로 열강의 비난을 회피하기 위해 한국에 대한 일본의 간섭이 자제되었다고 판단했다. 결국 고종 황제는 1884년부터 본격화된 일본의 한국 침략이 동양의 패권을 장악하기 위한 대륙진출정책에서 비롯되었음을 정확하게 인식하고 있었다.

이러한 상황 인식은 고종 황제가 러일전쟁 개전 초기 향후 일본의 대한정책 방향을 올바르게 예측하는 합리적 근거가 되었다. 고종 황제는 표면적으로 '한국의 독립'을 외치던 일본이 러일전쟁 개전을 통해 한국을 군사강점하고, 사실상의 군정을 실시한 상황을 배경으로 한국보호국화 조치를 추진함으로써 결국 독립의 기초인 내정·외교·군사를 무너뜨려 궁극적으로 한국의 식민지화로 귀결될 것임을 간파하고 있었다. 친서에 따르면, "이것이야말로 일본이 1902년 영일동맹조약에서 한국의 독립과 영토 보전에 대해 영국과 약속했었고, 러일전쟁 개전 직전 한국이 전시 중립을 선언했음을 알고 있었음에도, 결국 한국 침략을 감행한 진정한 원인"이었다.

이에 고종 황제는 러일전쟁이 발발하자 일본의 패권주의에 맞서기 위해 어느 열강의 힘을 빌려야 하는지 잘 알고 있었다. 바로 러시아와 미국이었다. 러시아는 러일전쟁에서 승리할 경우, 일제의 한국 군사강점 상황을 종식할 것이고, 미국은 1882년에 체결한 한미수호통상조약 제1조에 의거해 한국이 제3국에 의해 불공정하고 강압적으로 처우 받는다면 거중조정을 주선할 의무가 있었기 때문이다. 따라서 러일전쟁 개전 직후 고종 황제는 1904년 2월 20일에 알렌을 만나 미국의 지원을 간절히 요청했었다. 비록 미국 정부의 주요 관심사를 잘 알고 있었던 알렌은 미국이 한국을 위해 외교적 이니셔티브를 쥐게 될 것이라는 어떠한 힌트도 주지 않았지만, 고종 황제는 좌절하지 않았다.

이는 바로 일본에 맞서 전개해온 대러 협력정책에 대한 기대 때문이기도 했다. 러시아는 미국과는 달리 육지로 연결되어 있었기 때문에 러일전쟁기의 한·러 협력은 외교뿐만 아니라 군사·전략적 측면에서도 구체적이고 굳건한 협력 관계를 수립할 수 있었다. 간도관리사 이범윤이 결성한 의병부대[28]와 러시아 추구예프스키 군사학교(Чугуевское военное училище) 출신 현한근의 의병부대는 한반도 북부에서 일본군과 직접 교

---

28 고종 황제의 명에 따라 러시아를 군사적으로 도왔던 이범윤 부대는 종전 이후 두만강을 건너 훈춘에 주둔했다. 1904년 7월 7일 아니시모프 장군 예하의 한국인 부대로 편제되었던 이 부대는 이범윤이 부하 250명을 이끌고 연해주 노보키옙스크(연추)로 이동하면서 연추는 1907년 겨울부터 독립운동의 중심지가 되었다(Пак Д.Б. Россия и Корея. М., 2004. C.370).

전하였을 뿐만 아니라 러시아와 혼성군을 조직하거나 러시아군대의 예하로 소속되기도 하면서 공동 작전 전개 및 정보 공유에도 협력했었다.[29]

고종 황제의 대일 인식의 두 번째 특징은 "일본의 악묘론(日本之惡苗)"이다. 이는 러일전쟁이 고종 황제의 대일 인식이 악화하는 계기가 되었음을 의미한다. 고종 황제는 일본군의 한국점령을 "악의 싹"으로 규정하고 이를 제거하지 못하면, 한국은 일본의 식민지로 전락할 뿐만 아니라 동양 패권을 장악하려는 일본의 대륙침략정책에 시발점이 될 것으로 판단하였다. 이에 1905년 1월 10일 자 고종 황제의 친서에서 "악묘론(惡苗論)"이 등장하는데, 그 요지는 러시아군대가 서울에 당도하여 악의 싹을 제거해 주길 요청하는 내용이다.

"지금 일본은 우리나라에 대해 무례하기 짝이 없어, 병력을 증강하여 내정을 간섭하고 백성을 꾀어 동요하도록 하니 국세가 위태로워 어찌 해야 할 바를 모르겠다. 만약 앞으로 하늘이 짧은 시간의 도움을 준다면, 내가 오로지 바라고 의지하는 것은 귀국의 대군이 속히 경성에 도달하여 일본의 나쁜 싹을 제거하여, 일의 곤란함을 널리 구원하고, 독립의 권력을 영원토록 단단하게 하는 것이다. 간절히 바라는 것은, 귀국의 군대가 우리나라에 도착하는 날이다. 안에서 이에 응하고 맞이하는 계책은 암암리에 갖추어 놓은 지 이미 오래 되었으며, 앞장서 응하여 행동하는 일은 전국의 인민이 도처에서 도와 있는 힘껏 온 마음을 다할 것이다"[30]

---

29 Пак Чон Хё, Русско-Японская война 1904~1905 гг. и Корея. М., 1997. 184-224.
30 АВПРИ. Ф. 150 Оп. 439 Д. 79 Л. 45-46: 高宗 親書, 光武 9年 1月 10日.

이 악묘론은 일본의 한국 침략으로 예상되는 후환을 사전에 차단하기 위해서는 나쁜 싹을 미리 잘라야 한다는 인식의 투영이었다.

그렇다면 고종 황제는 왜 한반도가 일본의 나쁜 싹의 온상이 되었다고 생각했을까? 또 그 이유를 과연 일본의 침략 탓으로만 돌릴 수 있을까?

고종 황제는 과거 일본보다 우월했던 한국이 이제 국가 안위를 위협받는 상황에 처한 원인에 대해 자성의 심경을 토로했다. 고종 황제가 러시아 차르에게 보낸 친서(1905.8.22)에 따르면, 1905년 2월 8일 제물포항에 정박해있던 러시아 군함에 대한 기습공격을 계기로 서울을 점령한 일본이 한국의 내정·외교·군사·사회 전 분야에서 저지르고 있는 악행에 대해 언급했다. 이로 인해 "2천만 국민이 눈물을 흘리고, 심지어 닭과 개들조차 짖지 않을 정도로 살 수 없을 지경이다"라고 탄식할 정도로 일본군의 한국점령으로 이루어진 강권 통치는 고종 황제에게 큰 고통이었다.

그렇지만 고종 황제의 현실 인식은 정직했고, 타개책은 정확했다. 편지에서는 "현재 우리나라가 이리도 슬픈 정황에 처한 원인은 허약성, 하찮은 존재감, 그리고 자기의 권리를 보호할 능력이 없는 무능력과 무방비 때문"이며, "그 잘못은 우리의 통치(вина в этом ложиться на наше управление)에 있다"고 솔직하게 고백하였다. 그러면서 "수차례에 걸쳐 한국의 독립이 선포되었고, 이를 계속해서 열강에 통보하였음"에도 불구하고, 한반도에서 폭력적으로 독립을 말살하고 있는 일본의 행동은 명백한 "불법"임을 강조하였다. 일본의 불법성을 널리 알리려는 고종 황제의 이러한 판단은 헤이그평화회의[31]에 한국이 참가하는 방법을 모색

---

31 АВПРИ. Ф.Японскийстоль Оп. 493 Д. 171 Л. 31: Секретная телеграмма Покотилова 16/29 окт. 1905 г.: 1905년 10월 29일 자 외무성에 보낸 주청공사 포코틸로프

하는 동시에, 미국 및 러시아 정부에 특사를 파견하여 한국의 상황을 설명하고 도움을 청원하는 방식으로 이어졌다.

1905년 11월, 고종 황제의 지시를 받은 대한제국 외무대신 박제순은 미국 국무장관 루트(H. E. Root)에게 편지를 보내 미국 대통령 루스벨트가 한미수호통상조약 제1조에 명시되어 있는 미국의 거중조정 역할에 관심을 갖도록 요청하였다.

"현재 한국 정부는 일본 정부와 국민에 의해 부당하고 억압적으로 대우받고 있음을 귀국 정부에 알려야만 한다고 느끼고 있으며, 미국 대통령과 정부가 위에 인용한 조약에 따라 우호적이고 합법적인 거중조정을 해줄 것을 청원합니다."[32]

고종 황제는 편지를 통해 러일전쟁 당시 일본이 자행한 만행들을 여섯 가지 범주로 구분하여 소개하고, 이에 대해 미국 정부의 관심을 촉구하였다. 고종 황제의 계획에 미국이 가세한다면 제2차 영일동맹조약(1905.8.12)과 포츠머스 강화조약(1905.9.5)으로 위기에 처했던 한국의 독립을 회복하는 길은 가까워질 수 있었다.

상술한 바와 같이, 한국의 독립은 국제 문제이기 때문에 한일관계를

(Покотилов)의 기밀 전문에 따르면, "주권을 수호하는데 전력을 다하고 있는 고종 황제가 예정된 헤이그평화회의에 한국이 참여할 수 있기를 간절히 원하고 있으며, 관립 외국어학교 프랑스어 교사 마르텔을 베이징으로 보내 어떤 방식으로 한국 정부가 그러한 희망을 표명할 수 있는지 알아볼 것을 지시했다"고 보고하였다.

32 ГАРФ. Ф. 818 Оп. 1 Д. 130 Л. 1-5: 현재 러시아연방문서관에 소장되어 있는 이 영문편지는 발송일이 명기되어 있지 않기 때문에 인편으로 미국 정부에 전달된 것으로 보이며, 아마도 러시아 정부에 그 사본을 전달한 것으로 추정된다.

미국이 어떻게 규정하는지가 관건이었다. 이에 고종 황제는 신뢰하던 외국인 가운데 헐버트를 미국에 파견하였다. 1905년 10월 19일 신임 주한 미국공사로 모건(Edwin V. Morgan)은 고종 황제가 한국인이 아닌 미국인 헐버트를 통해 미국의 거중조정을 요청하려 한다고 보고했다.[33]

미국인 헐버트가 루스벨트 대통령을 만나기 위해 워싱턴으로 출발했다는 소식은 포츠머스 강화협상의 실패로 전국적인 혼란 사태를 겪고 있던 일본에게는 청천벽력과도 같은 충격을 주었다. 이제 일본에게 남겨진 선택은 거의 없었다. 헐버트가 미국에 도착하기 전에 한국을 강제로 보호국으로 삼고, 이것이 고종 황제의 동의하에 이루어졌다고 선전하는 방법 외에는 대안이 없었다. 이것이야말로 20개월간의 피비린내 나는 전쟁을 치르고 굴욕적인 강화로 들끓는 일본 내 여론을 잠재울 수 있는 처방이었다. 일본은 포츠머스 강화조약을 통해 러시아로부터 한국에 대한 보호권을 인정받았지만, 이는 조속한 종전을 위한 타협일 뿐 국제회의에서 국제법에 따라 재검토될 경우, 한국에 대한 일본의 지위는 흔들릴 가능성이 매우 컸다. 1905년 11월 6일, 일본 총리 가쓰라는 주미 일본공사에게 한국의 대외관계 사무를 접수함으로써 "한국에서 위험하고 불만스러운 상황을 영원히 종식하려 한다"[34]는 것을 루스벨트 대통령에게 알리도록 훈령한 것은 이러한 위기의식에서 비롯된 것이다.

가쓰라의 훈령 사흘 후인 11월 9일, 일왕의 특사 자격으로 이토 히로부미가 서울에 도착했다. 그리고 11월 17일에 을사늑약이 체결되었다.

---

33 George M. McCune, Scott S. Burnett, op. cit. p.192: Edwin V. Morgan-Secretary of State, Oct. 19, 1905.

34 John E. Wilz, John E. Wilz, "Did United States betray Korea in 1905 ?", *Pacific Historical Review*, Vol.53, No.3, 1985, p.257.

이날은 헐버트가 미국에 도착한 날이기도 했다. 헐버트가 『뉴욕 타임스』와 인터뷰한 기사(1905.12.14)에 따르면, "일본은 내 임무를 알아채고, 내가 미국에 도착한 당일 쿠데타(coup)를 감행함으로써, 고종 황제는 일본 정부와 자발적인 왕위 양도를 의미하는 협정 체결을 강요받게 되었다"[35]고 평가했다. 헐버트는 을사늑약을 그의 미국 파견에 대응한 일본의 "쿠데타"로 인식하였다.

열강의 힘을 빌려 국권을 회복한다는 고종 황제의 계획에 최후의 일격을 가한 사건은 다름 아닌 러시아의 대외정책 변화에서 비롯되었다. 1906년 6월, 신임 외상으로 취임한 이즈볼스키는 러일전쟁의 패전과 혁명의 소용돌이 속에서 개혁을 완수하기 위해서는 평화적인 대외 환경 조성이 급선무라고 판단하고, 전통적인 적대국이자 교전국이었던 일본·영국과 타협을 모색하였다. 그 결과 1906년 10월 9일, 제2차 헤이그평화회의(1907.6.15~10.18) 8개월 전, 주일 러시아공사 바흐메티예프(Бахметьев Ю. П.)는 일본 외상 하야시[林董]를 만나 헤이그평화회의에 한국의 참가가 불가능해졌음을 통고하였다. 이는 정확히 1년 전인 1905년 10월 9일 러시아 정부가 주러 한국공사 이범진에게 헤이그평화회의에 한국을 초청하기로 결정을 완전히 뒤집는 처사였다.[36] 이로써 차르 정부는 제2차 헤이그평화회의에 일본과 한국을 나란히 초청하여 한국의 신성불가침한 주권을 분명하게 인정하고, 이를 국제적으로 공인받으려던 종전의 입장을 철회했다. 그 결과 고종 황제의 항일독립투쟁은 무력항

---

35 The New York Times, December, 14, 1905, "Appeals to the public for Emperor of Korea".
36 최덕규, 2008, 「제2차 헤이그평화회의와 러시아의 대한정책」 『한국사학보』 제30호, 357~360쪽.

쟁에 무게가 실리게 되었다.

　마지막으로 1905년 11월 20일, 전 주한 러시아공사 파블로프가 상하이에서 발송한 기밀 전문은 러일전쟁에 대한 고종 황제의 인식을 잘 보여 주고 있다.[37] 러일전쟁에 대한 고종 황제의 인식을 추적해 보면, 초기에는 러시아의 승전을 기대하다가, 러시아의 패전으로 슬픔에 빠지고, 무능하고 무방비한 현실을 자성하며, 한반도에서 자행되고 있는 일본의 만행에 대해 열강의 관심을 촉구하는 단계를 거쳐, 열강에 청원하는 외교방식과 더불어 항일무장투쟁의 필요성을 깨닫는 과정으로 발전해 나갔다. 파블로프의 전문에 따르면, 고종 황제의 친서를 러시아 황제에게 전달하라는 지시를 받은 한국군 대위 현상건은 고종 황제로부터 러청은행 상하이 지점과 1만 루블의 차관계약을 체결하는 위임장을 받아 파블로프의 지급보증을 통해 1만 루블을 대출받아 러시아로 출발했다고 보고하였다.

　필자가 주목하는 부분은 1만 루블의 용처였다. 잘 알려진 바와 같이 주러 한국공사 이범진의 아들 이위종이 1908년 3월에 장인인 놀켄 백작과 함께 군자금 1만 루블을 가지고 연추[Новокиевск]에 도착했다. 독립운동자금 1만 루블이 현상건이 가지고 간 돈인지 아니면 이범진이 마련한 것인지는 알 수 없지만, 러일전쟁 개전 직후 주러 한국공관의 운영비 송금이 중단되었던 점을 감안하면, 고종 황제가 현상건을 통해 보낸 자금일 가능성이 크다. 이는 우수리 남부지방 국경판무관 스미르노프(E. T. Смирнов)가 연흑룡강주 총독에게 보낸 보고서(1909.11.27)에서도 확인

37　РГИА. Ф. 560 Оп. 28 Д. 24 Л. 282; Секретная Телеграмма Павлова из Шанхая, 7 нояб. 1905 г.

된다. 그는 "한국, 러시아 연해주, 만주 등에서 활동 중인 의병들은 고종 황제의 자금을 상하이를 통해 받고 있다"고 보고하였다.[38] 따라서 이위종을 통해 전달된 고종 황제의 독립자금이 이범윤, 안중근, 최재형 등이 참여한 연해주 대한의군 조직인 동의회(同義會) 창설에 사용되었음을 알 수 있다.

이에 따라 대한의군은 1907년 해산된 한국군대를 계승하여 항일독립 전쟁을 이끌어 나갈 주력부대가 됨으로써 고종 황제가 최고통수권자가 되었음은 불문가지이다. 대한의군 설립은 1908년 11월에 구체화된 고종 황제의 블라디보스토크 파천 계획[39]의 전제조건으로써 고종 황제의 연해주 망명정부 수립 구상의 일환이었다. 1910년 7월 28일, "고종 황제로 하여금 노령의 연해주로 조속히 파천하여 망명정부를 세워 독립운동을 영도"하라고 청한 십삼도의군도총재(十三道義軍都總裁) 유인석(柳麟錫)과 이상설(李相卨)이 연명하여 올린 상소는 항일전쟁을 지휘할 최고 사령관이 고종 황제임을 명백하게 밝히고 있다.[40] 따라서 대한의군 참모중장 안중근의 하얼빈 의거는 고종 황제를 정점으로 한 대한의군의 항일 독립전쟁사의 서막(序幕)에 해당한다. 이는 1945년까지 항일독립전쟁을 지속시킬 동력을 제공했을 뿐만 아니라 대한의군의 활동에 정통성을 부여했다는 점에서 그 의의가 지대하다.

---

38 РГИА ДВ. Ф. 702. Оп. 6. Д. 157. Л. 286-287. Рапорт пограничного комиссара в Южно-Уссурийском крае Смирнова Приамурскому генерал-губернатору Унтербергеру. Новокиевское, 14 ноября 1909 г. Цит. по Пак Д.Б. Пак В.Б. Ан Джунгын-национальныйгерои Кореи. М., 2012. С. 213.

39 РГИА. Ф. 560. Оп. 28. Д. 392 Л. 16-24: Донесение агента Мин. фин. в Китае Послу в Токио, 12 ноября. 1908 г.

40 윤병석, 1998, 『增補 李相卨傳』, 일조각, 129~130쪽.

이처럼 고종 황제의 주한 일본군에 대한 인식은 기억 수준에 머문 것이 아니라 현상을 극복하려는 초극의 단계로 발전하는 모습을 보였다. 이는 일본의 불법강점에 대한 저항인 동시에 제국주의 열강의 비밀외교에 대한 경고이기도 했다.

5. 맺음말

러일전쟁은 일본군의 한반도 장기주둔의 시발점이었다. 20세기 초반부터 증폭되기 시작한 한국 위기(Korean Crisis)는 한반도 자체의 모순보다는 한국을 둘러싸고 전개되는 열강의 합종연횡에서 위기의 내용과 성격이 규정된다는 점에 그 심각성이 있다. 그 결과 이루어진 일본군 한반도 장기주둔은 한국의 주권 제약 및 침해를 전제로 하기 때문에, 한국의 국제적 지위는 독립국에서 보호국을 거쳐 식민지로 전락하는 출발점이 되었다.

외국의 군대가 특정 국가에 주둔하는 사례는 한국에만 한정된 경험과 현상이 아니다. 제국주의 시기 구미 열강의 지배를 받은 아시아·아프리카의 여러 나라도 비슷한 경험을 했다. 본 연구에서 아시아 후발 제국주의 국가인 일본의 군대가 한반도에 장기주둔한 문제에 착목한 이유는 그것이 러일전쟁 승전국으로서 획득한 권리가 아니라 선발 제국주의 국가인 영국과의 협업(Collaboration)의 산물이었음을 밝히고자 했기 때문이다. 일본이 러시아에 승리를 거두었다면 러시아 영토의 일부를 점령하거나 할양받아야 함에도 국제적으로 독립국으로 인정받은 한국이 일본의 보호국으로 전락한 사례는 러일전쟁의 결과라기보다는 영·일 간에 이루어진 협업의 산물로 보는 것이 더 타당하다. 따라서 대한제국은 독자적인 근대화를 이룰 가능성이 있었음에도 선발 제국주의 국가와 후발 제국주의 국가 간의 협업으로 인해 식민지가 될 수밖에 없었다.

협업이란 일반적으로 거래에 근거하는데, 제1차 영일동맹조약(1902)과 제2차 영일동맹조약(1905)은 한반도를 둘러싼 영·일 양국 간의 협업에 약관 역할을 하였다. 이는 독립국이자 국제사회의 일원인 대한제국이 일본의 보호국으로 전락하고, 대한제국에 일본군이 장기주둔함으로써 보호국체제를 지속시킬 수 있었던 토대가 바로 영일동맹 조약이었기 때문이다. 제1차 영일동맹은 러시아를 가상적으로 청국과 대한제국의 독립과 영토 보전을 합의하고 있으나, 문제는 러일전쟁 말기에 체결된 제2차 영일동맹조약에 있었다. 여기에서 일본은 한국보호국화정책에 대한 영국의 지지를 끌어내는 대가로 영국의 식민지였던 인도 방위에 필요한 일본 육군의 파병을 약속했다. 다시 말하면 일본은 러일전쟁 이후 러시아가 인도로 남하할 경우, 영국의 인도 방위를 위해 파병하는 대가로 한국보호국화정책에 영국의 승인을 확보하게 된 것이다. 따라서 러일전쟁 종전 무렵 일본은 이미 인도 방위에 대한 부담을 안고 있었기 때문에, 포츠머스 강화회의에서 한국의 독립에 관한 조항을 삭제하고, 만주에서 철수할 일본군대의 한국주둔을 러시아에 인정할 것을 강요할 수밖에 없는 상황에 봉착하고 말았다. 또 불법과 강압으로 점철된 을사늑약을 체결할 수밖에 없었던 원인도 선발 제국주의 국가에 너무 많은 이익을 넘겨준 취약하고 조악한 후발 제국주의 국가의 구조적 모순과 연동되어 있었다. 결국 제국주의 국가군의 위계 서열상 구미 제국주의 국가보다 상대적으로 하위에 속한 일본은 제국주의 국제관계에 기민하게 반응하며, 영국과의 협업을 통해 입지를 넓혀가는 단계를 거칠 수밖에 없었다.

영·일 간의 협업은 독일을 비롯한 유럽의 후발 제국주의 국가들의 도전에 직면하여 독점 지배 구조로 진화하는 단계를 밟는다. 이는 영일동맹이 영·프 앙탕트(1904), 러·일 협약(1907), 영·러 협상(1907)으로 이어지면서 영국·프랑스·러시아·일본의 4국 앙탕트체제(Quaduruple Entente System) 수립으로 변모했다. 협업 성격의 영일동맹이 카르텔 성격의 4국 앙탕트체제로 변모하면서 4국 앙탕트의 독점은 더욱 강화되어, 국제사회에서 보호조약의 부당성을 호소하려는 한국의 노력은 수포가 되고 말았다. 이에 본 연구를 통해 세 가지 사항들을 정리할 수 있었다.

첫째, 일본의 한국보호국화정책의 바탕을 이루는 일본군의 한국주둔은 영·일의 비밀외교가 그 기원이다. 한국이 일본의 보호국으로 전락한 과정을 천착해보면, 논의의 출발은 영국의 세계정책이었다. 인도를 포함한 극동의 방위부담을 일본에 전가하고 극동의 병력을 유럽으로 이동시키는 대가로 일본의 한국보호권을 승인했기 때문이다. 따라서 이러한 내용을 담은 영·일의 비밀외교는 제2차 영일동맹조약 체결(1905)로 구체화되었다.

둘째, 포츠머스 강화조약을 위한 러·일 간의 협상 과정에서 일본군의 한국주둔에 대해 불법성이 지적되었으나 러시아는 조기 종전을 위해 이를 조약문에 명문화하지 못했다. 종전 후 러시아와 일본군대는 각각 본국으로 철병하는 것이 당연함에도 불구하고, 일본은 만주에서 철병한 군대를 한국에 주둔시키는 억지를 부렸다. 이러한 일본군의 불법적인 주둔은 한국보호국화정책의 선결 조건이었으며, 불법강점을 가능하게 한 배경은 일본 정부가 영국 식민지인 인도 방위에 파병을 약속한 것에 대한 영국의 배려와 승인이었다.

셋째, 일본군의 한국강점에 대한 고종 황제의 인식은 악묘론으로 요약된다. 고종 황제는 일본군대의 한국점령을 "악의 싹"으로 규정하고, 이를 제거하지 못하면 일본의 식민지로 전락할 뿐만 아니라 동양의 패권을 장악하기 위한 일본의 대륙침략정책의 시발점이 될 것으로 판단하였다. 이러한 인식은 고종 황제의 외교적·군사적 대응을 불가피하게 함으로써 헤이그 특사 파견과 대한독립의군 창설로 이어졌다.

따라서 본 연구는 일본의 한국보호국화에 대한 기억을 영국 런던에서 벌어진 영·일 간의 동맹조약 갱신 협상에서 실마리를 풀어냄으로써, 그것이 미국 포츠머스에서 러시아와 일본 간의 강화협상 과정에 어떻게 투영되었고, 어떻게 한국에 적용되었는지 그리고 고종 황제는 여기에 어떻게 저항했는지를 접속과 상호작용의 틀 속에서 고찰해보았다. 아울러 이 연구는 일본의 한국보호국화정책을 한·일 양국의 문제에서 제국주의 국제관계의 거시적 시각뿐만 아니라 글로벌 히스토리 관점에서 고찰해야 할 당위성을 제시해 주었다.

제8장

대한제국 중립화에 대한 미국과 러시아의 견해차

– 헤이그평화회의(1907)와 일본의 국제법 위반에 대한 미·러의 상이한 해법

1. 머리말
2. 미국은 왜 대한제국이 아닌 청국의 전시 중립만을 지지했나?
3. 일본의 전시 중립 위반과 러시아 전함 나포 사건
4. 제2차 헤이그평화회의 개최와 미·러 갈등
5. 맺음말

마르텐스(Friedrich Martens, 1845~1909)

루스벨트(Theodore Roosevelt, 1858~1919)

I. 머리말

러일전쟁은 유럽과 아시아의 충돌로서 근대 유럽의 전쟁법이 적용되었다. 유럽의 국제법 틀 속에서 전개되었던 이 전쟁은 인도주의 원칙에 따라 전쟁의 야만적인 모습을 지양하고, 문명을 지향했다. 그런데 서양의 공법에 근거한 전쟁법 준수는 국가의 규모나 국력으로 볼 때 객관적인 전력이 열세였던 일본에 불리한 조건일 수 있었다. 1904년 2월 개전 당시 일본군대가 중립국인 대한제국에 상륙한 사례와 1904년 8월 청국의 즈푸항에서 일본 해군이 러시아 군함 레쉬텔느이(Решительный)호를 나포했던 사례가 이에 해당한다.[1] 그 결과 일본은 러일전쟁의 승전국이 었음에도 역사적으로 국제법을 위반한 국가로 남게 되었다.

러일전쟁이 국제법에 따라 전개된 또 하나의 이유는 청국의 전시 중립과 관련이 깊다. 청국은 미국의 주선으로 랴오둥반도 이동(以東) 지역을 전장화하고, 나머지 중국 전역을 중립지대로 설정함으로써 국지전화를 도모하였다. 이를 위해 교전 양국으로부터 준수 약속을 받아냈고, 미국이 이들을 감독했다. 즉, 청국의 전시 중립은 미국의 후견하에 러일전쟁이 종식될 때까지 큰 틀에서 준수되었다.

---

1 Kentaro Wani, 2017, Neutrality in International Law From the sixteenth century to 1945, Routledge: New York, p.115. 일본의 국제법학자 와니 겐타로[和仁健太郞]의 연구에 따르면, 국제법 일환으로서 중립이 일반제도로 정착(1793)된 이래 제1차 세계대전이 종식될 때(1918)까지 교전국이 중립국에 적대행위를 한 중립 위반 사례는 총 8건이었다. 그 가운데 러일전쟁 시기 2건, 제1차 세계대전 시기 1건 등을 포함하여 모두 3건이 일본의 중립 위반 사례였다. 제1차 세계대전의 경우 1914년 9월 일본군대가 적대국인 독일의 조차지 칭다오를 점령하기 위해 룽커우에 상륙한 후, 산둥철도를 점령한 것이 이에 해당한다.

미국이 러일전쟁 기간 청국의 중립을 지지했던 배경에는 전시에도 서구국가들이 청국과 무역을 계속해야 하는 경제적 이유와 만주로 한정한 전장이 전 중국으로 확대될 경우 의화단 운동과 같은 혼란이 재발할 수 있었기 때문이다. 이는 문명 세계 전반에 대재앙을 초래할 수 있다는 위기감의 표현이기도 했다. 따라서 중립 위반은 서구 문명을 지탱하고 있는 국제법 체제에 대한 위협일 수 있었다.

유럽의 전쟁법이 극동의 전쟁에 외부적 요소가 될 경우, 유럽 국가와 전쟁을 치르는 아시아 국가에게는 불리한 조건일 수밖에 없다. 분쟁을 법치로 해결하는 것은 유럽적 전통이지 아시아의 해법은 아니기 때문이다. 따라서 출발선이 다른 양국에 전쟁법 준수를 똑같이 강요하는 것은 일본에게 기울어진 운동장에서 경기하라는 것과 같았다.

일본은 국제분쟁을 법치의 방식으로 해결하는 것에 부정적이었다. 후발 제국주의 국가였던 일본은 기득권자들에게 유리한 중재재판보다는 전쟁을 더 선호했다. 식민지 확대를 추구한 일본에게 기존 질서는 선발 제국주의 국가들의 이해가 반영된 것으로 전복의 대상일 뿐 순응해야 할 성역이 아니었다. 따라서 부전조약을 체결하여 행동의 자유를 구속할 이유가 없다고 판단했다. 이로써 법치에 대한 두 가지 시각이 존재했음을 알 수 있다.

러일전쟁 이후 세계평화를 위해 헤이그에 소집(1907)된 참가국들은 국제분쟁을 평화적으로 해결하는 방책으로 중재제도의 법제화를 동의했다. 참가국들은 총론에서 중재재판을 통해 국제분쟁을 해결한다는 구상에 합의하였다. 하지만, 각론에 들어서자 일부 국가들이 이견을 보이며 거부함으로써 의견일치를 이루지 못했다. 이들은 중재 조약을 체결하여 행동의 자유를 구속할 이유가 없다고 판단했다. 이에 따라 법치 세계를 수호하려는 국가들에 국제법을 어긴 국가들에 대한 제재와 재발 방지책을 마련하는 과제가 부여되었다.

본 장에서는 러일전쟁 당시 대한제국과 청국에 대한 일본의 중립 위반 사례를 검토하고, 재발 방지책을 마련하기 위해 소집된 제2차 헤이그 평화회의의 논의과정을 살펴보고자 한다. 이를 통해 범법 국가들을 제재해야 한다는 합의가 이루어졌음에도 그것이 이행되지 못한 원인을 살펴보겠다.

2. 미국은 왜 대한제국이 아닌 청국의 전시 중립만을 지지했나?

러시아 전함이 중립국 항구에서 일정 기간 머물러야 할 경우, 언제까지 이를 허용해야 할까?

교전국 전함이 불가피하게 중립국의 항구에 입항하였을 때 어떤 조처를 어떻게 취해야 하는가를 결정하는 된 계기는 상하이 항구에 정박했던 러시아 전함 만주르(Маньчжур)호 사건 때문이다. 이 사건은 헤이그평화회의에서 국제법의 해전규칙을 보완해야 할 필요성을 제기하였다.

선전포고 없이 감행된 일본 해군의 기습공격으로 세 번째 희생양이 된 만주르호(1,224톤급)는 1886년에 건조되어 1887년 러시아 해군에 배치되었다. 러일전쟁 개전 당시에는 태평양함대에 편재되어 1903년 12월 13일부터 상하이에서 정부 업무를 지원하고 있었으며, 러일전쟁이 발발할 때까지 항구를 빠져나오지 못하고 있었다. 만약 상하이를 출항하여 뤼순항으로 귀환한다면 도중에 일본 함대에 격침될 가능성이 컸다.

만주르호의 함장 크로운(H. A. Кроун) 중령은 이미 1904년 1월 초에 뤼순항 귀환 허가를 요청한 상태였다. 그는 극동 정보의 집결지였던 상하이에서 러일전쟁 개전 가능성을 탐지하고 있었다. 당시 뤼순의 러시아 극동총독부 산하 해군참모부에서는 개전 직전의 위중한 상황 인식이 없었다. 단지, 신입 사병들을 훈련할 장교들을 선발하여 뤼순으로 귀환시킬 것을 지시하고 있었다. 크로운 함장은 이러한 지시를 상하이에 당분간 정박하라는 훈령으로 간주하였다.[2]

그러나 개전은 러시아의 예상보다 빨랐다. 극동총독부 해군참모장 비트게프트(В. К. Витгефт)는 러·일 간의 외교 관계가 단절되었음을 크로운 함장에게 통보(2.7)했으나 만주르호의 출항 명령은 없었다. 이튿날(2.8) 아침, 만주르호는 석탄을 만재하고 뤼순으로 귀환하라는 극동총독의 명령을 받았다.

만주르호 귀환에 최대 장애물은 상하이 항구 외곽에서 대기 중이던 일본 전함이었다. 제물포에 정박 중인 러시아 전함 바랴크호와 코레예츠호의 뤼순 귀환을 차단했던 우류 소토키치 제독[3]의 함대처럼 상하이의 입구 우쑹에서 일본 함대가 만주르호를 감시하며 출항을 기다리고

---

2 Русско-Японская Война 1904-1905, Кн. Первая. Историческая Комиссия по описанию действии флота в войну 1904-1905 гг. при Морском Генеральном Штабе. СПб (1912), p.326. 러시아 극동총독부는 1904년 2월 3일 상해에 정박 중인 만주르호를 교대할 계획이 당분간 없다고 통보했다.
3 우류 소토키치[瓜生外吉, 1857~1937]는 1881년 미국 해군사관학교를 졸업하고, 러일전쟁 당시 일본의 제2함대 사령관으로서 순양함으로 이루어진 제4戰隊를 지휘했다. Rotem Kowner, Historical Dictionary of the Russo-Japanese war(Oxford: The Scarecrow Press, Inc., 2006), p.406.

있었다. 특히 일본의 순양함 아키쓰시마[秋津島][4]호가 감시 임무에 가세함으로써 만주르호의 출항은 일본 함대에 피격되든가 혹은 나포될 가능성이 컸다.[5] 이는 제물포 해전의 판박이가 될 수 있는 상황이었다.

이러한 상황에서 크로운 함장이 뤼순 귀환을 서둘렀던 이유는 상하이 주재 러시아총영사와 한 협의 때문이었다. 크로운 함장은 클레이메노프 총영사와 만주르호가 상하이를 떠날 경우 일본 함대가 어떻게 행동할지 논의했다. 총영사는 일본이 주일 러시아공사가 도쿄를 떠나기 전까지는 감히 전쟁을 도발하지 않을 것이라 확신했다. 이에 따라 크로운 함장은 2월 9일 아침 출항을 준비하였다.

그러나 만주르호의 출항 준비를 중단시킨 것은 뤼순 극동총독부의 전문이었다. 전문은 전쟁이 발발하였으니 출항 명령이 있을 때까지 기다릴 것을 지시하였다. 이에 크로운 함장은 총영사에게 교전국 전함이 중립 항구에 정박할 수 있는 시한 규정을 문의했다. 그러자 총영사는 정해진 시한은 없으며, 출항을 강제할 수 있는 의무도 없다고 회신하여 함장을 안심시켰다.[6]

하지만 영국과 일본영사들은 러시아총영사와는 다른 해석을 내놓았다. 이들은 국제법에 근거하여 항구를 떠나든가 아니면 전함의 무장해제를 요구했다. 크로운 함장은 이들의 행동이 상하이 앞 해상에서 대기하고 있는 일본 군함과 수시로 무선통신을 한 결과로 파악하였다. 상

---

4 아키쓰시마[秋津島]호는 일본의 요코스카에서 건조(1890~1894)된 3,400톤급 장갑 순양함이다. *Ibid*, pp.29-30.

5 Sakuye Takahashi, *International Law Applied th the Russo-Japanese War with the Dicisions of the Japanese Prize Courts* (London: Stevens and Sons LTD., 1908), pp.418-419.

6 Русско-Японская Война 1904-1905, Кн. Первая, pp.327-329.

하이에서 러시아 군함의 퇴거를 요청할 수 있는 국가는 청국이었다. 결국, 교전국인 러시아와 일본 사이에서 청국이 어떤 입장을 견지하는지, 그리고 중립국인 청국이 영·일의 외교적 압박에 버텨낼 수 있는지가 만주르호의 운명을 결정짓게 되었다.

러시아 극동총독부는 만주르호를 생환시키고자 했다. 제물포 해전에서 바랴크호와 코레예츠호를 상실한 경험은 다른 방식의 해법을 찾게 했다. 극동총독은 주청 러시아공사 레사르에게 청국 정부에 영향력을 행사할 것을 주문하며, 동시에 크로운 제독에게 훈령을 기다리도록 했다.

하지만 청국 지방관은 상하이주재 일본총영사의 강력한 요구에 굴복하며 만주르호의 무조건적 출항을 명령했다.

만주르호를 사지로 몰아가는 청 당국의 결정에 대해 극동총독부는 만주르호의 무장해제를 해법으로 제시했다. 극동총독부는 만주르호가 상하이를 출항한다면 일본 군함들이 24시간 동안 공격하지 않을 것이라 기대할 수 없었기 때문에 전함과 승조원들의 희생이 명약관화한 강제출항은 감수할 수 없었다. 깃발을 내리고 승조원들을 육지로 상륙시킨 뒤, 상하이의 프랑스 조계지에서 대피처를 물색하여 이들을 수용하는 방식이 대안으로 제시되었다.[7]

일본 함대가 황해의 제해권을 장악하고 있는 상황에서 러시아 극동총독부는 만주르호의 귀환이 사실상 불가능하다고 판단했다. 초반의 관심사항은 만주르호의 무장해제 수준과 범위를 어떻게 확정하느냐였다. 만주르호가 상하이항을 떠나지 않고 무장해제당할 경우, 침몰과 같은 수

---

7 Sakuye Takahashi, *International Law Applied th the Russo-Japanese War*, pp.420-421.

준의 해체가 될지, 아니면 함포만을 분리할지가 쟁점이었다. 베이징주재 러시아공사 레사르는 청국 정부로부터 해체 수준이 아닌 상태로 상하이 항구에 정박할 수 있도록 허가받았다. 하지만 상하이 지방관[道臺]은 만주르호를 퇴거시키는 것이 최선이지만, 불가능할 경우 전함을 전면 해체하는 것이 일본 군함의 진입을 막고 포격을 방지하는 차선책이라 주장했다.

그렇다면 청국 중앙정부와 지방관의 서로 다른 해법의 귀결점은 무엇이었나?

그 귀결점은 청국 정부의 전시 중립 선언(1904.2.12)이었다. 이로써 교전국의 전함에 대한 청국 정부의 일관된 입장이 마련되었다. 청국은 어떠한 교전국 선박도 24시간 이상 자국 항구에 정박할 수 없다고 공포(1904.2.12)했다.[8] 만약, 청국이 러시아의 압력에 굴복하여 만주르호가 24시간 이상 정박하도록 허가한다면, 이는 청국 스스로 중립을 위반하는 것이므로 이에 대한 일본의 집요한 책임추궁이 예상되었다.

마침내 상하이 지방관은 2월 20일 오후 5시를 기점으로 24시간 이내에 만주르호의 퇴거를 요청하는 공문을 상하이주재 러시아총영사에게 발송했다. 하지만 러시아총영사는 이 공문을 묵살했다. 베이징주재 러시아공사와 청국 외무부 사이에 협약안이 만들어졌기 때문에 베이징주재 공사의 훈령을 받기 전까지 아무것도 할 수 없다는 것이 이유였다.

러시아가 퇴거 요구에 불응하자 이를 예의주시하던 일본 정부는 주청 공사를 통해 청국 정부에 대안을 제시(2.22)했다. 만약 만주르호가 상하

---

8 『日本外交文書』, 第37・38卷 別冊 「日露戰爭 I」, 淸國局外中立條規に關シ報告ノ件, 在上海小田切總領事→小村外務大臣, (明治 37년 2월 22일), 777~779쪽.

이에서 기한 내에 퇴거하지 않을 경우, 청국 정부는 중립권을 발동하여 전함이 전투에 참가하지 못하도록 무장해제를 요구해야 한다. 이행되지 않을 경우 일본은 상하이로 군함을 진입시킬 수밖에 없으며, 이로 야기된 결과는 청국 정부가 책임져야 한다고 통보했다.

주청 러시아공사 레사르가 만주르호의 무장해제에 결국 동의한 것은 청국의 중립을 지키기 위한 것이었다. 이는 미국이 주도적으로 교전 양국에 청국의 중립을 존중하도록 요구하여 그들의 동의를 끌어냈기 때문이다. 요컨대 중립국의 조건은 열강 가운데 한 국가가 특정 국가의 중립을 강력하게 옹호하고, 관련 국가들로부터 이를 존중한다는 동의를 얻어내는 것이 핵심이다.

그렇다면 미국은 왜 청국의 중립에 커다란 관심을 보였을까?

이는 미국 국무장관 헤이(John Hay)가 러일전쟁 개전 직후 러시아·일본·청국에 보낸 각서(Note)에 반영되어 있다. 더불어 이 각서의 사본은 의화단 운동을 마무리하는 신축조약(辛丑條約)[9] 체약국들에도 발송하여 러시아와 일본에 진정(陳情)해줄 것을 요청하였다. 각서에 따르면, "미국이 진정으로 원하는 바는 러일전쟁으로 시작된 군사작전 과정에서 교전 양국은 청국의 중립과 행정적 실체를 실질적인 방식으로 존중하며, 전장(戰場)은 가능한 한 제한적·국지화함으로써 청국인들의 과도한 흥분과 무질서를 방지하고, 상업상의 손실을 최소화하여 세계가 평화적으로

---

9 시기적으로 1900년 여름, 지역적으로 華北 지역을 중심으로 전개된 의화단 운동은 淸國官兵이 가세하여 베이징의 열강 公使館街를 포위·공격함으로써 8개국(英·美·日·露·佛·獨·伊·墺) 연합군의 공동출병을 불러왔다. 이에 의화단 운동이 진압된 1년 후, 청국과 11개국 열강 간에 체결된 것이 "신축조약(北淸事變에 관한 최종의정서)"이다. 菅野正, 1972, "辛丑條約の成立: 庚子賠款を中心に", 東洋史研究 31(3), 309~337쪽.

교류할 수 있도록 한다"는 것이었다.[10]

　미국은 의화단 운동을 보면서 청국인들의 배외적이고 애국적인 정서와 조직에 대해 재평가하며, 청국을 더는 팽창의 대상만으로 간주하지 않았다. 당시의 주청 미국공사 콩어(E. H. Conger)는 의화단 운동이 미국 본토의 기업가들과 수출업자들에게 타격을 주었으며, 만약 또 다른 혼란이 발생한다면 사태가 더욱 복잡해질 것이라고 우려했다.[11] 더불어 의화단 진압에 파병된 8개국 연합군대는 조속히 철수하는 것이 바람직하며, 그때까지 청국인들과의 접촉을 최소화하고 내정 개입을 극도로 자제할 수 있는 곳에 주둔시켜야 한다고 국무부에 건의했다.[12] 이처럼 미국 국무부가 청국의 중립에 대한 서구 열강의 지지를 끌어내는 데 앞장선 배경에는 이 전쟁이 의화단 운동과 같은 반외세(反外勢) 운동의 기폭제가 되어서는 안 된다는 우려 때문이었다.

　미국 국무장관의 각서에 대해 러시아와 일본은 동의서를 보냈다. 양국은 청국의 중립을 존중하고 무질서를 막겠다고 약속하였다. 더불어 일본은 러시아가 이 조건을 준수하겠다는 약속할 경우에만 만주 이외의 지역[遼河 以西]에서 중립을 약속(2.13)했고, 러시아는 청국이 엄정중립을 유지해야 한다는 조건을 요구(2.19)했다.[13] 이런 배경으로 만주르호는 중립국 청국의 처리방침을 따라야 했다.

10　Neutrality of China in the War Between Russia and Japan, Feb. 20, 1904, *FRUS(1904)*, pp.2-3.
11　E. H. Conger-John Hay, Nov. 20, 1900, *FRUS(1904)*, pp.228-229.
12　E. H. Conger-John Hay, Dec. 17, 1900, *FRUS(1904)*, pp.239-240.
13　Neutrality of China in the War Between Russia and Japan, Feb. 20, 1904, *FRUS(1904)*, pp.2-3.

러·청 간의 만주르호 무장해제 협상은 1904년 3월 초까지 이어졌다. 탄약과 총포류 관리 주체를 선정하는 문제와 승조원 처리 문제가 쟁점이었다. 전자의 경우, 압수한 탄약과 총포류에서 분리한 노리쇠의 관리 주체가 청해관(淸海關)이 지정되었으나, 탄약을 보관할 장소가 없었다.[14] 후자의 경우, 청국 정부는 당초 일부 승조원만 선박에 잔류하고, 나머지는 해안가의 건물에 수용하는 방안을 제시했다. 그러자 크로운 함장이 상하이에 일본인이 8천 명 이상이 거주하는 상황에서 다수의 러시아 승조원들이 상륙한다면 충돌사태가 발생할 것이라며 우려함으로써 해법을 찾지 못하였다.

이 문제는 프랑스의 중재로 해결할 수 있었다. 3월 10일, 상하이주재 프랑스영사가 일본총영사에게 러시아 정부의 해결책을 전달하자 일본 측이 이를 수락했다. 러시아 정부의 제안에 따르면, 만일 일본이 반대하지 않는다면 만주르호 승무원 대부분을 프랑스의 우편선박 편으로 본국 송환하고, 송환 전 전쟁에 재차 참전하지 않겠다고 서면으로 선서한다는 것이었다. 그 결과 만주르호 관리를 위해 36명이 잔류하고, 나머지 승조원들은 프랑스 우편함 안남(Annam)호를 타고 3월 30일에 오데사(Odessa)로 출발했다.

만주르호의 무장해제와 관리는 청해관이 담당하기로 합의되었다.[15] 무기고의 탄약과 노리쇠들은 청국 전함 난소이호로 이관되었다. 3월 7일, 상하이 지방관[도대]은 일본총영사 오다기리[小田切 萬壽之助]에게

---

14 The New York Times, March 31, 1904, The Mandjur Ended. 뉴욕 타임스의 보도에 따르면, 일본이 동의한 만주르호의 처리 방식은 무장해제뿐만 아니라 주요 부품들까지 해체하여 전함을 일시적으로 불구화시키는 것이었다.

15 The New York Times, March 7, 1904, The Mandjur Compromise.

총포 노리쇠와 전함의 주요 부품들이 제거될 경우, 상하이 외곽 우쑹에서 대기하던 일본 전함 역시 퇴거하도록 요구했다. 3월 23일, 무장해제된 만주르호는 3월 29일에 동청철도회사 선착장에 계류되었고, 주요 부품들은 해체되어 육상으로 옮겨졌다. 같은 날 일본총영사는 아키쓰시마호 함장과 함께 무장해제된 러시아 전함을 조사하였다. 조건이 만족스럽게 이행된 것을 확인한 아키쓰시마호는 3월 31일 퇴거하였으며, 베이징주재 일본공사 우치다[內田康哉]는 이 사실을 청국 정부에 통보했다.[16]

청국의 상하이 항구에 억류된 만주르호와 대한제국의 제물포 항구에 정박했던 러시아 전함 바랴크호·코레예츠호의 처리방식에는 공통점과 차이점이 있다. 우선, 공통점은 러일전쟁 개전 당시 중립국 항구에 정박하고 있었다는 점이다. 이 문제의 심각성은 중립국인 대한제국과 청국의 항구에서 러시아 전함 3척이 피해를 입은 근본 원인이 일본이 선전포고도 없이 대러 전쟁을 도발한 데 있다. 제물포항의 경우, 팔미도 인근에서 일본의 우류 제독의 함대가 출항하는 러시아 전함들을 공격하기 위해 준비하고 있었다. 상하이 항구의 경우, 만주르호가 뤼순함대에 합류하는 것을 막기 위해 일본의 아키쓰시마호가 양쯔강 하구 우쑹에서 감시하고 있었다. 러시아는 이와 같은 정당하지 못한 개전 방식에 대해 국제법으로 개전 절차 등을 법제화함으로써 억제할 필요성을 제기했다.

그렇다면 러일전쟁 개전 당시 제물포와 상하이의 러시아 전함 처리 과정은 왜 달랐을까?

---

16 뉴욕 타임스(1904.3.31)는 일본이 러시아 전함을 불구화시키는 데 각별한 관심을 보였던 원인은 일본과 상하이 간의 통상을 재개하는데 만주르호가 장애가 되지 않도록 하기 위함이었다고 분석했다. The New York Times, March 31, 1904.

제물포의 러시아 전함 바랴크호와 코레예츠호는 각각 자침과 폭파의 방식으로 처리했으나, 상하이의 만주르호는 무장해제된 뒤, 계류되어 1905년 종전 후 러시아에 인계되었다. 이러한 차이의 요체는 대한제국과 청국의 중립 선언이 갖는 효력에 있었다. 즉, 제물포와 상하이는 중립 선언에 따른 중립항구였으나, 그 지위는 열강의 인정 여부에 달려 있었다. 결국, 중립을 선포할 권리는 모든 나라가 갖고 있지만, 실제로 중립국이 되기 위해서는 열강이 이를 지지하고 인정하는 것이 필수였다.

그러면 왜 청국은 중립국이 될 수 있었고, 대한제국은 그렇지 못했을까? 이는 중립국으로서 부여된 권리와 의무를 행사할 수 있는 능력과 관련짓는 것이 통설이다. 또 전쟁에 휘말리지 않을 중립국의 권리는 전쟁의 목적이 되는 국가에는 해당하지 않는다는 학설도 존재한다. 로렌스 교수의 주장에 따르면, 전쟁의 원인과 직접 관련된 국가는 교전국으로부터 자국의 중립을 존중하도록 요구할 수 없다고 주장하였다. 대한제국은 러시아와 일본의 전쟁 원인이었고, 한반도에서 교전이 있었기 때문에 교전 양국과 관련 없는 제3국, 즉 중립국이 될 수 없다는 논리를 제시했다.[17]

그러나 중립을 유지할 능력이 없다는 통설과 전쟁의 원인이라는 이유로 중립을 인정받을 수 없다는 주장은 대한제국이 왜 중립국이 될 수 없는지를 합리적으로 설명하지 못한다. 러일전쟁 개전 당시 대한제국과 청국을 비교해보면 청국 역시 대한제국과 마찬가지로 중립국이 될 수 없는 상황이었기 때문이다. 다시 말하면 청국은 의화단 운동과 서구 8개국 연합군의 청국 출병 사태를 겪으며 사회 혼란과 정국 불안이 고조되

---

17 Lawrence, *War and neutrality in the Far East*, 282.

고 있었으며,[18] 이때 만주를 점령한 러시아의 문호폐쇄정책과 해양 세력 (영·미·일)의 문호개방 요구는 러일전쟁의 핵심동인이었다. 따라서 청국 역시 의화단 운동의 후유증으로 인한 정국 불안과 러시아군대의 만주 철병 약속 불이행으로 중립 불가의 일반론과 특수론이 적용되었다.

한·청 양국이 유사한 상황에 이었음에도 대한제국은 중립국이 되지 못했던 반면, 청국은 중립국으로 인정받은 원인은 미국의 지지 여부에서 갈렸다. 러일전쟁 발발 즉시 중립을 선언했던 미국은 청국이 중립을 선언하도록 유도함으로써 대한제국과 청국의 중립에 대해 전혀 다른 태도를 보였다.[19] 더욱이 영국, 프랑스, 독일 등을 포함한 신축조약(1901) 체결 국가들에게도 교전 양국이 청국의 중립과 행정의 일체성을 존중하도록 촉구할 것을 요청하는 회람문을 보냈다. 결국 청국이 중립국이 되는 구조는 미국이 이를 주도했을 뿐만 아니라 다른 열강의 지지까지 끌어내는 노력이 배경이 되었다.

반면, 미국은 대한제국의 중립에 대해서는 어떠한 정책도 채택하지 않았다. 청국의 중립을 위해 열강의 지지를 촉구한 회람문에도 대한제국의 중립에 대한 언급은 없었다. 고종 황제는 개전 3주 전에 중립을 일본에 통보했고, 미국에도 이를 알렸으나 미국은 이를 접수했지만 사실상 무시했다. 주한 미국공사 알렌이 미국 국무부에 보내는 전문

---

18 Prince Ch'ing to Mr. Conger. Feb. 11, 1904, *FRUS(1904)*, p.122. 청국 정부는 신축조약(1901) 제8조와 9조에 따라 베이징 방위에 중요한 다구[大沽]의 포대를 해체해야 했으며, 北京, 天津, 山海關 등지에 외국 군대의 주둔을 허락해야 했다. 따라서 청국 외무부의 慶親王이 베이징주재 외국 공사들에게 러일전쟁에 개의치 말 것을 당부하는 공문을 발송한 것도 개전으로 야기된 변화에 외국 군대가 동요할 것을 우려했기 때문이었다.

19 Mr. Conger to Prince Ch'ing. Feb. 11, 1904, *FRUS(1904)*, p.118.

(1904.1.30)에서 대한제국의 중립 선언이 러시아의 비밀공작이라는 신념을 피력한 것은 이를 방증한다.[20]

3. 일본의 전시 중립 위반과 러시아 전함 나포 사건

미국이 청국의 중립을 강력하게 지지하고 열강의 동참을 끌어내고자 했던 이유는 무엇일까?

러일전쟁 개전 당시 미국은 전쟁을 막으려는 청국 정부의 노력에 냉담한 태도를 보였었다. 청국은 러일전쟁 개전 가능성이 고조되자, 호광총독(湖廣總督) 장즈둥[張之洞] 등은 베이징주재 영국·프랑스·미국 공사 등을 찾아가 비록, 자국의 형편이 매우 열악하지만 전쟁을 방지하기 위해 무엇이든지 할 용의가 있음을 밝히며 공동중재(Joint Mediation)를 요청했다. 그러자 미국 공사 콩어(E. H. Conger)는 일본이 이미 중재를 고려하지 않는다고 선언했다며 냉담했다.[21] 미국은 러일전쟁 개전과 관련하여 한반도에서 러시아를 몰아낼 러일전쟁이 필요하며, 청국에는 전시에도 질서를 유지함으로써 평화로운 국제교역을 보장할 수 있는 중립국의 지위를 부여하는 것으로 입장을 구분하고 있었다.[22]

---

20 Kim Ki-Jung, *The War and US-Korean Relations, The Russo-Japanese War in Global Perspective: World war Zero*, Vol.II, (Brill: 2005), pp.473-474.

21 Hirakawa sachiko, "Portsmouth Denied: The Chinese Attempt to attend". *The Russo-Japanese War in Global Perspective: World war Zero*, Vol.II, 2005, pp.535-536. 프랑스 공사는 본국 정부가 중재에 대해 용의가 있음을 표명했다고 전했다.

22 미국 정부가 러일전쟁과 관련, 청국에 기대(1904.2.11)한 바는, 전시 작전 과정에서 청국의 중립과 행정의 일체성 존중, 전장의 국지화, 평화적인 세계 무역과 상업상의 손실 최

이는 러일전쟁에 대한 미국 대통령 루스벨트(Theodore Roosevelt)의 입장이기도 했다. 그는 만주의 지위에 대해 입장을 분명히 밝히지는 않았지만, 대한제국을 러시아가 지배하는 것에는 결코 동의할 수 없다는 신념이 있었다.[23] 이에 대해서는 스턴버그(Speck von Sternberg)에게 보낸 편지(1900.8.28)에서 "러시아를 견제하기 위해 일본이 대한제국을 갖는 것을 보고 싶다"고 밝혔었다.[24] 그가 러일전쟁 초기 일본의 승리를 기대했던 이유도 바로 여기에 있었다.

결국 중립을 선언한 대한제국과 청국의 항구에 정박한 러시아 전함들과 중립항으로 대피한 러시아 군함들의 처리 기준은 일본의 승전을 지지하는 미국의 입장에 부합하는가였다. 미국이 청국의 중립 선언을 권도(勸導)했었고, 여타의 열강이 이를 존중하도록 영향력을 행사했기 때문에, 청국이 중립국 지위를 누릴 수 있는 권리의 원천은 미국의 지지와 후원이 배경이었다. 전시 중립과 같이 선언으로 그칠 수 있는 국제법 규

소화 등이었다. 이에 화답하여 청국 외무부의 실권자인 경친왕(慶親王)은 주청 미국공사 콩어에게 3종의 문서를 보냈다(1904.2.12). ① 청국의 중립을 선포하는 칙령. ② 청국은 몽골을 포함한 전 중국의 엄정 중립을 유지하겠다는 희망을 강조하고 있으나, 러시아가 여전히 군사점령하고 있는 만주 지역에서 중립 유지의 곤란을 인정한 각서. ③ 청국 정부가 신축조약(1901)에 따라 외국 군대가 베이징과 인근 지역에 주둔할 수 있는 권리는 러일전쟁과 무관함을 알리는 통지문 등이었다. 아울러 콩어 공사는 미국 국무장관에게 "청국 외무부에서 러일전쟁 개전시 서태후를 비롯한 청조(淸朝)가 베이징을 떠날 것이라는 풍설에 대해 청국 정부는 베이징에 머물면서 질서를 유지하겠다는 두 통의 각서를 받았음을 보고(1904.2.15)했다. (Mr. Conger to Mr. Hay. Feb. 15, 1904, *FRUS(1904)*, pp.120-123.

23 Edward B. Parsons, *Roosevelt's Containment of Russo-Japanese war, Pacific Historical Review*, Vol.38, No.1, 1969, p.42.

24 *The Letters of Theodore Roosevelt*, Ed. E. Morison, Harvard University Press: 1951, Vol. IV, p.832.

범들이 현실에서 실현되기 위해서는 강제력이 필요했다. 그 힘을 갖추고 실행할 의사를 가진 국가가 바로 미국이었던 것이다.

이 같은 상황에서 발생한 러시아 전함 레쉬텔느이(Решительный)호[25] 문제는 중립에 관한 국제적 논의를 요구했다. 레쉬텔느이호가 청국 즈푸항으로 대피한 계기는 황해 해전(1904.8.10)이었다. 일본 해군은 쓰시마 해전에 버금가는 대규모 해전으로 손꼽히는 황해 해전을 기화로 제2태평양함대(발트함대) 내도에도 아무런 장애 없이 일본 만주군에 대한 보급로를 안정적으로 확보하게 되었다. 일본 육군이 만주 사허(沙河, 1904.10.5~17)·펑톈(奉天, 1905.2.20~3.10) 전투를 성공적으로 수행함으로써 러일전쟁의 승기를 잡을 수 있었던 배경에는 바로 황해 해전이 있었다.

그러나 황해 해전에서 러시아 해군이 입은 전력상의 손실은 크지 않았다. 본질적인 손실은 러시아 해군 지휘부에 대한 장교들의 불신이었다. 일본 해군의 포위망을 뚫고 뤼순을 출발하여 블라디보스토크로 출격하라는 극동총독 알렉세예프 제독의 명령은 전함 지휘관들로 하여금 무능하고 비현실적인 제독에 대해 불신을 증폭시키는 계기가 되었다. 뤼순함대 사령관 비트게프트(В. К. Витгефт) 소장은 현 상황에서 일본 해군과 교전은 무의미하며, 오히려 제2태평양함대(발트함대)의 내도를 기다릴 것을 건의(1904.6.24)했다. 그런데도 차르 니콜라이 2세의 위세를 빌려 무모한 출격명령을 하달받은 함장들은 "싸우지 않고 패배(не сражалась, а терпела бой)"하는 방식을 택했다.[26] 즉, 일본 해군과 조우하는

---

25 레쉬텔느이호는 러시아 넵스키 조선소(Невскийзавод)에서 부품이 제작되어 뤼순항에서 조립된 소형 수뢰정(258톤급)이다. 1901년 7월에 취역하여, 1902년 3월부터 레쉬텔느이호로 명명되었다. 함장은 로샤콥스키(Рощаковкий М. С.) 중위였다.

26 Русско-Японская Война 1904-1905 гг. Кн. Третья. Морское Сражение в Желтом

즉시 소극적으로 대응한 후, 뤼순으로 되돌아오는 전술이었다.

그런데도 러시아의 뤼순함대 지휘관들이 가장 당혹했던 순간은 바로 레쉬텔느이호 나포 사건이었다. 중립 항구인 청국의 즈푸항으로 급파되었던 레쉬텔느이호가 무단 진입한 일본 군함에 의해 나포되면서 큰 충격을 받은 것이다. 내부적 불신은 알렉세예프 제독을 육군상 쿠로파트킨(Куропаткин) 장군으로 교체하면서 해결하였으나, 중립 항구에 대피한 전함이 나포된 사건은 청국이 일본에 우호적인 중립정책을 펼쳤는지, 아니면 일본이 국제법을 어겼는지 세밀히 따져야 할 문제였다.

레쉬텔느이호가 일본의 포위망을 뚫고 즈푸로 입항한 것은 뤼순함대의 블라디보스토크 출격작전의 일환이었다. 뤼순함대의 출격에 조응하여 블라디보스토크함대가 기동하기 위해서는 상트페테르부르크의 참모본부와 블라디보스토크 함대본부와의 원활한 교신과 소통이 최우선 과제였다. 러일전쟁 개전 직전 일본군의 전신선 파괴 공작으로 외부와의 통신이 마비된 뤼순함대는 즈푸의 러시아영사관으로 작전보고서를 보내 본국 및 블라디보스토크와 연락을 취하고자 하였다. 이 임무를 부여받은 전함이 바로 레쉬텔느이호였다.

레쉬텔느이호 선장 로샤콥스키(Рощаковкий М. С.) 중위에게 뤼순 항만사령관 그리고리비치(И. К. Григоривич) 제독이 부여한 임무는 1904년 7월 10일 저녁 6시에 즈푸로 출발하여 임무를 수행한 후, 현지에서 전함을 무장해제하는 것이었다. 만주르호 사례에서 보았듯이, 교전국 전함

море 28 июля (10 Августа) 1904 г.-Захват Японцами Миноносца Решительный в Чифу. Робота исторической комисии по описанию дейстийфлота в войну 1904-1905 гг. при Морском Генеральном Штабе, (Петроград: 1915), pp.1-3.

이 중립 항구에 24시간 이상 머무를 경우, 중립국의 감독하에 전함은 무장해제당하고, 승조원들은 전장에 재투입되지 않는 조건으로 본국 송환된다. 이를 감안한 그리고리비치 제독은 레쉬텔느이호 함장에게 임무 수행 후, 뤼순으로 귀환하지 말고 즈푸에서 전함을 무장해제하고 승조원들은 현지 러시아영사관 보호하에 대기할 것을 명했다.

레쉬텔느이호는 어둠을 틈타 일본 해군의 추격을 받지 않고 즈푸항에 도착했다. 로샤콥스키 함장은 청국 북양함대 사령관에게 레쉬텔느이호가 기관 고장으로 즈푸항에 입항했음을 알렸고, 러시아영사 역시 이를 청국 지방관에게 통보했다. 점검한 결과 즈푸에서 수리할 수 없다는 결정이 나자 국제법에 따라 전함은 중립국인 청국 정부의 보호하에 놓이게 되었다. 러시아 기록에 따르면, 로샤콥스키 함장은 이튿날(8.11) 저녁 8시까지 선박이 기동할 수 없을 수준으로 무장해제할 것임을 약속하고, 적재된 무기와 탄약은 청국 전함으로 이관하였다.[27] 승조원들 또한 전장에 재투입되지 않겠다는 서약서를 청국 제독에게 제출함으로써 레쉬텔느이호의 처리는 상하이의 만주르호의 전례를 따를 것으로 예상하였다.

하지만 예상이 어긋나기 시작한 것은 일본 전함이 즈푸항에 출현하면서 시작되었다. 8월 11일 밤 11시 30분경, 레쉬텔느이호 함장과 협상한다는 명목으로 항구로 진입한 일본 전함들이 무장한 해병대를 러시아 전함에 승선시키고 전함과 승조원들을 넘길 것을 요구했다. 이에 양국 수병들 간의 몸싸움이 일어나 사상자가 발생했다. 결국 일본군은 비무장한 러시아 수병들을 권총 사격으로 위협하며 레쉬텔느이호를 탈취하여 이를 전리품처럼 항구 밖으로 끌고 나갔다. 1904년 8월 12일 밤, 즈푸

27　Русско-Японская Война 1904-1905 гг. Кн. Третья. pp.165-166.

항에서 일본 해군이 레쉬텔느이호를 예인한 사건은 이미 무장해제되어 중립국의 감독을 받는 교전국의 전함을 대상으로 했다는 점에서 명백한 중립 위반이었다.[28]

그런데도 이 사건은 책임 소재를 놓고 논란이 분분했다. 러시아는 일본이 중립 항구인 청국의 즈푸에 진입하여 레쉬텔느이호를 예인한 것은 청국의 중립을 위반한 것이라고 주장했다. 반면 일본은 랴오둥반도 이동(以東) 지역으로 전장을 한정하기로 한 약속을 러시아가 어겼고, 레쉬텔느이호를 조사하던 일본군에게 먼저 폭력을 행사했기 때문에 러시아 전함은 항만 당국의 보호를 받는 대신 예인하였다고 주장했다.[29] 상대방에게 책임을 전가하는 러·일 양측의 주장은 전시 상황에서 상대방의 유책 사유를 입증할 수 있는 증거가 불충분했기 때문에 결국 불똥은 제3국인 청국에 튀었다.

러시아와 일본에 비해 상대적인 약소국인 청국에 중립을 유지하기 위한 적절한 조처를 하지 않았다며 즈푸의 관리책임자에게 직무태만 혐의가 전가되었다.[30] 러시아는 즈푸를 관리하던 청국 제독이 러시아 전함의 예인 사태를 중지시킬 적절한 조처를 하지 않았다고 비난했다. 또 일본은 레쉬텔느이호가 즈푸항에 진입했을 때 청국 제독은 러시아 전함을 무장해제시키지 않았기 때문에 이를 조사하던 일본 해군과 러시아 승조원들 간의 폭력사태가 발생했다고 주장했다.[31] 따라서 전시 작전 중에 발생한

---

28 Русско-Японская Война 1904-1905 гг. Кн. Третья. pp.176-178.
29 Lloyd Griscom to J. Hay, Aug. 20 1904. [Subinclosure] Statement of Japan's position regarding the capture of the Ryeshtelli at Chefoo, *FRUS(1904)*, p.425.
30 Русско-Японская Война 1904-1905 гг. Кн. Третья. p.179.
31 Lloyd Griscom to J. Hay, Aug. 15, 1904. Inclosure. *FRUS(1904)*, p.424. 주일 미국대사 그

레쉬텔느이호 사건은 비록 상대국의 항의를 존중할 상황은 아니었으나 근본적으로 청국의 중립이 불완전하며 비정상적이었음이 드러났다.

러일전쟁의 거의 모든 전투가 청국 영토 내에서 이루어지고 있음에도 청국은 중립국의 지위를 유지하고 있다는 데 문제가 있었다. 더욱이 하나의 국가임에도 랴오둥반도 이동은 전장으로, 나머지는 중립 지역으로 설정되었기 때문에 이러한 불완전한 중립의 지위는 청국 전역으로 러일전쟁이 확대될 가능성이 열려있었다. 비록 개전 초기 러·일 양국은 전장의 범위를 만주로 한정하기로 약속했으나, 전세가 악화할 경우 러시아의 육·해군이 만주 이외의 지역으로 대피하거나 이동할 가능성이 농후했다. 따라서 일본은 청국의 중립에 대해 미국과의 공조를 더욱 강화하고자 했다.

주미 일본공사 다카히라[高平小五郎]가 미국 국무부에 청국의 중립에 대한 일본 정부의 입장을 전달(1904.5.12)한 바탕에는 청국의 중립 의지에 의구심이 깔려 있었다.[32] 러일전쟁이 주로 청국의 영토인 동북 삼성을 중심으로 전개되었기 때문에 청국의 태도는 전쟁의 양상과 승패에 영향을 미칠 수 있었기 때문에 러·일 양국의 관심이 컸다. 따라서 일본 정부가 주청 공사를 통해 청국이 엄정한 중립과 국내 질서를 유지하는 데 전력할 것을 요구한 것도 제3국의 영토에서 전쟁을 치러야 하는 러일전쟁의 특수성과 관련이 깊다. 요컨대 러·일 양국은 청국이 임의의 교전 1국에 유리하게 운동장을 기울일 수도 있다고 판단했다.

리스콤(L. C. Griscom)이 일본 외상 고무라의 전언에 근거하여 국무부에 보고한 자료에 따르면, 일본은 레쉬텔느이호를 예인하는 과정에서 러시아 승조원들을 생포했으나, 일본 해군 역시 15명의 사상자(사망 1명, 부상 14명)가 발생했다.

32 Mr. Takahira to Mr. Hay. May 12, 1904. *FRUS(1904)*, pp.423-424.

일본 정부가 즈푸에 입항한 레쉬텔느이호 처리에 비난을 무릅쓰고 강경한 태도로 대응한 이유가 바로 여기에 있다. 일본 정부는 미국 국무부에 발송한 공문(8.18)에서 레쉬텔느이호를 나포·예인한 문제에 대해 자국의 입장을 "러시아군이 전시 작전을 위해 청국의 영토와 항구들을 점령하거나 이용한다면, 이는 일본에게도 청국 영토와 항구들을 점령할 명분을 줌으로써 전쟁이 전 중국으로 확산할 수 있다"고 밝혔다.[33]

일본의 입장을 요약하면 첫째, 러시아 전함이 뤼순에서 빠져나와 즈푸로 입항한 것은 청국의 중립 위반이며, 일본은 즈푸를 교전 지역의 항구로 간주할 수밖에 없다. 둘째, 레쉬텔느이호가 전장의 범위를 넘어 청국의 중립 항구로 도피한 것은 매우 중요한 전례가 될 수 있다. 향후 러시아의 대형 전함들이 일본의 공격을 받아 청국의 항구를 도피처로 삼을 것이다. 이에 즈푸가 러시아 함대의 대피처가 된다면, 일본 해군에게 엄청난 위협이 될 수 있다. 셋째, 뤼순이 포위된 이후 새로운 통신수단으로 무선전신이 뤼순과 즈푸 주재 러시아영사관 사이에 개통되었다. 일본은 계속해서 청국의 중립 지역인 즈푸에 교전국의 무선전신국을 설치한 건에 대해 문제를 제기했음에도 시정이 되지 않고 있다. 따라서 청국의 중립을 위반한 국가는 오히려 러시아이며, 청국 역시 엄정한 중립을 견지하지 못했기 때문에 레쉬텔느이호 사건에 대해 일본에 불만을 제기할 입장이 결코 아니라는 것이다.[34]

---

33 Lloyd Griscom to J. Hay, Aug. 20 1904. [Subinclosure] Statement of Japan's position regarding the capture of the Ryeshtelli at Chefoo, *FRUS(1904)*, p.425.

34 Mr. Conger to Mr. Hay. August 26, 1904. *FRUS(1904)*, pp.138-140. 주청 미국공사 콩어가 국무장관 헤이(J. Hay)에게 러시아의 뤼순-즈푸 무선전신국 문제에 대한 보고서를 상신했다. 보고서에 따르면, 주청 러시아공사가 청국 정부에 무선전신국에 대한 언급은

러일전쟁이 만주를 넘어 전 중국으로 확전될 수 있다는 일본의 논리는 그들이 중립 항구인 즈푸에 진입하여 러시아 전함을 나포·예인한 사건에 대한 비난을 잠재울 수 있었다. 러시아 외상 람스도르프가 주일 프랑스공사를 통해 레쉬텔느이호 사건과 관련하여 청국의 중립 위반에 대해 강력히 항의했음에도 일본 정부는 이를 일축했다.[35] 이유는 간단했다. 러·일 간의 전시 상황에서 러시아 정부의 항의를 고려하기 불가능하며, 러시아의 항의는 부정확한 사실에 근거하고 있다는 것이었다. 중립 항구에 정박한 교전국 전함은 24시간 경과 후 퇴거하지 않을 경우, 기관을 분리하여 기동불능 상태에 있어야 한다. 하지만, 일본 해군의 조사결과 레쉬텔느이호는 이러한 조치가 취해지지 않고 있었다는 것이다.[36] 이로써 즈푸의 러시아 전함 레쉬텔느이호는 상하이의 만주르호와 달리 일본 해군의 전리품이 되고 말았다.

레쉬텔느이호 사건은 러·일 양국 간의 갈등을 지속시키는 요인이 되었다. 비록 일본의 국제법학자 다카하시 사쿠에[高橋作衛]가 전시 상황에서 교전 1국이 상대국에 항의할 권리는 없다는 이유로 일본 측의 입장을 지지했지만, 미국 펜실베이니아대학의 국제법학자 그레이슨(Theodore. J. Grayson)은 레쉬텔느이호 사건은 일본이 청국의 중립을 명백히 위반한

생략한 채, 芝罘주재 러시아영사관에 대한 일본의 공격 가능성을 우려하자, 청국은 무선전신국을 철거하면 일본이 공격하는 경우는 없을 것이라 회신했다. 러시아는 무선전신국의 존재를 부정해 왔으나, 일본의 공격 위협에 대한 논리를 입증하기 위해 이제는 전신국의 존재를 인정하고 이를 이용하는 것에 정당성을 부여하려 하고 있다고 보고했다.

35 Sakuye Takahashi, *International Law Applied th the Russo-Japanese War with the Dicisions of the Japanese Prize Courts*, London: Stevens and Sons LTD, 1908. p.440
36 *Ibid*. p.440.

문제로 규정했다.[37] 그레이슨의 견해에 따르면, 일본의 행위는 두 가지 측면에서 문제가 있었다. 첫째, 절차상의 문제점이다. 즈푸의 러시아 전함에 대한 감독권은 중립국인 청국에 있기 때문에, 만일 일본이 전함의 억류 규정 준수 여부를 의심했다면, 즈푸의 감독권자인 북양함대 사령관에게 문제를 제기해야 함에도 이를 무시하고 독단으로 처리했다는 것이다. 둘째, 중립국의 권리 집행 기회를 박탈했다는 것이다. 이는 청국이 중립을 유지할 능력이 없다고 일본이 가정했기 때문에 청국이 중립국이자 주권국으로서 자국의 권리를 침해한 일본에 문제를 제기할 정당하고 합법적인 근거를 갖게 된 것으로 보았다.[38]

1905년 1월 13일, 주미 러시아대사 카시니(А. П. Кассини)가 미국 국무장관에게 청국이 러시아보다는 일본에 유리한 중립을 취한다는 불만을 표출한 것은 중립 문제의 본질을 파고드는 것이었다.[39] 카시니는 청국이 전시 중립을 유지할 수 있었던 조건은 미국이 제안한 전쟁의 국지전(局地戰)화와 청국의 중립화에 대한 러시아의 동의였음을 상기시켰다. 이는 교전국들이 자국 영토가 아닌 제3국에서 전쟁을 하는 상황에서 중립국인 제3국의 입장이 전황에 지대한 영향을 미치기 때문이다. 이어 청국의 중립이 효력을 갖기 위해서는 청국이 자국에 부과된 중립의 의무를 엄수하고, 일본 역시 이 약속(engagement)에 정직하게 임하는 것이 필수조건임을 재확인했다. 카시니는 청국의 중립은 미국이 기획하고 이를 교

37　T. J. Grayson, *The War in the Orient in the Light of International Law. Part II, The American Law Register (1898-1907)*, Vol.53, No.11, Volume 44 New Series (Nov. 1905), p.745.

38　T. J. Grayson, *The War in the Orient in the Light of International Law. Part II*, p.746.

39　Cassini to J. Hay, Jan. 17, 1905, *FRUS(1905)*, pp.757-758.

전 양국이 동의한 것으로 약속을 지키지 않은 사례가 발생할 경우, 청국의 중립이 효력을 발생할 수 있는지에 대한 근본적인 물음이었다.

이처럼 러일전쟁 당시 청국의 중립은 미국·청국·러시아·일본이 상호 동의한 약속에 근거한 것이었다. 만일 이들 가운데 누군가 약속을 어길 경우, 이 전쟁의 진로는 어떻게 될지 알 수 없었다. 전쟁이 전 중국으로 확대될 경우, 의화단 운동을 능가하는 전대미문의 대혼란이 발생할 것은 명약관화했다. 카시니가 지적한 것도 바로 이 점이었다. 더욱이 약속은 강제력이 없었기 때문에, 교전국 중 1국이 약속을 파기할 경우 이는 곧 파국을 의미했다.

카시니는 청국이 중립 의무를 위반한 대표적인 사례로 레쉬텔느이호 사건을 꼽았다. 그는 청국이 개전 이후 11개월이 지났음에도 약속을 지킬 능력도 의지도 없다고 지적하면서 레쉬텔느이호 사건은 일본의 위협 앞에서 청국의 중립이 얼마나 무기력한지를 잘 보여 준다고 주장했다. 이에 따라 러시아는 "지금과 같은 상황이 계속된다면, 러시아는 결국 청국의 중립을 러시아 국익의 관점에서 고려해볼 수밖에 없다"[40]고 미국에게 입장을 전달했다. 이는 레쉬텔느이호 사건이 청국의 중립 약속 위반이기 때문에, 러시아 역시 약속을 준수하지 않겠다는 일종의 위협이었다.

그러자 러일전쟁의 규칙인 청국의 중립을 만들었던 미국의 루스벨트 대통령이 움직이기 시작했다. 미국 국무장관 헤이는 청국의 중립과 관련된 미국 정부의 조치와 루스벨트 대통령의 간절한 희망을 담아 카시니에게 서한(1905.1.17)을 보냈다. 서한에 따르면, 미국 국무부는 주청 미

---

40 Cassini to J. Hay, Jan. 13, 1905, *FRUS(1905)*, pp.757-758.

국공사를 통해 러시아 정부가 청국의 중립 위반 사례로 간주하는 다양한 사건들에 대해 불만을 토로했음을 청국 정부에 전달하였으며, 다른 한편으로는 "미국 대통령이 청국 외무부에 청국이 중립 의무를 엄정하게 준수하기를 진심으로 바라며, 의무를 기피할 경우 청국뿐만 아니라 전장을 제한하고자 하는 열강을 매우 곤란하게 할 것임을 통보"하도록 하였다고 했다.[41] 아울러 "문명 세계(civilized world)가 존중하기로 합의한 중립을 교전 양측이나 중립국에서 위반하지 않았을 것이라 진정으로 바라고 믿으며, 중립 위반은 관련된 모든 국가에 단지 재앙이 될 것"[42]이라는 루스벨트 대통령의 입장을 카시니에게 전달하도록 지시하였다.

러일전쟁의 규칙을 만들었던 미국은 개전 11개월이 지난 시점에서 규칙을 새로 만들기보다는 개전 초기 관련 국가들이 동의했던 기존의 규칙을 고수하고자 했다. 루스벨트 대통령은 청국의 중립이라는 규칙을 따르지 않는다면 문명 세계 전반에 재앙이 될 것이라 전망하며, 규칙을 준수하도록 유도하고 관리하였다.

그렇다면 이미 뤼순 요새가 함락(1905.1.2)되어 전세가 기울어가던 러시아의 불만은 어떻게 잠재울 것인가?

러시아는 패색이 짙어질수록 불안을 분출하며 청국의 중립 문제에서 출구를 찾고 있었다. 루스벨트의 뜻을 담은 미국 국무부의 서한을 받은 카시니는 레쉬텔느이호 사건을 재차 꺼냈다. 카시니는 미국 국무부에 회신(1905.1.18)하며, 이 사건은 일본이 청국의 중립을 어떻게 대하고 있는지와 일본의 겁박을 받은 청국이 중립 의무를 이행할 능력과 의사가

---

41 J. Hay to Cassini, Jan. 17, 1905, *FRUS*, p.758.
42 위의 문서

없음을 전 세계에 보여 주었다고 진단했다. 그러면서 미국과 유럽이 청국의 명백한 중립 위반에 무관심함으로써 결과적으로 청국과 일본에 관대했다고 불만을 토로했다. 따라서 힘겨운 전쟁을 치르고 있는 러시아로서는 중립을 준수하고 있음에도, 청국이 일본의 겁박과 영향력에 중립 의무에 반하고 러시아의 국익을 해치는 행동을 하는 것을 조금이라도 용인할 수 없다고 재차 강조했다.[43]

청국의 중립을 둘러싼 미국과 러시아의 입장차를 해소하기 위해서는 새로운 해법이 필요했다. 그 해법으로 중립 문제에 대한 국제적인 논의의 장으로서 국제회의가 소집되었다. 미국 국무장관 헤이는 카시니에게 답신(1905.1.23)을 보내며 청국의 중립 문제는 많은 나라의 이해가 얽혀있고, 교전 양국도 수차례 준수하기로 공언했던 사안임을 전제하였다. 그러면서 모두가 원하는 청국의 중립적 지위 보전에 대해 미국이 개별적으로 행동하거나 독자적으로 판단할 시기가 아님을 강조했다. 오히려 관련 국가들 모두가 염려하는 상황임을 고려하여, 러시아가 제기하고 있는 국제적 이슈들을 열강의 회의석상에서 다루는 것이 적절하다고 제의했다.[44]

러시아의 새로운 주미대사 로젠(P. Розен)는 포츠머스 강화조약이 체결(1905.9.13) 직후, 루스벨트 대통령에게 헤이그평화회의에 미국의 참여를 요청한 각서를 전달했다.[45] 각서에서는 헤이그평화회의 소집은 러일

---

[43] Cassini to J. Hay, Jan. 18, 1905, *FRUS(1905)*, pp.758-759.

[44] J. Hay to Cassini, January 23, 1905, *FRUS(1905)*, pp.759-760.

[45] Memorandum for the Russian Embassy handed to the President, Sep. 13, 1905, *FRUS (1905)*, p.828. 로젠(1847~1921) 대사는 1903년 4월 주일 러시아공사에 부임 후, 1905년 5월 주미대사로 전보되었다. Rotem Kowner, 2006, *Historical Dictionary of the Russo-Japanese War*, The Scarecrow Press, Inc.: Oxford, pp.313-314.

전쟁에서 제1차 헤이그평화회의 조문들과 관련한 매우 중요한 몇 가지 문제들이 제기되었기 때문이라고 이유를 밝혔다. 이어 러시아 전권대표들이 이 회의에서 논의의 출발점이 될 세부 프로그램들을 제출할 것이라고 통보하였다.

4. 제2차 헤이그평화회의 개최와 미·러 갈등

제2차 헤이그평화회의는 단지 러일전쟁을 통해 드러난 육전과 해전 관련 규정의 미비점을 보완하기 위해 소집된 것만은 아니었다. 제1차 헤이그평화회의(1899)에서 모든 안건을 처리할 수 없었기 때문에, 가까운 시일 내에 주요 문제[46]에 대한 검토와 논의를 하기 위해 제2차 회의 소집에 이미 합의했었다. 이에 1904년 10월, 15개국의 법률가들이 참가한 국제의원연맹(IPU) 총회에서 제2차 회의 소집의 필요성이 제기됨으로써 헤이그평화회의 개최의 직접적인 계기가 마련되었다. 미국의 루스벨트 대통령이 헤이그에서 제2차 회의가 소집될 예정임을 각서(1904.12.16)를 통해 알리게 된 이유도 바로 여기에 있다.

제2차 헤이그평화회의가 조속히 개최되지 못한 것은 주지의 사실이다. 비록 루스벨트 대통령의 초청장은 제1차 헤이그협약에 서명한 모든 국가에 발송되어 이들로부터 접수 회신을 받았으나, 러일전쟁이 절

---

[46] 주요 문제들은 다음의 5가지였다. 1) 중립국의 권리와 의무 2) 육군, 해군 그리고 군비 제한 3) 새로운 타입과 구경(Caliber)의 대포와 함포의 사용 4) 전시 해상에서 민간인 자산의 신성불가침성 5) 해군력으로 항구, 도시, 부락 등에 대한 포격 문제였다.

정으로 치닫고 있었기 때문에 종전까지 기다려야 했다.[47] 따라서 제2차 헤이그평화회의는 미국의 루스벨트 대통령이 사전정지 작업을 마친 토대 위에 전후 러시아 정부가 제출한 프로그램에 따라 축조될 건조물이었다.

헤이그평화회의의 결과물이 평화의 전당이 될지, 미완의 건축물이 될지는 러시아와 미국의 협력에 달려 있었다. 그런데도 러시아와 미국의 전망과 기대치는 서로 달랐다. 그 차이점의 바탕에는 유럽인과 미국인의 서로 다른 세계관이 있었다. 러시아는 러일전쟁 과정에서 드러난 기존의 중재 조약, 중립 관련 국제법 규정 등의 미비점들을 정비함으로써 평화를 제도화할 수 있다고 보았다. 반면, 미국은 중재와 중립에 관한 헤이그협약은 국가 간의 약속인 만큼 협약 서명국들이 약속을 위반하거나 이행하지 않을 경우를 대비한 대책이 마련되어야 한다는 입장이었다. 미국 루스벨트 대통령이 평화를 보장받기 위해서는 강력한 군사력을 보유해야 한다는 연례교서를 의회에 제출(1906.12.3)한 이유도 바로 여기에 있다.[48] 러시아가 국가 간의 분쟁을 평화적으로 해결하는 해법으로 중재(Arbitration)제도의 정착에 주목했다면, 미국은 자신들이 향유하고 있는 평화의 진정한 보호자는 바로 미국 해군(US Navy)임을 강조하고 있었다.

20세기 초, 러시아와 미국은 세계평화의 청사진을 그리고 있었으나 그 설계도는 상이했다. 이는 제2차 헤이그평화회의(1907)의 한계이기도 했다. 러시아는 국가 간의 중재조약과 중립 조약 체결을 통한 외교의 방

---

[47] The Annual Message of the President transmitted to Congress Dec. 5, 1905, *FRUS(1905)*, p.XXIX.

[48] The Annual Message of the President transmitted to Congress Dec. 3, 1906, *FRUS(1906)*, p.LV.

식으로 평화를 구현할 수 있다고 보았으나 미국은 달랐다. 군사력이 뒷받침되지 않는 평화조약이나 중재조약은 휴지조각에 불과하다는 것이었다. 이에 국제적 차원에서 조약 이행을 강제할 힘은 문명국가들의 집단적 지지에서 비롯되며, 따라서 모든 국가의 힘을 결합한 "정의로운 평화를 위한 세계연맹(A World League for the peace of righteousness)"이 공정한 법정의 판결에 반항하는 침략국을 강제할 수 있다고 보았다. 요컨대 평화를 위한 집단안전보장 개념이 미국 측 설계도의 요체였다.[49]

평화를 제도화하기 위한 최적의 설계도가 러시아판(版)에서 미국판으로 방점이 찍힌 계기는 제1차 세계대전 발발이었다. 제1차 세계대전은 국제분쟁의 평화적 해결책으로 각광받던 중재제도의 효용성에 의문을 제기했다. 독일이 국제조약을 통해 중립국 지위를 인정받았던 벨기에를 점령함으로써 조약 효력에 대한 근본적인 회의감을 초래했다. 미국의 루스벨트 대통령은 1915년『미국과 세계대전(America and World war)』에서 헤이그체제의 문제점을 "헤이그 법정이 취약하고 하찮게 된 것은 조약을 이행하거나 법정의 판결을 강제할 수단이 없다는 사실에서 비롯되었다."[50]고 지적하였다. 그러면서 문명화된 군사대국(The civilized military powers) 모두가 힘으로써 정의를 뒷받침하는 세계협정을 고려할 시기가 도래했다고 판단했다. 세계협정이란 정의로운 평화를 유능한 세계연맹

---

49 Theodore Roosevelt, 1915, *America and The World War*, (New York: Charles Scribner's Sons), p.XIII.

50 "이러한 상황에서 군축에 대한 권고는 뉴욕에서 경찰들을 몰아내고 평화를 수립하자는 권고와 유사하다. 자유를 사랑하는 국가들의 군축이란 단지 야만과 전제주의의 승리를 보장하는 것에 불과하며 논리적으로 자유와 전 세계적인 문명화의 요소들을 절멸시키는 것을 의미한다. Theodore Roosevelt, *America and The World War*, pp.42-43.

(World League for the Peace of Righteousness)의 창설로 구체화하게 될 것이었다.

러일전쟁 당시 국제법 위반 최초의 사례이자 러시아가 헤이그평화회의 개최를 주도했던 원인 중 하나인 대한제국 문제는 세계평화를 위한 패러다임의 변화에 기여를 한 셈이었다. 변화의 골간은 문명국 모두가 참여하는 집단안보체제 구축이었다. 이를 통해 헤이그법정의 판결과 조약들을 무시하는 세력들을 응징함으로써 정의로운 평화가 구현되는 새로운 세계의 청사진을 준비할 수 있었다.

세계평화를 위한 미국의 청사진이 문명국의 군사력을 결집한 강제력의 발동에 방점이 찍혔다면, 러시아는 국가 간의 갈등을 무력이 아닌 법치로 해결한다는 중재의 제도화에 비중을 두고 있었다. 헤이그평화회의를 기획했던 러시아의 국제법학자 마르텐스는 문명 파괴적인 전쟁을 억제하기 위해서는 국제법을 강화해야 하며, 민간인들의 갈등 해결 방식인 소송과 재판을 국제분쟁의 평화적 해결에 적용하고자 했다. 반면, 루스벨트 대통령은 개인 간의 다툼과 마찬가지로 국가 간의 분쟁을 최소화하기 위해서는 경찰의 역할이 필요하며, 이에 따라 반드시 국제경찰(International police)을 창설해야 한다는 입장이었다.[51]

러시아가 구상한 평화의 설계도는 그들이 제출한 헤이그평화회의 프로그램에 반영되어 있었다. 외상 람스도르프는 니콜라이 2세에게 올린 상주서(1905.5.19)에서 제2차 헤이그평화회의 프로그램 작성은 러일전쟁 중에 마련하여 종전 직후 열강의 논의에 부의하는 것이 바람직하다는

---

51 Theodore Roosevelt, 앞의 책, pp.62-63.

견해를 개진했다.[52] 이미 1904년 10월 21일에 루스벨트 대통령이 주도하여 회의 소집에 대한 공문을 회람한 선례가 있었기 때문이다.[53]

러시아는 러일전쟁을 명분으로 불참을 통보하여 루스벨트가 주도한 제2차 헤이그평화회의 소집을 지연시켰으나, 만일 상황이 허락한다면 자국 프로그램을 회의의 출발점으로 상정하는 기회는 열려 있다고 했다. 그 이유로 루스벨트 대통령이 회의 프로그램 작성을 꺼리고 있고, 미국이 헤이그평화회의에서 다룰 프로그램은 헤이그 상설행정위원회(Permanent Administrative Council of the Hague) 산하 국제뷰로(International Bureau)에서 담당하는 것이 바람직하다고 입장을 밝혔기 때문이다. 헤이그에 있는 이 기구가 헤이그협약(1899.7.29) 서명 국가들 간의 의견교환 및 사전교섭 문제를 담당하는 것이 제2차 평화회의 소집에 적합하다고 판단한 것이다.[54] 그러나 국제뷰로는 이러한 위임을 수행할 권한이 없기 때문에 러시아가 주도적으로 헤이그평화회의 프로그램을 작성하게 되었다.[55]

러시아 프로그램의 특징은 차르가 제시한 가이드라인에 근거했다는

---

52 Всеподданнейшая записка министра иностранных дел России В.Н.Ламздорфа, 6/19 мая 1905 г.: АВПРИ, ф. Политархив, оп. 482, д. 5036, л. 170-173об.

53 Proposal for A Second Hague Conference, Oct. 21, 1904, FRUS(1904), pp.10-13. 1904년 9월 세인트루이스(St. Louis)에서 개최된 국제의원연맹 연례회의에서 다음 3건의 주제를 논의하기 위한 국제회의 소집 필요성이 제기되었다. 1) 헤이그평화회의에서 제안된 차기 회의 소집에 관한 건. 2) 소집된 회의에 참가한 국가들 간의 중재조약 협정. 3) 국제적 문제를 정기적으로 논의하기 위해 소집될 국제의회 창설의 타당성 등이다. 아울러 이 회의에서 미국 대통령이 (헤이그)회의에 대표단을 보낼 모든 국가를 소집하도록 정중히 요구(9.24)했다. 또 미국의회 결의(1904.4.28)에 따르면, 대통령은 주요 해양국가들 사이의 협약 체결을 위해 노력할 것을 요구했는데, 전시물자는 밀수품이 아닐 경우 사적인 해양자산은 나포하거나 파괴할 수 없도록 하는 문명국의 법안 제정이 그것이었다.

54 Circular Note of John Hay. Dec. 16, 1904, FRUS(1904), pp.13-15.

55 Всеподданнейшая записка Ламздорфа, л. 170-173об.

점이다. 니콜라이 2세는 주미공사 로젠을 통해 루스벨트 대통령에게 전달될 헤이그평화회의 개최계획(1905.9.8)에 대해 다음과 같이 결재했다. "모든 열강에 다음을 명확하게 알리는 것이 중요하다. 러시아가 논의하고 해결하고자 하는 바는 제1차 헤이그평화회의에서 다루었던 완전한 군축과 같은 유토피아가 아니라, 지난 전쟁(러일전쟁-필자)에서 야기된 문제들이다"[56] 러시아의 차르는 러일전쟁 과정에서 일본이 유린한 대한제국과 청국의 중립 문제를 국제회의에서 다루고자 하였다.

러시아 프로그램은 상트페테르부르크 대학교 국제법 교수 마르텐스가 작성을 주도했다. 외상 람스도르프의 지시에 따라 작성된 마르텐스의 프로그램은 대외적으로 관련국(프랑스, 독일, 네덜란드)의 사전검토 절차를 거쳤으며, 대내적으로 부외상 오블렌스키(В. С. Оболенский)의 주재하에 각 부처 대표들이 참석한 합동회의(1906.3.21)에서 논의되었다.[57] 관련국의 사전검토 의견[58]과 부처 간의 합동회의에서 제기되었던 주요 쟁점은 중재제도를 헤이그평화회의 의제에 포함하는 여부였다.

---

56 Всеподданнейшая записка министра иностранных дел России В. Н. Ламздорфа, (9.8) 26 августа 1905 г.: АВПРИ, ф. Политархив, оп. 482, д. 5036, л. 1.

57 АВПРИ, ф. Политархив, оп. 482, д. 4899, л. 2-7.: Протокол Междуведомственного Совещания о программе ВторойГаагскойКонференции под председательством Товарища Министра Иностранных Дел В.С.Оболенского-Нелединского-Мелецкого. 8-го Марта 1906 г. 회의 참석자는 러시아적십자회 총재이자 외무성의 상임위원 마르텐스(Ф. Ф. Мартенс), 테헤란주재 대사 가르팅(Н. Г. Гартвиг), 외무성 제1국장 세멘톱스키-쿠릴로(Д. К. Сементовский-Курило)를 비롯하여 육군성·해군성·법무성·재무성·통상산업성 대표를 포함하여 13명이 참석했다.

58 Там же. 네덜란드는 헤이그평화회의에서 중재제도에 대한 논의를 반대했던 당초의 입장을 번복했으나, 독일은 강제 중재(Compulsory Arbitration)에 대한 분명한 거부 의사를 표명했다.

헤이그주재 러시아공사 차리코프(Чарыков)는 부처 간의 합동회의에서 발표된 편지에서 전시 중재재판 문제는 헤이그평화회의에서 논의할 의제라고 주장한 반면, 몰타주재 총영사 코마로프(Н. А. Комаров)는 러일전쟁 당시 상대국의 국제법 위반에 대한 항의는 무의미함을 지적했다. 교전국 간의 직접적인 소통이 불가능하기 때문에 제3국의 중재에 의존할 수밖에 없으며, 전시 중재재판소의 효용성에 대해서는 다음과 같은 의문을 제기했다. 첫째, 전시임을 감안하여 항의에 대한 즉각적인 조사가 이루어지지 않을 경우 재판은 종전시까지 연기될 것이며 둘째, 종전까지 조사가 연기된다면 이후 전혀 다른 방향으로 문제가 전개될 수 있으며 셋째, 교전국들이 자국 지휘관들에게 전시 작전에 대한 심문을 결코 허락하지 않을 것이라는 점이다.

전시 중재재판소의 효용성 문제는 차르 정부의 내부회의에서도 거론되고 있었다. 그런데도 러시아의 프로그램에서는 중재제도를 의제에서 배제하지 않기로 결정하였다. 이는 차리코프가 여타의 열강이 이 문제를 이미 제기했음을 알렸고, 코마로프 역시 교전국과 중재국 사이에 야기될 수 있는 기술적인 어려움을 지적했을 뿐이라고 한 발짝 물러섰기 때문이다. 코마로프는 전시 중재재판소 구상이 이상(理想)에 불과하지만, 제1차 헤이그협약(1899) 이전에 존재했던 수많은 이상적인 생각이 지금은 현실이 되었다는 말도 덧붙였다. 마르텐스는 중재제도를 프로그램에서 배제하는 것에 반대했다. 이는 평화회의 특성을 지워버리는 것으로 러시아가 주창했던 이상을 스스로 거부하는 것과 마찬가지라 판단했기 때문이다.[59]

---

59 Там же.

러시아 외무성의 훈령에 따라 주미공사 로젠이 미국 국무부에 전달한 서신(1906.4.3)에는 헤이그평화회의 개최 시기와 회의 프로그램이 포함되어 있었다. 서신에는, 1906년 7월 상순에 러시아 정부와 네덜란드가 헤이그평화회의 개최를 합의한 것과 미국 정부가 첨부한 러시아 프로그램에 대해 의견을 요청하는 내용이 실렸다. 아울러 1899년 헤이그협약에는 서명하지 않았으나 이를 준수하고자 하는 국가들도 초청했음을 통보했다.[60] 이 범주에는 대한제국도 포함되었다.[61]

미국 국무성에 통보된 러시아 프로그램의 핵심 사항은 네 가지였다. 첫째는 중재 법정과 국제조사위원회 설치 관련하여 국제분쟁의 평화적 해결에 대한 협약(1899)을 보완하는 건, 둘째는 개전(開戰)과 육전(陸戰)에서 중립국의 권리를 협약에 추가하는 건, 셋째는 교전국 전함이 중립 항구에서 준수해야 할 규정을 포함한 해전법(海戰法) 관련 협약을 준비하는 건, 넷째는 1864년 제네바협정의 원칙(The Principles of the Geneva convention of 1864)을 해전에 적용하기 위한 협약을 보완하는 건이었다. 부가 조항으로 모든 정치적 문제는 배제될 것임을 아울러 밝히고 있었다.[62]

러시아의 프로그램은 일본과 전쟁을 치르면서 드러난 제1차 헤이그협약(1899)의 문제점을 보완하는 데 초점이 맞춰져 있었다. 이는 주미 러

---

60 Rosen to Root, April 3, 1906, *FRUS(1906)*, p.1626.

61 List of states invited to participated in the labors of the second conference of The Hague, *FRUS(1906)*, p.1632. 로젠이 루트에게 동봉(1906.4.12)한 제2차 헤이그평화회의 참가국 명단에는 아르헨티나(Argentine Republic)에서 베네주엘라(Venezuela)까지 영어 알파벳 순서로 47개국이 기재되어 있었고, 그중 25번째 국가는 한국(Korea)이었다. 이 가운데 초청을 거절한 국가는 파나마(Panama)였다. 그리고 한국을 포함하여 5개국(Korea, Ecuador, Nicaragua, Uruguay, Venezuela)은 아직 회신하지 않은 국가로 분류되어 있었다.

62 Rosen to Root, April 3, 1906, *FRUS(1906)*, p.1626. pp.1626-1627.

시아대사 로젠이 미국 국무장관에게 러시아 프로그램의 취지를 설명한 보충자료(1906.4.12)에서 군축문제는 다루지 않을 것임을 밝힌 후, 러일 전쟁에서 드러났던 육전과 해전법의 문제점을 보완하기 위해서였다.

러시아가 1899년의 육전 규칙을 보완해야 한다는 명분으로 개전 조항과 육전에서 중립국의 권리 조항을 신설해야 한다고 제안했던 의제(Agenda)는 일본과 관련 있었다. 이는 선전포고 없이 대러 개전을 감행하여 전시 중립을 선언한 대한제국을 점령한 일본의 불법행위와 무관하지 않았다. 적성국 혹은 중립국 항구에 정박 중인 선박들이 개전 이후 이 곳을 빠져나오는데 필요한 출항 시한을 설정하는 문제 역시 상하이에서 적재 작업 중이던 만주르호의 처리 과정에서 비롯된 의제였다. 교전국 함선이 중립국 항구에 머무를 때 적용할 수 있는 규칙 역시 즈푸항의 레쉬텔느이호와 관련이 있었다. 이에 로젠은 아젠다로 제시한 중립국의 의무와 권리, 교전국 민간인들의 해상 자산 보호, 항구와 도시 포격 문제들은 문명 세계의 궁극의 목표인 국제정의(international justice)라는 숭고한 이상에 한 발짝 다가서는 데 기여할 것이라는 전망에 대해 미국도 수긍할 것으로 기대했다.

그러나 미국의 반응은 러시아의 기대와는 달랐다. 미국 국무장관 루트는 러시아의 프로그램과 관련하여, 제1차 헤이그평화회의 소집 때 차르가 밝힌 숭고하고 인도주의적 견해들이 배제되었음을 지적했다. 모든 국가를 짓누르고 있는 과도한 군비를 감축하고 평화를 실현하기 위해 회의를 소집한다는 제1차 헤이그평화회의 정신이 사라졌다는 것이다. 제1차 헤이그평화회의에서는 실용성보다는 인류를 위대한 이상향으로 이끌기 위해, 군축과 같은 반드시 필요한 장기적 노력에 가치를 부여했으나, 제2차 헤이그평화회의에서 그러한 노력이 좌절된다면 불행이라

는 것이었다.[63]

헤이그평화회의 프로그램에 대한 루트의 견해는 일본과의 전쟁을 힘겹게 마무리한 러시아의 입장과는 큰 차이를 보였다. 러시아가 제안한 프로그램에서는 대일 복수전의 여론이 비등한 러시아가 멀리 떨어져 있는 아시아 국가와 리턴매치를 치르기 위한 사전 정지작업으로 육전과 해전 관련 법률·제도 정비를 최우선 과제로 삼았다. 반면, 미국은 루트의 표현에 따르면 유럽에 비해 상대적으로 안전한 국가였다. 주된 이유는 미국이 유럽과 격리되어 있음으로써 오랜 기간 인접국가로 지내면서 쌓아온 유럽의 수많은 문제에 휘말리지 않았기 때문이다. 따라서 미국인들은 과도한 군비의 원인이 되는 공격의 위협에서 자유롭다는 것이다.[64]

그러면서 미국은 제2차 헤이그평화회의 아젠다로 군축 문제, 차관을 변제받기 위한 무력 사용 제한, 강제력을 갖는 국제중재 등 세 가지를 제의했다. 루트는 군축과 관련하여 비록 러시아의 프로그램에서는 이 문제가 제외되었지만, 제1차 회의 소집 당시 러시아 차르가 제안했던 이상을 실현하기 위한 최소한의 진전은 있을 것으로 기대했다.[65] 두 번째 의제는 유럽 열강이 남미국가들에게 빌려준 차관 회수를 위해 무력 사용을 제한하는 것[66]으로 미국의 대외정책 기조를 이루고 있었던 먼로선언과 맥을 같이 했다. 마지막 의제인 강제력을 갖는 국제 중재제도는 루스벨트 대통령의 소신이었다. 이는 헤이그평화회의 의제 대부분이 전쟁

63　Root to Rosen, June 7, 1906, *FRUS(1906)*, pp.1635-1637.

64　*Ibid.*

65　*Ibid.*

66　이 문제를 처음 거론한 아르헨티나 외상의 이름(Luis Maria drago)을 차용하여 '드라고 선언(Drago Doctrine)'으로 통칭되었다.

의 사악함을 줄이고 야만성을 약화하는 데 초점을 맞추고 있을 뿐, 정작 근본적인 전쟁 원인과 빈도를 줄이는 일은 방기하고 있음에 주목한 것이다. 전쟁의 참화를 축소하기 위한 규정들이 논의되더라도, 전쟁은 여전히 잔혹하고 야만적이었다. 그런데도 제1차 헤이그평화회의에서 합의된 국제 중재협약은 유보 조항이 많았기 때문에, 실질적인 강제력을 행사하기 위한 강제 중재(compulsory arbitration) 협약에 대해 보편적 동의를 얻을 수 있을지 의문이었다. 반드시 지켜야 할 행동규칙에 대한 합의가 없다면, 전쟁 가능성을 결코 감소시키지 못할 것이기 때문이다. 따라서 루스벨트 대통령은 미국의회에 보낸 연두교서(1906.12.6)에서 중재를 통해 평화적으로 분쟁을 해결하기 위한 기회는 목적을 실현하기 위한 충분한 군사력을 행사하는 권리에 근거한다고 역설했다.[67] 요컨대 평화는 군사력을 통해 보장된다는 것이다.

미국의 아젠다에 대한 러시아의 반응은 부정적이었다. 상술한 바와 같이 러시아와 미국의 헤이그평화회의 개최 목적이 달랐기 때문이다. 이에 미국 국무부에 전달된 차르 정부의 각서(1906.11.12)에는 미국 정부가 제안한 의제들이 회의 프로그램에 포함되기 위해서는 까다로운 절차를 거쳐야 한다고 명시하였다.[68] 미국이 중시했던 양대 아젠다인 군축과 남미국가들의 채무를 변제하기 위한 유럽 열강의 무력 사용을 제한한 "드라고 선언(Drago Doctrine)"은 유럽 국가들이 달가워할 의제가 아니었다. 따라서 미국의 아젠다 역시 러시아의 프로그램을 승인했던 열강

---

67 The Annual Message of the President transmitted to Congress Dec. 3, 1906, *FRUS(1906)*, p.LV.

68 Memorandum of the Russian Ambassador to the Secretary of State, Nov. 12, 1906, *FRUS(1906)*, p.1640

(네덜란드, 독일, 오스트로-헝가리, 프랑스, 이태리)의 사전 검토를 거쳐야 한다는 조건이 부과되었다. 러시아가 제안한 프로그램 역시 열강에 의해 승인되었다는 것이 명분이었다. 결국, 각서 말미에는 미국이 제안한 의제에 대해 어떤 열강이라도 토론을 거부한다면, 미국이 지대한 관심을 두고 있는 평화회의 소집은 곤란해질 수 있음을 명시하였다.[69]

러시아의 협박에 가까운 반응에도 미국 국무성은 자국의 아젠다가 헤이그평화회의 프로그램에 포함되어야 한다는 논리를 굽히지 않았다. 주미 러시아대사관에 전달된 미국 국무성의 각서(1906.12.20)에는 미국이 제시한 두 가지 의제들이 안건으로 상정될 것인지는 회의에서 결정하는 사안이지 여타 열강의 사전 심의를 받아야 하는 것은 아님을 적시했다. 미국 정부는 자국의 제안이 의제로 상정될 수 있을지를 사전에 확인하려는 의사는 없었다. 평화회의 소집 목적에 부합된다면 회의에서 자유롭게 다뤄지는 게 바람직하다는 것이 미국 국무성의 논리였다.[70] 요컨대, 회의의 목표는 합의지 강요가 아니라는 것이다.

차르 정부가 미국의 추가 의제 제안에 문제를 제기한 근본 원인은 러시아의 회의 개최 의지 약화와 깊은 관련이 있었다. 이는 제1차 헤이그평화회의를 개최했을 당시 러시아의 국제적 위상과 제2차 헤이그평화회의를 앞두고 급격히 악화한 것과도 무관하지 않았다. 러일전쟁 패전과 혁명 열기의 확산 속에서 차르 정부가 제1차 회의 때보다 참가국 수가 두 배로 증가한 제2차 회의를 제대로 치러낼 수 있을지에 대해 열강의 우려도 이어졌다. 회의 준비를 고의로 지연시키면서 궁극적으로 회

---

69 *Ibid.*

70 Root to Rosen, December 20, 1906, *FRUS(1906)*, p.1642.

의를 무기한 연기시키는 방안도 검토되었으나, 이는 러시아의 위기상황을 국제사회에 재확인시키는 결과를 초래할 수 있었다.[71] 결국, 러시아는 미국의 의제를 헤이그평화회의 프로그램에 포함해야만 했다.

제1차 헤이그평화회의를 기획했던 마르텐스가 1907년 1월 유럽 순방길에 올랐던 것은 제2차 헤이그평화회의 성사를 위한 고육책이었다. 국가적 위상이 추락한 시기에 국제회의를 개최할 경우, 국익에 부합하는 결과를 도출해내기 어렵다는 판단 역시 사전에 유럽 열강의 협력을 구하기 위한 순방의 이유이기도 했다. 마르텐스는 유럽의 주요 열강과 회의 개최 시기, 회의 절차 및 프로그램에 대해 사전에 협의하는 것이 회의기간 동안 참가국 간의 대립과 오해를 예방하고, 시간을 절약할 수 있다고 외상에게 보고하였다.[72]

마르텐스의 유럽 순방을 앞두고 그에게 전달된 러시아 외상 이즈볼스키(А. П. Извольский)의 훈령(1907.1.14)은 순방국(독일, 프랑스, 영국, 이탈리아, 오스트리아-헝가리, 네덜란드)들과의 협상 가이드라인이었다.[73] 협상 지

---

[71] Записка Ф. Ф. Мартенса А. П. Извольскому об организационных вопросах созыва ВторойГаагскойконференции мира. 27 дек. 1906 г. АВПРИ, ф. Политархив, оп. 482, д. 4946, л. 17-24. 마르텐스의 보고서에 따르면, 1906년 9월 밀라노에서 개최된 세계평화대회(Universal Peace Congress)에서 만장일치로 채택된 결의사항은 다음과 같았다. 러시아가 국내 문제로 인해 내년에 예정된 회의를 다시 지연시킬 경우, 대회에서는 미국의 루스벨트 대통령이 자신이 발의한 평화회의의 실현을 위해 다시 주도권을 쥐기를 희망한다는 것이었다.

[72] Там же.

[73] Инструкция министра иностранных дел России А. П. Извольского Ф. Ф. Мартенсу, 14 января 1907 г. АВПРИ, ф. Политархив, оп. 482, д. 5036, л. 113-120об. 독일의 경우, 제1차 헤이그평화회의 개최(1899)에 대해서도 반대했었고, 제2차 회의 개최에 대해서도 부정적인 입장을 취하고 있으나, 이번 회의에서는 러·독 양국이 협조할 사안이 많음을 알림으로써 협력의 토대를 마련해야 한다고 했다.

침은 러일전쟁 이후 유럽의 국제관계를 반영하고 있었는데, 초점은 영·독 간의 건함 경쟁이 초래할 유럽의 세력분화였다. 이즈볼스키는 독일과 협력하는 동시에 해양대국인 영국과의 관계개선도 구상하였다. 이에 외상의 훈령에서는 헤이그평화회의가 성공적으로 마무리되기를 바라는 영국의 태도를 높이 평가하고, 해전과 중립 문제에 대해 영국 정부에 협력을 요청하도록 지시하였다. 아울러 헤이그에서는 네덜란드 정부와 회의 소집 일정과 회의 진행절차에 대해 논의하되, 회의 기일은 봄이나 여름이 좋으며, 47개국 대표단을 수용하는 문제를 염두에 둘 것을 당부하였다.

이에 따라 회의 개최일자가 1907년 6월 15일로 결정되었다. 미국의 루스벨트 대통령의 제안에 따라 러시아의 차르 니콜라이 2세가 초청장을 발송하여, 네덜란드 국왕이 회의를 소집하는 방식으로 제2차 헤이그평화회의가 열리게 되었다. 제1차 헤이그평화회의에 참가하지 않은 제2차 회의에 초청된 국가들은 국제분쟁의 평화적 해결에 관한 헤이그협약(1899) 준수 의사를 표시할 경우, 협약 가입국 자격을 보장받았다. 이에 대해 기존의 헤이그협약 서명국들도 동의(1907.6.14)했다.[74] 이로써 제2차 헤이그평화회의는 명실상부한 만국평화회의가 될 수 있었다. 만일 미국과 러시아가 상호협력하여 세계평화라는 공통의 목표를 추구했더라면, 세계적 규모의 군사분쟁 발발 가능성은 현저하게 감소할 수 있었다. 그런데도 양국의 세계평화를 위한 상호 지지와 협력은 양차 대전을 치른 후에야 가능했다.

미국 대표단에게 전달된 국무장관 루트의 훈령(1907.5.31)에는 주요 의

---

74 Report of the Delegates of the United States to the Second International Peace Conference held at the Hague from June 15 to October 18, 1907, *FRUS(1907)*, pp.1144-1181.

제에 대한 가이드라인이 제시되어 있었다.[75] 군축, 부채 변제를 위한 군사력 동원금지, 중재 등에 대한 훈령의 요지는 다음과 같다. 첫째, 군축과 관련하여 최근 최소한 4개국이 헤이그평화회의에서 이 문제에 대해 논의를 원하지 않는다는 의사를 표시했다. 유럽 국가가 이 주제에 대한 논의를 제안한다면 귀하는 찬성표를 던지고 가능한 한 이를 진작시키는 데 최선을 다하라. 만일 어떠한 열강도 이를 제안하지 않는다면 더는 제기하지 말라. 둘째, 공공부채를 징수하기 위해 무력 사용을 제한하는 협정을 체결해야 한다. 타국 정부가 공공부채를 징수하기 위해 육·해군력을 사용하면 안 된다는 것이 미국의 오래된 정책이다. 셋째, 중재의 경우 강제 중재가 폭넓게 적용되도록 하고, 제도의 효율성을 증대하는 방향으로 나아가야 한다. 이를 위해 중재제도를 강화할 방안으로 헤이그 법정을 상설 중재재판소로 발전시켜야 하며, 최고의 능력을 갖춘 재판관들이 임명됨으로써 전 세계가 그 판결을 신뢰하도록 만들어야 한다. 미국 대법원(Supreme Court)같이 공정하고 정확하게 국가 간의 문제들을 해결할 수 있다면, 분쟁 중인 국가들은 이를 중재재판소에 회부할 것이다.[76] 이로써 미국 대표단이 드라고 선언에 대한 국제합의를 끌어내고, 미국 대법원 같은 권위 있는 중재재판소를 제도화하는 데 역량을 집중하고자 하였음을 알 수 있다.

반면, 주프 러시아대사 넬리도프(А. И. Нелидов)를 단장으로 한 러시아 대표단에 전달된 외상 이즈볼스키의 훈령(1907.6.5)은 미국과는 다른 입

---

75 Instructions to the American Delegates to the Hague Conference, 1907, *FRUS(1907)*, pp.1128-1139.
76 *Ibid.* p.1133.

장이었다.⁷⁷ 군축의 경우, 매우 복잡한 문제이기 때문에 세밀하게 다루는 것이 불가능하다. 차르 니콜라이 2세 역시 이 문제에 대해 유토피아적이라는 입장을 표명하였다. 또 드라고 선언과 관련하여, 유럽의 채권국가들이 남미의 채무국가들에 대한 무력 간섭을 배제하려는 목적이다. 외상은 미국이 발의한 이 아젠다가 회의에 참가할 중남미 18개국 대표들의 지지를 받을 것으로 간주하고, 러시아는 여기에 관련이 없기 때문에 무관심으로 일관해야 한다. 만일 러시아에 중재자 역할을 요청할 경우, 양측 모두에 지지를 표명하는 동시에 러시아의 관심사에 그들의 지지를 끌어내도록 해야 한다. 중재의 경우, 제1차 협약(1899) 당시 강제 중재에 대한 러시아의 제안이 독일의 반대로 무산되었다. 그런데도 독일 정부는 마르텐스와 논의하는 과정(1907.1~2)에서 강제 중재를 수용할 수 없다는 입장을 고수했다. 즉, 헤이그협약과 같은 광범위한 협약보다는 이해당사국 간의 개별 조약을 통하면 달성하기가 더 편리하다는 이유를 제기했다.⁷⁸ 따라서 러시아는 헤이그평화회의를 통해 강제 중재의 반대

---

77 Инструкция министра иностранных дел России А. П. Извольского первому российскому уполномоченному на Второй Гаагской конференции мира А. И. Нелидову, 5 июня 1907 г. АВПРИ, ф. Политархив, оп. 482, д. 5037, л. 12-25.

78 Там же. 훈령에 따르면, 제2차 헤이그평화회의는 4개 분과(제1분과: 仲裁, 제2분과: 陸戰, 제3분과: 海戰, 제4분과: 해전에서 중립국의 권리와 의무)로 구분되어 핵심 의제들이 논의될 예정이었다. 제2분과에서 러시아의 관심 사항은 러일전쟁의 경험에서 비롯된 개전과 관련된 선전포고 의무화를 규정화하는 문제였다. 제3분과에서 러시아 정부는 다음의 2가지 사안에 주목했다. 1) 해군력으로 무방비의 항구와 도시들을 포격하는 것에 반대 의견을 제기했다. 이러한 포격은 필수적인 전투행위가 아니라는 것이 명분이었고, 러일전쟁 개전 당시 일본 해군의 제물포 포격 위협과 관련이 있었다. 2) 교전국 민간인의 상선에 대한 불가침권에 대해서도 반대 의견이었다. 그 명분으로 상선 나포권은 교전국의 권리라는 입장을 취했으며, 이에 독일과 프랑스도 동조했다. 그러나 미국은 교전국의 민간상선 나포 문제에 대해 반대했다. 요컨대, 해전과 민간 무역을 별개로 보는 해양국가와 이

논리로 독일이 제기한 개별 조약 체결 방식을 저지할 대안을 모색했다.

미국 대표단 단장 조셉 초트(Joseph H. Choate)가 미국 국무장관 루트에게 보낸 결과보고서에는 헤이그평화회의에서 강제 중재에 대한 해법이 마련되지 못한 원인에 대한 분석이 있다. 강제 중재의 원칙에 대한 만장일치 승인이 있었으나, 구체적인 사례에 이 원칙이 적용되는 문제가 제기되자 난관에 봉착했던 것이 원인이었다. 총론에서는 합의가 있었으나 각론에서는 의견이 불일치했다. 이는 "일부 국가들이 특정 국가들과 중재 조약 체결을 바라면서도, 다른 국가들과는 중재 조약으로 구속되지 않으려 했기 때문이다. 이에 일부 국가들은 만장일치의 원칙을 명분으로 나머지 대다수 국가가 체결하려던 일반 중재협정을 거부했다."[79] 그 결과, 강제 중재 원칙을 구현한 구체적인 조약에 대한 서명은 이루어지지 않은 채, 강제 중재(Declaration concerning Obligatory Arbitration) 선언으로 그치고 말았다.

결국, 미국과 러시아는 제2차 헤이그평화회의에서 세계평화를 담보

를 구분하지 않았던 대륙국가의 견해 차이라 할 수 있었다. 미국 국무장관이 헤이그회의 대표단에 보낸 훈령에서 인용된 미국의회 결의(1904.4.28)에 따르면, 대통령은 주요 해양국가들 사이의 협약 체결을 위해 노력하도록 요구되었는데, 전시물자가 밀수품이 아닐 경우, 민간 상선들을 나포되거나 파괴할 수 없도록 하는 문명국들의 법안 제정이 골자였다. 제4분과에서 러시아의 관심 사안은 중립 항구에서 교전국 선박에 대한 규정이었다. 해외식민지를 보유하지 않았던 러시아는 해상 작전시 중립 항구 이용을 염두에 두고 있기 때문에 규정을 덜 엄격하게 적용할수록 유리했다. 이에 러시아 대표단은 교전국 선박이 중립 항구에 입항하여 그곳에 정박할 수 있는 권리를 주장해야 했다. 동시에 일부 국가들이 교전국 군함이 중립 항구에 24시간 이상 정박할 수 없도록 한 국제규정 일체를 삭제하도록 노력할 것을 훈령하였다. 독일 역시 이 문제에 대해 마르텐스에게 지지 의사를 전달했다고 밝혔다.

79 Report of the Delegates of the United States to the Second International Peace Conference held at the Hague from June 15 to October 18, 1907, *FRUS(1907)*, pp.1174-1175.

하기 위한 군축과 중재 문제에 구체적인 해법을 마련하는 데 실패했다. 군축과 중재에 대한 실효성 있는 해법 마련에 공감했지만 각론에서 합의를 이루지 못했다.[80] 국제분쟁의 평화적인 해결에 관한 일반 협정을 도출하기 위해 세계 44개국의 대표들이 소집되었음에도 이들을 움직인 원리는 자국 이기주의였다. 이기주의에서 벗어나 악의 축을 이룬 국가들을 제압하기 위해서는 미국과 러시아가 협력하는 새로운 차원의 평화와 집단안보체제 수립이 필요했다. 이를 위해서는 적지 않은 시간을 기다려야만 했다.

5. 맺음말

러일전쟁은 대한제국·청국 중립 문제와 제2차 헤이그평화회의 개최에도 지대한 영향을 끼쳤을 뿐만 아니라 극동 역사상 처음으로 서구의 국제법을 준수하여 치러진 근대적 전쟁이었다. 국제법은 서구 사회의 전통이었던 법치 개념을 국제관계에 도입함으로써 국가 간의 갈등을 전쟁이 아닌 법률로 해결하고자 한 서구 근대역사의 산물이었다. 교전 국가들이 전쟁을 치르면서 준수해야 할 교전수칙이었던 국제법은 전쟁 폭

---

80 Донесение первого уполномоченного России на Второй Гаагской конференции мира и посла во Франции А. И. Нелидова временному управляющему МИД К. А. Губастову об итогах работы конференции, 16/29 октября 1907 г.: АВПРИ, ф. Политархив, оп. 482, д. 4968, л. 183-188об., 러시아 대표단 단장 넬리도프가 부외상 구바스토프에게 보낸 헤이그평화회의 결과보고서에 따르면, 회의 성과로 31개 협약과 1개의 선언을 끌어낼 수 있었으나, 중재법정에 대해서는 의견교환만 있었을 뿐이었고, 강제 중재 역시 일치된 결론을 얻지 못했다고 평가했다.

력과 파괴의 참화로부터 유럽 문명을 지켜내기 위한 서구인들의 지혜와 합의의 결정체라고 할 수 있다. 따라서 한반도와 만주에서 벌어진 러일전쟁에 유럽의 국제법이 적용된 것은 유럽식 전쟁법의 글로벌화한 것이라 할 수 있었다.

상술한 내용을 정리하면 제2절 "청국의 전시 중립과 러시아 전함 만주르호"에서는 청국 상하이항에 정박한 러시아 전함 만주르호의 처리를 고찰하였다. 일본이 선전포고 없이 기습적인 개전을 감행함으로써 상하이에 정박 중이던 만주르호는 개전 소식을 듣고 뤼순항으로 귀환하고자 하였다. 그러나 일본 군함이 상하이 외항에 대기하고 있음을 알게 되어 출항을 포기해야만 했다. 이는 교전국 군함이 중립국 항구에 머물게 된 기이한 현상이었다. 이 문제는 프랑스의 주선으로 러·청 양국의 외교협상으로 타결되었다. 만주르호는 무장해제된 뒤, 계류되어 1905년 종전 후 러시아에 인계되었다. 이에 따라 만주르호 사건은 개전과 관련하여 중립국 항구에 있던 교전국 선박의 지위 규정을 보완하고 법제화해야 할 필요성을 제기했다.

제3절 "청국 즈푸항과 일본의 러시아 전함 레쉬텔느이호 나포 사건"에서는 1904년 8월 28일 황해 해전 도중 중립 항구인 청국의 즈푸로 도피한 러시아 전함 레쉬텔느이호를 일본 해군이 나포·예인한 사건을 살펴보았다. 이는 교전국 일본이 청국의 수역에 침입하여 중립국의 주권을 침해함으로써 중립 위반을 한 사례였다. 교전국이 중립국의 영토와 영해를 침범함으로써 야기된 중립 위반 사례는 사실상 전쟁법에서 전투행위를 규정해온 유럽의 법치 전통에 대한 중대한 도전행위였다. 일본의 중립 위반은 상대국인 러시아뿐만 아니라 미국도 전 세계를 대재앙으로 몰아갈 단초로 간주하였다. 전쟁법은 서구의 장구한 역사를 통해

축적되어온 서양의 전쟁문화 산물로서 서구 문명을 지지하는 기틀을 이루고 있었기 때문이다. 따라서 러일전쟁에서 목도된 일본의 불법적 무단행위를 규제하고 전쟁법을 강화해야 할 필요성이 제기되었다.

제4절 "제2차 헤이그평화회의의 개최와 남겨진 과제"에서는 러일전쟁 종료 직후 러시아와 미국이 개최를 합의한 제2차 헤이그평화회의를 분석하여 그 의의와 남겨진 과제들을 검토하였다. 러시아가 헤이그평화회의에서 논의하고자 했던 주요 아젠다는 러일전쟁 당시 일본이 유린한 대한제국·청국의 중립 문제였다. 반면, 미국은 국제법 보완을 통해 전쟁의 참화와 야만성을 줄이려는 기술적인 문제보다 군비축소와 전쟁 빈도를 감소시킨다는 근본적인 방안을 모색하고자 했다. 이들의 동상이몽은 헤이그평화회의에서 세계평화를 위한 구체적인 성과가 도출되지 못한 원인이기도 했다. 회의 개최를 주도했던 미국과 러시아는 공동의 목표를 위한 상호 협력보다는 자국 이기주의에 입각한 나름의 세계관을 구현하고자 했다. 이에 따라 부전조약의 일환이었던 강제 중재 협정에 대한 서명이 이루어지지 않아 국가 간의 분쟁을 평화적으로 해결하는 중재제도는 유명무실해지고 말았다.

이로써 러일전쟁의 주요 원인이었던 대한제국 문제는 헤이그평화회의를 거치면서 미국과 러시아에게 육·해전 관련 국제법 보완보다는 세계평화를 위한 패러다임의 변화를 요구했다. 변화의 골간은 문명국 모두가 참여하는 집단안보체제 구축이었다. 이를 통해 헤이그법정의 판결과 조약들을 무시하는 세력들을 응징함으로써 정의로운 평화가 구현되는 새로운 세계의 청사진이 준비되었다.

그런데도 제2차 헤이그평화회의 이후 미국과 러시아가 국제회의에 참여하여 세계평화 건설을 위해 협력할 기회는 더는 오지 않았다.

1917년 소비에트 혁명 이후 공산화된 러시아는 고립되었다. 미국과 소련 간의 협력 관계가 단절된 사이 일본의 일탈과 국제법 위반 행위는 누구의 제지도 받지 않았다. 아시아의 식민지를 일본의 마수로부터 지키고자 했던 유럽의 열강은 제1차 세계대전 당시 산둥반도의 독일조차지를 점령한 일본의 불법행위에 침묵했다. 러일전쟁 개전 당시부터 저질러졌던 일본의 범법행위는 단죄되지 않았고, 루스벨트가 제안했던 국제경찰 설치안은 현실에 옮겨지지 못했다. 그 결과 견제받지 않는 권력이 부패하듯이 징벌받지 않는 범죄자는 정의를 두려워하지 않게 되었다.

    결국, 제2차 세계대전 종반(1943) 카이로와 테헤란에서 미국과 소련의 지도자들이 힘을 합치기로 결의한 것은 범죄자들을 단죄하기 위한 국제경찰의 사명을 다하기 위함이었다. 사악한 적국인 일본을 가차 없이 압박함으로써 무조건적 항복을 끌어내기로 합의한 인물은 바로 미국의 루스벨트 대통령과 소련의 스탈린 서기장이었다. 이는 일본이 중립국을 강점함으로써 러일전쟁 최초의 국제법 위반 사례의 희생자가 되었던 한국이 오랜 "노예상태(enslavement)"에서 벗어나기 위해 기지개를 켜는 순간이기도 했다.

제9장

제국주의 열강의 동맹체제 진화와 대한제국의 멸망
-4국 협력체제 등장과 안중근의 하얼빈 의거

1. 머리말
2. 코코프초프의 극동 시찰 배경과 국제 차관
   1) 러일전쟁과 러시아의 재정 위기-모로코 위기와 독일의 부상
   2) 코코프초프의 차관 도입과 러시아 대외정책의 방향 전환
3. 코코프초프의 극동 시찰 추진
   1) 코코프초프와 군부의 갈등
   2) 코코프초프의 극동 시찰과 이토 히로부미의 만주 시찰
4. 안중근의 하얼빈 의거와 좌절된 한·러 정보협력 구상
   1) 안중근의 하얼빈 의거와 러·일 관계의 진전
   2) 러시아 육군상의 한·러 정보협력 구상과 좌절
5. 맺음말

코코프초프(V. N. Kokovtsov, 1853~1943)

안중근(安重根, 1879~1910)

I. 머리말

러시아 재무상 코코프초프(В. Н. Коковцов)와 일본의 이토 히로부미[伊藤博文] 그리고 한국의 애국지사 안중근이 만주에서 조우한 하얼빈 의거(1909.10.26)는 세계사적 의미가 내포되어 있다. 이는 독립을 향한 숭고한 희생이라는 한국적 차원과 미국의 만주 문호개방 요구에 대응한 일본 정부의 대러 접근이라는 극동 차원 그리고 러일전쟁 이후 러시아의 유럽 복귀와 삼국협상(Triple Entente) 체결이라는 세계적 차원의 원인이 중첩된 사건이기 때문이다. 따라서 제1차 세계대전을 촉발한 사라예보 사건(1914.6.14)의 선례가 된 안중근의 하얼빈 의거는 세계사적 시각의 거시적 연구가 필요하다.

러시아 재무상 코코프초프는 극동 시찰 과정에서 안중근의 하얼빈 의거(1909.10.26)를 현장에서 목도하고, 사태 수습을 주도했던 인물이었다. 그는 그 과정에서 일본 정부와 언론의 반응에 관심을 기울였다. 이는 안중근의 의거가 러·일 관계를 악화시키거나 분쟁의 단초가 되지 않도록 하려 했기 때문이다. 따라서 안중근을 신문하는 과정에서 한국인으로 밝혀지자 그의 재판 관할권을 일본에 넘기기로 결정하고, 러시아 경찰 입회하에 일본영사들이 하얼빈 한인거주지를 수색할 수 있도록 여건을 조성했다.

코코프초프가 일본과의 분쟁 방지라는 정치적 맥락에서 안중근을 일본 측에 이관한 것에 대해 내부에서 문제 제기가 있었다. 이는 코코프초프가 안중근을 국경 관구(管區)법원 검사의 동의를 받고 안중근을 일본 측에 넘겼다고 외무성에 통보했지만, 관구검사 밀레르(К. Миллер)는 러시아 측에서 수사를 진행하는 것이 실질적인 문제해결 방식이라고 판단했기 때문이다. 그는 이 사건이 우발적인 사건이 아니라 사전에 계획된 사건임을 직감하고, 이를 수사하기 위해서는 현지 경찰과 수사 인력을 보유한 러시아가 담당하는 것이 정당하다고 보았다.

그렇다면 왜 코코프초프는 하얼빈 의거를 정상적인 법절차에 따라 해결하지 않고 서둘러 일본에 이관했는가?

이는 러시아가 러일전쟁 패전 직후부터 복수전을 준비하였지만 결국 일본과 외교적 타협 및 협력 관계 수립이라는 외교정책으로 방향을 전환하기로 한 결정과 깊은 관련이 있었다. 러시아 대외정책의 무게중심이 러일전쟁 이후 극동에서 유럽으로 이동하면서 극동의 방위는 차선책으로 밀려났다. 이에 따라 일본과의 우호 관계를 수립하며 이를 보완하고자 하였다. 1907년, 러시아의 발트함대 재건계획이 수립되었음에도 태평양함대 복원계획이 없었던 이유도 여기에 있다.[1]

러시아가 유럽의 정치무대로 복귀한 배경에는 러일전쟁 직후 차르 정부가 직면한 재정 파탄의 위기가 있었다. 패전과 혁명의 소용돌이 속에서 재정 파탄에 직면한 차르 정부를 회생시킬 처방은 차관이었으며, 대러 차관 제공의 주역은 프랑스와 영국이었다. 이들은 제국주의 패권에 도전하던 독일제국을 견제하기 위해 러시아가 필요했다. 따라서 러일전쟁에 휘말리지 않기 위해 러시아의 동맹국 프랑스와 일본의 동맹국 영국이 체결한 영·프 협상(1904.4.8)을 토대로 여기에 러시아를 가담시켜 삼국(영·프·러)협상 진영을 완성(1907.8.31)한 것도 대독 포위망 구축의 일환이었다.

이에 러일전쟁 이후 러시아의 국방력 재건사업은 프랑스와 영국의 대러 차관 제공과 연동하게 되었다. 이 경우 러시아는 프랑스와 영국으로부터 받은 재원을 영·프의 관심 지역이 아닌 극동의 방위에 투입하기

---

1 Щацилло К. Ф. От Портмутского мира к Первой миравой войне, М. 2000. С. 95-101.

는 쉬운 일이 아니었다. 러시아 경제가 정상화될 때까지 프랑스 투자자들을 안심시키기 위해서는 유럽에서 러시아의 국방력을 증강하는 한편, 극동의 방위는 일본과의 외교적 타협을 통해 해결해야 했다. 따라서 러일전쟁 이후 블라디보스토크를 중심으로 전개된 한국의 독립운동 역시 러시아의 대일 접근정책 영향을 받는 구조가 만들어졌다.

국내의 안중근 관련 연구는 해방 이후부터 2019년까지 약 450편의 논문이 발표되었을 정도로 양적·질적 발전을 이루었다. 이 연구들은 안중근의 사상(동양평화론), 종교, 법정투쟁 등 개인의 영웅적 서사에 초점을 맞춘 것과 항일독립운동의 시각에서 하얼빈 의거를 다룬 것들이다.[2] 이는 안중근의 하얼빈 의거 관련 연구들이 한국의 관점에서 이루어졌음을 의미한다. 따라서 안중근 연구가 한 단계 도약하기 위해서는 하얼빈 의거에 대해 국제적인 시각으로 접근하는 것이 필요하다.

본 연구는 코코프초프의 극동 시찰과 안중근의 하얼빈 의거를 글로벌 히스토리의 거시적 관점에서 고찰하고자 한다. 이를 위해 제1절 "코코프초프의 극동 시찰 배경과 국제 차관"에서는 차르 정부가 러일전쟁의 패

---

2 조광, 2020, 「안중근에 관한 최근 연구의 현황과 과제(2010~2019)」, 『3·1운동과 대한민국 임시정부의 재조명 III-안중근의 동양평화론』, 동북아역사재단, 2020, 12~36쪽. 최근 10년간 안중근 관련 가장 많은 연구가 산출된 주제는 그의 "동양평화론"이었다. 안중근 관련 연구논문이 해방 이후 2009년까지 200여 편이 발표되었던 반면, 최근 10년간(2009~2019) 150여 편의 관련 논문이 산출되면서 괄목할만한 양적 성장을 이루었다. 이는 2009년 안중근 의거 100주년, 2010년 안중근 순국 100주년을 계기로 안중근 관련 연구가 활기를 띠었기 때문이다. 그 결과 최근 10년간 150여 편의 업적 가운데 안중근의 동양평화론에 대한 연구는 약 22%에 해당하는 33편의 논문이 발표되었다. 최근 주목되는 일본 논문은 아사다 마사후미[麻田雅文]의 2012, "日露關係から見た伊藤博文暗殺-兩國關係の危機と克服", 『東北アジア研究』 16號이며, 이 논문은 러시아 아카이브를 활용하여 이토의 저격에 대해 일본 측이 러시아에 책임을 묻지 않음으로써 오히려 러·일 관계 진전에 기여했다는 입장을 밝히고 있다.

배와 혁명의 혼란 속에서 재정 위기를 극복하기 위해 프랑스와 영국으로부터 차관을 도입하는 과정을 살펴보고자 한다. 이는 러일전쟁 이후 러시아의 대외정책이 차관에 종속되어 자주성을 상실하는 과정으로 유럽에서는 대독 포위망 구축을 위한 삼국협상을 구성해야 했고, 극동에서는 러·일 화해를 도모해야 했다. 제2절 "코코프초프의 극동 시찰 추진"에서는 국방 개혁을 둘러싼 재무상과 육군대신의 갈등이 극동 방위 현황을 파악하는 코코프초프의 극동 시찰로 이어지는 과정을 살피고자 한다. 이는 육군성이 극동의 안보 강화를 위해 블라디보스토크 요새화 작업을 중시하였다면, 코코프초프는 러·일 우호를 통해 예산 절감을 모색했다. 아울러 극동에서 러시아의 공백은 만주에 대한 일본과 미국의 경쟁 심화로 표출됨으로써 이토와 코코프초프의 하얼빈 회동의 배경이 되었다. 제3절 "안중근의 하얼빈 의거와 한·러 정보협력 구상 좌절"에서는 코코프초프와 이토의 회담을 저지했던 안중근의 하얼빈 의거에 대한 러시아의 대응과 러시아에서의 독립운동에 대한 영향을 살펴보고자 한다. 이는 코코프초프가 영·프 차관단의 이해를 고려하여 한국에 독립을 지원하기보다는 러·일 우호 관계 수립을 우선시함으로써, 육군상이 제안했던 한·러 정보협력 구상 역시 같은 맥락에서 거부되고 말았다.

이에 본 연구가 한·일 역사 문제에 한정되어 있던 안중근 연구의 범위를 글로벌 히스토리 차원으로 확대하여 세계사 시각에서 고찰하는 시발점이 되기를 기대한다. 아울러 본 연구에서는 러시아역사문서관(РГИА)이 소장한 코코프초프의 극동 시찰 관련 기록물들을 활용하였음을 밝힌다.[3]

---

[3] 러시아역사문서관(Российский Государственный Историческйи Архив: РГИА) 문서군 560, 문

2. 코코프초프의 극동 시찰 배경과 국제 차관

1) 러일전쟁과 러시아의 재정 위기-모로코 위기와 독일의 부상

1909년 가을, 러시아 재무상 코코프초프의 극동 시찰은 러일전쟁 이후 러시아 원동 지역의 방위력과 블라디보스토크 요새화 작업 현황을 파악하는 데 목적이 있었다. 이는 원동 지역 방위력 재건을 위한 재정 지원이 억제되고 있다는 연흑룡강주 총독을 비롯한 현지 지방관들의 탄원 때문이었다. 결국 이 문제는 러시아가 러일전쟁 이후 대외정책의 무게 중심을 극동에서 유럽으로 옮기면서 극동의 방위가 차선책으로 밀려난 것과 깊은 관련이 있었다.

그렇다면 러시아 정부가 19세기 말부터 시베리아횡단철도 부설과 태평양함대 증강사업을 통해 태평양 국가로 부상하려 했던 국책사업을 뒤로 미룬 채 유럽 무대로 복귀하게 된 원인은 무엇인가? 왜 러시아는 러일전쟁 이후 더는 태평양의 강국으로 부상하려는 정책을 접었을까? 러시아는 유럽과 아시아를 아우르는 유라시아 국가임에도 불구하고 왜 유럽의 패권 경쟁의 소용돌이 속으로 소환되었을까?

일본이 러시아에 대한 조기 개전을 결정하게 된 배후에 영일동맹에 근거한 영국의 군사협력이 있었음은 주지의 사실이다. 러시아를 가상의 적으로 설정하여 아시아와 유럽의 양대 섬나라인 일본과 영국이 체결한 이 동맹은 러시아의 동맹국이었던 프랑스가 러일전쟁에 참전할 가능성을 낮추었다. 영국 정부는 프랑스가 영·프 간의 무력충돌을 감수하면서

서파일 416~424번이 활용되었다.

참전할 가능성을 낮게 보았다. 그런데도 영국 정부는 러·프 동맹을 우려했던 이유는 전쟁에서 러시아의 승세가 유력해질 경우, 프랑스의 참전 가능성을 결코 배제할 수 없었기 때문이다. 따라서 영국의 랜스다운 외상은 개전이 임박한 러일전쟁에 대해 "동맹국 일본이 수세에 몰리면 일본을 구원해야 하지만, 일본을 위해 참전하기보다는 중재자로서 전쟁을 종결하는데 전력한다"고 입장을 정리했다. 영국 역시 러일전쟁에 참전할 경우, 프랑스와의 충돌을 회피하고자 하였다.[4]

일본의 동맹국인 영국과 러시아의 동맹국인 프랑스가 체결한 영·프 협상(Entente Cordiale, 1904.4.8)은 양국이 러일전쟁에 휘말리지 않기 위해 합의한 외교적 조처였다. 이 협상은 양국의 식민지 문제에 대한 타협이 요체이며, 영국의 이집트에 대한 우월권과 프랑스의 모로코에 대한 우월권을 상호 인정하기로 합의한 것이다. 따라서 이 협상은 나폴레옹 전쟁 이후 대립국면에 있었던 영국과 프랑스가 우호 관계 수립뿐만 아니라 영국과 건함 경쟁을 벌이던 독일을 견제하기 위해 협력하는데 유리한 환경을 조성해 주었다.

영국이 구상했던 큰 그림은 프랑스와의 협상 체결을 발전시켜 궁극적으로 프랑스의 동맹국인 러시아와 외교적 타협을 모색하는 데 있었다. 이는 극동에서 러일전쟁이 전개되었음에도 유럽에서는 일본과 러시아의 동맹국인 영국과 프랑스가 독일을 적국으로 상정한 새로운 외교 협력체제에 러시아를 끌어들인다는 구상을 하였음을 의미했다. 따라서 러일전쟁은 유럽에서 영·프 협상을 토대로 1907년 영·프·러 삼국이 외

---

4   Edward E. W. The Japanese Alliance and the Anglo-French Agreement of 1904, *History*, Vol.42, No.144, 1957. pp.19-24.

교적 대타협[三國協商]을 이루는 외교혁명의 단초가 되었다.[5]

유럽에서 체결된 영·프 협상은 그것이 러일전쟁과 연동되면서 전쟁의 범위와 기간에 대한 규정력으로 작용하였다. 러시아는 만주에서 패전을 거듭하며 혁명의 신호탄이 된 "피의 일요일 사건(1905.1.22)"을 겪었음에도 전쟁을 지속하여 승전국이 되고자 하였다.

반면, 동맹국 프랑스의 입장은 달랐다. 프랑스는 동맹국 러시아가 막대한 전비 부담을 안고 소모적인 장기전의 늪에 빠지는 것보다 일본의 동맹국인 영국을 통하여 조기 종전을 모색하기를 바랐다. 이는 러·일 양국이 교전국인 동시에 영국과 프랑스의 동맹국이며, 궁극적으로는 독일에 대항하는 협상 진영으로 포섭해야 할 대상이기 때문이었다. 이처럼 영·프 양국은 유럽에서 독일에 대항하는 새로운 판을 짜야 하는 국면으로 인해 러일전쟁이 장기화하는 것을 원하지 않았다.

프랑스가 러시아에 조기 종전을 설득하기 위해 취한 수단은 차관 중단이었다. 프랑스는 전비 조달 통로를 단절함으로써 러시아의 장기전 의지를 꺾고자 했다. 1905년 3월, 만주의 펑톈 전투 직후 "순전히 재정적 시각에서 전쟁을 지속하는 것은 우리를 더욱 곤란하게 만들 것"이라는 재무상 코코프초프의 상주는 프랑스의 대러 차관 중단과 깊은 관련이 있었다.[6] "러시아는 그 어느 때보다 강화가 필요하지만, 이를 억누르는 유일한 명분은 러시아의 위신을 손상시킬 일본의 강화 조건"이라는 외무상 람스도르프가 주프대사에게 보낸 전문은 프랑스의 대러 차관 중

---

5 White J. A. 2002, *Transition to global rivalry: alliance diplomacy and Quadruple Entente, 1895-1907*, Cambridge University Press, pp.1-2.

6 Кузенцова О. Н. Дальний Восток и развитие русско-французских отношений в 1902 -1905 гг, *Вопросы истории. No.3*, 2009. C. 39-40.

단의 효력을 잘 보여 주고 있다.[7] 이처럼 프랑스의 차관 중단은 러일전쟁의 분수령으로서 러시아가 전쟁 지속에서 강화로 방향을 전환하는 계기가 되었다.

프랑스와 영국 정부가 러일전쟁의 조속한 종결을 원했던 또 다른 이유는 러시아의 쇠락에 대한 유일한 수혜자가 독일이 될 것이라는 우려 때문이었다. 러시아의 패전과 혁명이 촉발한 내부 혼란은 동맹국인 프랑스의 모로코정책에도 영향을 끼쳤다. 프랑스는 영·프 협상을 통해 영국으로부터 모로코에 대한 우월권을 인정받았음에도 독일은 모로코의 독립과 상공업 상의 기회균등을 요구(1905.3.31)하였다.[8] 독일의 빌헬름 2세(Wilhelm II)는 러시아가 만주에서 열세를 면치 못하는 상황을 틈타 모로코에 개입하였다. 동맹국 러시아가 없는 프랑스에게 독일은 결코 쉬운 상대가 아니었다. 프랑스 외상 델카세(Théophile Delcassé)가 독일은 프

---

[7] 1905년 3월 23일, 프랑스 외무장관 델카세(Théophile Delcassé)는 주프 러시아대사 넬리도프(Нелидов А. И.)로부터 강화 의향을 전달받고, 주프 일본공사 모토노[本野一郎]를 초치하여 이를 전달하고 프랑스가 조기 종전을 위한 중재에 나설 의향을 밝혔다. 같은 해 3월 30일, 일본공사 모토노가 진정 러시아가 강화를 원하는지 확인해 오자 델카세는 러시아가 수용할 수 없는 강화조건은 배상금과 영토할양임을 통보했다. 이에 모토노는 일본 정부가 두 번째 조건을 수용할 수 있지만, 배상금은 막대한 전비가 소요된 점을 감안하여 이를 요구할 수 있다고 답변했다. 러시아는 중재국으로 미국보다는 프랑스를 선호했다. 왜냐면 러시아가 강화협상에 동의한다면, 델카세는 영국 외상 랜스다운이 일본에 영토 할양을 포기하도록 압력을 가할 수 있다고 판단했기 때문이다. О. Н. Кузенцова, Дальний Восток и развитие русско-французских отношений в 1902-1905 гг. С. 40.

[8] John C. G. Röhl, *Wilhelm II Into the Abyss of War and Exile, 1900-1941*, Cambridge Uni. Press, 2014. pp.329-330. 1905년 3월 31일 빌헬름 2세는 지중해 항해 도중 모로코의 항구 탠지어(Tangier)에 기항하면서 프랑스와 영국과 긴장을 고조시켰다. 영·프 협상으로 프랑스의 세력권으로 인정되었던 모로코에 대한 독일의 개입은 유럽에서 긴박한 상황을 연출하며 프랑스 외상 델카세의 사임과 1906년 1월 알제시라스 국제회의 소집의 원인이 되었다.

랑스뿐만 아니라 영국과도 전쟁을 해야 하기 때문에 침공하지 않을 것이라고 각료들을 설득했음에도 프랑스의 루비에(Maurice Rouvier) 수상이 "영국 함대는 파리를 구해 주러 올 바퀴가 달려 있지 않다."[9]고 하며 수긍하지 않았다.

러일전쟁의 펑톈 전투와 연동된 모로코 사건은 러시아의 패전이 유럽의 국제관계에 미칠 영향을 극명하게 보여 주었다. 모로코 문제가 독일의 요구대로 국제회의 소집을 통해 해결하기로 결정(1905.6.6)된 것은 러일전쟁에서 러시아의 파국이 유럽에서 프랑스의 입지 약화와 연동되었기 때문이다.[10] 따라서 모로코 문제 해결을 위해 스페인의 알제시라스에서 국제회의(Algeciras Conference, 1906.1.16~4.7)를 소집하기로 한 결정은 프랑스의 완전한 외교적 패배를 의미했다.

프랑스 외상 델카세의 사임이 결정된 것은 독일의 개입으로 야기된 모로코 위기(Morocco crisis)를 프랑스와 독일이 외교협상으로 해결하지 못했기 때문이다.[11] 러시아의 패전을 예견하지 못한 것이 그의 실책이

---

9 Кузенцова О. Н. Дальний Восток и развитие русско-французских отношений в 1902-1905 гг. С. 42.

10 John C. G. Röhl, Wilhelm II Into the Abyss of War and Exile, 1900-1941, pp.418-436. 스페인의 알제시라스(Algeciras)에서 개최된 국제회의(1906.1.16~4.7)는 1905년 프랑스와 독일의 모로코 위기를 해결할 목적에서 개최되었다. 이 위기는 독일이 독립국인 모로코를 보호국화하려는 프랑스의 팽창정책에 반대하면서 시작되었기 때문에 영·프 협상의 결속력 역시 약화할 것으로 기대되었다. 그러나 14개국(독일, 러시아, 오스트리아-헝가리, 프랑스, 영국, 미국, 이탈리아, 스페인, 포르투갈, 네덜란드, 스웨덴, 노르웨이, 오스만투르크, 모로코)이 참가한 회의에서 러시아가 프랑스를 적극 지지하고 나섬에 따라 독일은 외교적으로 고립되고 말았다.

11 Olga Crisp, The Russian Liberals and the 1906 Anglo-French Loan to Russia, *The Slavonic and East European Review*, 1961, Vol.39, No.93, p.506.

었다. 따라서 독일이 영·프 협상으로 형성된 유럽의 세력 판도에 강력하게 도전함으로써 야기된 모로코 위기는 만주에서의 전황이 실시간으로 유럽의 국제정세에 반영된다고 볼 수 있었다.

러시아 패전의 여파는 유럽에서 동맹국 프랑스의 입지 약화에 국한되지 않았다. 독일이 프랑스를 공격할 경우, 영국은 프랑스로 파병할 계획을 수립해야 했다. 1905년 겨울부터 영국 참모본부에서는 독일이 벨기에의 중립을 유린할 경우, 영국 육군이 유럽대륙에 상륙하여 프랑스 육군과 공동 작전 수행을 계획하였다.[12] 프랑스 역시 러시아로의 지원은 혁명의 혼란으로 불가능하다는 판단하고, 영국 육군과의 군사협력 계획에 호응했다. 영국이 해전을 중시했던 전통적인 전쟁방식을 포기하고 육군원정대(British Expeditionary Force)의 유럽대륙 파병을 준비한 상황은 역설적이게도 러시아의 전후 복구에 프랑스와 영국이 적극성을 보인 계기가 되었다. 따라서 러일전쟁 이후 러시아의 국방력 재건사업은 프랑스와 영국의 대러 재정 지원 규모와 밀접하게 맞물리게 되었다. 이때 러시아는 프랑스와 영국으로부터 받은 재원을 극동 방위에 투입할 수 있을까?

2) 코코프초프의 차관 도입과 러시아 대외정책의 방향 전환- 극동에서 유럽으로

러시아는 러일전쟁 종전 무렵 파산 직전의 상황에 처해 있었다. 포츠

---

12 William J. Philpott, The making of the Military Entente, 1904-1914: France, the British Army, and the prospect of War, *The English Historical Review*, Oct. 2013, Vol.128, No.534, pp.1155-1156.

머스 강화협상이 진행되던 1905년 9월에는 국고가 바닥났고, 12월에는 모스크바에서 정점을 찍은 혁명이 러시아의 재정 위기를 심화시키고 있었다. 러시아 국민의 조세 저항과 시중은행에서 예금을 대량 인출되는 사태가 발생하자 신임 재무상 쉬포프(И. П. Шипов)는 1905년 시중의 통화량이 72% 증가했음에도 중앙은행의 화폐 발행을 확대하려 했다. 이는 루블화 안정을 위해 전쟁 기간 내내 유지했던 금본위제의 포기로 이어지는 수순이었다.[13] 따라서 러시아의 재정 파탄을 막아줄 유일한 대안은 바로 해외 차관 유치였다.

그렇다면 러시아를 구원할 차관을 누가 어떻게 조달할 것인가?

포츠머스 강화회의 전권대표 자리와 마찬가지로 패전과 혁명의 소용돌이 속에서 해외 차관 도입을 성사시킬 임무는 누구도 맡지 않으려 하였다. 실패할 확률이 매우 높았던 만큼 그에 따른 책임도 막중했기 때문이다. 이에 전임 재무상 코코프초프를 천거했던 사람은 시베리아횡단철도 부설을 주도하고, 포츠머스 강화회의 러시아 측 전권수석을 담당했던 비테였다.[14] 구원투수로 등판한 코코프초프에게 부여된 해외 차관 도입의 임무는 러시아를 소생시키는 지상의 과제가 되었다.

코코프초프가 프랑스로 출발하기에 앞서 황제를 알현한 사실은 해외 차관 유치의 가능성을 고조시켰다. 니콜라이 2세는 코코프초프에게 러시아의 재정 형편을 소상히 알리고, 차관이 없으면 러시아의 파국은 불가피함을 통보토록 훈령했다. 아울러 러시아는 모로코 문제와 관련한

---

13 Olga Crisp, The Russian Liberals and the 1906 Anglo-French Loan to Russia, *The Slavonic and East European Review*, 1961, Vol.39, No.93, pp.498-500.

14 В. Н. Коковцов, *Из Моего Прошлого: Воспоминания 1903-1919*, Т. I, Париж, 1933. С. 118-119.

알제시라스 회의에서 프랑스를 지지할 것임을 암시하라고 지시했다.[15] 코코프초프는 모로코 문제에 대한 러시아의 프랑스 지원이라는 지렛대를 챙기고 차관 유치 교섭을 위해 1905년 12월 30일 파리로 향했다.

코코프초프가 파리를 방문하자 루비에 수상은 적극적으로 환대했으나 프랑스의 은행가들은 냉담했다. 프랑스 은행가들이 대러 차관에 주저했던 것은 러시아의 전쟁 패배보다는 혁명 확산을 우려했기 때문이다. 또 프랑스 좌파 언론들도 대러 차관은 러시아 전제 정권을 강화하는 데 기여할 뿐이라며 비판하는 기사들을 쏟아냈다.[16]

그럼에도 코코프초프가 대러 단기 차관을 유치할 수 있었던 배경은 프랑스 은행단에 대한 루비에 수상의 압력 때문이었다. 루비에의 설명에 따르면, 대규모 대러 차관은 정황상 곤란하지만, 임시로 1억 루블 규모의 단기 차관은 프랑스 은행들이 보유한 자산으로 감당할 수 있는 수준이었다. 이에 수상은 모로코 문제가 해결되어 국내 정황이 안정되는 즉시 러시아에 대규모 차관 제공을 약속하고 우선 단기 차관을 주선했다.[17] 다시 말하면 모로코 문제를 둘러싼 알제시라스 회의에서 러시아가 독일이 아닌 프랑스를 전폭 지지하는 것이 대러 차관의 선결 조건이었다.

---

15 В. Н. Коковцов, *Из Моего Прошлого*. С. 119. 코코프초프의 회고록에 따르면, "황제는 프랑스에 대한 러시아의 지지 의사를 외무성이나 주프대사를 통해 전달하기보다는 황제의 특사 코코프초프가 직접 프랑스 정부에 전달하는 것이 신뢰를 더함으로써 차관을 성사시키는 데 도움이 될 것이라 덧붙였다"고 한다.

16 Olga Crisp, The Russian Liberals and the 1906 Anglo-French Loan to Russia, p.501. 프랑스는 1888~1904년에 60억 프랑의 대러 투자를 했었음에도, 대러 차관을 위한 프랑스 은행 컨소시엄(consortium)의 주간사 크레디트 리옹(The Crédit Lyonnais)은 새로운 대러 차관 논의 자체를 꺼렸다.

17 К переговорам Коковцова о займе, *Красный архив*, Т.3(10), 1925, С. 12-17.

주지하다시피 러시아에게 프랑스와의 동맹(1891)은 당초 아시아를 무대로 영국과 경쟁하기 위한 지렛대였다. 러시아가 러일전쟁에서 일본을 도왔던 영국과 화해하는 것보다, 유럽에서 영국과 패권경쟁을 벌이고 있는 독일과 협력할 가능성이 더 큰 이유였다. 독일 황제 빌헬름 2세 역시 프랑스를 알제시라스 회의로 끌어낼 수 있었던 것도 프랑스의 전쟁 준비 부족뿐만 아니라 러일전쟁의 늪에 빠져있던 러시아가 동맹국을 지원할 수 없었던 상황을 이용했기 때문이다.[18]

빌헬름 2세는 러일전쟁의 패전국인 러시아를 끌어들일 수 있다면, 러시아의 동맹국인 프랑스도 포섭하는 유럽대륙동맹(European continental league)을 구성하여 영·프 협상을 무력화시킬 뿐만 아니라 영국을 고립시킬 수 있다고 판단했다.[19] 따라서 알제시라스 회의에서 러시아의 명확한 거취 표명이 중요했다. 이로써 러시아는 국내 문제뿐만 아니라 제국주의 시대의 패권 전이의 이정표가 되었다.

러시아 정부의 대표 코코프초프와 프랑스, 영국, 오스트리아, 네덜란드 은행들로 구성된 컨소시엄의 대표들이 파리주재 러시아대사관에서 모인 것(1906.4.16)은 알제시라스 회의가 독일의 빌헬름 2세의 외교적 실패로 막을 내린(1906.4.7) 직후였다. 이 회동에서 러시아는 22억 5,000만 프랑의 전례 없는 대규모 대러 차관(연리 5%) 제공을 계약하며 패전과 혁명의 소용돌이 속에서 기사회생하였다.[20]

---

18 John C. G. Röhl, *Wilhelm II Into the Abyss of War and Exile, 1900-1941*, pp.418-419.
19 *Ibid.*
20 В. Н. Коковцов, *Из Моего Прошлого: Воспоминания 1903-1919*, С. 162. 러시아의 파리주재 재무관 라팔로비치(A. Rafalovich)는 1906년 1월부터 대러 차관 계약일까지 프랑스 언론에 대한 지원금 규모를 20만 프랑으로 증액할 것을 요청했다. 포츠머스 강화조

1906년 대러 차관의 주축은 프랑스 자금이었으나 영국이 1/4을 담당하기로 하였다. 이는 각별한 의미가 있었다. 영국은 독일의 방해로 이 차관이 성사되지 않을 경우, 재정 위기에 몰린 러시아의 운명이 유럽의 국제관계에 끼칠 영향을 잘 알고 있었다. 이에 따라 1906년의 대러 차관은 영국이 프랑스의 중재로 러시아와 관계 개선을 모색할 수 있는 계기가 되었다.[21]

1906년의 대러 차관이 러시아의회 개회 직전에 차르 정부에 제공되었던 사실 역시 차관의 성격을 잘 보여 준다. 러시아의 자유주의자들은 대러 차관이 전제주의 차르 정부를 회생시켜 진보적 자유주의 세력에 대한 탄압이 강화될 것으로 판단했다. 이에 의회가 소집된다면 차관 도입에 동의하지 않을 것을 프랑스 정부에 밝혔다. 야당인 러시아 제헌의회당 마클레코프(В. А. Маклеков)는 프랑스 재무상[Raymond Poincaré]에게 대러 차관이 러시아뿐만 아니라 프랑스 국익에도 도움이 되지 않는다는 비판의 편지(1906.4.18)를 보냈다. 편지에는 민주주의 국가인 프랑스가 러시아의 전제주의 체제와 결속을 공고히 한다면 그 결과를 책임을 져야 한다고 했다. 독일 황제 빌헬름 2세조차 대러 차관에 참여하지 않았는데 민주주의 국가인 프랑스가 러시아의회가 소집되기도 전에 지원하

약 체결 후, 프랑스 언론에 대한 러시아의 지원금 규모를 10만 프랑으로 축소하자 파리 언론들은 대러 차관 제공에 대해 비판적인 논조를 보임으로써 이를 회유하기 위함이었다.(J. W. Long, *Russian Manipulation of French Press, 1904-1906*, Slavic Review, Vol.31-2, pp.352-353)

21 Olga Crisp, The Russian Liberals and the 1906 Anglo-French Loan to Russia, p.508. 이 차관은 1907년 아시아 대륙 전반을 둘러싼 영국과 러시아의 오랜 대립을 종식하고, 페르시아·중앙아시아·티베트에 대해 영·러가 타협을 이룰 수 있는 토대가 되었다.

는 것은 도저히 묵과할 수 없는 일이라고 강조했다.[22]

하지만 러시아 차르 체제의 회생에 기여한 1906년의 대러 차관은 제국주의 경쟁을 심화시키는 방편이었을 뿐만 아니라 볼셰비키 혁명의 주요 단서 가운데 하나가 되고 말았다.

1906년의 대러 차관에 참여한 영국 총리 그레이(E. Grey)는 러시아 급진주의자들의 기대를 저버리고 차르 정부를 선택할 수밖에 없었던 이유를 다음과 같이 설명했다.

"독일이 대러 차관 제공에 영국의 참여를 막는다면 러시아에게는 결정타가 될 것이고, 독일에게는 엄청난 승리가 될 것이다. 이는 그 어떤 것보다 시급하다. 우리가 차관 제공에 동참할 경우, 러시아의 급진주의자들은 그 결과에 대해 우리를 위협하지만, 우리는 친구가 될 수 있는 그들과 소원해질 위험을 무릅써야 한다. 영국에게 러시아의 민주화도 중요하지만, 대러 차관이 무산될 경우 예상되는 독일과 러시아의 접근은 더 우려스러운 것이다."[23]

---

22 마클라코프는 프랑스 재무상에게 보낸 편지에서 러시아 자유주의 세력이 반대하는 대러 차관이 이루어진다면 차르 체제의 파산을 지연시킬 뿐이고, 혁명의 재발은 필연적이라는 입장을 밝혔다. 재정 파탄의 경우, 전제체제가 회생한다면 산업과 통상의 자유가 결핍됨으로써 경제는 낙후될 것이고, 대학과 지식인 그리고 언론탄압은 반복될 것이다. 반면, 군대와 함대는 과도하게 증가하고, 그에 따른 차관도 증가함으로써 결국 국가는 파산하게 된다는 것이었다. 혁명의 경우, 러시아는 입헌주의가 되었으나 정부는 의회를 해산시키고, 구체제로 복귀하려는 쿠데타를 꾸미고 있기 때문에 혁명은 불가피하다는 것이다. 이 경우 예상되는 재정 파탄은 프랑스가 제공한 자본뿐만 아니라 선의의 자본 역시 집어삼킬 것으로 경고했다. Olga Crisp, The Russian Liberals and the 1906 Anglo-French Loan to Russia, pp.508-511.

23 William Mulligan, From Case to Narrative: The Marquess of Lansdowne, Sir Edward Grey, and the Threat from Germany, The International History Review, Vol.30. No.2, 2008. pp.301-302

영·러 협상 체결(1907.8.31)은 1906년 대러 차관 성사 이후 일어날 당연한 결과였다. 또 러시아가 일본에 제의한 극동 문제 관련 외교적 타협안 역시 러·일 협약 체결(1907.7.30)로 귀결되었다. 러시아와 일본은 한국과 남만주를 일본의 이익권으로, 외몽골과 북만주는 러시아의 이익권으로 인정하는 협약을 비밀리에 체결함으로써[24] 러시아는 일본의 한국 병합을 견제하거나 저지하기 곤란한 상황에 놓이게 되었다.[25] 이는 블라디보스토크를 중심으로 전개되던 한국의 항일독립운동 방향과 성격에도 영향을 미치지 않을 수 없었다. 러시아와 일본이 영국과 프랑스가 원하는 협력 관계를 이룬다면 노령 지역 한인독립운동에 대한 러시아 당국의 입장 역시 변할 것이 틀림없었다.

3. 코코프초프의 극동 시찰 추진

1) 재무상에 임명된 코코프초프

코코프초프는 1906년의 차관 유치를 계기로 재무상에 임명(5.8)된 후[26] 1914년까지 러시아의 재정을 관장했다. 패전과 혁명의 혼란기에

---

24 Masato Matsui, The Russo-Japanese Agreement of 1907: Its Causes and the Progress of Negotiations, *Modern Asian Studies*, Vol.6, No.1(1972). p.33.

25 러·일 협약은 2개조 공개 조항과 4개조 비밀조항이 있다. 비밀조항 제2조에 따르면, 러시아는 현존하는 한·일 정치 관계의 발전을 저해하지 않기로 하고 있었다. John A. White, *Transition to global rivalry: alliance diplomacy and the Quadruple Entente, 1895-1907*, Cambridge University Press, 1995, pp.304-306.

26 В. Н. Коковцов, *Из Моего Прошлого: Воспоминания 1903-1919*, С. 171-173. 1906년

누구도 중책을 맡지 않으려는 상황에서 그가 재무상을 맡게 된 배경에는 국내외에서 호의적인 여건이 조성되었기 때문이다.[27] 대내적으로 황제의 전폭적인 신뢰가 있었고, 국제적으로 프랑스와 영국이 주도한 대러 차관이 안전판 역할을 하였다. 아울러 외교적으로도 러·프 동맹이 영·프·러 삼국협상(1907)으로 발전함으로써 국내 개혁을 할 수 있는 평화적인 대외 환경이 조성되었다.

코코프초프는 대러 차관을 유치하기 위해 프랑스의 외무장관뿐만 아니라 이에 반대했던 법무장관과 내무장관, 그리고 신임 프랑스 대통령 아르망 팔리에르(Armand Fallières)까지 만나 설득했다. 내무장관 클레망소(G. B. Clemenceau)는 러시아의 일부 인사들이 차관 유치에 반대하고 있음을 지적하면서 과연 차르 정부가 대외 차관 계약을 체결할 합법성이 있는지 의문을 제기했다. 왜냐면 러시아는 1905년 황제의 칙령(10.17)에 따라 입법부를 설치하고, 의회의 동의를 받아 국정을 운영하였기 때문에, 러시아 정부가 의회의 승인을 받지 않고 차관 유치 계약을 할 권리가 있는지 문제를 제기한 것이다.[28] 요컨대 프랑스 정부는 독일을 견제하기

대러 차관 계약을 누구보다 반겼던 인물은 황제 니콜라이 2세였다. 차르는 "귀하는 어려운 상황에서도 러시아와 짐에게 잊을 수 없는 커다란 공을 세웠다. 귀하가 개인적으로 보고하기를 기다리겠다"고 코코프초프에게 타전한 후, 그를 재무상으로 기용하고자 하였다. 코코프초프는 건강상의 이유로 고사했지만, 결국 러시아 최초의 근대적 의회[Дума] 소집 전 날(1906.5.8) 그에게 전달된 봉투는 황제의 재무상 임명장이었다

27 Переписка В. Н. Коковцова Эд. Нецлину, 28 Июля(8.10)1906 г. *Красный Архив*, (이하 К.А.로 약함) 1923 Т. 4. С. 133. 네즐린 역시 새로운 내각의 재무상에 코코프초프가 임명된 것이 프랑스 투자자들을 안심시킬 수 있는 최선의 보장책으로 간주했다.

28 М. А. Кочеткова, К Истории заключения займа 1906 года, *Вестник Воронежского государственного университета. Серия: История. Политология. Социология.* 2012. No.1, С. 117-118.

위해 러시아의 조속한 전후 복구 지원을 인정했지만, 대러 차관이 국내 개혁보다는 차르 체제의 연명에 투입될 가능성을 우려하였다.

대러 차관에 주저하는 프랑스 각료들을 설득하기 위한 노력이 러시아와 프랑스 양측에서 펼쳐졌다. 상트페테르부르크 대학의 저명한 국제법 교수이자 헤이그 중재재판소 상임위원이었던 마르텐스는 차르 정부가 국제 차관 계약 체결에 하자가 없다는 확인서를 프랑스 정부에 전달함으로써 클레망소의 의혹을 해소하고자 했다. 그는 "차르는 현안을 해결하기 위해 차관 계약을 체결할 명백한 권리를 가지며, 의회는 재정 문제에 대한 소급권한이 없다"고 법적 근거를 제시했다. 그러면서 "러시아의 어떠한 정부나 입법부도 국가 채무와 관련하여 제국 정부가 체결한 계약을 무효화하거나 수정할 수 없다"고 결론지었다.[29]

대러 차관 유치에 결정적인 역할을 한 사람은 프랑스 은행가들에 영향력을 행사하였던 프랑스 재무장관 푸앵카레(Raymond Poincaré)였다. 그는 파리·화란은행(Banque de Paris et des Pays-Bas)을 대러 차관 컨소시엄의 주간사로 선정하였다. 그 결과, 은행장 네츨린(E. Netzlin)과 코코프초프 사이의 채널은 차르 정부의 재정 안정에 기여했을 뿐만 아니라 프랑스의 영향력을 행사하는 통로가 되었다.[30]

네츨린이 코코프초프에게 러시아의 1907년 예산 편성에 대해 문의 편지를 보낸 것은 러시아재정의 프랑스에 대한 종속성을 잘 보여 준다.

---

[29] James W. Long, French Attempts at Constitutional Reform in Russia, *Jahrbücher für Geschichte Osteuropas*, Neue Folge, Bd. 23, H. 4 (1975), pp.498-499.

[30] 1906년 초 프랑스는 러시아에 90억 프랑을 투자한 채권국이었으며, 이는 프랑스 국외 투자의 1/4에 해당했다. James W. Long, French Attempts at Constitutional Reform in Russia, p.496.

코코프초프는 네츨린에게 보낸 답신(1906.8. 10)에서 1907년 예산안은 새로운 의회가 소집되는 1907년 초에 상정될 예정임을 밝혔다. 제1차 러시아의회는 1906년 5월에 소집되었으나 5년 임기를 채우지 못한 채 그해 8월 차르에 의해 해산되었다. 따라서 1907년 예산안은 회계연도가 시작될 때까지 의회의 비준을 받지 못할 경우 전년도 기준을 따르되, 변경된 부분만 사후 추인을 받도록 한 헌법 제74조를 준수할 것을 통보했다.[31]

코코프초프가 수립한 1907년 예산의 편성원칙은 균형재정이었다.[32] 이를 위해 새로운 예산은 입법부의 절차에 따라 승인을 받은 후 예산에 편성하고자 하였다. 그런데도 러시아 국내 상황은 코코프초프가 적자가 없는 균형예산을 편성하기가 쉽지 않다는 것을 보여 주고 있었다. 이는 국고 수입이 매우 열악한 상황에서 재정 지출을 극도로 자제하는 조건에서만 가능한 일이었다.

코코프초프는 네츨린에게 긴급한 예산은 두 가지 항목으로 나누어 구성했다고 통고했다. 첫째는 긴급 구호자금이었다. 가뭄과 흉작으로 고통받는 국민을 지원하는 것으로 5천만 루블이 편성되었으며, 1907년도 러시아 철도 부설 예산과 맞먹는 규모였다. 둘째는 긴급 방위예산이

---

31 Переписка В. Н. Коковцов Эд. Нецлину, 28(8/10) июля. 1906 г. *Красный Архив*, 1923 T. 4. C. 133-136.

32 Переписка В. Н. Коковцов Эд. Нецлину, 14(27) нояб. 1906 г. *Красный Архив*, 1923 T. 4. C. 143-146. 코코프초프는 네츨린에게 "내년도에 새로운 세원을 발굴하기 어렵기 때문에 현재의 수입 규모에 만족해야 한다. 새로운 조세수입을 위한 과세 계획안을 의회에 상정하였으나 의회는 해산되고 말았다. 여타 새로운 과세안들은 의회가 새로 소집될 경우 심의가 이루어지기 때문에 1907년 예산 편성에 활용할 수 없는 형편이다. 게다가 내 과세입안이 의회에서 언제 심의될지는 현재로서는 알 수 없기 때문에 이 과세안은 결국 1908년 이후의 예산에 반영되는 것이 가능하리라 본다"고 알렸다.

었다.³³ 실제 소요예산은 미정이었으나 연차별 목표를 설정한 국방력강화계획안은 1907년 예산과는 별도로 러시아의회에 제출될 예정이었다. 따라서 1907년 예산에 국방력 강화 예산을 육군 일반예산과 완전히 별개로 할지 아니면 국방이라는 중차대한 의미를 지닌 사업의 지연을 방지하기 위해 소요비용의 일부를 예산에 편성해야 할지 네츨린에게 자문을 구했다.³⁴ 이처럼 러시아의 국방예산도 프랑스 자본가에게 자문받으며 편성되었다.

차관을 통해 러일전쟁 직후 재정 파국의 위기를 힘겹게 넘겼음에도 코코프초프를 기다린 또 다른 복병은 대규모 예산이 소요되는 군사력 재건사업이었다. 육군성은 러일전쟁 이전보다 증강된 병력을 유지하고자 하였다. 육군상 레디게르(А. Ф. Редигер)는 병력과 장비 부족을 러일전쟁 패전의 원인으로 간주했다. 레디게르가 1906년 10월 육군 전력 재건을 위해 13만 4,000명의 상비군 병력 증강을 위해 2억 1,500만 루블의 예산안을 각료회의에 제출한 이유도 여기에 있었다.³⁵

이러한 육군성의 요구에 코코프초프가 택한 방안은 러시아의회에 법안심사를 위임하는 것이었다. 그는 패전과 혁명의 소용돌이 속에서

---

33 Там же. С. 145-146.

34 Переписка Эд. Нецлин В. Н. Коковцову, 4 декабря 1906 г. *Красный Архив*, 1923 Т. 4. С. 146-147. 네츨린은 비상예산과 관련하여 몇 억 루블이 들던지 국방개혁 계획에 소요될 예산은 굳이 대외 차관을 고려하지 않고 국내에서 조달 가능한 매우 합리적인 규모로 편성할 것을 조언했다. 그의 판단에 따르면, 러시아가 1907년에 재차 외국 자본시장에서 자금조달을 고려하지 않는 것이 러시아의 재정에 대한 대외신용도를 높일 수 있을 것으로 생각했다.

35 Шацилло К. Ф. От Портсмутского мира к Первой мировой войне. М., 2000, С. 126-127. 러시아 육군은 병역의무자 1억 3,810만 명의 1%를 평시 병력으로 운용함으로써 1900년 1월 1일 기준 육군 병력은 138만 5,061명이었다.

1907년 예산의 적자를 메울 수 있는 유일한 합법적 방안이 입법부의 승인을 얻어 재정을 확보하는 것이라 생각했다. 이로써 육군성의 방위비 증액은 러시아의회의 동의를 거친 국채 발행을 통해서만 실현될 수 있었다.

재무상이 군부의 국방비 증액 요구에 맞서 방위비 예산을 입법부의 승인을 거쳐 지출하는 구조로 만든 것은 이후 재무성과 육·해군성이 격렬히 대립하는 원인이 되었다. 재무성에 대한 육군상 레디게르(1905~1909), 해군상 비리료프(А. А. Бирилев, 1905~1907)·디코프(И. М. Диков, 1907~1909)의 예산증액 압박이 심해질수록 재무상 코코프초프는 정면 대응할 수밖에 없었다. 코코프초프가 군부의 예산을 절감하는 방안을 제안한 이유는 세수를 늘일 추가 세원 발굴이 곤란한 형편이었기 때문이다.

육군성이 추가예산을 요구할 경우 한정된 예산에서 감당할 수 있는 해법은 구조조정이었다. 이는 병력을 감축하여 그 절감 비용으로 새로운 방위력 증강사업에 투입하는 고육책이기도 했다.[36] 1909년 3월, 각료회의에서 육군성의 추가예산 배정을 거부, 평시의 상비군 병력 감축, 부대 재조직 계획안 요구 등의 결정이 이루어지자 육군상 레디게르는 사의를 표명하기에 이르렀다.

수호물르리노프(Сухомуллинов) 신임 육군상은 전임 레디게르의 정책

---

[36] М. В. Зайцев. Путешествие из Петербурга во Владивосток: К Вопросу о противоречияхв правительстве России по поводу финансирования вооруженных сил накануне первой мировой войны, *Изв. Сарат. университета. Нов. История. Международные отношения*. 2017. Т. 17, вып. 4. С. 447-449. 1909년 육군성 예산은 4억 7천만 루블이며, 이는 국가 예산의 1/4에 해당하는 규모였다.

을 계승한다는 입장을 견지함으로써 국방예산을 둘러싼 육군성과 재무성의 갈등은 계속되었다. 그는 코코프초프가 편성한 1910년도 예산안 검토를 위한 특별각료회의(1909.6.22)에서 병력 감축은 절대 불가능하다고 주장했다. 러시아 육군은 가상 적국의 전투력에 준하는 규모로 유지되어야 하며, 국경선의 길이, 수비할 영토의 방대함, 거주 인구의 희소성, 교통 상황 등을 고려하면 평시의 병력도 과도하지 않으며 오히려 부족한 실정이라고 주장했다.[37] 국방예산을 둘러싼 양대 부처 간의 입장 차는 1909년 가을 블라디보스토크 요새화 문제와 관련한 코코프초프의 극동 시찰 때까지 계속되었다.

블라디보스토크의 요새화는 연흑룡강 군관구(軍管區) 사령관 운테르베르게르의 정책 건의에 근거하고 있다. 이는 블라디보스토크 요새를 중심으로 그 외곽에 육상과 해안 방위설비를 구축함으로써 일본군의 상륙과 후방 공격을 격퇴한다는 작전계획이었다. 그는 일본 및 청국과 분쟁이 발발할 경우, 연흑룡강 군관구는 유럽러시아의 증원군이 도착할 때까지 극동러시아를 사수하는 임무를 수행한다는 신념이 있었다.[38] 하지만 계획이 수립되었음에도 공사 착수조차 하지 못한 상황은 현지 시찰을 통한 해법 모색이 절실히 요구되었다.[39]

블라디보스토크 요새화 문제는 국방 개혁을 둘러싼 코코프초프와 신임 육군상 수호믈르리노프의 논쟁에서 제정러시아 관료제가 안고 있는

---

37 Особый Журнал Совета Министров, 6 июня 1909 г.

38 Р. С. Авилов, По Транссибу на Восток. Визит Министра Финансов В. Н. Коковцова в Приамурский Военный округ, Вестник Томского гос.уни., No.405. 2016. С. 38-49.

39 В. И. Калинин, Н. Б. Ающин, Крепость Владивосток, *Россия и АТР. No.4*. 2000. С. 112-121.

비효율성을 극명하게 보여 주었다. 이 논쟁은 육군상이 블라디보스토크 요새화 작업 지연의 책임이 재무성에 있음을 상주한 보고서가 발단이었다. 육군상은 전후 복구가 시작된 지 3년이 지났음에도 러시아의 극동지역이 무방비상태에 놓이게 된 원인을 예산 승인을 하지 않았던 재무성 탓으로 돌렸기 때문이다. 요컨대 블라디보스토크 방비 강화를 위한 예산을 재무성으로부터 받지 못했다는 것이다.

코코프초프는 육군상의 책임 전가에 즉각 반박하고 나섰다. 그는 최근 3년간 블라디보스토크 방비 강화 예산을 한 푼도 깎지 않았음을 보여 주는 서류들을 제출할 수 있었다. 그가 각료회의에서 3년 전에 육군성에 배정된 예산조차 전혀 집행되지 않고 남아 있음을 지적한 이유도 여기에 있었다. 그의 주장에 따르면, 불용(不用) 예산이 쌓여 있음에도 육군성에 새로운 예산 배정을 반대하지 못한 것이 재무성의 유일한 책임이라며 비꼬았다. 코코프초프는 수호물리노프의 예산 요청에 아직 집행되지 않은 불용 예산을 활용하는 방안을 제안하기도 했다.⁴⁰ 그렇지 않다면, 긴급한 현안사업 예산이더라도 절차와 시간이 필요한 의회의 승인을 받는 수밖에 없었다.⁴¹

---

40 Шацилло К. Ф. Последние военные программы Российской империи, *Вопросы истории*, No.7-8, 1991. С. 223-234. 극동 지역 방위력 강화 문제는 러시아의 군대의 근대화 작업의 일환이었다. 러일전쟁에서 제1차 세계대전까지 러시아 군장비의 근대화 사업에 18억 루블이 책정되었으나 실제로 1914년까지 집행된 예산은 1/5에 해당하는 3억 7,650만 루블에 불과했다. 이는 예산이 부족했거나 코코프초프 개인적인 문제라기보다는 러시아 행정부, 특히 육군성과 해군성의 비효율적인 관료제의 산물이었다. 이들은 러시아 군수산업과 마찬가지로 낮은 생산성으로 인해 당면한 예산 수요를 적기에 충족시키기엔 역부족이었다.

41 М. В. Зайцев. Путешествие из Петербурга во Владивосток, 449-450. 1906년 러시아 헌법(4.23)의 삼권분립 원칙에 따라 입법부가 등장함으로써 행정부서 예산안이 의회를

2) 러시아 재무상 코코프초프

1909년 가을, 러시아 재무상 코코프초프의 극동 시찰 계획이 수립되었을 당시 이토 히로부미와 하얼빈 회동은 예정에 없었다. 코코프초프는 1909년 9월 22일 동청철도(東淸鐵道)와 하바롭스크 및 블라디보스토크 시찰 계획에 차르 니콜라이 2세의 재가를 얻었다.[42] 재무상의 극동 시찰은 1910년도 예산 편성을 마무리하는 바쁜 일정 속에서 이루어졌기 때문에 시찰 기간과 장소는 극히 제한되었다.[43] 5주의 시찰 기간에 동청철도 구역을 벗어나지 않기로 하였기 때문에 베이징주재 러시아공사 코로스토베츠는 재무상을 만나기 위해 하얼빈으로 와야 했다.[44] 코코프초프는 봄부터 일본 정부의 방일 제안을 받았음에도 도쿄 방문 계획은 일정에 없었다. 따라서 이토와의 하얼빈 회동은 코코프초프가 극동 시찰 여정에 오른 후에 결정된 사안이었다.

코코프초프가 극동 시찰을 단행한 목적은 러일전쟁 이후 극동의 방

통과하는 과정은 부처별로 다양한 층위를 드러냈다. 특히 육군성은 예산 획득에 큰 곤란을 겪고 있었다. 차르의 심복임을 자처했던 군부, 특히 육군상이 국가적 의미가 부여된 방위사업에 대한 의회의 역할을 중시하지 않았기 때문이다.

42 РГИА. Ф. 560. Оп. 28. Д. 416. Л. 6-8. Всеподданнейший доклад министра финансов 9 сентября 1909 г.

43 Переписка В. Н. Коковцов Эд.Нецлину, 21 сентябя(4 октября) 1909 г. *Красный Архив*, 1923. Т. 4. С. 155-156. 코코프초프는 1909년 10월 4일 극동으로 출발하면서 대러 차관을 위한 프랑스은행컨소시엄의 네츨린에게 편지를 보냈다. 코코프초프는 러시아의 대외신용에 일정한 영향력을 가진 프랑스 언론에서 관심을 보였던 러시아의 1910년도 예산 편성 자료들을 송부했음을 알렸다.

44 РГИА. Ф. 560. Оп. 28. Д. 416. Л. 9. Копия телеграммы Правления Общества КВЖД в Пекине от 10 сентября 1909 г. на имя Коростовца.

위 상황을 점검하고, 문제점들에 대한 해결책을 모색하는 데 있었다. 극동 시찰의 발단은 연흑룡강주 총독 운테르베르게르와 육군상 수호물르리노프의 상주서에 기인했다. 1909년 2월 9일, 운테르베르게르(П.Ф.Унтербергер)가 각료회의 의장에게 보낸 연흑룡강주 비상예산 요청 관련 기밀보고서는 재정 부족으로 잠들어 있는 긴급 현안들을 활성화할 것을 촉구하고 있었다. 그러면서 러시아 원동 지역의 방위력 증강을 위해 첫째, 유럽러시아 주민들의 이입을 적극화하고 둘째, 1907년에 시작된 아무르철도 부설공사를 조기에 완공해야 하고 셋째, 아무르강 하구와 블라디보스토크의 경계 강화를 위한 육군과 함대 증강 사업을 본격화해야 한다고 요구하였다.[45]

육군상 수호물르리노프 역시 운테르베르게르의 입장에 공감하고 이를 차르에게 상주했다. 그는 러일전쟁 이후 극동의 방위 불안이 가중되고 있음에도 블라디보스토크의 요새화 작업이 진척되지 않기에 상황이 매우 절망적이라고 했다. 그러면서 블라디보스토크 방비 강화를 위한 예산을 재무성이 승인하지 않았기 때문이라고 재무상에게 책임을 돌렸다. 아울러 쓰시마 해전에서 러시아 해군이 전멸함으로써 극동의 해안은 무방비상태에 놓이게 되었고, 이는 만주에 부설된 동청철도의 안전에도 영향을 미친다고 했다.

이들의 진단에 따르면, 극동 방위를 위한 예산 부족으로 제정러시아는 만주의 동청철도와 연해주의 블라디보스토크를 지켜낼 수 있을지 우

---

45 Р. С. Авилов, По Транссибу на Восток. Визит Минстр Финансов В. Н. Коковцова в Приамурский Военный округ, *Вестник Томского гос. университета*. No.405, 2016. С. 38-39.

려할 만큼 총체적 난국에 처해 있다는 것이다. 이에 따라 블라디보스토크 방비 강화를 위한 예산을 지원했음에도 왜 작업이 진척되지 않았는지를 밝히는 것이 코코프초프의 제1과제였다. 지난 3년간 국채를 발행하면서까지 극동 방위예산을 한 푼도 깎지 않고 지원했기 때문에 코코프초프도 매우 의아했다.[46]

1909년 10월 1일, 코코프초프는 극동 시찰 여정에 올랐다. 10월 11일, 시베리아철도와 동청철도의 분기점이었던 만추리(滿洲里)역에 당도했을 때, 이토 히로부미가 고토 신페이[後藤新平]를 통해 하얼빈에서 회동이 가능한 지 문의했다고 주일 러시아상무관 빌렌킨(Г. А. Вилекин)이 타전해 왔다.[47]

같은 날(10.11) 주일 러시아대사 말렙스키 말레비치는 이토의 만주 시찰 계획을 외무성에 보고했다. 그의 보고서에는 "첫째, 이토의 만주 시찰 여정은 다롄-펑톈-하얼빈-블라디보스토크이며, 약 8명의 수행원이 동행할 예정이다. 둘째, 이토는 공식직함을 갖고 있지 않지만, 친러 인사이며, 하얼빈에서 코코프초프와 회동을 원한다. 셋째, 동청철도와 남만주철도의 접속과 극동 문제 전반에 걸친 러·일 양국 간의 관계 강화를 원한다"는 것이다.[48]

이틀 후(10.13) 주일대사는 이토의 만주여행에 대해 자세한 보고를 해 왔다. 이를 요약하면 이토의 하얼빈 방문은 코코프초프를 만나 최근에

---

46 М. В. Зайцев. Путешествие из Петербурга во Владивосток. С. 448-449.

47 РГИА. Ф. 560. Оп. 28. Д. 416. Л. 44. Телеграммы Велинкина из Токио на имя Министра Финансов от 28 сентября 1909 г.

48 Там же. Л. 61. Секретная телеграмма Малевского-Малевича 28 сент./11октября 1909 г.

체결(9.4)된 청·일 협약⁴⁹과 관련한 협의를 하는 것이며, 러·일 양국이 만주에 대한 이해를 조정하는 토대 구축을 모색하기 위함이었다. 이를 위해 동청철도와 남만철도의 화물 환적(換積)에 관한 협약 체결을 마무리하고, 러일전쟁 전후처리 과정에서 일본이 거부한 러시아 요구사항의 해법이 논의될 것으로 예상했다. 따라서 러시아는 이토의 하얼빈 방문 목적이 청·일 협약으로 불거진 미·일 갈등을 해소하기 위해 대러 접근책을 모색한 것으로 판단하였다.

주일 상무관 빌렌킨(Г. А. Вилекин)이 코코프초프에게 보낸 기밀보고서(1909.10.14)는 이토 히로부미가 사전 협의 없이 급히 만주로 향한 이유를 체계적으로 분석하고 있었다.⁵⁰ 빌렌킨은 이토가 만주 시찰 목적을 오랫동안 못가 본 장소를 간다고 했으나, 본연의 목적은 만주 문제를 둘러싸고 악화한 미·일 관계의 타개책을 찾는 데 있다고 보았다. 그러면서 이토의 출장 지역이 최근 미·일 간에 논란이 되는 만주임에 주목하고, 이토의 만주 시찰은 분명한 목적을 가진 업무용 출장으로 파악했다. 왜냐면 이 지역은 청국이 '만주의 광산과 철도 관련 청·일 협약(1909.9.4)'⁵¹을 통해 푸순[撫順]탄광과 단둥-펑톈철도 보강공사 구간의 광산채굴권을 일본에 양여한 곳이기 때문이다. 이에 미국은 청·일 협약이 만주의 문호개방과 기회균등 원칙을 명시한 "루트-다카히라(The Root-Takahira

---

49 Там же. Л. 77-78. Текст секретной телеграммы Товарища МИДа на имя Коковцова, 30 сентября 1909 г. 최근의 청·일 협약이란 1909년 9월 4일 청·일 양국이 체결한 '만주의 광산과 철도 및 간도 관련 협약'을 의미한다.

50 РГИА. Ф. 560. Оп. 28. Д. 421. Л. 7-15. Доверительное письмо Виленкина Коковцову от 1 октября 1909 г.

51 *Foreign Relations of the United States*, 1909. pp.118-120. Japanese-Chinese Agreement concerning Mines and Railways in Manchuria.

Agreement of 1908)"⁵² 협정을 위반하였다고 문제를 제기하고 나섰다. 요컨대 미·일 갈등의 요체는 전리품으로 획득한 남만주에 대한 독점권을 주장한 일본과 "문호개방(Open door)과 기회균등" 슬로건으로 만주시장 진출을 도모한 미국의 이해 대립이었다.

빌렌킨은 이토의 하얼빈 방문의 숨은 공로자로 만철(滿鐵)총재를 역임했던 고토 신페이를 꼽았다. 그는 재무상의 극동 시찰 소식을 접하고 도쿄 방문을 성사시키고자 했으나 불가능해 보이자 가츠라 총리를 통해 이토의 만주 시찰을 설득했다. 그 결과 이토는 주일 러시아대사 말렙스키 말레비치를 방문하여 하얼빈 회동을 제안했고, 고토 신페이를 통해 빌렌킨에게 이 제안을 재무상에게 타전하도록 하였다.

말렙스키 말레비치 대사가 이토의 하얼빈 회동 제안이 갖는 정치적 함의에 주목했다. 그는 하얼빈 회동을 일본 측의 우호적인 대러 접근의 표현으로 평가했다. 왜냐면 러시아의 일부 언론에서 선동했던 반일 여

---

52 『공립신보』, 1908.12.16, "論美日協商, 미국과 일본이 서로 협상한 것을 의론함"은 이승만이 『공립신보』에 기고한 "루트-다카히라 협상"에 대한 분석 논설로써 이토의 하얼빈 방문의 동기였던 이 협상안의 조약문 번역과 의미를 분석하였다. '5조약 역문, 1조, 미·일 양국 정부는 태평양에서 그 상업을 자유로하며, 또한 평화롭게 장려할 일. 2조, 미·일 양국 정부는 호말이라도 침략적 주의를 두지 말고 태평양에 재하여 현금 상태를 유지하며, 청국에 재하여 상공업의 기회균형을 보호하여 대할 일. 3조, 미·일 양국은 태평양에서 피차의 영토를 공경할 일. 4조, 미·일 양국은 할 수 있는 대로 평화적 수단을 다하여 청국의 독립 보전과 청국에 있는 미국 인민의 상공업 기회균형주의를 옹호함으로써 각국 상민의 공동이익을 보호케 할 일. 5조, 일조에 불행한 일이 있어 이상의 말한 바를 실시하기 위하여 필요한 조치를 취할 때는 양국 정부가 먼저 의논하여 결정한다 하였으니, 이것이 곧 두 정부를 결박하여 자유행동을 못하게 함이라. 후일 시비가 이에서 많이 생기리라 하노라.' 이어 이 협상에 대해 다음과 같이 의미부여를 하였다. "우리의 소견으로 말할진대 이 협상이 양국의 시비를 막은 것도 아니오, 물린 것도 아니오, 시비를 준비하는 시작이라 하노라."

론을 완화하는 데 회동 목적이 있다고 보았기 때문이다. 일본 정부 역시 이 회동을 예의주시하고 있는 미국과 청국에 러·일 양국이 만주에서 이해를 일치시키고 연대하는 모습을 보임으로써 청국의 지속적인 양보를 끌어내려 한다고 분석했다. 결국 일본은 대러 접근을 통하여 만주의 문호개방과 상공업 상의 기회균등 그리고 청국의 영토 보전을 약속한 루트-다카히라 협정을 무력화하는 대신 만주에서 행동의 자유를 획득하고자 하였다.

그렇다면 일본이 대러 타협에 제시할 수 있는 카드는 무엇일까?

핵심은 러일전쟁 당시 일본이 나포한 러시아 선박의 반환 문제였다. 이는 러시아 언론의 공격대상이 되고 있었다. 이에 러시아는 러일전쟁 전후처리 과정에서 미결과제로 남겨진 동청철도회사 소유의 증기선 3척[만추리아(Маньчжурия)호, 아르군(Аргун)호, 묵덴(Мукден)호]의 무조건적 반환을 하얼빈 회동의 의제로 삼고자 했다.[53] 빌렌킨이 동청철도회사 소유의 선박(175만 9,000루블 상당) 반환 문제가 만족스럽게 해결될 것으로 기대했던 이유도 일본이 남만주철도와 동청철도의 화물 환적 협정 체결을 원하고 있음을 알고 있었기 때문이다.

이토의 회동 제안에 대해 코코프초프가 하얼빈 체류 일정을 통보함으로써 회동 준비가 본격화되었다. 그러면서 블라디보스토크로 가는 3박 4일(10.24~27) 혹은 복귀하는 2박 3일(11.7~9) 가운데 택일할 수 있는 선

---

53 РГИА. Ф. 560. Оп. 28. Д. 416. Л. 132-133. Телеграмма Управления дороги Директору Канцелярия Министра Финансов, 9 октября 1909 г. 동청철도 이사회의 보고에 따르면, 묵덴호는 1904년 1월 24일(서력 2.7) 부산에서, 아르군호는 1월 25일(2.8) 대한해협에서, 만추리아호는 2월 4일(2.17) 나가사키에서 일본 해군에 나포되었다.

택권을 이토에게 주었다.[54] 이토는 주일 러시아대사 말렙스키말레비치를 방문(10.11)하여 코코프초프가 10월 25일 하얼빈에 도착한다는 주러 일본대사관의 보고를 재확인하고, 하얼빈 회동에 대한 희망을 전달했다.[55] 10월 14일, 주일 상무관 빌렌킨은 코코프초프가 하얼빈 회동에 동의했음을 일본에 통보하자, 이토의 하얼빈 도착 날짜가 10월 26일로 확정되었음을 기밀 보고하였다. 마침내 빌렌킨은 이토의 수행원 명단과 함께 그의 하얼빈 도착 일정에 대해 최종 보고(1909.10.16)함으로써 러시아 당국은 이토 일행이 관성자(寬城子)에서 하얼빈으로 10월 25일 밤차로 출발할 예정임을 알게 되었다.[56]

러시아 황제는 코코프초프가 이토와의 하얼빈 회동에 동의했음을 보고한 상주서에 "중립 지역에서 그러한 회동은 유익할 것이다"라고 재가(10.15)하였다.[57] 하얼빈은 러시아나 일본의 영토가 아니었기 때문에 외

---

54 РГИА. Ф. 560. Оп. 28. Д. 421. Л. 2. Телеграмма Коковцова Виленкину, 28 сентября 1909 г.

55 РГИА. Ф. 560. Оп. 28. Д. 421. Л. 3-3об.: Копия секретной телеграммы Малевского-Малевича, 11 октября 1909 г. 주일 러시아대사 말렙스키 말레비치는 이토의 만주여행에 대해 다롄주재 러시아영사, 베이징주재 러시아공사 그리고 연흑룡강주 총독에게 통보(10.11)했다.

56 Там же. 16-17об. Письмо Виленкина Коковцову 3 октября 1909 г. 빌렌킨의 보고서에는 이토를 수행할 인사들의 명단도 첨부되어 있었다. 수행원은 9명이었으나 모두 동행할지는 미지수라고 보고했다. 그 명단은 다음과 같다. 나카무라[中村是公]: 滿鐵 의장, 무로타[室田義文]: 이토의 친구 이자 전 멕시코대사, 오우치: 관동총독부 외무처장, 후루야[古谷久綱]: 이토의 개인비서 겸 황실 의전국장으로 이토의 오른팔이자 무로타의 사위, 테이: 외무성 관리로서 중국통이자 만주와 청국 관계 전문가, 마츠키: 참모부 소령으로 러일전쟁사 전문가로서 이토에게 만주의 군사적 측면에서 역사적 장소들을 설명하기 위해 임명됨, 타츠이: 남만주철도 총비서, 모리: 황실장관의 개인 비서이자 일본 현대시의 대가로서 이토의 친구 자격으로 동행, 고야마: 황실청 산하의 의사.

57 Там же. Л. 19. Телеграмма тайного советника Вебера Коковцову, 4 октября 1909 г.

부의 영향력과 간섭이 배제된 채 관심 사안을 논의하는 최적지일 수 있었다. 러시아 부외상 사조노프(С. Д. Сазонов)가 하얼빈 회동을 러일전쟁 전후처리 미결과제 해결의 기회로 간주한 이유도 여기에 있다. 그는 일본 정계의 거물이 노구를 이끌고 만주로 러시아 재무상을 찾아온 정황은 결코 러시아에게 불리한 것이 아니라고 판단했다.

4. 안중근의 하얼빈 의거와 좌절된 한·러 정보협력 구상

1) 안중근의 하얼빈 의거와 러·일 관계의 진전

주일 러시아상무관 빌렌킨이 코코프초프에게 이토의 하얼빈 도착 일정을 보고(10.16)하였다. 코코프초프가 파악한 이토의 일정은 10월 25일 밤 관성자를 출발하여 10월 26~27일까지 하얼빈에서 체류하다가 10월 27일 밤에 블라디보스토크로 출발하는 것이었다. 이에 코코프초프는 연흑룡강주 총독 운테르베르게르에게 이토와 하얼빈 회동 이후 하바롭스크를 경유하여 블라디보스토크로 갈 예정이지만,[58] 정확한 날짜를 예정할 수 없다고 타전(10.24)했다. "이토와 회동이 나를 얼마나 붙잡아둘지

"Такая встреча на нейтральной почве может быть полезна."

58 Там же. Л. 21. Телеграмма Приамурского Генерал-Губернатора Коковцову, 4 октября 1909 г. 운테르베르게르는 이토가 하얼빈 회동 이후 블라디보스토크를 거쳐 귀국하는 일정을 통보받고, 코코프초프에게 하바롭스크를 거쳐 그곳에서 블라디보스토크로 함께 출발하자고 제안하였다. 이는 이토가 먼저 블라디보스토크를 거쳐 일본으로 귀국한 후, 현지에 도착하는 것이 블라디보스토크 현지 시찰의 임무를 수행하는 데 편리할 것으로 판단했기 때문이다.

전혀 알 수 없다"는 것이 이유였다.[59] 따라서 당초 1909년 10월 24일 저녁 6시 하얼빈에 도착하여 10월 28일 오후에 블라디보스토크로 출발할 예정이었던 코코프초프는 10월 25일부터 이토와의 회동을 준비하게 되었다.[60]

청진(淸津)주재 러시아영사이자 육군성의 정보장교였던 비류코프(Н. Н. Бирюков)[61]가 연흑룡강 군관구 참모본부에 보고한 문서에서 안중근 관련 사항은 다음과 같다.

"블라디보스토크에서 발행되던 한인(韓人)신문 『대동공보』의 편집실에서 기거하던 안중근이 우덕순·조도선과 함께 하얼빈으로 출발한 날짜는 1909년 10월 21일이었다. 이들의 거사 자금은 1909년 7월 샌프란시스코에서 블라디보스토크로 들어온 정재관이 제공하였다."[62]

또 러시아 언론은 '채가구역에서 체포된 한국인들(조도선·우덕순)이 "장군 휘하의 26명이 만주로 특파되었다"고 진술하였다. 채가구역에서

---

59 Там же. Л. 27. Телеграмма Коковцова Унтербергеру, 11 октября 1909 г. из Харбина.
60 РГИА. Ф. 560. Оп. 28. Д. 418. Л. 56.: Программа.
61 РГВИА. Ф. 2000. Оп. 1. Д. 4107. Л. 101.: Донесение полковника Будберга в Главное управление Генерального Штаба, 25 января 1910 г. 비류코프는 서울의 관립 아어(俄語)학교 제자이자 러시아 유학생 출신의 한국인 정보원들을 활용하여 한반도 북부의 일본군 동향에 대한 정보 수집업무를 담당하고 있었다. 아울러 블라디보스토크에서 활동 중이던 연흑룡강 군관구 정보장교 엔켈(Энкель)과 부드베르그(Будберг) 중령과 협업 관계였다.
62 Там же. Л. 99-100.: Секретный рапорт Штаба Приамурского военного округа в Главное управление Генерального Штаба, 11 ноября 1909 г.

체포된 한국인에게서 압수한 권총에는 강력한 살상력을 지닌 파열탄 (Exploding bullet)이 장전되어 있었다. 일본 당국은 이토의 뒤를 바짝 쫓던 별도의 그룹이 있었고, 이들은 현재 한국으로 되돌아갔으나, 남만철도와 다롄에 다수의 협력자가 있다는 정보를 입수했다. 안중근에게서 압수한 문건들을 통해 알 수 있는 것은 사건의 주모자들은 한국에 있으며, 이토의 저격은 총궐기 신호가 될 것이다'[63] 등으로 안중근의 하얼빈 의거를 보도했다.

코코프초프는 안중근의 하얼빈 의거 직후(1909.10.26) 곧바로 사고수습에 나섰다. 그가 최우선으로 파악하고자 했던 것은 책임 소재였다. 러시아 조차지 하얼빈에서 발생한 한국인의 일본 정치가 저격 사건의 책임 소재는 러시아 측의 경호 소홀인지 아니면 입장객의 신분 확인을 하지 않은 하얼빈주재 일본총영사관의 책임인지 판별하는 것이 관건이었다.

코코프초프가 경호 문제에 대한 러시아의 입장을 정리하여 외무부상 사조노프에게 전달한 이유도 여기에 있다. 러시아 당국이 환영객 예비 검속에 소홀했다는 평가가 있을 경우, 그 대처요령은 다음과 같았다.

"모든 환영객은 특별한 이름표를 가지고 역에 들어갈 수 있었다. 동청

---

63 РГИА. Ф. 560. Оп. 28. Д. 420. Л. 7-8.:Подробновсти Ареста Корейских Террористов. 러시아국립역사문서관(РГИА)의 문서군(фонд) 560, 목록(опись) 28번에는 "코코프초프의 동청철도 및 극동 주요 중심지 시찰을 목적으로 한 국무비서 코코프초프의 여행(О поездке статского секретаря Коковцова на Дальнем Востоке с целью посещения территории КВЖД и важнейших центров русской окраины)"이라는 제목의 5개 문서철(ф. 416, 417, 418, 419, 420)이 있다. 그중 420번은 제호를 표시하지 않은 신문에서 재무상의 극동 시찰 일정과 관련된 기사들을 발췌하여 긴급하게 정리한 문건들이 편철되어 있다. 따라서 발췌 신문의 제호가 명기되지 않았기 때문에 이를 밝히기 위한 별도의 작업이 필요하다.

철도 운영진은 이틀간 일본총영사에게 일본 국적자들 가운데 누구에게 표를 보내야 하는지 알려줄 것을 요청했다. 이에 영사는 어떤 표도 없이 자유롭게 일본인들의 출입을 허용해줄 것을 요구했다. 저격범의 외관은 전형적인 일본인 모습을 하고 있었고, 일본인들 사이에 있었다. 일본인들도 그를 조금도 관심 있게 보지 않았다. 일본총영사가 일본인들의 자유로운 출입을 허용해 줄 것을 요청한 사실은 일본영사관 서기가 내게 확인해 주었다"[64]

코코프초프는 입장객 단속을 철저하게 하지 못한 책임이 일본영사관에 있음을 분명히 했다.

코코프초프가 관심을 가진 또 다른 문제는 하얼빈 의거에 대한 일본 언론 및 일본 정부의 평가였다. 하얼빈 의거는 요인 경호와 관련하여 일본인 환영객들에게 비표를 사용하지 않았던 일본총영사관의 책임도 있었지만, 러시아 관할구역에서 발생한 사건이었기 때문에 러시아도 결코 책임 문제에서 자유로울 수 없었다. 동청철도 수비대장 호르바트(Д. Л. Хорват) 장군과 주청러시아공사 코로스토베츠(И. Я. Коростовец)가 이토의 사체를 실은 운구열차를 관성자까지 호송할 만큼 최대한의 예의를 갖춰 사태를 수습했던 이유도 여기에 있다.[65] 따라서 러시아 재무상은 전쟁과 혁명의 위기를 극복해 나가고 있는 가운데 일본과 재차 분쟁

---

64 РГИА. Ф. 560. Оп. 28. Д. 421. Л. 38-38об. 주청 러시아공사 코로스토베츠의 기밀 서신[1909.10.14(27)]에 따르면, 러시아 당국에서는 하얼빈역에 군중의 입장을 제한하기 위하여 유럽인과 중국인에 대한 조치를 취했으나 일본인들은 일본영사의 희망에 따라 제한 없이 입장시켰다. 코로스토베츠는 이러한 경솔한 판단이 안중근에 대해 주의하지 못한 원인으로 진단했다.(АВПРИ. Ф. 150. Оп. 493. Д. 1279. Л. 44-47об.: Секретное письмо Коростовцаб 14 октября 1909 г.)

65 АВПРИ. Ф. 150. Оп. 493. Д. 1279. Л. 44-47об.

에 휘말릴 가능성을 우려함으로써 이 사건에 대한 일본의 반응에 촉각을 세우고 있었다.

코코프초프가 안중근에 대한 처분권을 일본 측에 이관하기로 한 결정은 일본의 여론을 의식한 고육책이었다. 그는 저격범이 한국인이라는 것이 명확하게 밝혀졌고, 한국의 사법권은 일본에 귀속되어 있기 때문에 모든 서류는 일본영사관에 이관될 것임을 외무성에 통보했다. 이는 러일전쟁을 마무리하는 포츠머스 강화조약이 체결되었음에도 제2차 러일전쟁 발발 가능성에 대한 소문이 끊이지 않았던 것을 고려해야 했기 때문이다.[66] 아울러 이토 저격 사건을 미연에 방지하지 못함으로써 야기될 러·일 간의 갈등에 빌미를 주지 않으려는 의도도 있었다.

또 코코프초프는 채가구역에서 러시아 헌병이 조도선·우덕순을 체포한 것을 이토 저격 사전의 책임에서 벗어날 수 있는 증거로 간주했다.[67] 그 근거는 첫째, 이들로부터 압수한 리볼버 권총 탄알이 안중근의 것과 같은 파열탄이었기 때문에 이들은 공범 관계에 있었고 둘째, 안중근이 블라디보스토크에서 하얼빈까지 단독으로 이동하여 역사에서

---

66 РГИА. Ф. 560. Оп. 28. Д. 421. Л. 6-6об.: Русско-Японское Сближение.

67 하얼빈주재 일본총영사 카와카미 도시히코[川上俊彦]도 이토 환영식을 맞아 일본인들에게 자유통행권을 발급한 사실은 영사관이 강력히 요구했다고 확인해 주었다. 10월 9일 아침, 사전 방지책과 관련하여 표를 가지고 기차역을 출입하는 문제에 대한 조치를 제기하자, 총영사는 일본인들에게는 이러한 것을 하지 말도록 부탁했다. 검사가 총영사에게 한국인들의 위험에 대해 사전에 어떻게 준비하였는지 질문하자 그는 그런 위험은 염두에 두지 않았다고 대답했다. 이에 대해 관구검사 밀레르는 하얼빈역에는 이토뿐만 아니라 러시아 재무상이 있었음을 지적하고, 그것은 일본 측이 환영식을 조직할 때 전혀 신경 쓰지 않았다는 증거라고 비난했다. РГИА. Ф. 560. Оп. 28. Д. 422. Л. 41-45. Прокурора Пограничного Округа Суда Миллера Господину Прокурору Иркутской Судебной Палаты, 14 октября 1909 г.

밤새도록 있었다는 진술을 반박할 수 있는 근거를 제공했기 때문이다. 따라서 주청 러시아공사 코로스토베츠는 "우리가 경호에 소홀했다거나 사전 예방조치가 미흡했다고 자책할 필요가 없다. 저격 사건은 운명적인 우연이었다"고 평가했다.

코코프초프가 이토의 장례식 참석까지 염두에 둔 것은 이토의 운구 열차를 관성자까지 호송하고 돌아온 코로스토베츠의 건의에 따른 것이었다. 주청 러시아공사는 이토가 노구를 이끌고 만주까지 찾아왔음에도 "우리 땅", 즉 러시아 조차지인 하얼빈에서 처단된 일은 러·일 관계의 악화 요인으로 이용될 수 있다고 판단했다. 하얼빈 의거가 일본에 대한 러시아의 적대적 입장을 표출한 것으로 해석될 수 있기 때문에 이를 완화할 대안이 필요하다고 생각했다. 이에 따라 일본에게 러시아의 입장을 명확하게 전달하는 해법으로 고위인사로 구성된 조문단 파견이 제시되었다. 코로스토베츠는 코코프초프가 황제의 신임을 받고 있을 뿐만 아니라 책임 있는 임무를 수행할 능력을 겸비한 인물임을 파악하고 천거하였다.[68]

코코프초프의 대일 조문 계획이 재고된 것은 일본 역시 러시아와의 관계 개선이 시급했음을 반영한 것이었다.[69] 일본 정부는 이토의 피격을 빌미로 러시아에 과격한 대응을 하기보다는 당초 기대했던 러·일 관계 강화에 집중하고자 했다. 주일대사와 상무관 벨린킨이 고토 신페이로부

---

68 АВПРИ. Ф. 150. Оп. 493. Д. 1279. Л. 44-47об. Секретное письмо Д. С. С. Коростовеца. 코로스토베츠는 코코프초프의 弔問이 러시아의 만주정책에 반감이 있는 중국인들에게도 러·일 관계의 굳건함을 보여 주는 징표가 될 것으로 전망했다.

69 РГИА. Ф. 560. Оп. 28. Д. 421. Л. 142.: Телеграмма Коковцова Веберу, 15 октября 1909 г.

터 받은 전보에 따르면, 일본 정부는 러시아에 어떠한 유감도 갖지 않고 있다는 것을 알 수 있다. 일본 언론 역시 러시아가 할 수 있는 모든 것을 했음을 인정하고 있는 분위기였다. 더욱이 고토는 이토 피격 사건이 향후 러·일 관계 강화에 기여할 것이라 전문을 보내옴으로써 양국의 관계 개선 의지를 적극적으로 피력하였다. 코코프초프가 극동 시찰을 속개하기로 결정한 것은 일본에 조문특사로 방문하는 것이 무의미하다고 판단(10.28)했기 때문이다.[70]

코코프초프가 러·일 관계 개선과 일본과의 분쟁 재발 방지라는 정치적 맥락에서 안중근을 일본 측에 이관하는 방식으로 해결한 것에 대해 내부에서 문제를 제기한 점은 주목할 만하다. 코코프초프는 외무성에 국경관구(管區)법원 검사의 동의를 받고 안중근을 일본 측에 넘겼다고 통보했지만, 관구검사 밀레르(К. Миллер)는 러시아 측에서 수사를 진행하는 것이 실질적인 문제해결 방식이라고 판단했다. 그는 이 사건이 우발적인 사건이 아니라 사전에 모의한 사건임을 직감하였고, 이를 수사하기 위해서는 경찰과 수사 인력을 보유한 러시아가 담당하는 것이 올바르다고 생각했다.

러시아 정부가 만주를 관통하는 철도를 부설하기 위하여 청국으로부터 조차한 지역에서 외국인들이 개입된 사건을 처리하는 과정은 혼선의

---

[70] Там же. Л. 124. Копия письмо Американского консула в Харбине на имя Российского Генерал Консула 14 октября 1909 г. 하얼빈주재 미국영사[Garden Paddock]가 이토의 사망에 대한 애도보다는 코코프초프가 무사한 것을 축하하는 편지를 하얼빈주재 러시아총영사에게 보낸 것은 만주 문제를 둘러싼 미·러·일 삼국관계를 반영하고 있다고 할 수 있다. 그의 편지는 "코코프초프와 다른 러시아 관리들이 어제 비극적 사건에서 무사한 것에 진정한 기쁨을 표하고자 하며, 그러한 위험한 곳에 있던 그들이 천우신조(providential)로 살아남은 것에 대해 경축"하였다.

연속이었다. 한국인에 대한 재판 관할권은 일본에 있었다 하더라도 러시아의 치외법권이 인정되는 하얼빈에서 관련자들을 색출하고, 수사할 권한은 러시아에 있었기 때문이다.[71]

안중근의 재판관할권과 관련하여 안중근과 동지들이 러시아인들의 살상을 회피하기 위해 파열탄으로 이토를 저격한 것은 역설적이게도 이 사건이 일본에 이관하는 계기가 되었던 점은 주목할만하다. 관구검사 밀레르가 지적한 바와 같이, 총알이 관통하여 인접한 인물에게 총상을 입히지 않기 위하여 파열탄을 사용하였지만, 러시아인들이 상해를 입지 않게 됨으로써 러시아 측에서 피의자를 수사할 수 있는 법적 근거가 사라지고 말았다.[72] 따라서 안중근에 대한 재판관할권은 수사를 위해 증거품들을 압수할 수 있는 권리를 보유한 러시아 사법부가 담당하고, 이를 일본이 요구하는 것이 정당했다.

안중근의 하얼빈 의거를 러시아와 일본이 협력하는 방식으로 수사를 진행한 것은 러·일 관계를 고려한 러시아 측의 고육책이었다. 실제적인 경찰력을 보유하고, 사법권을 행사할 수 있었던 러시아 당국은 하얼빈 의거 관련자들을 압수·수색하여 증거품을 찾고, 조사한 자료를 일본에 넘기며 일본에 협조했다. 한국인에 대한 일본의 재판관할권을 인정하고, 하얼빈의 러시아 공권력이 러·일 공조체제를 구성해 하얼빈 의거

---

[71] РГИА. Ф. 560. Оп. 28. Д. 422. Л. 23-23об. Записка Прокурора Пограничного Округа. Б/Д.

[72] РГИА. Ф. 560. Оп. 28. Д. 422. Л. 41-45. Прокурора Пограничного Округа Суда Миллера Господину Прокурору Иркутской Судебной Палаты,14 октября 1909 г. 관구법원 검사 밀레르가 이르쿠츠크 법원에 보고한 문서에 따르면, "파열탄은 부상자 몸 안에 박히게 되며, 거리가 가깝기 때문에 파열탄이 아니었다면 이토는 관통상만 당하고 옆에 걸어가던 재무상 코코프체프가 부상했을 것"이라고 보고했다.

수사를 진행한 것이다.[73]

러시아의 동청철도 당국이『하르빈(Харбин)』신문에 이토 사살 축하 기사를 실은 편집장을 제재한 것은 하얼빈 의거가 러·일 분쟁으로 비화하지 않도록 하기 위한 것이었다.[74] 동시에 이는 하얼빈 의거에 대한 러·일 공조체제의 작동을 알리고 있었다. 이 공조체제는 의거 이튿날부터 하얼빈과 이르쿠츠크에서 실시된 사건조사와 압수·수색 결과물들을 일본 뤼순의 관동도독부 지방법원 검찰관 미조부치 다카오[溝淵孝雄]에게 넘겨주었던 1909년 11월 3일까지 유지되었다.[75]

---

[73] РГИА. Ф. 560. Оп. 28. Д. 422. Л. 24-28об. Ход События,относящихся к убийству Князя Ито после 14 октября 1909 года. 하얼빈 의거 이후 러시아 당국이 수사한 주요 내용은 다음과 같다. 10월 29일, 이르쿠츠크 헌병대에서 이르쿠츠크 지역을 수색한 결과에 대한 전보를 보내왔다. 하얼빈의 요청으로 이르쿠츠크에 거주하는 조도선의 애인 보쟈예바(VOZAEVA, 조선족으로 이르쿠츠크 조선족 거주구역 거주)의 집을 수색 중 러시아어와 한국어로 작성된 편지들을 다량 발견함으로써, 이르쿠츠크 한인 거주지와 하얼빈 한인 거주지가 밀접한 관계에 있음을 확인하였다. 수색 결과, 보쟈예바와 거주지의 한국인들이 일본을 반대하는 정치적 활동을 했을지라도, 이는 러시아 법률에 저촉되지 않기 때문에 수색을 종료했으며, 일본에게도 통보할 필요도 없다고 결정하였다. 또 이르쿠츠크 헌병대 보고에 의거하여 10월 30일, 하얼빈의 한인거주지에 대한 압수수색은 러시아 경찰의 참관하에 일본 당국이 수색을 담당했다. 하얼빈 한인회장 김티혼(Ким Тихон, 김성백)의 집에서 안중근이 의거 전날 묵은 것으로 밝혀졌으나, 김티혼이 저격을 준비했다거나, 의거에 연루되어 있다는 충분한 증거가 확정되지 않았기 때문에 풀려났다. 그러나 한인 9명이 체포되어 일본 측에 넘겨졌다.

[74] Там же. 기사 내용은 이토 사살이 불가피한 것이었으며, 다른 나라 국민에게 교훈이 될 것이라고 강조했다. 신문기사 자체로는 형법상 저촉을 받지 않지만, 신문편집인은 동청철도 관리부에 의해서 체포되고, 1개월간 구금되었다. 근거는 범법행위 찬양을 금지하는 동청철도 관리국 규정 위반이었다.

[75] Там же. 러시아 측의 수사협조에 사의를 전하기 위해 밀레르 검사를 만난 사람은 뤼순 지방법원의 미조부치 검찰관이었다. 11월 1일, 군복을 입은 미조부치는 밀레르 검사는 2시간 30분간 대화를 후, 세 가지를 요구했다. 첫째, 밀레르가 그 살인사건을 직접 보고 느낀 것에 대하여 직접 수기로 작성하여 줄 것. 둘째, 하얼빈역 평면도와 당시 인원 배

2) 육군상의 한·러 정보협력 구상과 좌절

코코프초프는 극동 시찰을 마치고 차르가 머물고 있던 리바디아궁을 방문(1909.11.30)하여 시찰보고서를 상주하였다.[76] 그의 상주서는 동청철도의 현황과 철도수비대 상황에 대한 보고, 블라디보스토크의 자유무역항 지정 폐지가 극동 경제에 끼친 영향 분석, 러시아 극동 지역의 방위 상황 시찰 관련 보고 등 3부로 구성되었다. 상주서의 특징은 철도와 국방 전문가로서의 견해보다는 재무상의 입장에서 경제적 효율성을 중시하고 있었다. 따라서 최소의 지출을 통해 러일전쟁 이후 극동의 안보와 경제를 안정화하는 방책들이 제시되었다.

코코프초프가 밝힌 동청철도회사에 대한 재정원칙은 독립채산제 구현이었다. 이는 만주를 관통하는 노선을 운영하는 동청철도와 같이 외국에서 운용되고 있는 사업에 러시아국고에서 재정 지출을 할 수 없다는 가이드라인을 밝힌 것이다. 그 논거는 러일전쟁 이후 차관에 의존하여 경제를 지탱해 나가는 형편에서 외국이 운영하는 회사에 국고를 지원하는 것은 동의할 수 없다는 것이다. 이에 따라 재무상은 동청철도회사를 러시아에 이익을 가져다주는 경쟁력 있는 기업으로 성장시킬 필요성을 제기했다.

치상황 및 안중근과 가와카미 총영사 그리고 코코프초프 재무상의 위치를 알려줄 것. 셋째, 이토가 의장대를 돌아서기 전 밀레르 검사와 마지막으로 악수를 했으므로 당시의 자세한 상황을 알려 줄 것. 11월 3일, 밀레르는 관련 자료들을 미조부치에게 넘겨주었다.

[76] РГИА. Ф. 560. Оп. 28. Д. 422. Л. 1-42. Всеподданнейший доклад Министра Финансов по поездке на Дальный Восток осенью 1909.

그렇다면 2만 9천 명의 자아무르 군관구 소속 철도수비대의 보호를 받는 동청철도가 독자적으로 생존할 수 있는 방책은 무엇일까?

코코프초프가 막대한 예산이 소요되는 국경수비대 유지비용을 절감하고 동청철도의 영업이익을 증대시키기 위해 제시한 방책은 바로 남만주철도와 호혜적인 협약체결이었다. 뤼순에서 하얼빈 이남의 채가구까지 운행하는 남만주철도를 하얼빈과 연결함으로써 러시아의 동청철도와 일본의 남만주철도가 상생할 수 있도록 여건을 조성한다는 것이다. 따라서 코코프초프는 동청철도회사 비용으로 하얼빈의 공공기관을 운영해야 한다는 규제를 철폐하여 이 회사를 자율적인 조직으로 개혁해야 한다는 의견을 제시했다.[77]

또 코코프초프의 극동 시찰 원인이 되었던 국방력 강화 문제에 대해서는 예산 절감의 시각에서 접근했다. 그는 극동 지역의 방위 문제를 러일전쟁에 대한 기억과 결부시킴으로써 그 해법을 발상의 전환에서 찾았다. 블라디보스토크 요새 강화작업과 같은 극동의 국방력 강화 문제는 현지 여론에 병적으로 긴장된 상황이 반영된 결과로 진단했다. 그 원인은 일본이 청국과 체결한 "만주와 간도 관련 청일협약(1909.9.4)"에 따라 지린과 회령을 잇는 길회(吉會)철도 부설권을 획득함으로써 동청철도와 블라디보스토크의 안전에 적신호가 켜졌기 때문이다. 이는 일본이 길회철도 부설을 통해 블라디보스토크를 배후에서 공략해 올 수 있다는 불안감을 고조시켰다. 코코프초프는 이러한 여론은 올바른 정세판단에서 비롯된 것이 아니며, 불안 심리가 안보 강화를 요구하고 있다고 분석했다.

---

77 Там же. Л. 5-5об. 코코프초프는 하얼빈의 공공기관 운영비를 현지 거주 외국인을 포함한 주민들에 대한 조세를 통해 해결해야 한다는 입장을 밝혔다.

코코프초프는 러일전쟁 이후 극동이 요구하는 국방력 강화 문제는 심리적인 요인에서 비롯된 것으로 진단함으로써 그 해법 역시 대규모 예산이 투입되는 군비증강보다는 지역 여론의 안정화를 도모하는 데 초점을 맞췄다. 이에 변경 거주민들에게 바른 생각을 주입해야 한다고 판단하고, 안정적인 기분이 들도록 가능한 모든 수단을 동원해야 한다고 주장했다. 이에 따라 코코프초프는 극동의 방위력 강화 문제에 대한 바람직한 해법은 바로 일본과의 우호 관계수립에 있다는 생각을 굳히는 계기가 되었다.[78]

코코프초프의 극동 시찰 이후 육군상 수호믈르리노프가 연해주 방위를 위해 한국의 의병들을 활용할 계획을 수립한 이유는 극동 방위와 블라디보스토크 요새화 사업을 위한 예산획득 가능성이 희박하다고 판단했기 때문이다. 코코프초프의 극동시찰상주서는 예산 절감을 주장하는 재무성과 방위비 증액을 요구하는 육군성 간의 입장만 재확인해 주었다. 1910년 5월 24일, 육군상은 각료회의 의장이자 내무상이었던 스톨리핀(П. А. Столыпин)에게 보낸 기밀 서신에서 일본의 대륙침략 기도는 명확하고, 러시아에 적대적인 청국과 일본의 관계가 의심스럽기 때문에 극동에서 가장 위협적인 일본 및 청국과 충돌할 경우를 대비할 필

---

[78] РГИА. Ф. 560. Оп. 28. Д. 422. Л. 1-42. Всеподданнейший доклад Министра Финансов по поездке на Дальный Восток осенью 1909. 코코프초프가 황제 니콜라이 2세에게 자신과 육군상은 선의의 경쟁 관계에 있다고 상주한 근거는 한정된 예산과 국방비 증액 요구 간의 불균형 때문이었다. 비록 재무성이 러시아 함대의 부활을 돕기 위한 재정 지원에 착수한다고 하더라도 의회에서 건함계획 예산의 최대치를 승인받기란 결코 쉽지 않았다. 이에 재무상은 태평양의 유일한 거점인 블라디보스토크를 요새화하는 사업을 최우선의 국책과제로 선정하여 일반적인 건함 및 요새 구축 공사와 분리한다는 대안을 제시했다.

요성을 제기했다.[79]

육군상이 제시한 가장 실제적이고 시의적절한 대책은 한국의 정황을 이용하는 것이었다. 수호물르리노프는 이에 대한 이점을 평시와 전시로 구분하여 설명했다. 평시의 경우 일본은 의병 진압을 위해 병력과 자원을 분산해야 할 뿐만 아니라 러시아와 협력 관계에 있는 의병들은 주한 일본군의 군사시설에 대한 정보수집과 러시아에서 방첩 업무를 지원하며, 전시의 경우 일본군의 배후인 한국에서 거국적인 봉기를 일으킬 것이 명백하다는 것이다. 이에 이 문제에 대한 고민이 부족했음을 인정하고, 국가방위 목적에서 한국을 이용하는 문제를 스톨리핀에게 제기했다.

육군상이 국방책임자로서 노령 지역 한인들을 연해주 방위에 활용하는 구상을 실천에 옮기기 위한 선결 조건으로 제기한 것은 한인들에 대한 국가 차원의 지원이었다. 수호물르리노프가 각료회의 의장에게 연흑룡강주 총독 운테르베르게르가 우수리강 하류에 거주하고 있는 한인들, 특히 러시아에 충성스러운 정치망명자들을 지원할 수 있는 토대를 구축하도록 훈령을 내려줄 것을 주문했던 이유도 여기에 있다.

러시아 육군상이 연해주에 거주하는 한국인 정치망명자들의 항일독립운동에 주목하여 이들을 국가방위에 활용하고자 했던 근거는 육군참모본부에서 입수한 연해주 정보장교 엔켈 중령의 보고서였다.[80] 수호물르리노프가 논리정연하다고 평가한 이 보고서는 스톨리핀에 보낸 기밀서신에 동봉됨으로써 연해주에서의 한국독립운동을 러시아 정부의 최

---

79 РГИА. Ф.1276. Оп. 6. 1910г. Д. 514. Л. 1-2: Секретное письмо Сухомлинова Столыпину, 11 мая 1910 г.

80 РГИА. Ф. 1276 Оп. 6, 1910г. Д. 514. Л. 3-6.: Копия докладной записки, полученной в Главном Управлении Генерального Штаба.

고위층에 전파하는데 기여했다. 엔켈 중령의 보고서는 2년간 이상설과 정재관을 필두로 노령 지역 한인들로부터 일본 관련 정보수집에 큰 도움을 받았던 경험에 근거하였다. 그는 대일 정보수집 업무에 한국인들을 적극적으로 활용할 것을 건의한 것도 이토 저격 사건이 한국인들에게 조국 해방에 대한 희망을 품는 계기가 되었다고 평가했다.

한·러 간의 대일 정보협력 원형은 러일전쟁 개전과 더불어 주한 러시아공사 파블로프가 조직했던 상하이정보국(Шанхайская агентура)이었다.[81] 상하이정보국 한국분과 요원들은 관립 러시아어학교 출신의 윤일병(尹一炳), 강한택(姜漢澤) 등을 포함한 9명의 국비 러시아 유학생들이었다. 이들은 러일전쟁 기간 중 러시아군에 배속되어 일본군에 대한 한·러 정보협력 임무를 수행했다. 이들의 지휘관은 관립 러시아어학교 교사를 역임했던 동부 시베리아 포병여단 대위 출신의 비류코프(Н. Н. Бирюков)였다. 비류코프가 러일전쟁 이후 청진(淸津)주재 영사로 부임(1907) 한 것은 러시아군부가 주목했던 한국 북부, 특히 간도 지역의 일본군에 대한 한·러 정보협력의 재건을 의미했다.[82]

---

[81] 최덕규, 2014, 「고종 황제의 독립운동과 러시아 상하이정보국(1904~1909)」, 『한국민족운동사연구』 81호, 43~84쪽.

[82] ГАРФ. Ф. 818. Оп. 1. Д. 164. Л. 43-45об.: Письмо Плансона Извольскому, 14 мая 1907г.: 1907년 5월 27일 상하이주재 상무관 고이에르가 외무상 이즈볼스키(Извольский А. П.)에게 "일본군이 두만강 연안에서 후퇴하고, 한반도 북부를 방대한 중립지대로 설정하는 것에 동의할 경우에만, 그들의 평화애호의 修辭에 대해 믿음을 가질 수 있다"고 보고한 것은 간도문제가 제2차 러일전쟁을 겨냥한 일본 측의 사전포석이라는 판단에서 비롯되었다. 왜냐면 1907년 8월 18일 일본 정부가 통감부 간도임시파출소 개설을 청국에 통보하고, 8월 19일 초대 파출소장 사이토를 회령에서 용정으로 파견하였기 때문이다. 따라서 고이에르는 파블로프의 귀국(1905.11.30) 후 중단되었던 상하이정보국을 재가동하여 함경북도와 간도 그리고 블라디보스토크를 연결하는 정보망을 재건하였다.

비류코프가 한국인 정보원들을 통해 획득한 정보는 블라디보스토크에서 활동 중이던 러시아 정보장교 엔켈 중령과 블라디보스토크 요새 사령부 부드베르그(Барон А. П. Будберг) 중령이 공유하였다. 부드베르그 중령과 이상설 및 한국 황실의 연결고리 역할은 현상건(玄尙健)이 수행했다. 현상건에게 소개장을 주어 부드베르그와 연결한 사람은 러일전쟁 이후 상하이정보국을 재건했던 주청 러시아상무관 고이에르(Лев Викторович Гойер)였다.[83] 따라서 이들 모두의 관여와 역할의 집결체가 안중근의 하얼빈 의거라 할 수 있다.[84]

그러나 육군상의 한국의병을 러시아 국방에 활용하자는 의견은 정책으로 구현되지 않았다. 스톨리핀이 부정적인 입장을 취한 논거는 두 가지였다. 첫째, 러시아는 일본과의 관계 개선을 도모하고 있다는 점이다. 외몽골은 러시아, 한국은 일본의 특수 이해 지역으로 상호 인정한 제2차

---

83 РГИА. Ф. 560. Оп. 28. Д. 390. Л. 379-387: Письмо Гойера Военному Агенту в Китае, 14 ноя. 1907г.

84 하얼빈 의거는 블라디보스토크의 『대동공보』 사무실에서 비류코프의 제자이자 블라디보스토크 요새사령부의 통역관으로 활동했던 윤일병, 블라디보스토크 헌병대장을 역임하고 휴직 중에 대동공보사 발행인을 맡았던 미하일로프(К. П. Михайлов, 1872-1929) 중령 그리고 안중근과 그의 동지들이 함께 모여 기획하였다. 러시아 측 자료에 따르면, 미하일로프 중령은 러시아 귀족 자제들이 다녔던 오를로프 중등군사학교(Орловский кадетский корпус, 1890)와 콘스탄티노프스크 사관학교(Константиноское военное училище)를 졸업(1892)하고, 바르샤바 주둔 러시아근위대 장교로 복무했던 엘리트였다. 그는 1904년 러일전쟁 초기 블라디보스토크 헌병대장으로 부임하였다.[Сергей Волков, Штаб-офицеры и генералы белых армий. Энциклопедический словарь участников Гражданской войны, Центрполиграф, 2019. p.86.] 그를 대동하여 블라디보스토크에 온 통역장교는 러시아에서 유학 중이던 관립 러시아어학교 졸업생 윤일병(尹一炳)이었다. 미하일로프가 블라디보스토크에서 일본군에 대한 정찰 임무를 담당했을 당시. 윤일병 또한 비류코프의 지휘하에 일본군 동향에 대한 정보수집 임무를 수행하였다. 따라서 한국과 러시아는 러일전쟁 초기부터 대일 정보협력의 경험을 축적하고 있었다.

러·일 협약 체결을 준비하고 있었기 때문이다. 둘째, 러시아 극동 지역으로 황인종의 유입을 억제한다는 정부 결정이 있었다. 러일전쟁 이후 농업개혁을 주도한 스톨리핀은 시베리아와 원동 지역 경제 활성화를 위해 러시아 농민들의 이주를 장려했기 때문에 한인들의 연해주 이주에 부정적인 입장을 취했다.[85] 따라서 러일전쟁 이후 연해주 방위력 강화를 위한 육군성의 정책들은 유럽 중심의 4국 협조체제의 틀 속에서 미완의 과제로 남게 되었다. 제정러시아를 회생시키는 데 기여한 대러 차관 제공국(프랑스·영국)들은 러시아의 국방력이 유럽에 집중되기를 원했다.

코코프초프의 극동 시찰 이후에도 러시아의 극동 방위 상황은 개선되지 못했다. 이는 1911년 봄 수호물르리노프가 극동 시찰을 다녀온 후 육군성과 재무성 간의 책임 공방으로 이어졌다. 쟁점은 예산불용액이었다. 재무성은 최선을 다해 블라디보스토크 방위력 증강에 재정 지원을 했다는 입장이었고, 육군성은 예산 집행의 경직성 때문에 실제로 불용예산 소진의 곤란함을 지적했다. 이에 재무성은 육군성의 예산불용액은 일을 제대로 처리하지 못했기 때문이라고 비판했다. 반면 육군성은 회계연도 말까지 집행하지 못한 예산 잔액을 다른 방위 소요에 사용하지 못하도록 한 법령 제98조에 의거, 결국 잔액을 국고에 반납할 수밖에 없다는 예산 집행상의 문제를 제기했다.

러일전쟁의 패배와 러시아 혁명 이후 러시아 사회 전반에 요구되었던 개혁 요구에 제대로 부응하지 못했던 부서는 육군성이었다. 구체제에 익숙해 있던 육군성은 의회의 예산심사와 예산 관련 법령 제96조의

---

85 РГИА. Ф. 1276. Оп. 6. 1910г. Д. 514. Л. 14-14об.: Секретное письмо П.Столыпина Унтербергеру, 8 июня 1910г.

경직된 해석에 따라 국방 개혁에 필요한 사업예산을 제대로 집행하지 못했다.[86] 여기에는 연해주와 블라디보스토크 방위력 강화를 위한 예산의 미집행도 포함되어 있었다. 육군성은 예산요구액 가운데 국고에서 충당하지 못한 3년간(1908~1909)의 부족분 1억 4,000만 루블을 연리 5%의 국채를 발행하여 22억 8,600만 루블을 배정하였음에도 8,800만 루블이 집행되지 못한 불용예산으로 남아 있었다. 이에 쟁점은 다시 법령 제96조 해석으로 옮겨갔다. 육군성은 제96조 본연의 목적이 불용한 예산 잔액을 사전에 예측하지 못한 방위 소요에 활용할 가능성을 제거하는 것이 아니라고 해석했다. 반면 재무성은 육군성이 예산의 자유로운 처분권으로 해석하는 것을 지지할 수 없고, 그럴 권리도 없음을 밝혔다. 그 결과 종전 직후부터 요구되었던 극동의 방위 강화와 블라디보스토크 요새화 작업은 제1차 세계대전까지 미완의 상태로 남게 되었다.

5. 맺음말

상술한 바와 같이 러일전쟁 이후의 국제관계 시각에서 러시아 재무상 코코프초프, 일본의 정치가 이토 히로부미 그리고 한국의 애국지사 안중근이 하얼빈에서 조우하게 된 과정을 살펴보았다. 만주를 포함한 러시아의 전후 극동 재건은 삼국협상 진영의 이익을 중시한 러시아의 대외정책 변화와 깊은 관련이 있었다. 선발 제국주의 국가인 영국과 프랑

---

86 РГИА. Ф. 560. Оп. 28. Д. 422. Л. 13-32. По некоторым вопросам Всеподданнейшего докладаМинистра Финансов 1909 года.

스는 유럽의 패권에 도전하는 신흥제국 독일을 견제하기 위해 러시아의 유럽 복귀가 절실했으며, 이는 경제적·외교적 대러 협력으로 표출되었다. 이에 러시아의 전후 복구와 국방력 강화는 러시아 발트함대 재건과 같은 유럽중심주의를 지향하게 되었다. 그 결과 극동의 방위수요는 무관심과 재정 지원 부족으로 미완의 상태에 머물게 되었다.

코코프초프의 극동 시찰은 안중근의 하얼빈 의거와 맞물림으로써 극동의 국제관계에 격변을 불러왔다. 러시아의 동맹국인 프랑스와 앙탕트를 구축한 영국은 러시아를 유럽에 집중시켜 독일에 대항한 진영으로 끌어들이기 위해 러시아와 일본의 외교적 타협(1907.7.30)과 영·러 협상(1907.8.31)을 이끌었다. 이에 러시아는 극동의 안전을 우호적인 대일 관계를 통해 해결하고자 했던 반면, 한국의 독립운동가들은 연해주 블라디보스토크를 거점으로 항일투쟁을 전개하고자 하였다. 그 결과 러시아에서의 독립운동은 러·일 협력을 중시한 차르 정부의 대외정책의 영향을 받게 되었다. 하얼빈 의거를 단행한 안중근의 재판관할권이 일본에 이관되었고, 하얼빈과 이르쿠츠크 한인단체에 대한 압수수색을 러시아 헌병대가 대행한 이유도 여기에 있다.

이에 주요 내용을 정리하면 다음과 같다. 제1절 "코코프초프의 극동 시찰 배경과 원인"에서는 차르 정부가 러일전쟁의 패배와 혁명의 혼란 속에서 프랑스와 영국의 대러 차관을 받음으로써 재정 파탄 위기를 극복하는 과정을 살펴보았다. 러시아 패전의 여파는 유럽에서 동맹국인 프랑스의 입지 약화에 국한되지 않았다. 독일이 프랑스를 공격할 경우, 영국은 앙탕트를 체결한 프랑스를 지원하기 위해 프랑스로 파병할 계획을 수립해야 했다. 따라서 러일전쟁 이후 러시아의 국방력 재건사업은 프랑스와 영국의 대러 재정 지원 규모와 밀접하게 맞물리게 되었다. 이 경우 러시아는 프랑스와 영국으로부터 받은 재원을 영·프의 관심 지역이 아닌 극동 방위에 투입하기는 쉽지 않았다.

1906년 대러 차관의 주축은 프랑스 자금이었으나 영국이 1/4을 담당하기로 하였다. 이는 각별한 의미가 있었다. 영국은 독일의 방해로 이 차관이 성사되지 않을 경우, 재정 위기에 몰린 러시아의 운명이 유럽의 국제관계에 끼칠 영향에 대해 우려하였다. 따라서 1906년 대러 차관은 프랑스의 중재로 영국과 러시아가 관계 개선을 모색하는 계기가 되었다. 이에 대러 차관은 아시아 대륙 전반을 둘러싼 영국과 러시아의 오랜 대립을 종식하고, 페르시아·중앙아시아·티베트에 대한 영·러 간의 타협을 이루는 토대가 되었다. 따라서 러시아와 일본이 영국과 프랑스가 원하는 종래의 대립 관계에서 벗어나 협력을 강화한다면, 노령 지역 한인 독립운동에 대한 러시아 당국의 입장 역시 변모될 것이 틀림없었다.

제2절 "코코프초프의 극동 시찰 추진"에서는 대러 차관을 성사시킨 코코프초프가 재무상에 임명되어 예산을 둘러싼 군부와의 갈등과 전후 극동 방위시설 개선과 블라디보스토크 요새화 작업이 진척되지 않고 있음을 지적한 상주서 제출이 코코프초프의 극동 시찰 추진으로 이어지는 과정을 고찰하였다. 전후 러시아의 군사력 복원 문제의 쟁점들이 드러난 대표적인 사례로서 러일전쟁 직후 블라디보스토크 요새화정책을 둘러싼 재무상과 육군상의 논쟁을 들 수 있다. 이 문제는 전후 러시아의 극동 지역 방위의 취약성이 계속됨으로써 결국 차르 정부는 일본과의 외교적 타협으로 나아갈 수밖에 없게 했다. 그 결과 러시아 원동 지역에 근거를 둔 한국의 항일독립운동 역시 러시아의 극동정책과 연동하게 되었다.

1909년 가을, 러시아 재무상 코코프초프의 극동 시찰 계획이 수립되었을 당시 이토 히로부미와의 하얼빈 회동은 예정에 없었다. 일본 정부의 방일 제안이 있었음에도 도쿄 방문 계획은 일정에 없었다. 따라서 하얼빈에서 이토와의 회동은 코코프초프가 극동 시찰에 오른 후에 결정된 사안이었다. 이토의 하얼빈 방문은 일본이 만주의 문호개방과 상공업상의 기회균등 그리고 청국의 영토 보전 등을 미국에 약속한 루트-다카히라 협정(1908)을 무력화하는 대신 러시아와 협력하여 만주에서 행동의 자유를 획득하고자 하였음을 의미했다.

제3절 "안중근의 하얼빈 의거와 러시아의 극동 방위 계획의 변화"에서는 코코프초프와 이토의 하얼빈 회동을 저지했던 안중근의 하얼빈 의거에 대해 러시아의 대응과 그것이 노령 지역 한인 독립운동과 극동 방위 계획에 어떠한 영향을 끼쳤는지 살펴보았다. 코코프초프는 하얼빈 의거에 대한 러시아 측 대응을 지휘하면서 사건의 책임소재가 일본총영사관 측에 있음을 확인하고 안중근의 재판관할권을 일본에 이관하도록 지시했다. 아울러 주청 러시아공사의 건의에 따라 조문사절로서 일본 방문을 고려하고 있었다. 따라서 하얼빈과 이르쿠츠크의 한인단체 조사와 수색도 러·일이 협력하여 진행되는 과정이 나타났다.

코코프초프의 극동 시찰 이후 1910년 육군상 수호물르리노프가 연해주 방위를 위해 한국의 의병들을 활용할 계획을 수립한 이유는 극동 방위와 블라디보스토크 요새화 사업을 위한 예산획득 가능성이 희박하다는 판단 때문이었다. 그러나 육군상의 한국의병을 러시아 국방에 활용하자는 의견은 정책으로 구현되지 않았다. 러일전쟁 이후 연해주 방위력 강화를 위한 육군성의 정책들은 유럽 중심의 4국(영·프·러·일) 협조체제의 틀 속에서 미완의 과제로 남게 되었다. 그 결과 종전 직후부터 요구되었던 극동의 방위 강화와 블라디보스토크 요새화 작업은 제1차 세계대전까지 미완의 상태로 남게 되었다.

러시아의 극동 지역과 블라디보스토크의 방위는 대일 외교에 의존할 수밖에 없었다. 이는 러일전쟁 이후 노령에서의 한국독립운동을 제약하는 요인이 되었을 뿐만 아니라 볼셰비키 혁명 이후 일본군의 시베리아 출병(1918~1922)의 동기가 되었다. 차르 정부는 제3차 러·일 협약체결(1912)을 통하여 일본과 동맹수준으로 관계를 강화하면서 극동 방위에 일본의 협력을 기대했다. 그런데도 일본은 차르 정부의 비밀외교를 전면 부정한 볼셰비키 정권이 수립되자 거의 무방비상태에 있던 극동과 시베리아 점령을 단행하기에 이르렀다.

본 연구를 통해 안중근의 하얼빈 의거는 러일전쟁 이래 축적되어 온 한·러 정보협력의 산물이었음을 밝힐 수 있었다. 이는 대동공보사에서 하얼빈 의거를 주도적으로 기획(1909.10.10)했던 미하일로프(К. П. Михайлов) 중령이 러일전쟁 초기 블라디보스토크 헌병대장으로 부임하여 대일 정보업무를 담당하였던 정보장교였기 때문이다. 그는 러시아에서 유학 중이던 관립 러시아어학교 졸업생 윤일병(尹一炳)을 통역장교로 블라디보스토크에 데리고 왔다. 윤일병을 포함한 관립 러시아어학교 출신 러시아 유학생 9명은 러일전쟁 기간 러시아 정보당국과 대일 정보수집 협력의 경험을 축적하였다. 따라서 하얼빈 의거 계획은 양국 정보관계자들 사이에서 사전에 공유되었던 사안이었다.

다만, 하얼빈 의거는 차르가 일왕에게 애도의 조전을 보냄으로써 정치적으로 해결되었기 때문에 그 배후와 책임소재를 가리는 조사는 진척되지 못했다. 따라서 하얼빈 의거 계획에 대해 러시아 당국이 어느 선까지 사전에 인지하고 있었고, 어느 선까지 관여했는지를 밝히는 후속 연구가 필요하다.

결론

대한제국은 전통시대의 조선이 제국주의 국제환경에서 살아남기 위해 나라의 기틀을 바꾼 국가개조의 산물이었다. 1897년 수립된 대한제국의 지상과제가 "낡은 것을 없애고, 새로운 것을 도모"하기 위한 근대적 개혁완수에 있었던 이유도 여기에 있었다. 그런데도 대한제국은 1910년 일본에 병탄됨으로써 의욕적으로 추진하였던 근대적 개혁정책들이 미완에 머물고 말았다. 이처럼 제국이 초단기간 내에 멸망한 사례는 세계사에서 그 전례를 찾아보기 힘들다.

대한제국은 주권국가였고, 중립국임을 선포(1904)하였음에도 이를 침략한 일본제국의 불법행위에 국제법은 작동하지 않았다. 국제법을 위반했던 일본 역시 제재받지 않았다. 왜 그랬을까? 이것이 바로 대한제국의 멸망 과정을 구명하기 위해 국제관계사의 방법론을 소환했던 이유이다.

러일전쟁 이후 국제관계는 강자들이 더욱 강해지고, 약자는 나락으로 떨어지는 양극화가 두드러졌다. 문제는 국가 간의 양극화가 심화할수록 정의와 공정, 법치 등의 원칙들이 제자리를 잃어갔다는 점이다. 한국의 사례도 그 가운데 하나였다. 국제사회에서 독립국으로 인정받았던 한국이 일본의 보호국이 되어 식민지 노예 상태로 전락하는 전 과정에 국제법이 작동하지 않았다. 일본의 한국 병탄 과정에서 국제법을 준수하지 않은 범법행위가 있었음에도 국제법 위반에 대한 어떠한 제재도 없었다는 점에 문제의 심각성이 있다. 이에 따라 통제되지 않는 불법이 기승을 부리고, 양극화가 심화하는 제국주의 세계를 치유할 처방과 대안이 국내외적으로 활발하게 모색되기에 이르렀다.

자본주의의 속성인 자본가와 노동자 간의 빈부격차에 대한 폐해는 일찍이 마르크스와 그 신봉자들에 의해 비판되고 대안이 모색되어왔다.

자본주의가 진화한 제국주의는 교통·통신 혁명을 통해 일체화된 신세계를 구현하는 데 큰 역할을 했지만, 새롭게 만들어진 세계는 평등한 사회가 아니었다. 고유한 전통과 문화를 지닌 아시아·아프리카 지역이 제국주의 세계에 편입됨으로써 다양성의 세계는 종식되었고, 제국주의 열강과 식민지로 양분된 극단의 시대가 열렸다. 마르크스·레닌주의에 경도된 일단의 식민지 지식인들이 양극화된 세계를 종식하기 위해 반제·반식민주의에 열광했던 이유도 여기에 있다.

그러나 마르크스·레닌주의자들이 만들어 낸 국가에도 다양성은 존재하지 않았다. 양극화의 대안으로 다극화된 사회를 살려내기보다는 노동자 단일계급의 일극 사회를 꾸리고자 했기 때문이다. 단일계급 사회를 전 세계로 확산하자는 논리는 제국과 식민지로 양극화된 시대의 재림을 막는 처방으로 제시되었다. 이는 소련이 한반도 38도선 이북에서 사회주의 국가를 수립하는 논거가 되었다.

이와 함께 양극화와 극단의 시대를 치유할 대안으로 법치의 세계를 강화하는 방식이 모색되었다는 점도 주목할 만했다. 이는 국제법을 위반한 범법 국가들을 무장해제시키고 제재를 가함으로써 국제법의 위상을 강화하고 준법 의무를 강화하는 방식으로 구체화하였다. 경찰국가들이 국제법을 위반한 국가들에 철퇴를 가할 수 있는 공권력을 갖는다면, 지구촌은 강대국과 약소국들이 자유롭게 어울려 살아갈 수 있는 다양성이 보장될 수 있었다. 이는 미국의 루스벨트(F. Roosevelt) 대통령이 공정과 정의가 살아있는 평화로운 세계를 구상하면서 4대 강국(미국·영국·소련·중국)의 경찰(Four Policemen) 역할을 강조했던 이유였다.

따라서 대한제국의 국제관계사는 세계사의 건강성과 자기 복원력을 보여 주는 바로미터라고 할 수 있다. 이는 한국의 평화가 곧 세계평화의 시험대였음을 입증하고 있기 때문이다. 그런데도 지난 세기부터 이어진 한반도의 위기는 여전히 진행형이다. 이것이 이 책을 쓰게 된 이유였다.

참고문헌

1. 자료

『高宗實錄』

『承政院日記』

『淸季中日韓關係史料』 3(국역), 동북아역사재단, 2016.

『近代韓國外交文書』 제4권, 근대한국외교문서편찬위원회 편, 동북아역사재단, 2012.

『修信使日記, 朝鮮策略黃遵憲私撰』 金弘集 저, 金益洙 역, 제주문화원, 1998.

『日本外交文書』, 日本外務省 編纂.

Papers relating to the Foreign Relations of United States, Government.
Printing Office, 1870-1910.

Library of Congress, "Shufeldt Papers".

National Archives and Records Administration,(NARA).

　　- RG 46. Record of The U.S. Senate 46th Congress.

The National Archives(TNA)

　　- FO. 405/35 Correspondence Respecting the Temporary occupation of Port Hamilton by Her Majesty's Government, 1885.

Российский Государственный Историческйи Архив(РГИА) [러시아국립역사문서관]

　　- Ф.560. Общая Кацелярия Министра Финансов (재무상 총무국)

　　- Ф.1152. Департмент Гос.Экономии Государственного Совета (국가위원회 경제분과)

　　- Ф.1276 Председател Совета министров П. А.Столыпин (각료회의 의장 스톨릐핀)

Российский Государственный Архив Военно Морского Флота (РГАВМФ)[러시아국립해군함대문서관]

　　- Ф.410. Концелярия Морского Министерства (해군성 총무국)

　　- Ф.536. Отряды Судов в Тихом океане (1869-1888) (태평양 함단, 1869-1888)

Российский Государственный Военный Исторический Архив(РГВИА)[러시아국립군사(軍史)문서관]

- Ф. 2000. Главное управление Генерального штаба (총참모본부)

Государственный Архив Российской Федерации(ГАРФ)[러시아국립연방문서관]

- Ф. 543. Коллекция Рукописей Царскосельского Дворца (차르황실 필사본 컬렉션)

Архив Внешней Политики Российской Империи(АВПРИ)[제정러시아대외정책문서관]

- Ф. 143. Китайский стол(중국과)

- Ф. 159. Японский стол(일본과)

- Ф. 191. Миссия в Сеуле(서울공사관)

2. 논문 및 저서

권영배, 1992, 「한말 조선에 대한 중립화 논의와 성격」, 『역사교육논집』 16(1).

김연희, 2003, 「고종시대 서양 기술 도입: 철도와 전신 분야를 중심으로」, 『한국과학사학회지』 25권 1호.

金容旭, 2008, 「淸日戰爭(1894-1895)·露日戰爭(1904~1905)과 朝鮮海洋에 대한 制海權」, 『법학연구』 49(1).

김원모, 1993, 「슈펠트·李鴻章의 朝鮮開港 交涉始末(1882)」, 『국사관논총』 44.

김용구, 2013, 『약탈제국주의와 한반도: 세계외교사 흐름 속의 병인 신미양요』, 도서출판 원

김종헌, 2009, 「1900년 이후 러일간의 한반도 중립화 및 분할논의」, 『한국동북아논총』 53.

박일근, 1977, 「韓美修好條約에서 본 美·中의 對韓外交政策-高宗의 秘密外交를 중심으로」, 『한국정치학회보』 11.

박영준, 1996, 「청일전쟁」, 『한국외교사연구』(김용구, 하영선 공편), 나남출판.

서영희, 2016, 「청일전쟁·러일전쟁-한반도에서 벌어진 국제전을 바라보는 한국학계의 시각」, 『군사』 100.

서중석, 1965, 「近代 極東國際關係와 韓國永世中立論에 대한 硏究」, 경희대 논문집 4.

송병기, 1984, 「김윤식(金允植) 이홍장(李鴻章)의 보정(保定) 천진회담(天津會談)(상, 하)-조미조약(朝美條約) 체결(1882)을 위한 조청교섭」, 『동방학지』 44-45권.

윤병석, 1998, 『增補 李相卨傳』, 일조각.

李光麟, 1985, 「舊韓末 露領移住民의 韓國政界進出에 대하여-金鶴羽의 活動을 중심으로」, 『歷史學報』 108.

李普珩, 1961,「Shufeldt 제독과 1880년의 朝美交涉」,『歷史學報』제15집.
이승희, 2004,「청일 · 러일전쟁기 일본군의 군용전신선 강행가설 문제-한국파견 臨時憲兵隊를 중심으로」,『日本歷史硏究』제21집.
장인성 · 김현철 · 김종학 엮음, 2012,『근대 한국 국제정치관 자료집』, 서울대학교출판문화원.
조광, 2020,「안중근에 관한 최근 연구의 현황과 과제(2010~2019)」,『3 · 1운동과 대한민국임시정부의 재조명 III-안중근의 동양평화론』, 동북아역사재단.
조명철, 2019,「일본의 대외전쟁과 대본영의 운영실태-청일, 러일전쟁을 중심으로」,『동양사학연구』147.
조세현, 2013,「청프전쟁과 청일전쟁에서의 해전-해양관련 국제법 사건을 중심으로」,『中國史硏究』第84輯.
정민경, 이근욱, 2011,「미국과 영국의 대조선 수호조약 교섭 과정 연구: 외교문서에 기초하여」,『동아연구』61권.
최덕규 편, 2018,『제국주의 열강의 해군과 동아시아』, 동북아역사재단.

郭海燕, 2008,「从朝鲜电信线问题看甲午战争前的中日关系」,『近代史研究』第1期.
_____, 2014,「甲午战争前后日本构筑朝鲜电信网的军事行动与对外交涉」,『抗日战争研究』第4期.
杜志明, 2014,「晚清駐英公使羅豊祿與高陞號賠償案」,『黑龙江史志』1期.
贾熟村, 1997,「李鸿章与中国电讯事业」,『安徽史學』第2期.
冯超, 2007,「甲午战争时期中国电报局的作用」,『安徽教育学院学报』第25卷 第5期.
鄢洪峰, 2010-2,「论曾纪泽与中俄伊犁交涉」,『華北水利水電學院學報』(社科版) 第26卷 第1期.
王木, 2013,「高陞號事件:中日甲午戰爭的导火索」, 湖北檔案 11期.
陳肖寒, 2009,「高陞號事件中英國政府態度轉變原因新論」,『河北師範大學學報』第32卷 第3期.
有賀長雄, 1896,『日清戰役國際法論: 附 · 佛國學士會院講評』, 陸軍大學敎, 明治 29年.
有山揮雄, 2016,『情報覇權と帝國日本III, 東アジア電信網と朝鮮通信支配』, 吉川弘文館.
麻田雅文, 2012,「日露關係から見た伊藤博文暗殺-兩國關係の危機と克服」,『東北アジア硏究』16號.
大野哲弥, 2006,「明治期対外交渉で見る日本の国際通信政策」,『情報化社会 · メディア研究』No.3.

坂根義久, 1967, 「青木周蔵論 - 對英條約改正交涉と外交政略」, 『國際政治』卷33号.

齊藤齊, 2006, 「近代中國における風水の問題: 上海吳淞電信の撤去(1865)・山東省の金鑛開發(1868)・福州における洋式建築をめぐる反キリスト教運動(1878)の事例から」, 『慶應義塾大學大學院社會科學研究科紀要』No.62.

菅野正, 1972, 「辛丑條約の成立: 庚子賠款を中心に」, 『東洋史研究』31(3).

原田敬一, 2008, 『日淸戰爭』, 吉川弘文館.

和田春樹, 2010, 『日露戰爭 起源と開戰(下)』, 東京: 岩波書店.

Ahvenainen Jorma, 1981, *The Far Eastern Telegraphs-The history of Telegraphic Communications between the Far East, Europe and America before the First World War*, Helsinki: Suomalainen Tiede Akatemia.

Crisp, Olga, 1961, "The Russian Liberals and the 1906 Anglo-French Loan to Russia", *The Slavonic and East European Review*, Vol.39, No.93.

Kjeld Erik Brdsgaard, Mads Kirkeback ed., 2003, *China And Denmark: Relations Since 1674*, Nordic Institute of Asian Studies.

Dennett Tyler, 1922, *Americans in Eastern Asia*. New York.

Dmitri B. Pavlov, 2011, "The Russian 'Sanghai Service' in Korea, 1904-1905", *Eurasian Review*, Vol.4, Nov.

Douglas Howland, "Japan's Civilized War: International Law as Diplomacy in the Sino-Japanese War(1894-1895)", *Journal of the History of International Law*, 9 (2007), "The Sinking of the S.S. Kowshing: International Law, Diplomacy, and the Sino-Japanese War", *Modern Asian Studies* 42, 4(2008).
International Law and Japanese Sovereignty-The Emerging Global Order in the 19th Century, Palgrave Macmillan, 2016.

Drake, Frederick C. 1974, *The Empire of the Seas: A Biography of Rear Admiral Robert Wilson Shufeldt*, USN, University of Hawaii Press.

Edward B. Parsons, 1969, "Roosevelt's Containment of Russo-Japanese war", *Pacific Historical Review*, Vol.38, No.1.

Fletcher David M., 2001, *The Diplomacy of Involvement: American Economic Expansion*

Across Pacific, 1784-1900. University of Missouri Press.

Grayson T.J. "The War in the Orient in the Light of International Law. Part II", *The American Law Register(1898-1907)*, Vol.53, No.11, Volume 44 New Series(Nov. 1905).

Headrick Daniel, 1991, *The Invisible weapon: Telecommunications and Interntional Politics 1851-1945*, New York: Oxford University Press.

Headrick Daniel and Griset Pascal, 2001, "Submarine telegraph Cables: Buisiness and Politics, 1838-1939", *The Business History Review*, Vol.75, No.3.

Hirakawa sachiko, 2005, "Portsmouth Denied : The Chinese Attempt to attend". *The Russo-Japanese War in Global Perspective: World war Zero*, Vol.II.

Hsu Immanuel. 1965, *The Ili Crisis, A Study of Sino-Russian Diplomacy 1871-1881*. Oxford Univerity Press.

Ignat'ev, A. V., 1993, "The foreign policy of Russia in the Far East at the turn of the nineteenth and twentieth centuries." *Imperial Russian foreign policy*, Woodrow Wilson center press and Cambridge university press.

Jacobsen, Kurt, 2009, "Small Nation, International Submarine Telegraphy, and International Politics: The Great Northern Telegraph Company, 1869-1940", Communications Under the Seas: The Evolving Cable Network and Its Implications,(ed.) Bernard Finn & Daqing Yang. MIT Press.

John Berryman, 2002, "British Imperial Defence Strategy and Russia: The role of the Royal Navy in the Far East, 1878-1898", *International Journal of Naval History*, Vol.1, Issue1.

John E. Wilz, John E. Wilz, 1985, "Did United States betray Korea in 1905 ?", *Pacific Historical Review*, Vol 53, No.3.

Kennedy, P.M., 1971, "Imperial Cable Communications and Strategy, 1887-1914", *The English Historical Review*, Vol.86, No.341.

Kentaro Wani, 2017, *Neutrality in International Law from the sixteenth century to 1945*, New York: Routledge.

Kim Ki-Jung, 2005, *The War and US-Korean Relations, The Russo-Japanese War in Global Perspective: World war Zero*, Vol.II, Brill.

Knuesel, Ariane, 2007, "British Diplomacy and the Telegraph in Nineteenth-Century

China", *Diplomacy & Statecraft*, No.18.

Lawrence T.J., 1904, *War and Neutrality in the Far East*, London: MACMILLAN and Co.

Lyons, Jeffrey K., 2005, "The Pacific Cable, Hawaii and Global Communication", *The Hawaiian Journal of History* 39.

Maartje Maria Abbenhuis, 2013, "A Most Useful Tool for Diplomacy and Statecraft: Neutrality and Europe in the 'Long' Nineteenth Century, 1815-1914", *The International History Review* 35(1), 1-22.

Margaret Maxwell, 1977, "The Changing Dimensions of a Tragedy: The Battle of Chemulpo", *The Historian*, Vol.39, No.3.

Martens, F. de, "International Arbitration and the Peace Conference at The Hague," *North American Review*, 169(1899).

Martens, F. de, 1905, "The Portsmouth Peace Conference", *North American Review*, 181: 5.

Masato Matsui, 1972, "The Russo-Japanese Agreement of 1907: Its Causes and the Progress of Negotiations", Modern Asian Studies, Vol.6, No.1.

Paine S.C.M. 2003, *The Sino-Japanese War of 1894-1895: Perceptions, Power, and Primacy*, Cambridge University Press.

Patrick Fisher & Shane Fisher, 2001, "Congressional passage of the Chinese exclusion act of 1882", *Immigrants & Minorities*, 20:2

Paullin, C.Oscar. 1910, "The Opening of Korea by commodore Shufeldt", *Political Science Quarterly*, Vol.XXV, No.3.

Perry John Curtis, 1966, "Great Britain and the Emergence of Japan as a Naval Power", *Monumenta Nipponica*, Vol.21, No.3/4.

Pustogarov, V. V., Our Martens: F. F. Martens, 2000, *International Lawyer and Architect of Peace*, Kluwer Law International.

Reid, John G., 1940, "Taft's Telegram to Root," Pacific Historical Review, Vol.9.

Reo N. Leslie Jr., 1991, "Christianity and the Evangelist for Sea Power: The Religion of Alfred Thayer Mahan", The Influence of History on Mahan, Ed., John B. Hattendorf, Naval War College Press.

Robert Seager II, 1953, "Ten Years Before Mahan: The Unofficial Case for the New Navy, 1880-1890", *The Mississippi Valley Historical Review*, Vol.40, No.3.

Rotem Kowner, 2006, *Historical Dictionary of the Russo-Japanese War*, The Scarecrow Press, Inc.: Oxford.

Sang Hea Kil, 2012, "Fearing yellow, imagining white: media analysis of the Chinese exclusion Act of 1882", Social Identities, Vol.18, No.6.

Takahashi Sakue, 1899, *Cases on International Law during the Chino-Japanese war*, London.

Takahashi Sakuye, 1908, *International Law Applied th the Russo-Japanese War with the Dicisions of the Japanese Prize Courts*, London: Stevens and Sons LTD.

Theodore J. Grayson, 1905, *The War in the Orient in the Light of International Law. Part II, The American Law Register(1898-197)*, Vol.53, No.12.

Theodore Roosevelt, 1915, America and The World War, New York: Charles Scribner's Sons.

White, John A. 1995, *Transition to global rivalry: alliance diplomacy and the Quadruple Entente, 1895-1907*, Cambridge University Press.

William J. Philpott, 2013, "The making of the Military Entente, 1904-1914: France, the British Army, and the prospect of War", The English Historical Review, Vol.128, No.534.

Yang Daqing, 2010, *Technology of Empire: Telecommunications and Japanese Expansion in Asia, 1883-1945.*, Havard University Press.

Авилов,Р.С. 2016, "По Транссибу на Восток. Визит Минстр Финансов В.Н.Коковцова в Приамурский Военный округ", Вестник Томского гос. университета. No.405.

Академия Наук СССР Институт Востоковедения, 1974.История Корея, Том I, М.

Ваннин Ю.В., Пак Б.Д..сос. 2009, Первые известие о Корее в России(1675-1884), М.:Пер -вое марта.

Витор Катаев, 2012, "Кореец" в лучах славы "Варяга": Все о легендарной канонерской лодке, М: Эксимо.

ВоскресенскийА.Д. 1995, Дипломатическая история русско-китайского Санкт-Петер бургского договора 1881 года. М.

Нарочницкий А.Л., 1956, Колониальная Политика Капиталистических Держав на Дал ьнем Востоке, 1860-1895, М.

Коковцов, В.Н. 1933, Из Моего Прошлого: Воспоминания 1903-1919, Т.I, Париж.

Кондратенко Р.В. 2006, Морская Политика России 80-х Годов XIX века, СПб.

Кузенцова О.Н. 2009, "Дальний Восток и развитие русско-французских отношений в 1902-1905 гг.", Вопросы истории. No. 3.

Макарчук.О.И. 2010, "Аннексия Кореи Японией в 1908-1910 гг". Вопросы истории, No 3, Март.

Морев В.А. 2015, "Первые Проекты и Начало Проведения Электрического Телеграфа через Сибири и Дальный Восток(1850-1870-е год ы)", Новый исторический в естник, No.3.

Пак Б.Д., 2004, Россия и Корея, М.

Пак Бэлла, 2013, Российский Дипломат К.И.Вебер и Корея, М.

Покровский М.Н. 1933, Русская история в самом сжатом очерке. М.

Попов А.Л. 1935, "Кризис дальневосточной политики царизма накануне революции 1905 года," Историк-марксист. Кн.XI.

Романов Б.А. 1923, "Концессия на Ялу: К характиристике личной политики Николая II," Русское прошлое. Пг., Т.1.

Русско-Японская Война 1904-1905 гг. Кн. Третья. Морское Сражение в Желтом море 28 июля (10 Августа) 1904 г. -Захват Японцами Миноносца Решительн ый в Чифу. Робота исторической комисии по описанию дейстийфлота в во йну 1904-1905 гг. при Морском Генеральном Штабе, Петроград: 1915.

Сидоров А.Л. 1946, Русско-японская война(1904-1905). М.

Санжиева Л.Б. 2011, "Влияние Телеграфа на формирование международного информ ационного обмена," Вестник Буряского Университета, No.3.

Шапошников Г.Н. 2004, "СибирскийТелеграф: ГеополитичесикийАспект", Вестник Тюм енского государственного университета. Социально-экономи ческие и право вые исследования, No.1.

Шацилло К.Ф. 1968, Русский империализм и развитие флота накануне первой мирово й войны (1906-1914 гг.). М.

Щацилло К.Ф. 2000, От Портмутского мира к Первой миравой войне, М.

Якобсен К., 2000, "Большое Северное Телеграфное Общество и Россия: 130 лет сотру дничества в свете большой политики", Отечественная История, No.4.

찾아보기

ㄱ

강한택(姜漢澤) 431
게이덴(Гейден А. Ф) 233~235, 237, 240
고무라 주타로(小村壽太郞) 295, 296, 300, 301, 306, 310, 315~317, 319, 320
고이에르(ЛевВикторович Гойер) 432
구빈스(John H. Gubbins) 283
그레이(E. Grey) 402
그레이슨(Theodore J. Grayson) 264, 265, 359, 360
그렌빌(Earl Granville) 145
그렌빌(G. Grenville) 180
글래드스턴(William E. Gladstone) 52
기르스(Н.К. Гирс) 84, 85, 88, 90, 98, 99, 115, 148, 152, 156, 186, 191
김학우(金鶴羽) 112, 113
김홍집(金弘集) 60, 80, 105, 106, 108, 109, 157

ㄴ

니시[西德二郞] 188
니콜라이 2세(Николай II) 22, 215~219, 224~227, 240, 282, 321, 353, 367, 369, 377, 379, 398, 411

ㄷ

다비도프(А. П. Давыдов) 152, 156
다카하시 사쿠에[高橋作衛] 195, 359
다카히라[高平小五郞] 157, 158, 310, 357, 414, 416, 437
다케조에[竹添一進郞] 158
덴비(Charles Denby) 74, 75, 208
델카세(Théophile Delcassé) 395, 396
도고 헤이하치로[東鄕平八郞] 192
도웰(W. Dowell) 154
두바소프 제독(Ф. В. Дубасов) 228~230
듀발(Georges Dubail) 191

ㄹ

라디젠스키(Н. Ф. Ладыженский) 184~186
라풍록(羅豊祿) 190, 202~206
람스도르프(В. Н. Ламздорф) 227, 229, 232, 233, 235, 359, 367, 369, 394
랜스다운(Marquess of Lansdowne) 267, 294, 301~303, 305~309, 393
러시아 의용함대(РоссийскийДобровольныйфлот) 소속 증기선 모스크바호 91
레디게르(А. Ф. Редигер) 407, 408
레사르(П. М. Лессар) 271, 343~345
레솝스키(С. С. Лесовский) 34, 35, 37, 49,

50~53, 56, 57, 60, 62, 63, 78, 80~83, 88~92, 94, 95, 97~105, 108, 111, 112, 117, 118
로렌스(T. J. Lawrence) 197, 263~265, 349
로버트 하트(Robert Hart) 18
로제스트벤스키(З. П. Рожественский) 95, 232
로젠(Р. Р. Розен) 115, 116, 213, 222~224, 240, 310, 363, 369, 371, 372
루드뇨프(В. Ф. Руднев) 244, 256~261
루비에(Maurice Rouvier) 396, 399
루트(H. E. Root) 326, 372, 373, 377, 380, 414, 416, 437
뤼데르스(К. К. Людерс) 131
리쉬창[黎庶昌] 153
리위쎈[李毓森] 188
리훙장[李鴻章] 20, 31, 33, 34, 36, 37, 40, 46~48, 52, 56, 57, 59, 61, 62, 64, 66~70, 73, 86, 96, 99, 110, 118, 153, 155, 184~190, 192, 202, 208

ㅁ

마르텐스(Мартенс Ф. Ф.) 216, 235~241, 265, 266, 336, 367, 369, 370, 376, 379, 405
마리아 표도로브나(Мария Фодоровна) 134
마셜(William A. Marshall) 258
마카로프(Макаров С. О.) 221, 222
마튜닌(Н. Г. Матюнин) 116
모건(Edwin V. Morgan) 327
뮬렌스테트(H. J. Muhlensteth) 188, 189
미하일로프(К. П. Михайлов) 438
밀레르(К. Миллер) 3848, 424, 425
밀류틴(Д. А. Милютин) 91, 94, 98, 103

ㅂ

바흐메티예프(Бахметьев Ю. П.) 328
백춘배(白春培) 81, 112
베베르(К. И. Вебер) 116, 117, 186, 187
베일리(Lewis Bayly) 257, 258, 260, 268
벨랴예프(Г. П. Беляев) 252, 256, 261
부드베르그(Барон А. П. Будберг) 432
뷰캐넌(J. Buchanan) 129
브란트(Max von Brandt) 92
비류코프(Н. Н. Бирюков) 419, 431, 432
비리료프(А. А. Бирилев) 408
비스마르크(Otto von Bismarck) 92
비테(С. Ю. Витте) 183, 212, 216, 218~222, 224, 234, 237, 240, 310, 312~317, 319, 398
비트게프트(В. К. Виттефт) 353
빌렌킨(Г. А. Вилекин) 409~413

ㅅ

사이러스 필드(Cyrus Field) 128
사젠트(A. A. Sargent) 42, 66~68, 70, 71
사조노프(С. Д. Сазонов) 418, 420
사토우(Ernest Satow) 206
산조 사네토미[三條實美] 143
새뮤얼 모스(Samuel Morse) 128
샌포드 플레밍(Sandford Fleming) 144
솔스키(Д. М. Сольский) 232, 233
수호믈리노프 408~410, 412, 429, 430, 433, 437
숭후(崇厚) 85, 86, 88, 96, 98, 109
쉐스타코프(И. А. Шестаков) 63, 148
쉬포프(И. П. Шипов) 394

슈타켈베르크(А. И. Штакельберг) 88, 93, 95, 96, 103
슈펠트(R. W. Shufeldt) 19, 30, 32~43, 49, 51~59, 62, 64~75, 274, 280
스미르노프(Е. Т. Смирнов) 329
스톨리핀(П. А. Столыпин) 430, 432, 433
스트루베(К. В. Струве) 90, 100, 102, 103
시어도어 루스벨트(T.Roosevelt) 213, 246, 249, 250, 272, 273, 276~281, 284~286, 288, 289, 310, 312, 313, 326, 327, 337, 352, 361`366, 368, 369, 374, 377, 384
쓰보이 고조[坪井航三] 192

ㅇ

아리가 나가오[有賀長雄] 195
아리야마[有山揮雄] 159
아서(Chester A. Arthur) 64, 65, 70
아슬란베고프(А. Б. Асланберов) 88~91, 93, 95
아오키 노리즈미[靑木宣純] 251
아오키[靑木周藏] 172, 173, 178, 182, 183
알렉산드르 미하일로비치 대공(вел. кн. Александр Михайлович) 22, 218, 240
알렉세예프(Е. И. Алексеев) 22, 230, 268, 280, 349, 350
알렌(H. N. Allen) 272, 275~277, 283, 323, 350
알프레드 머핸(Alfred T. Mahan) 245, 273~275, 278`280, 283
애스턴(W. G. Aston) 154
에드워드 하우스(Edward Howard House) 208
엔켈(О.К.Энкель) 430~432
여경(余璟) 56
예즈차오[葉志超] 190
오브루체프(Н. Н. Обручев) 87

오블렌스키(В. С. Оболенский) 369
오야마[大山巖] 253
오코너(N. R. O'Conor) 149, 150, 154
오토리[大鳥圭介] 177
우덕순 419, 422
우류 소토키치[瓜生外吉] 251, 252, 256~259, 261~264, 270, 341, 348
운테르베르게르(П.Ф.Унтербергер) 409, 412, 4418, 430
웨스트레이크(J. Westlake) 197
윌리엄 케스위크(William Keswick) 204
유인석(柳麟錫) 330
윤일병(尹一炳) 438
이노우에[井上馨] 100, 142, 143
이범진(李範晉) 215, 328, 329
이상설(李相卨) 330, 431, 432
이유원(李裕元) 47
이주인[伊集院五郎] 254
이즈볼스키(А. П. Извольский) 328, 377, 378
이최응(李最應) 60, 107, 108
이토 히로부미[伊藤博文] 388, 411, 413, 414, 434, 437
임응준(任應準) 110

ㅈ

장데이[張德彛] 206
장즈둥[張之洞] 351
조도선 419
조미니(А. Г. Жомини) 99, 102
조셉 초트(J. H. Choate) 205, 380
존 맥도널드(John Macdonald) 146
존 잉글스(John Ingles) 181
존 펜더(John Pender) 122, 130, 132, 133

쭤종탕[左宗棠] 85, 86, 110
쩡지쩌[曾紀澤] 33, 62, 86, 94, 96, 98, 102~104

ㅊ

치하체프(Н. М. Чихачев) 94

ㅋ

카시니(А. П. Кассини) 186, 188, 360~363
카와카미[川上操六] 176
칼스(W. R. Carles) 154
케네디(J. G. Kennedy) 143, 145
코로스토베츠(И. Я. Коростовец) 421, 423
코마로프(Н. А. Комаров) 370
코얀데르(А. И. Кояндер) 88, 90, 92, 95, 96, 98, 99
코코프초프(В. Н. Коковцов) 229~233, 837~392, 394, 397~400, 403~411, 413, 414, 416~424, 427~429, 433~437
콘스탄틴 니콜라예비치 대공(вел.кн. Константин Никлаевич) 94
콩어(E. H. Conger) 341~343, 347
크로운(Н. А. Кроун) 337~339, 343
킴벌리(J. Earl of Kimberley) 145, 166, 172, 173, 177, 182, 184, 199

ㅌ

토머스 패터슨(Thomas H. Patterson) 56
토머스 골즈워디(Thomas R. Galsworthy) 192
티르토프(П. П. Тыртов) 226

티트겐(Tietgen C. F.) 123, 131~134

ㅍ

파블로프(А. И .Павлов) 223, 256, 268, 276, 329, 431
파제트(Ralph Paget) 182
페리 콜린스(Perry Collins) 129
프리맨틀(Edmund Fremantle) 177, 195
플런켓(Francis Plunkett) 178

ㅎ

하야시 다다스[林董] 301, 302, 303, 307, 308, 328
하야시[林權助] 283
하츠펠트(Count Hatzfeldt) 184
한경원(韓敬源) 48
해밀턴(R. Vessey-Hamilton) 181
허루장[何如璋] 36, 37, 61, 105
헤이(John Hay) 75, 275
현상건(玄尙健) 329, 432
호르바트(Д. Л. Хорват) 421
황쭌셴(黃遵憲) 59, 64, 80, 82, 105, 106
히트로보(А. С. Нитрово) 191
힉스비치(Michael Hicks Beach) 19, 149

동북아역사재단 연구총서 133
대한제국 국제관계사 연구(1882~1910)

초판 1쇄 인쇄 2021년 12월 20일
초판 1쇄 발행 2021년 12월 31일

지은이   최덕규
펴낸이   이영호
펴낸곳   동북아역사재단

등 록   제312-2004-050호(2004년 10월 18일)
주 소   서울시 서대문구 통일로 81, NH농협생명빌딩
전 화   02-2012-6065
팩 스   02-2012-6189
홈페이지 www.nahf.or.kr
제작·인쇄 청아출판사

ISBN   978-89-6187-714-5   93910

- 이 책은 저작권법으로 보호를 받는 저작물이므로 어떤 형태나 어떤 방법으로도 무단전재와 무단복제를 금합니다.
- 책값은 뒤표지에 있습니다. 잘못된 책은 바꾸어 드립니다.